DuMont Dokumente:

eine Sammlung von Originaltexten,
Dokumenten und grundsätzlichen Arbeiten
zur Kunstgeschichte, Archäologie,
Musikgeschichte und Geisteswissenschaft

W0063396

Walter Kugler

Rudolf Steiner
und die Anthroposophie

Wege zu einem neuen Menschenbild

DuMont Buchverlag Köln

Umschlagvorderseite: Rudolf Steiner, um 1916
Vordere Umschlagklappe: Rudolf Steiner, Porträtskizze des Malers Emil Orlik aus dem Jahre 1916
Frontispiz S. 2: Rudolf Steiner auf dem Baugelände in Dornach, 1913

© 1978 DuMont Buchverlag, Köln
3. Auflage 1980
Alle Rechte vorbehalten
Druck: Rasch, Bramsche

Printed in Germany   ISBN 3-7701-1032-3

Inhalt

Vorwort

Das vorliegende Buch erscheint zu einer Zeit, die dadurch charakterisiert werden kann, daß sich für viele Menschen die Frage nach dem Sinn menschlichen Daseins zunehmend auf die Frage nach den Überlebenschancen reduziert hat. Wirtschaftliches Wachstum und technischer Fortschritt allein vermögen eine befriedigende Lösung menschlicher Existenzprobleme nicht herbeizuführen. Die Steigerung der ›Qualität des Lebens‹, wie sie noch vor wenigen Jahren in einer Fülle von Publikationen gefordert wurde, entpuppt sich zusehends als eine unaufhaltsame Standardisierung menschlicher Bedürfnisse und Daseinsformen. Die Zielvorstellung etwa einer klassenlosen Gesellschaft findet ihre Erfüllung in einem klassenlosen Konsum, der sich nicht allein auf den Bereich des materiellen Lebens beschränkt, sondern sich auch auf die verschiedensten Gebiete des wissenschaftlichen und künstlerisch-kulturellen Lebens ausgedehnt hat.

Analysen unserer gegenwärtigen Industriegesellschaft wie die von Aurelio Peccei, Erich Fromm und Daniel Bell deuten darauf hin, daß es in der Zukunft einer Gewahrwerdung der ›Qualität des Menschen‹, des Menschen als eines ›intelligenten und transzendenten Wesens‹ (Peccei) bedarf. Aber – auf der Grundlage welchen Menschenbildes wird man in der Lage sein, die erforderlichen Wege zu mehr Menschlichkeit auf den verschiedensten Gebieten des Lebens zu beschreiten? Der Versuch, einer Erhellung dieses Problemes näher zu kommen, soll mit dieser Dokumentation unternommen werden.

Hier stellt sich die Frage: Ist es legitim, ja ist es nicht vermessen, zum gegenwärtigen Zeitpunkt das Lebenswerk einer Persönlichkeit, deren Wirken in das letzte Viertel des neunzehnten und das erste Viertel des zwanzigsten Jahrhunderts fällt, in den oben angedeuteten Zusammenhang hineinzustellen? Ermutigt zu einem solchen Unternehmen wurde ich durch zahlreiche Gespräche, die sich im Zusammenhang mit einer Wanderausstellung ›Das Lebenswerk Rudolf Steiners – dargestellt an der Gesamtausgabe seiner Schriften, Vorträge und des künstlerischen Werkes‹ ergaben, mit deren Konzipierung und Betreuung ich im Frühjahr 1975 anläßlich des fünfzigsten Todestages Rudolf Steiners betraut wurde.

Auffallend war, daß diese Ausstellung nur in den seltensten Fällen als rein historisches Dokument, als eine reine Würdigung einer bedeutenden Persönlichkeit aufgefaßt wurde, sondern daß man dem Lebenswerk Rudolf Steiners zumeist so gegenübertrat, als sei es etwas Neues, etwas, was seine eigentliche Verwirklichung im praktischen Leben erst in der näheren oder ferneren Zukunft finden wird. Ausschlaggebend für diese Haltung dürfte sein, daß die Auswirkungen der geistigen Impulse Rudolf Steiners heute auf vielen Gebieten wie der Pädagogik, Heilpädagogik, Medizin, Landwirtschaft, Architektur, Kunst, Sozialwissenschaft etc. konkret wahrnehmbar und damit auch überprüfbar sind.

»Anthroposophie«, sagte Rudolf Steiner im Jahre 1924, seinem letzten Schaffensjahr, »ist nicht Weisheit vom Menschen ... sondern ›Bewußtsein seines Menschentums‹; das heißt, hinzielen sollen Willensumwendung, Erkenntniserfahrung, Miterleben des Zeitenschicksals dahin, der Seele eine Bewußtseinsrichtung, eine Sophia zu geben.«[1] Die Dynamik, die in dieser ›Definition‹ des Wortes Anthroposophie zum Ausdruck kommt, weist letztlich darauf hin, wo jeglicher Erneuerungsimpuls seinen Anfang nimmt: im einzelnen Menschen. Rudolf Steiner vermochte den Impuls, den er den Menschen gab, selbst zu leben. Darin, so scheint mir, liegt die ungeheure Kraft verborgen, die von seinem Werk ausgeht.

Diese Dokumentation will einer breiten Öffentlichkeit auch als Einführung in das Werk Rudolf Steiners dienen. Sie ist gleichzeitig der Versuch, Anthroposophie als Erkenntnis- und Schulungsweg und ihre Anwendung auf dem Gebiete der Kunst und des sozialen Lebens so darzustellen, wie sie in einer Auseinandersetzung mit den vielschichtigen Problemen der Gegenwart erlebt werden kann.

Dieses Buch wäre ohne das Verständnis und die Unterstützung der Rudolf Steiner-Nachlaßverwaltung Dornach/Schweiz nicht zustandegekommen. Durch den freien Zugang zum Archiv, die Bereitstellung von Bildern und Dokumenten, die Genehmigung zum Abdruck längerer Passagen aus der ›Rudolf Steiner-Gesamtausgabe‹ und die Hilfe bei der Durchsicht des Manuskriptes hat sie diese Arbeit weit über den üblichen Rahmen hinaus gefördert. Ihr gilt daher ganz besonders mein Dank.

Beiträge zur Wissenschaft

Anthroposophie, ein Erkenntnis- und Schulungsweg

Einführung

Geistige Revolutionen und mit ihnen neue wissenschaftliche Disziplinen entstehen zumeist dadurch, daß neue Begriffe geschaffen werden. Dies wird geradezu beispielhaft deutlich an dem Begriff ›Anthropologie‹, der sich bis zu einem eigenständigen Forschungsgebiet von hohem Rang entwickelt hat.

Ihren Ausgangspunkt nahm diese Wissenschaftsrichtung erst mit dem Beginn der Neuzeit. Im Jahre 1596, dem Geburtsjahr René Descartes', des ›Vaters der Neuzeit‹, erschien Otto Casmanns (1562–1607) ›Psychologia anthropologica‹, in der erstmals der Versuch einer Integration des bis dahin auf viele Wissenschaften ›verteilten‹ *Wissens* vom Menschen in Gestalt einer umfassenden *Wissenschaft* vom Menschen, der ›Anthropologie‹, unternommen wurde.

Die dieser Schrift zugrundeliegende Absicht verdient nicht zuletzt auch deshalb besondere Beachtung, da mit Beginn der Neuzeit Erkenntnisfortschritte vielfach nur aufgrund einer zunehmenden Spezialisierung möglich wurden, womit aber stets die Gefahr einer einseitigen Betrachtungs- und Interpretationsweise des zu untersuchenden Gegenstandes verbunden war und noch ist. Anthropologie als Integrationsversuch des Wissens vom Menschen kann, wie es insbesondere der Forschungsstand zum gegenwärtigen Zeitpunkt vermuten läßt, dieser Vereinseitigung entgegenwirken.

Dem Trend augenblicklich vorherrschender Forschungsmethoden folgend, liegt der Schwerpunkt anthropologischer Vorgehensweisen auf naturwissenschaftlichem Gebiete, obwohl gerade die philosophische Anthropologie, wie sie durch Scheler, Rothacker oder Gehlen vertreten wurde, zunächst richtungsweisend für anthropologische Darstellungen war. Der Umschwung zugunsten naturwissenschaftlicher Methodiken und die Verfestigung ihres Primats gegenüber geisteswissenchaftlichen Ansätzen wird besonders bei Gadamer, der selbst Philosoph ist, deutlich. In seiner Einleitung zu einem jüngst erschienenen Sammelwerk ›Neue Anthropologie‹ schreibt er: »Ein ›richtiges‹ Menschenbild, das ist vor allem ein durch Naturwissenschaft, Verhaltensforschung, Ethnologie wie durch die Vielfalt geschichtlicher Erfahrung entdogmatisiertes Menschenbild.«[1] Eine neue Einseitigkeit scheint sich hier anzudeuten. Auf die Grenzen anthropologischer Bestrebungen weisen nicht nur heute deren Kritiker hin. Man erkannte sie bereits innerhalb der eigenen Reihen schon im 19. Jahrhundert. Immanuel Hermann Fichte, Sohn

Johann Gottlieb Fichtes, schreibt in seiner im Jahre 1856 erschienenen ›Anthropologie‹: »Aber schon die *Anthropologie* endet in dem von den mannigfaltigsten Seiten her begründeten Ergebnisse, daß der Mensch nach der wahren Eigenschaft seines *Wesens*, wie in der eigentlichen Quelle seines *Bewußtseins* einer übersinnlichen Welt angehöre. Das Sinnenbewußtsein dagegen, und die auf seinem Augpunkte entstehende phänomenale Welt, mit dem gesamten, auch menschlichen Sinnenleben, haben keine andere Bedeutung, als nur die Stätte zu sein, in welcher jenes übersinnliche Leben des Geistes sich vollzieht, indem er durch *frei bewußte eigene Tat* den jenseitigen Geistesgehalt der Ideen in die Sinnenwelt einführt . . .«[2] Wohin eine solche Auffassung notwendigerweise führen muß, beschreibt er daran anschließend mit den Worten: »Diese gründliche Erfassung des Menschenwesens erhebt nunmehr die ›Anthropologie‹ in ihrem Endresultate zur ›Anthroposophie‹«[3].

Der Begriff Anthroposophie war auch damals nicht neu, denn bereits im Jahre 1575, einundzwanzig Jahre vor Casmanns ›Psychologia anthropologica‹ wurde er in einer in Basel erschienenen Schrift ›De Magia Veterum‹ (Arbatel) erwähnt. Als die wesentlichste Aufgabe der Anthroposophie im 16. Jahrhundert betrachtete man die Spiritualisierung der Naturwissenschaften und des sozialen Lebens.[4]

Auch der Schweizer Philosoph und Anthropologe Ignaz Paul Vital Troxler (1780 bis 1866), Schüler und Freund des nur um fünf Jahre älteren Schelling, sah in der Anthroposophie eine Steigerung dessen, was die bisherige Philosophie, die zu einer Art ›Meditationsphilosophie‹ sich entwickeln muß, zu geben vermochte: »Wenn es nun höchst erfreulich ist, daß die neueste Philosophie, die . . . in jeder *Anthroposophie,* also in Poesie, wie in Historie, sich offenbaren muß, emporwindet, so ist doch nicht zu übersehen, daß diese Idee nicht eine Frucht der Spekulation sein kann, und die wahrhafte Persönlichkeit oder Individualität des Menschen weder mit dem, was sie als subjektiven Geist oder endliches Ich aufstellt, noch mit dem, was sie als absoluten Geist oder absolute Persönlichkeit diesem gegenüberstellt, verwechselt werden darf.«[5]

Im Jahre 1882 veröffentlichte Robert Zimmermann in Wien sein Hauptwerk unter dem Titel ›Anthroposophie im Umriß‹, das nicht ohne Wirkung auf Rudolf Steiner blieb, der bei Zimmermann verschiedentlich Vorlesungen besucht hatte.

Anthroposophie und Anthropologie, so wird es in Rudolf Steiners Werk deutlich, schließen einander nicht aus. So bedeutsam naturwissenschaftliche Forschungsmethoden für das Erfassen des Wesens des Menschen und seine Eingebundenheit in seine natürliche wie auch soziale Umgebung sind, so bedeutsam ist die Erforschung nicht sinnlich wahrnehmbarer Tatsachen, nicht quantifizierbarer Phänomene, die letztlich die den Menschen und den Kosmos konstituierenden Kräfte darstellen. Anthroposophie untersucht einmal die *Bewußtseinszustände* des Menschen wie sie gegeben sind im Wachen, Schlafen und Träumen. Ferner untersucht sie die *Lebenszustände,* wie sie sich im Seelischen offenbaren durch die polaren Kräfte der Sympathie und Antipathie. Und drittens widmet sie sich den *Formzuständen, wie sie im Physischen sichtbar werden.* Die Dreiheit von Form, Leben und Bewußtsein durchzieht das gesamte Wirken Rudolf

Steiners. Sie wird erfahrbar in der Dreigliederung des Menschen in Leib, Seele, Geist und findet ihre Entsprechung in der ›Welt-Dreiheit‹ von Raum, Zeit und Ewigkeit.

Die Selbstauslegung dessen, was der Mensch ist, wodurch sein Werden bestimmt ist, ist Aufgabe der Wissenschaft bereits seit dem Altertum. Charakteristisch für die gegenwärtige Wissenschaft ist, daß sie häufig die Motive, Methoden und Ergebnisse früherer Erkenntnisbestrebungen fallen gelassen hat. Sie werden zwar tradiert und in gewissem Sinne auch gewürdigt, doch gelten sie nicht mehr. Man hat kein Vertrauen, daß dasjenige, was ›früher‹ erkannt wurde, auch heute noch Antworten auf grundlegende Fragen geben kann.

Eine andere Form der Selbstauslegung ist durch die Kunst gegeben. Die Durchgeistigung des physischen Stoffes war ihr erklärtes Ziel, doch immer schwerer fällt es den neueren Kunstströmungen das Physisch-Stoffliche so zu behandeln, »daß diese physisch-irdische Substanz den Abglanz jener anderen Welt zeigt, der der Mensch eigentlich angehört.«[6]

Ein Drittes, das aus vergangenen Zeiten in die Gegenwart herübergenommen wurde, ist die Religion. War sie früher Ausdruck der menschlichen Empfindung, daß es noch eine Welt über der rein irdisch-physischen gibt, so ist heute die Fähigkeit für diese Empfindung weitestgehend verlorengegangen. Der Mensch sieht sich nicht mehr in der Lage, die Grundfragen allen religiösen Lebens – woher komme ich, wohin gehe ich? – zu beantworten. Das Religiöse, wie es gegenwärtig ›lebt‹, vermag nicht mehr an die Welt

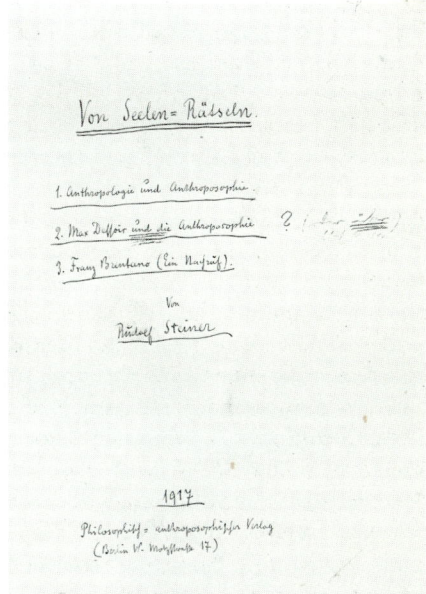

Entwurf des Titelblatts zur Schrift ›Von Seelenrätseln‹, 1917

anzuknüpfen. Auch dasjenige, was früher ›die Stimme des Gewissens‹, der Gott, der zu den Menschen sprach, gewesen ist, ist rein äußerlich geworden. Heute lassen sich Moralgesetze nicht mehr auf göttliche Impulse zurückführen. Wir blicken auf sie als etwas ›Historisches‹ zurück. Über die gegenwärtige Bewußtseinslage sagt Rudolf Steiner in seinem Vortrag vom 19. Januar 1924: »Die beiden großen Daseinsfragen haben die Alten in anderer Weise empfunden, als du sie heute empfindest; daher haben sie sich in einer gewissen Weise Antwort geben können. Du kannst dir nicht mehr Antwort geben. Die Rätsel schweben vor dir, vernichtend für dich, weil sie dir nach dem Tode nur deine Vernichtung, weil sie deiner Seele im Leben nur den Schein zeigen.«[7]

Die Suche nach einer umfassenden Welterkenntnis, nach einer Beantwortung der großen Daseinsfragen, ist das zentrale Anliegen anthroposophisch-orientierter Geisteswissenschaft. Anthroposophie ist keine Lehre, die dogmenartig aufzeigt, welche Fragen es zu lösen gilt und wie dies zu tun sei. Sie »möchte sich so auffassen, daß sie nicht tote, abstrakte Erkenntnis, nicht Erkenntnis in Theorien bloß ist, daß sie durch das Leben im Leben erfaßte und selber lebendige Erkenntnis ist; daß sie einströmt in den Menschen nicht bloß als Gedanken und nicht bloß als Beobachtungsresultate, sondern als ein Lebensblut der Seele; daß sie als Leben im Menschen selber vorhanden ist.«[8]

Als Rudolf Steiner begann, seine ›seelischen Beobachtungsresultate‹ wissenschaftlich zu durchdringen und zu begründen, wurde er gewahr, daß besonders auf dem Gebiete der Philosophie stets von Grenzen menschlicher Erkenntnis die Rede war. Ihm wurde immer deutlicher, daß die Unfähigkeit zu moralischem Handeln gerade dadurch hervorgerufen wird, daß die Wissenschaft vor den Grenzen des Übersinnlichen haltmacht, daß sie den Bereich des Übersinnlichen den Mystikern überläßt. Eine Brücke von der Wahrnehmung der sinnlichen Erscheinung hinüber zu einer geistigen und moralischen ›Weltordnung‹ zu schlagen und damit zu einem umfassenden Verständnis der Welt zu gelangen, schien ihm nur möglich, wenn die bestehenden Erkenntnisgrenzen überwunden werden. Für ihn war das Wirken übersinnlicher Kräfte ebenso eine Tatsache wie das physischer Naturkräfte; das eine ist dem anderen ebenbürtig. Auf beide Seiten galt es daher die Aufmerksamkeit zu richten.

Den Ausgangspunkt seines später so umfassenden Wirkens bildeten seine naturwissenschaftlichen und erkenntnistheoretischen Studien in den achtziger Jahren des 19. Jahrhunderts.

Bereits damals zeichnete sich ein Auflösungsprozeß desjenigen ab, was als Erkenntnistheorie in Verbindung mit der Logik *die* philosophische Disziplin war, die man als ›Wissenschaftslehre‹ bezeichnete. Die erkenntnistheoretischen Darstellungen jener Zeit können auch als ein letzter Versuch aufgefaßt werden, einen beständigen Einfluß der Philosophie auf die Wissenschaften in die Zukunft hinein sicherzustellen. Daß dieses Vorhaben gescheitert ist, beschreibt Jürgen Habermas in seiner Schrift ›Erkenntnis und Interesse‹: »Die Stellung der Philosophie zur Wissenschaft, die einst durch den Namen Erkenntnistheorie bezeichnet werden konnte, ist durch die Bewegung des philosophischen Gedankens selber ausgehöhlt worden: Philosophie ist aus dieser Stellung durch

Anthroposophische Gesellschaft, Cöln.

(THEOSOPHISCHE GESELLSCHAFT.)

EINLADUNG

an alle Mitglieder der Anthroposophischen Gesellschaft und
der Theosophischen Gesellschaft, mit Ausnahme der Mitglieder
des „Sternes des Ostens".

Am 28., 29., 30., 31. Dezember 1912 und am 1. Januar
1913, wird Herr Dr. Rudolf Steiner in Cöln, in der Aula
des Königlichen Gymnasiums, Thürmchenswall 50—54,
(nahe am Deutschen Ring) einen Cyklus halten über:

Die Bhagavad Gita und die Paulus Briefe.

Beginn der Vorträge abends 8 Uhr. Saalöffnung $7\frac{1}{2}$ Uhr.

Cykluskarten zu 7 Mk, (Garderobe frei), können am 28. Dzbr.
von 4—6 Uhr, Belfortstr. 9, II. und abends an der Aula in
Empfang genommen werden.

Wir bitten Anmeldungen recht bald an Frau Eugen Kuenstler,
Cöln, Belfortstraße 9 II., zu richten.

Im Anschluss an den Cyklus werden am 2. und
3. Januar 1913, abends 8 Uhr, im großen Saale der
Lesegesellschaft, Langgasse No. 6, zwei öffentliche
Vorträge von Herrn Dr. R. Steiner gehalten über:

Wahrheiten der Geistesforschung.

Irrtümer der Geistesforschung.

HOTELS:

Hof von Holland, Hofergaße 11, 13, Tel. A 3917.
Hôtel Terminus, Hermannstraße 9, Tel. A 1651.
Hôtel Kaiser Wilhelm, Kaiser Wilhelm-Ring 43, Tel. A 4325.
Hôtel Baseler Hof, Hermannstr. 17, 19, Tel. B 5146.
Christliches Hospiz, Johannisstraße 39, Tel. B. 5446.

PENSIONEN:

Miss Oldfield, Blumenstraße 3.

VEGETARISCHE SPEISEHÄUSER:

Vegetarisches Speisehaus „Quisisana", Schildergasse 63.
Vegetarisches Speisehaus, Ecke Christophstraße und Kaiser Wilhelm-Ring.

Philosophie verdrängt worden. Erkenntnistheorie mußte fortan durch eine vom philosophischen Gedanken verlassene Methodologie ersetzt werden. Denn die Wissenschaftstheorie, die ... das Erbe der Erkenntnistheorie antritt, ist eine im szientistischen Selbstverständnis der Wissenschaften betriebene Methodologie.«[9]

Die Ursachen sieht Habermas darin, daß die Resultate neuzeitlicher Metaphysik immer stärker in Zweifel gezogen wurden. So führte Hegels Kritik an Kants transzendentallogischer Fragestellung bereits zu dem Ergebnis, »daß die Philosophie ihre Stellung zur Wissenschaft nicht etwa nur wechselt, sondern überhaupt preisgibt.«[10] Zudem war der Anspruch auf Absolutheit, den die Erkenntnistheorie für sich erhob – so behauptete Kant für die Vernunfterkenntnis eine gegenüber der Wissenschaft souveräne Stellung – nicht dazu angetan, grundlagenbildend für die Wissenschaft zu sein, zumal da der Positivismus, der seit Comte zunehmend die Wissenschaft beeinflußte, sich sowohl auf empiristische wie rationalistische Elemente stützte.

In jene Zeit hinein, in der der Auflösungsprozeß der Erkenntnistheorie zugunsten einer Wissenschaftstheorie, in der die Theorien der Erkenntnis unberücksichtigt blieben, nicht mehr aufzuhalten war, stellte Rudolf Steiner seine grundlegenden erkenntnistheoretischen Schriften.

Wissenschaft bedeutete für ihn, den Erkenntnisvorgang in verschiedenen Lebensbereichen zur Anwendung zu bringen. Dieser gilt erst als ein abgeschlossener, wenn Wahrnehmungs- und Begriffsurteil – das Wahrnehmungsurteil gründet sich auf die Tätigkeit des Verstandes, das Begriffsurteil auf die der Vernunft – sich in einer höheren Einheit verbinden. Damit war in der Erkenntnistheorie Rudolf Steiners die Möglichkeit geschaffen, empirische Methode und Idealismus zusammenzuführen, da der Empirismus als die Methode bezeichnet werden kann, die sich auf das Wahrnehmungsurteil – Objekt des Verstandes ist der Begriff –, der Idealismus als diejenige, die sich auf das Begriffsurteil – Objekt der Vernunft ist die Idee – stützt.

In seiner Einleitung zu Goethes ›Naturwissenschaftlichen Schriften‹ schreibt Rudolf Steiner hierzu: »Die heutige Erfahrungswissenschaft befolgt die ganz richtige Methode: am Gegebenen festzuhalten; aber sie fügt die unstatthafte Behauptung hinzu, daß diese Methode nur Sinnenfällig-Tatsächliches liefern kann. Statt bei dem, *wie* wir zu unseren Ansichten kommen, stehenzubleiben, bestimmt sie von vornherein das *Was* derselben. Die einzig befriedigende Wirklichkeitsauffassung ist die empirische Methode mit idealistischem Forschungsresultat. Das ist Idealismus, aber kein solcher, der einer nebelhaften, geträumten *Einheit der Dinge* nachgeht, sondern ein solcher, der den konkreten Ideengehalt der Wirklichkeit ebenso erfahrungsgemäß sucht, wie die heutige hyperexakte Forschung den Tatsachengehalt.«[11]

Der Erkenntnisbegriff Rudolf Steiners beschränkt sich jedoch nicht allein auf das, was sich unmittelbar aus einer Betrachtung des Wesens ›Mensch‹ und seiner Beziehung zur Außenwelt ergibt. Vielmehr geht es Steiner darum – und darin liegt ein wesentliches Merkmal anthroposophischer Geistesforschung – aufzuzeigen, daß es neben den allgemein bekannten und ›anerkannten‹ Seelenverfassungen noch weitere gibt, die durch eine Konzentration allein auf innere Seelentätigkeiten, durch ›Seelenübungen‹, in das Bewußtsein gehoben werden können und damit zu einer Vertiefung und Erweiterung des menschlichen Bewußtseins beitragen können.

Eine der Grundübungen besteht in der Konzentration auf einen Gegenstand, der möglichst einfach beschaffen sein soll. In dem Sich-Hinwenden zur Form, Farbe, Funktion usw. hat der Übende so vorzugehen, daß er stets das Fortschreiten seiner Gedanken rein an den sachlichen Bezügen orientiert und kontrolliert. Gedankenkontrolle ist das eigentliche Gestaltungsprinzip. Man geht von einem bestimmten Gedanken aus und reiht an ihn alles das, was sachgemäß mit ihm verbunden werden kann. »Der Gedanke soll dabei am Ende des Zeitraumes noch ebenso farbenvoll und lebhaft vor der Seele stehen wie am Anfang.«[12] Das bereits Gedachte soll im Verlauf einer solchen Konzentrationsübung nicht erinnerungsgemäß wiederholt werden. Der Denkvorgang wäre dadurch unterbrochen. Auch soll das Denken nicht in die Zukunft gerichtet sein. Dies lenkt ebenso ab wie das Erinnern.

Eine solche Übung soll einen gewissen Zeitraum hindurch, etwa vier Wochen lang, täglich fünf Minuten, durchgeführt werden. Am Ende eines solchen Übungszusammenhanges »versuche man, das innere Gefühl von Festigkeit und Sicherheit, das man bei subtiler Aufmerksamkeit auf die eigene Seele bald bemerken wird, sich voll zum Bewußtsein zu bringen ...«[13] Dabei wird man bemerken, daß man immer weniger ›Beiwerk‹ benötigt, um einen Gegenstand sachgemäß zu erfassen. Das Wesentliche einer Sache wird immer intensiver erlebbar.

Eine andere Übung, die vor allem der Schulung des Willens dient, besteht darin, daß man sich täglich eine Handlung vornimmt, die außerhalb des bis dahin Gewohnheitsmäßigen liegt. Das heißt, der Übende bestimmt frei Art und Dauer der Handlung. Auch hier versuche man sich abschließend seines Gefühles hinsichtlich des innerlich erlebbaren Tätigkeitsantriebes bewußt zu werden. Ziel beider Übungen und vieler weiterer ist es, das, was vielfach rein gewohnheitsmäßig abläuft, in das Bewußtsein zu heben. Man wird dann gewahr, daß das Alltagsdenken und -handeln vielfach von Willkür, von Nebensächlichkeiten bestimmt wird. Zu dem Wesentlichen und damit zum Wesen der Dinge vorzudringen, ist eines der entscheidenden Anliegen des anthroposophischen Schulungsweges.

Erkenntnistheorie und anthroposophischer Schulungsweg richten die Aufmerksamkeit einerseits auf das bewußte Erleben des Verhältnisses des einzelnen Menschen zur Welt und andererseits auf sein eigenes Inneres. Ein weiterer Schritt besteht nun darin, den Blick darauf zu richten, wie die Welt in ihrem Werden und Sein beschaffen ist. Diesen Schritt vollzog Rudolf Steiner, indem er seinen erkenntnistheoretischen Studien und Darstellungen verschiedener seelischer Übungswege, die er seiner Mitwelt in mehreren Schriften, Aufsätzen und Vorträgen zugänglich machte, umfangreiche Ausführungen über die Weltentwicklung[14] folgen ließ.

Eine weitere Grundlage schuf er mit seiner erstmals im Jahre 1909 dargestellten ›Sinneslehre‹. Hier wird besonders deutlich, wie er großen Wert darauf legte, nicht aus einer Willkür heraus Forschungsresultate über geistige Geschehnisse seinen Zeitgenossen mitzuteilen, sondern exakt zu beschreiben, wie man von ›einfachen‹ Tatsachen der sinnlich-physischen Welt zu nichtsinnlich-geistigen Erscheinungen kommen kann. Die Notwendigkeit, diesen Weg auch methodisch-wissenschaftlich zu untermauern, war ihm ein dringendes Anliegen. Eine Anschauung von den menschlichen Sinnen als denjenigen ›Organen‹, durch die der Mensch sich und die Welt wahrnimmt und zu Bewußtsein bringt, erschien ihm als der entscheidende Schritt, um dasjenige, was er in seiner ›Philosophie der Freiheit‹ in erkenntnistheoretisch-philosophischer Weise umrissen hat, nun in geistig-praktisches Leben hineinzuführen.

Im Zusammenhang mit seinen umfassenden menschenkundlichen Studien ergaben sich ihm neben den allgemein bekannten fünf Sinnen noch weitere: Der Lebens-, Eigenbewegung-, Gleichgewichts-, Wärme-, Wort-, Denk- und Ich-Sinn. Dabei bedeutet Wort-Sinn eigentlich Wort-Wahrnehmungs-Sinn, Denk-Sinn = Gedanken-Wahrnehmungs-Sinn usw. Was Steiner dazu veranlaßte, von diesen insgesamt zwölf Sinnen zu sprechen, beschreibt er in seinem Fragment gebliebenen Werk ›Anthroposophie‹ mit den Worten: »In anthroposophischer Beleuchtung darf alles dasjenige ein menschlicher Sinn genannt werden, was den Menschen dazu veranlaßt, das Dasein eines Gegenstandes, Wesens oder Vorganges so anzuerkennen, daß er dieses Dasein in die physische Welt zu versetzen berechtigt ist.«[15]

In den folgenden Jahren dehnte Rudolf Steiner seine Forschertätigkeit auf viele Gebiete des Lebens aus. In Kursen über Pädagogik, Medizin, Physik, Nationalökonomie, in Vorträgen über Psychologie, Philosophie, Anthropologie und Christologie legte er Keime zu einer wissenschaftsorientierten Lebenspraxis, die bereits noch zu Lebzeiten Steiners, aber insbesondere in den Jahren nach seinem Tode von zahlreichen Wissenschaftlern und Praktikern aus den jeweiligen Fachgebieten aufgegriffen wurden und – den Anforderungen der Zeit entsprechend – ständig fortentwickelt werden.

Rudolf Steiners Beiträgen zu den vielschichtigsten Problemen, wie sie in den einzelnen Lebensgebieten vorkommen, liegt stets die Suche nach dem inneren Zusammenhang von künstlerischem, wissenschaftlichem und religiösem Leben zugrunde: »Müssen wir nicht, wenn wir wissenschaftlich streben, dasjenige in der Seelenverfassung haben, was künstlerisch gestaltet und bildet? Wie wäre es, wenn wir anders gar nicht in die Natur hineinkommen? Wenn die Natur künstlerisch begriffen sein will? Wenn insbesondere die Menschennatur schon in ihren physischen Organen künstlerisch begriffen sein will? Was machen wir denn dann, wenn wir eine noch so strenge Wissenschaft haben und die Natur, die Welt von uns ein künstlerisch gestaltetes Erkennen fordert? – Ich weiß sogar, daß gerade Wissenschaftler der Gegenwart einen solchen Satz für eine Absurdität halten ... Und nicht anders ist es, wenn wir auf ein anderes Gebiet uns begeben, auf das Gebiet der Sittlichkeit, auf das Gebiet des sozialen Wirkens und Arbeitens und auf das Gebiet der religiösen Vertiefung. Alles dasjenige, was in diese drei Gebiete fällt, es wird ja seit langer Zeit schon, gerade seit derjenigen Zeit, seit welcher der wissenschaftliche Geist in so maßgebender Weise die neuere Menschheit ergriffen hat, sozusagen aus der Wissenschaft verbannt . . . Aber schließlich ist ja das Soziale ohne die Grundlagen des Sittlichen und des Religiösen wirklich nicht einer gesunden Lösung entgegenzuführen. Und so wird man gerade in bezug auf das Soziale hinschauen müssen zunächst auf die sittlichen und auf die religiösen Grundlagen des menschlichen Lebens. Und da finden wir nun ganz deutlich ausgesprochen, noch deutlicher als in bezug auf das künstlerische Erleben, gerade in den neuesten Erscheinungen, daß auf der einen Seite zwar die Wissenschaft mit ihrer starken Gewißheit und Gewissenhaftigkeit steht, daß aber erst recht das Vertrauen fehlt, den Geist dieser Wissenschaftlichkeit einzuführen in moralische Gesinnung und in religiöses Bewußtsein. Und stärker als je wird heute gerade von den scheinbar fortschreitenden Geistern betont: Wissenschaft müsse an ihrem Platz stehen bleiben. Sie müsse von alledem aber, was der Mensch als Impulse zu erstreben hat für sein sittliches Handeln, für seine Religiosität, verbannt werden; dahin gehöre nicht Wissenschaft, dahin gehöre der Glaube. Man macht nun ebenso, wie man zwischen Wissenschaft und Kunst eine strenge Scheidung macht, auch eine strenge Scheidung zwischen Wissenschaft und Sittlichkeit und Religiosität . . . Heute streben diese drei Zweige wiederum mit aller Macht in den unbewußten und unterbewußten Tiefen des Menschen zu einer Einheit, zur Harmonisierung hin.«[16]

In dem Streben nach der Einheit von Kunst, Wissenschaft und Religion liegt ein Impuls von gesellschaftspolitischer Tragweite verborgen. Am Ende seines dritten Vortrages, den er anläßlich des von ihm initiierten Ost-West-Kongresses in Wien 1922 gehalten hat, sagt Rudolf Steiner: »In unserer Zeit erlebten wir, bis zum höchsten Triumph entwickelt, die Trennung von Religion, Kunst und Wissenschaft. Das aber, was gesucht werden muß und was erst eine Verständigung finden lassen kann zwischen Ost und West, das ist die Harmonisierung, die innere Einheit von Religion, Kunst und Wissenschaft. Und zu dieser inneren Einheit möchte die Weltauffassung und Lebensanschauung, von der hier gesprochen worden ist und weiter gesprochen werden wird, führen.«[17]

Entstehungsmomente einer Wissenschaft des Erkennens

Bereits vor Beginn seines Studiums der Naturwissenschaften an der Technischen Hochschule in Wien hatte sich Rudolf Steiner ausführlich mit Kants ›Kritik der reinen Vernunft‹ und Fichtes ›Wissenschaftslehre‹ auseinandergesetzt. Diente ihm die Kant-Lektüre dazu, »zu einem Urteil darüber (zu) kommen, wie das menschliche Denken zu dem Schaffen der Natur steht«[1], so suchte er bei Fichte sich eine Vorstellung von dem Schritt zu machen, den dieser über Kant hinaus tun wollte, da, so Fichte: »Kant die Wahrheit bloß angedeutet, aber weder dargestellt noch bewiesen«[2] habe. In seiner Autobiographie ›Mein Lebensgang‹ schreibt Rudolf Steiner darüber: »Mir kam es damals darauf an, das lebendige Weben der menschlichen Seele in der Form eines strengen Gedankenbildes auszudrücken. Meine Bemühungen um naturwissenschaftliche Begriffe hatten mich schließlich dazu gebracht, in der Tätigkeit des menschlichen ›Ich‹ den einzig möglichen Ausgangspunkt für eine wahre Erkenntnis zu sehen. Wenn das Ich tätig ist und diese Tätigkeit selbst anschaut, so hat man ein Geistiges in aller Unmittelbarkeit im Bewußtsein.«[3] Seine weiteren philosophischen Studien führten ihn schließlich über den ›transzendentalen Synthetismus‹ Traugott Krugs zu Schelling, Hegel und Herbart.

Im Herbst 1879 ließ er sich in Wien für Mathematik, Naturgeschichte und Chemie einschreiben. Daneben hörte er Vorlesungen bei dem Goethe-Forscher Karl Julius Schröer über deutsche Literatur, bei dem ›Herbartianer‹ Robert Zimmermann und dem stark von der aristotelischen Philosophie beeinflußten Franz Brentano über ›praktische Philosophie‹.

Schon recht bald geriet Rudolf Steiner in jenes Spannungsfeld von Naturwissenschaften einerseits und der Philosophie andererseits, das sein weiteres Studium stark prägen sollte: »Ich hielt mich damals für verpflichtet, durch die Philosophie die Wahrheit zu suchen. Ich sollte Mathematik und Naturwissenschaft studieren. Ich war überzeugt davon, daß ich dazu kein Verhältnis finden werde, wenn ich deren Ergebnisse nicht auf einen sicheren philosophischen Boden stellen könnte.«[4]

Sein Erkenntnisinteresse war vor allem auf das Erfassen des Zusammenhanges von Idee und Wirklichkeit gerichtet. Dabei bildete sich in ihm zunehmend die Anschauung heran, daß Gedanken nicht Spiegelbilder einer Wirklichkeit, sondern diese Wirklichkeit selbst sind. »Gedanken-Erleben war mir das Dasein in einer Wirklichkeit, an die als an einer durch und durch erlebten sich kein Zweifel heranwagen konnte. Die Welt der Sinne erschien mir nicht so erlebbar. Sie ist da; aber man ergreift sie nicht wie den Gedanken. Es kann in ihr oder hinter ihr ein wesenhaftes Unbekanntes stecken.«[5]

Daß das Denken selbst Erfahrung ist und wie sich diese Erfahrung zu anderen Erfahrungen verhält, schildert er in seiner im Jahre 1886 erschienenen Schrift ›Grundlinien einer Erkenntnistheorie der Goetheschen Weltanschauung‹[6], die den Auftakt zu weiteren erkenntnistheoretischen Schriften bildet.

Von ausschlaggebender Bedeutung für sein weiteres Erkenntnisringen sollten seine mathematisch-naturwissenschaftlichen Studien werden. Hier beschäftigte ihn vor allem im Zusammenhang mit der damals noch in Entstehung begriffenen ›Synthetischen Geometrie‹ das Problem von Raum und Zeit, das im Mittelpunkt vieler wissenschaftlicher Auseinandersetzungen – vor allem auf dem Gebiete der Physik – stand. »Die Vorstellung des Raumes bot mir die größten inneren Schwierigkeiten. Er ließ sich als das allseitig ins Unendliche laufende Leere, als das er den damals herrschenden naturwissenschaftlichen Theorien zugrunde lag, nicht in überschaubarer Art denken. Durch die neuere (synthetische) Geometrie, die ich durch Vorlesungen und im Privatstudium kennenlernte, trat vor meine Seele die Anschauung, daß eine Linie, die nach rechts in das Unendliche verlängert wird, von links wieder zu ihrem Ausgangspunkt zurückkommt. Der nach rechts liegende unendlich ferne Punkt ist derselbe wie der nach links liegende unendlich ferne ... Hinter dem Raumrätsel stand in diesem meinem Lebensabschnitt für mich das von der Zeit. Sollte auch da eine Vorstellung möglich sein, die durch ein Fortschreiten in die ›unendlich ferne‹ Zukunft ein Zurückkommen aus der Vergangenheit ideell in sich enthält?«[7]

In späteren Vorträgen weist Rudolf Steiner immer wieder darauf hin, wie wesentlich ihm eine mathematische Grundlegung seiner geisteswissenschaftlichen Forschungen war. Jedoch ging er über Kants Aussage, daß in jeglicher Wissenschaft nur so viel wahre Erkenntnis sei, als in ihr Mathematik enthalten sei, insofern hinaus, als daß es ihm auf die *Seelenverfassung* ankam, »in welche ein Mensch sich versetzt, der ... mathematisiert.«[8] Denn für ihn wurde immer deutlicher, daß die Mathematik die erste Stufe übersinnlicher Anschauung ist.

Wie sich diese Gedanken zu jenen Fragen, die den Ausgangspunkt seines erkenntnismäßigen Erfassens der Welträtsel bildeten, verhalten, schildert er in Form einer Episode innerhalb seines Vortrages vom 8. April 1922: »Ich wurde einmal – es machte einen bedeutenden Eindruck auf mich – mit sonderbaren Augen angeschaut, als ein älterer Schriftsteller, der viel über geistige Dinge geschrieben hat, mich zum ersten Mal sah und frug: Wie ist Ihnen denn am ersten bewußt geworden dieser Unterschied zwischen dem Schauen der Sinneswelt und dem Schauen der übersinnlichen Welt? Da sagte ich – weil ich am liebsten in solchen Dingen mich radikal ehrlich ausspreche –: In dem Moment, wo ich den inneren Sinn der sogenannten neueren oder synthetischen Geometrie kennengelernt habe. Also, wenn man von der analytischen zur synthetischen Geometrie übergeht, welche einem gestattet, nicht nur äußerlich an die Gebilde heranzukommen, sondern die Gebilde in ihren gegenseitigen Beziehungen zu erfassen, die also von Gebilden ausgeht, und nicht von äußeren Koordinaten.«[9]

Das methodische Vorgehen Rudolf Steiners und seiner daraus resultierenden Anschauungen zeigen deutlich, auf welch exakt wissenschaftlichen Boden er seine später so vielfältigen Darstellungen von ›übersinnlichen Welten‹ zu stellen vermochte. Jegliche Art von Mystik, die sich nicht auf umfassende erkenntnistheoretische Grundlagen stützen kann, lehnte er als unwissenschaftlich ab.

Die früheste Abhandlung Rudolf Steiners, die vorliegt, endete mit einer Skizzierung der Raum-Zeit-Problematik. Bei dieser Darstellung des damals einundzwanzigjährigen Studenten, die die Überschrift trug ›Einzig mögliche Kritik der atomistischen Begriffe‹[10], handelt es sich um eine erkenntnistheoretisch-philosophische Kritik, die methodisch an die Vorstellungen anknüpft, die zur damaligen Zeit die Diskussionen über das Wesen der Atome in weiten Physikerkreisen beherrschten. So wirft Rudolf Steiner grundlegende Probleme der Atomphysik auf, die noch Jahrzehnte später immer wieder Gegenstand umfangreicher Darstellungen verschiedener bedeutender Physiker, wie etwa Heisenberg[11], waren. Dort heißt es unter anderem: »Die Atome müssen eine der sinnlichen Erfahrung unzugängliche Existenz haben. Anderseits sollen aber auch sie selbst und auch die in der Atomwelt vor sich gehenden Prozesse, speziell Bewegungen, nicht bloß Begriffliches sein. Der Begriff ist ja bloß Allgemeines, das ohne räumliches Dasein ist. Das Atom soll aber, wenn auch nicht selbst räumlich, doch im Raume da sein, doch etwas Besonderes darstellen. Es soll in seinem Begriffe noch nicht erschöpft sein, sondern über denselben hinaus eine Form der Existenz im Raume haben. Damit ist in den Begriff des Atomes eine Eigenschaft aufgenommen, die ihn vernichtet. Er soll analog den Gegenständen der äußeren Wahrnehmung existieren, doch nicht wahrgenommen werden können. *In seinem Begriffe ist die Anschaulichkeit zugleich bejaht und verneint.*«[12] Gegen Ende problematisiert er bezüglich des Atom-Begriffes die Raum-Zeit-Dimension mit den Worten: »Eine große Anzahl falscher Vorstellungen ist namentlich durch die unrichtigen Begriffe von Raum und Zeit in Umlauf gekommen. Wir müssen diese beiden Begriffe daher einer Diskussion unterwerfen. Die mechanische Naturerklärung[13] benötigt zur Annahme ihrer Atomwelt außer den in Bewegung begriffenen Atomen noch den absoluten Raum, ein leeres Vakuum, und eine absolute Zeit, das ist einen unveränderlichen Maßstab des Nacheinander. Was ist aber Raum? ... Wie der Raum nur etwas an den Gegenständen, so ist auch die Zeit nur an und mit den Prozessen der Sinnenwelt gegeben. Sie ist denselben immanent. An sich sind beide bloße Abstraktionen ...«[14]

In seinem öffentlichen Vortrag vom 12. Mai 1917 nannte Rudolf Steiner diesen ersten Versuch zur Formulierung eines geisteswissenschaftlich erforschten Raum-Zeit-Begriffes den ›Nerv‹ seines ›damaligen Forschungsanfanges‹.[15] Der tiefere Sinn dieser Worte wird deutlich, wenn man hinschaut, wie Rudolf Steiner auf allen Sachgebieten, die er behandelte, nicht nur einzelne Phänomene und deren Zusammenwirken beschreibt, sondern nach deren Entwicklungsgesetzen sucht.

Zeit, verstanden als Prozeß des Werdens und Vergehens, der Evolution und Devolution, wird so zum Mittelpunkt seiner Anschauung vom Menschen und seiner Entwicklungs-Geschichte, sowohl das physische als auch das seelisch-geistige Geschehen, einschließlich seiner Einbindung in kosmische Konstellationen, betreffend. Auch seine umfassenden Darstellungen über die Wiedergeburt des Menschen und seiner Schicksalsentwicklung haben ihre wissenschaftliche Grundlage in der in so frühen Jahren ausgebildeten Zeit-Erkenntnis.

Die oben erwähnte Abhandlung über den Atomismus sandte der 21jährige Steiner an den Ästhetiker Friedrich Theodor Vischer mit dem folgenden Begleitschreiben, in dem er seine Motive ausführlich darlegt:

Wien, am 20. Juni 1882

Euer Hochwohlgeboren!
Hochgeehrter Herr Professor!
Euer Hochwohlgeboren werden entschuldigen, wenn ein Ihnen völlig Unbekannter es wagt, dieses Schreiben an Sie zu richten, und zu seiner Rechtfertigung aus dem Grunde nichts weiter beifügt, weil ihm diese Handlung nur dann als zu entschuldigen dünkt, wenn hochgeehrter Herr Professor sie als solche auffassen.

Wien, am 20 Juni 1882.

Euer Hochwohlgeboren!
Hochgeehrter Herr Professor!

Euer Hochwohlgeboren werden entschuldigen, wenn
ein Ihnen völlig unbekannter es wagt, dieses
Schreiben an Sie zu richten und zu seiner Rechtfertigung aus dem Grunde nichts weiter beifügt,
weil ihm diese Handlung nur dann als zu ent-
schuldigend dünkt, wenn Hochgeehrter Herr Professor
sie als solche auffassen.

Ich erlaube mir neulich die beiliegende Abhandlung zu übersenden. Der Druck derselben wurde
bisher durch äußerliche Umstände verhindert und
ich ließ daher eine Abschrift derselben anfertigen.

Euer Hochwohlgeboren werden aus derselben
ersehen, dass Ihre hochgeschätzten Schriften, die ich

vollständig gelesen, vielfache Anregung zu derselben
gegeben haben. Ich glaube, es muß einmal Ernst gemacht
werden gegen jene Auffassung der Welt, welche nur
Atom und mechanische Vorgänge anerkennen will.
Meine Abhandlung scheint mir den Punkt zu
berühren, auf den es allein ankommt. Der linkische
Stil und die vielleicht nicht überall ganz klare
Darstellung dürfen mal der Sache Eintrag tun.
Ich habe einstmals mich ganz in die mechanisch
-materialistische Naturauffassung hineingelebt,
hatte auf ihre Wahrheit ebenso geschworen, wie
es viele andere der Jetzzeit machen; aber ich
habe auch die Widersprüche, die sich aus derselben
ergeben, selbst durchlebt. Was ich vorbringe
ist daher nicht bloße Dialectik, sondern eigene
innere Erfahrung. Weil ich weiß, wie ich
damals dachte, kann ich diese Weltanschauung
auch in ihrem tiefsten Wesen erkennen, sehe ihre
Mängel vielleicht leichter als andere, die einen
andern Bildungsgang durchgemacht. Meine Berufsstudien sind ja Mathematik und Naturwissenschaft.

Die Ansichten, welche Euer Hochwohlgeboren über den
Darwinismus haben, scheinen mir die einzig
zu sein für das Urteil der späteren Zeit darüber. Von
einer Correctur des Zeitbegriffes hat man wirklich
das Heil der Wissenschaft in mannigfacher Hinsicht
zu erwarten. Gewiss wird auf diese Weise mehr erreicht
werden, als durch die vergeblichen Bemühungen Carneri's
und anderer, welche den Darwinismus auch mit allen
seinen Unwahrheiten und Unklarheiten mit der
Ethik in Vereinigung bringen wollen.

Schliesslich erlaube ich mir, wenn Euer Hochwohlgeboren
diese Bitte nicht unbillig finden sollten, recht sehr
zu bitten mir nur mit wenigen Zeilen Ihr Urteil
über das in der Abhandlung Ausgesprochene mitteilen zu wollen. Wenn ich mit dieser Kühnheit
allzusehr über den Grenzen des gewöhnlichen Anstandes
heraustrete, so habe ich dafür in der Tat nichts
zu meiner Entschuldigung als meinglühenden Eifer
für die Wahrheit und den Gedanken, dass Euer Hoch,
wohlgeboren einem Ihrer Verehrer es gewiss verzeihen werden,
wenn er um dieser Willen sich etwas zu tun erdreistet,

Ich erlaube mir nämlich, die beiliegende Abhandlung zu übersenden. Der Druck derselben wurde bisher durch äußerliche Umstände verhindert, und ich ließ daher eine Abschrift derselben anfertigen. Euer Hochwohlgeboren werden aus derselben ersehen, daß Ihre hochgeschätzten Schriften, die ich vollständig gelesen, vielfache Anregungen zu derselben gegeben haben. Ich glaube, es muß einmal Ernst gemacht werden gegen jene Auffassung der Welt, welche nur Atom und mechanische Vorgänge anerkennen will. Meine Abhandlung scheint mir den Punkt zu berühren, auf den es allein ankommt. Der linkische Stil und die vielleicht nicht überall ganz klare Darstellung dürften wohl der Sache Eintrag tun. Ich habe einstmals mich ganz in die mechanisch-materialistische Naturauffassung hineingelebt, hätte auf ihre Wahrheit ebenso geschworen, wie es viele andere der Jetztzeit machen; aber ich habe auch die Widersprüche, die sich aus derselben ergeben, selbst durchlebt. Was ich vorbringe, ist daher nicht bloße Dialektik, sondern eigene innere Erfahrung. Weil ich weiß, wie ich damals dachte, kann ich diese Weltanschauung auch in ihrem tiefsten Wesen erkennen, sehe ihre Mängel vielleicht leichter als andere, die einen anderen Bildungsgang durchgemacht. Meine Berufsstudien sind ja Mathematik und Naturwissenschaft.

Die Ansichten, welche Euer Hochwohlgeboren über den Darwinismus haben, scheinen mir die Keime zu sein für das Urteil der späteren Zeit darüber. Von einer Korrektur des Zeitbegriffes hat man wirklich das Heil der Wissenschaft in mannigfacher Hinsicht zu erwarten. Gewiß wird auf diese Weise mehr erreicht werden, als durch die vergeblichen Bemühungen Carneris und anderer, welche den Darwinismus auch mit allen seinen Unwahrheiten und Unklarheiten mit der Ethik in Vereinigung bringen wollen.

Schließlich erlaube ich mir, wenn Euer Hochwohlgeboren diese Bitte nicht unbillig finden sollten, recht sehr zu bitten, mir nur mit wenigen Zeilen Ihr Urteil über das in der Abhandlung Ausgesprochene mitteilen zu wollen. Wenn ich mit dieser Kühnheit allzu sehr über die Grenzen des gewöhnlichen Anstandes heraustrete, so habe ich dafür

in der Tat nichts zu meiner Entschuldigung als meinen glühenden Eifer für die Wahr-
heit und den Gedanken, daß Euer Hochwohlgeboren einem Ihrer Verehrer es gewiß
verzeihen werden, wenn er um dieser willen sich etwas zu tun erdreistet, was in jedem
anderen Falle Frechheit wäre.

Mit ausgezeichneter Hochachtung

Rudolf Steiner

Adresse von morgen an: Brunn am Gebirge, Nieder-Österreich.

Obwohl seine naturwissenschaftlichen Pflichtstudien weitere Bemühungen, auf diesem
Gebiete zu forschen, zunächst nicht zuließen, waren es immer wieder naturwissenschaftliche Probleme, vor allem auf den Gebieten der Wärmelehre (kinetische Gas-
theorie) und der Optik, die ihn zu weiteren erkenntnistheoretischen Studien drängten.

Entscheidend waren hier seine Untersuchungen auf dem Gebiete der Optik, durch
die er erstmals auf Goethes ›Naturwissenschaftliche Schriften‹ aufmerksam wurde, deren
Herausgabe innerhalb Kürschners ›Deutscher Nationalliteratur‹ und der Weimarer
›Sophienausgabe‹ er wenige Jahre später auf Veranlassung seines Lehrers, Professor
Karl Julius Schröer, besorgte. Jedoch noch gänzlich unbeeinflußt von Goethe stellte er
fest, daß Licht als solches gar nicht sinnlich wahrgenommen wird. »... Es werden
›Farben‹ wahrgenommen *durch* Licht, das sich in der Farbwahrnehmung überall offenbart, aber nicht selbst sinnlich wahrgenommen wird. ›Weißes‹ Licht ist nicht Licht,
sondern schon Farbe. So wurde mir das Licht eine wirkliche Wesenheit *in der Sinnes-*
welt, die aber selbst außersinnlich ist.«[16] Daran anknüpfend sagte er sich: »Die Farbe
wird nicht nach Newtonscher Denkungsweise aus dem Lichte hervorgeholt; sie kommt
zur Erscheinung, wenn dem Lichte Hindernisse seiner freien Entfaltung entgegengebracht werden.«[17]

Rudolf Steiner stimmte mit Goethe darin überein, daß Farben ›Modifikationen des
Lichtes‹ sind, daß Licht eine ›geistige Entität‹[18], das allen Farbempfindungen Gemeinsame ist. Dabei stützte er seine Auffassungen über Licht und Farbe nicht allein auf theo-
retisch-physikalische oder philosophische Überlegungen, sondern auch auf eigene experi-
mentelle Versuchsanordnungen. »Ich empfand damals die Notwendigkeit, durch eigenes
Gestalten gewisser optischer Experimente die *Gedanken,* die ich über das Wesen des
Lichtes und der Farben ausgebildet hatte, an der *sinnlichen Erfahrung* zu prüfen. Es
war für mich nicht leicht, die Dinge zu kaufen, die für solche Experimente notwendig
waren ... Mit den gebräuchlichen Versuchsanordnungen der Physiker war ich durch
die Arbeiten in dem Reitlingerschen physikalischen Laboratorium bekannt. Die mathematische Behandlung der Optik war mir geläufig, denn ich hatte gerade über dieses
Gebiet eingehende Studien gemacht. – Trotz aller Einwände, die von seiten der Physiker gegen die Goethesche Farbenlehre gemacht werden, wurde ich durch meine eigenen Experimente immer mehr von der gebräuchlichen physikalischen Ansicht zu
Goethe hin getrieben.«[19]

Über das Wesen einiger naturwissenschaftlicher Grundbegriffe

Fragenbeantwortung aus dem Jahre 1919

I.) Atome sind anzusehen als ideelle Rauminhalte; das Inhaltlich sind die Ergebnisse von sich begegnenden Kräfterichtungen — z. B. Kräfterichtung

a b a wirken im Raume; durch ihre Begegnung wird eine Kraftresultante bewirkt, die als Atom von tetraedrischem Charakter wirkt.

Elemente sind der Ausdruck bestimmter Kraftbegegnungen; dass sie sich als solche offenbaren, beruht darauf, dass die eine Kraft in ihrer Begegnung mit einer andern eine Wirkung hervorbringt; während andere Kraftwirkungen gegen einander unwirksam sind.

Krystalle sind die Ergebnisse complicierterer Kraftbegegnungen; Atome die der einfachsten.

Amorphe Massen ergeben sich durch die Neutralisierung der Kraftrichtungen.

II.) Kraft ist die einseitig räumlich angesehene Offenbarung des Geistes. Man kann nicht sagen, dass Kraft auf die Materie wirke, da Materie nur in der Anordnung der Wirkungen sich begegnender Kraftstrahlen besteht. Es geht niemals eine Energieform auf die andere über; sowenig wie das Tun des Einen Menschen in das des andern. Was übergeht, ist nur der arithmetische Maß ausdruck. Geht mechanische in Wärmeenergie über, so ist der reale Vorgang: es ist einem bestimmten Quantum mech. Energie im Stande in einem Geistwesen, das als Wärme sich offenbart, ein bestimmtes Quantum dieser Offenbarung anzuregen. (So ist das in gesunder Art noch bei J. R. Mayer. Erst Helmholtz hat die Sache verwirrt).

III. Weder Ton noch Wärme, noch Licht, noch Electricität sind Schwingungen, so wenig als ein Pferd eine Summe von Galopphüpfern ist. Ton z. B. ist ein

Wie intensiv sich Rudolf Steiner mit der Farbenlehre Goethes, aber auch Newtons auseinandergesetzt hat, wird deutlich in der von ihm herausgegebenen Goetheschen Farbenlehre, die er mit nahezu fünfzehnhundert Kommentaren versah. Seine Einleitung zur Farbenlehre sowie weitere ausführliche Einleitungen zu anderen Sachgebieten (Die Entstehung der Metamorphosenlehre / Goethes Erkenntnisart / Von der Kunst zur Wissenschaft / Die meteorologischen Vorstellungen Goethes u. a.) sind innerhalb der Rudolf-Steiner-Gesamtausgabe (Bibl.-Nr. 1) erschienen. In ihnen wird bereits der Grundstein zu Rudolf Steiners ›goetheanistischer Weltauffassung‹ gelegt; sie bieten daher eine gute Einstiegsmöglichkeit in seine Ideen und seine Art der Gedankenführung.

Im Jahre 1894 stellte er seine bis dahin gewonnenen Anschauungen in seinem wohl bedeutendsten Werk, in der ›Philosophie der Freiheit‹ dar, nachdem er bereits in seiner Doktor-Dissertation, die unter dem Titel ›Wahrheit und Wissenschaft, Vorspiel einer Philosophie der Freiheit‹ zwei Jahre zuvor erschienen war, die Voraussetzungen für eine Erkenntnistheorie und das Problem des Verhältnisses von Erkennen und Wirklichkeit einer umfassenden philosophischen Betrachtung unterzogen hat. Die folgenden Sätze aus seinem Aufsatz ›Die Natur und unsere Ideale‹ bilden nach seinen eigenen Worten eine Art ›Urzelle‹ dieses Buches: »Unsere Ideale sind nicht mehr flach genug, um von der oft so schalen, so leeren Wirklichkeit befriedigt zu werden. – Dennoch kann ich nicht glauben, daß es keine Erhebung aus dem tiefen Pessimismus gibt, der aus dieser Erkenntnis hervorgeht. Diese Erhebung wird mir, wenn ich auf die Welt unseres Innern schaue, wenn ich an die Wesenheit unserer idealen Welt näher herantrete. Sie ist eine in sich abgeschlossene, in sich vollkommene Welt, die nichts gewinnen, nichts verlieren kann durch die Vergänglichkeit der Außendinge. Sind unsere Ideale, wenn sie wirklich lebendige Individualitäten sind, nicht Wesenheiten für sich, unabhängig von der Gunst oder Ungunst der Natur? Mag immerhin die liebliche Rose vom unbarmherzigen Windstoße zerblättert werden, sie hat ihre Sendung erfüllt, denn sie hat hundert menschliche Augen erfreut; mag es der mörderischen Natur morgen gefallen, den ganzen Sternenhimmel zu vernichten: durch Jahrtausende haben Menschen verehrungsvoll zu ihm emporgeschaut, und damit ist es genug. Nicht das Zeitendasein, nein, das innere Wesen der Dinge macht sie vollkommen. Die Ideale unseres Geistes sind eine Welt für sich, die sich auch für sich ausleben muß, und die nichts gewinnen kann durch die Mitwirkung einer gütigen Natur. – Welch erbarmungswürdiges Geschöpf wäre der Mensch, wenn er nicht *innerhalb* seiner eigenen Idealwelt Befriedigung gewinnen könnte, sondern dazu erst der Mitwirkung der Natur bedürfte? Wo bliebe die göttliche Freiheit, wenn die Natur uns, gleich unmündigen Kindern, am Gängelband führend, hegte und pflegte? Nein, sie muß uns alles *versagen*, damit, wenn uns Glück wird, dies ganz das Erzeugnis unseres freien Selbstes ist. Zerstöre die Natur

◁ Notizen aus einer sich an einen Vortrag anschließenden Fragenbeantwortung, Stuttgart, Dezember 1919

Naturwissenschaftliche Abtheilung.

Der Rest der naturwissenschaftlichen Abtheilung scheint mir, nachdem ich eine Prüfung des vorhandenen Handschriftenmaterials vorgenommen habe, — im Einklange mit Joseph's letztwilligen Anordnungen — in folgende Reihe anzuordnen:

Morphologisches.

1. Alles auf Botanik bezüglich.
(Bildung und Umbildung org. Naturen, Metamorphose, Geschichte des bot. Studiums, Entwürfe über Vorarbeiten und Nacharbeiten, Recensionen. Zur Pflanzenlehre Paralipomena.) } 1 Band.

2. Alles auf Zoologie und Anatomie bezüglich
(Zwischenknochen, Zoologisches, Physiologisches, Paralipomena.) } 1 Band.

I. Mineralogie, Geologie, Meteorologie. } 1. Band.
(Geol. Aufsätze u. ... Geolog. Schemata)

III. Zur Naturwissenschaft im Allgemeinen
Naturwissenschaftliche Einzelheiten } 2 Bände.
(Alles, was Goethe über allg. Naturanschauungen,
Methode, Haltung der Wissenschaften u. s. w. ausspricht)

Weimar, d. 2 August 1889.   Rud. Steiner.

Suphan

Arbeitsplan für die Herausgabe von Goethes Naturwissenschaftlichen Schriften

Zyklus 2. Die Elektrizität im Hause und im Gewerbe.

Mit zahlreichen Experimenten und dem Besuche elektrischer Betriebe.

Ingenieur Heinz Bauer.

Achtmal zwei Stunden. Sitzungssaal der Allgemeinen Elektrizitäts-Gesellschaft, N.W., Luisenstr. 35. Montags Abend 8—10 Uhr. Beginn: 19. Oktober, Schluss: 7. Dezember. Hörgebühr: 7 resp. 6 Mk.
Der elektrische Strom und seine Eigenschaften.
Elemente.
Telegraphie (Haustelegraphie, Ferntelegraphie).
Telephonie.
Galvanoplastik.
Dynamomaschinen.
Transformatoren.
Akkumulatoren.
Motoren.
Fahrzeuge (Elektromobile, Bahnen).
Bogenlampen (Einfache, Dauerbrand-, Flammenbogenlampen).
Glühlampen (Kohlenfaden-, Nernst, Osmiumlampen).
Hilfsapparate (Messinstrumente, Elektrizitätszähler usw.).

Zyklus 3. Drahtlose Telegraphie.

Dr. H. Lux.

Vierstündig. Rathaus, Zimmer 109. Montags Abend 8—9 Uhr. Beginn: 19. Oktober, Schluss: 9. November. Hörgebühr: 2 resp. 1,50 Mk.
Einführung in die elektrischen Theorien und Versuch einer mechanischen Erklärung der elektrischen Erscheinungen.

Zyklus 4. Geschichte der Mathematik und Physik.

Von dem Wiederaufleben der Wissenschaften bis zur Entdeckung der Berührungs-Elektrizität.

Dr. Rudolf Steiner.

Achtstündig. Köllnisches Gymnasium, C., Inselstr. 2—5, Klassenzimmer. Sonnabends Abend 9—10 Uhr. Beginn: 17. Oktober, Schluss: 5. Dezember. Hörgebühr: 4 resp. 3 Mk.
Es wird versucht werden, in möglichst allgemein verständlicher Art den Entwickelungsgang der beiden Wissenschaften von Galilei bis zu Volta darzustellen, um dadurch eine Grundlage zu schaffen für das Verständnis der Vorstellungen des neunzehnten Jahrhunderts. Sollte die Zyklus Anklang finden, so wird er im nächsten Vierteljahr bis zur Gegenwart fortgesetzt werden.

Programm der Freien Hochschule in Berlin

täglich, was wir bilden, auf daß wir uns täglich aufs neue des Schaffens freuen können! *Wir wollen nichts* der Natur, uns selbst *alles* verdanken!

Diese Freiheit, könnte man sagen, sie ist doch nur ein Traum! Indem wir uns frei dünken, gehorchen wir der ehernen Notwendigkeit der Natur. Die erhabensten Gedanken, die wir fassen, sind ja nur das Ergebnis der in uns blind waltenden Natur. – O, wir sollten doch endlich zugeben, daß ein Wesen, das sich selbst erkennt, nicht unfrei sein *kann!* ... Wir sehen das Gewebe der Gesetze über den Dingen walten, und das bewirkt die *Notwendigkeit.* Wir besitzen in unserem Erkennen die Macht, die Gesetzlichkeit der Naturdinge aus ihnen loszulösen und sollten dennoch die willenlosen Sklaven dieser Gesetze sein?«[20] Aber noch ein weiteres Motiv liegt dieser Schrift zugrunde, das er in seiner Lebensbeschreibung wie folgt darlegt: »Es gliederten sich mir dazumal die wahre Erkenntnis, die Erscheinung des Geistigen in der Kunst und das sittliche Wollen im Menschen zu einem Ganzen zusammen. In der menschlichen Persönlichkeit mußte ich einen Mittelpunkt sehen, in dem diese ganz unmittelbar mit

29

dem ursprünglichsten Wesen der Welt zusammenhängt ... Durch die Empfindung des wahren Schönen wollte ich den Geist schauen, der durch den Menschen wirkt, wenn er im Sinnlichen sich so betätigt, daß er sein eigenes Wesen nicht bloß geistig als freie Tat darstellt, sondern so, daß dieses sein Geisteswesen hinausfließt in die Welt, die zwar aus dem Geiste ist, aber diesen nicht unmittelbar offenbart. Durch die Anschauung des Wahren wollte ich den Geist *erleben,* der sich in seinem eigenen Wesen offenbart, dessen geistiger Abglanz die sittliche Tat ist, und zu dem das künstlerische Schaffen durch das Gestalten einer sinnlichen Form hinstrebt. Eine ›Philosophie der Freiheit‹, eine Lebensansicht von der geistdurstenden, in Schönheit strebenden Sinneswelt, eine geistige Anschauung der lebendigen Wahrheitswelt schwebte vor meiner Seele.«[21]

Über die *Zielsetzung* schreibt er an anderer Stelle: »In dem Hindeuten darauf, daß die Sinnenwelt in Wirklichkeit geistiger Wesenheit ist, und daß der Mensch als seelisches Wesen durch die wahre Erkenntnis der Sinneswelt in einem Geistigen webt und lebt, liegt das eine Ziel meiner ›Philosophie der Freiheit‹. In der Kennzeichnung der moralischen Welt als einer solchen, die ihr Dasein in dieser von der Seele erlebten Geistwelt aufleuchten und damit den Menschen in Freiheit an sich herankommen läßt, ist das zweite Ziel enthalten.«[22]

Die Bedeutung dieser Schrift – und damit überschreitet sie bis dahin übliche philosophische Abhandlungen – liegt darin, daß er nicht nur beschreibt, wie der Mensch die Dinge in der richtigen Weise *denken* kann, sondern wie er daraus zu einem sachgemäßen sittlichen *Handeln* kommt. Ihm kommt es darauf an, nicht nur eine ›moralische Phantasie‹ auszubilden, sondern das Jetzt in ein Zukünftiges zu verwandeln. Und er nennt dasjenige, was moralische Phantasie Wirklichkeit werden läßt ›moralische Technik‹. In ihrer engen Verbundenheit gehören beide – ›moralische Phantasie‹ und ›moralische Technik‹ – in das Gebiet der Wissenschaft hinein: »Das moralische Handeln setzt also voraus neben dem moralischen Ideenvermögen und der moralischen Phantasie die Fähigkeit, die Welt der Wahrnehmungen umzuformen, ohne ihren naturgesetzlichen Zusammenhang zu durchbrechen. Diese Fähigkeit ist *moralische Technik.* Sie ist in dem Sinne lernbar, wie Wissenschaft überhaupt lernbar ist. Im allgemeinen sind Menschen nämlich geeigneter, die Begriffe für die schon fertige Welt zu finden, als produktiv aus der Phantasie die noch nicht vorhandenen zukünftigen Handlungen zu bestimmen.«[23] Über den Zusammenhang des ethischen Individualismus mit der Freiheit sagt er in seinem ›biographischen‹ Vortrag vom 27. Oktober 1918: »Das, was ich niedergeschrieben hatte, war zunächst ein ethischer Individualismus. Das heißt, ich hatte zu zeigen, daß der Mensch nimmermehr frei werden könne, wenn nicht sein Handeln entspringe aus jenen Ideen, die in den Intuitionen der einzelnen menschlichen Individualität wurzeln. So daß dieser ethische Individualismus als letztes ethisches Entwicklungsziel des Menschen nur anerkannte den sogenannten freien Geist, der sich herausarbeitet sowohl aus dem Zwang der Naturgesetze wie auch aus dem Zwang von allen konventionellen sogenannten Sittengesetzen ... Erst die hierdurch gewonnenen

Gesetze verhalten sich zum menschlichen Handeln so wie die Naturgesetze zu einer besonderen Erscheinung. Sie sind aber durchaus nicht identisch mit den Antrieben, die wir unserem Handeln zugrunde legen. Will man erfassen, wodurch eine Handlung des Menschen dessen *sittlichem* Wollen entspringt, so muß man zunächst auf das Verhältnis dieses Wollens zu der Handlung sehen.«[24]

Der nachfolgende Brief Rudolf Steiners an den Philosophen Eduard von Hartmann, sowie eine Besprechung der ›Philosophie der Freiheit‹ in der ›Frankfurter Zeitung‹ vom 3. Dezember 1893 mögen das hier nur Angedeutete ergänzen und darüber hinaus einen Einblick geben in die Art, wie Rudolf Steiners Anschauungen von seiner Mitwelt aufgenommen wurden.[25]

Weimar, 1. November 1894

Hochgeschätzter Herr Doktor!

Vor allen Dingen bitte ich viele Male um Entschuldigung, wenn ich bis heute, also über alles Maß lange, mit dem Zurücksenden der ›Philosophie der Freiheit‹ gezögert habe. Ich habe in diesem Jahre unter fortwährendem *Drängen der Verlagsbuchhandlung den größten Teil der Schopenhauer-Ausgabe für die ›Cottasche Bibliothek der Weltliteratur‹ fertiggestellt und auch bereits zu vier Bänden die Korrekturen gelesen. Das alles neben meinen Arbeiten für die Weimarische und die Kürschnersche Goethe-Ausgabe. Das alles ist mühevoll und* zeitraubend.

Für die eingehende Berücksichtigung meines Buches bin ich Ihnen vielen Dank schuldig. Ihre Einwürfe haben mich im höchsten Maße gefördert. Sie dürfen mir es glauben, hochgeschätzter Herr Doktor, daß es mir schmerzliche Stunden bereitet hat und immerfort bereitet, in den erkenntnistheoretischen Grundfragen von Ihren Anschauungen abweichen zu müssen. Ich kann mich aber von der Richtigkeit der für den transzendentalen Realismus vorgebrachten Gründe nicht überzeugen. Ich glaube nämlich, auf Seite 115 bis 121 meiner ›Philosophie der Freiheit‹ gezeigt zu haben, wie der transzendentale Realismus sich im Bewußtsein aus dem naiven Realismus entwickelt, aber auch zugleich, daß der erstere, wenn er seine in sich widerspruchsvollen Elemente abstreift, in den immanenten Monismus einmünden muß. Ich zweifelte keinen Augenblick daran, daß der transzendentale Realismus die einzige annehmbare Weltanschauung sei, wenn ich die Erwägungen für richtig halten könnte, die dazu führen, den Satz aufzustellen: »Die Welt ist meine Vorstellung.« Ich bin der Meinung, daß man, um den transzendentalen Realismus zu begründen, auch probeweise nicht vom naiven Realismus ausgehen darf. Wenn man dies tut und dann zeigt, daß bei konsequentem Fortschreiten vom naiven Realismus sich herausstellt, daß dessen Voraussetzung, die Vorstellungsobjekte seien Dinge an sich, nicht gelten könne, so beweist man, wie ich glaube, nur, daß der naive Realismus kein Ausgangspunkt für die Philosophie ist. Man beweist, daß er einen »Widerspruch in sich« enthält und daß man mit seinen Voraussetzungen philo-

Rudolf Steiner, 1904

sophisch nichts anfangen kann. Man kann den naiven Realismus deshalb mit seinen eigenen Anschauungen weder beweisen noch widerlegen. Drews gesteht dies in seiner Besprechung meines Buches bis zu einem gewissen Grade auch zu, indem er behauptet, »es ist nur als eine argumentatio ad hominem anzusehen, wenn der transzendentale Realismus, um den naiven Realismus zu widerlegen, sich scheinbar auf dessen Standpunkt stellt«. Drews gesteht weiter zu, daß der transzendentale Realismus eine eigentliche Überzeugungskraft gar nicht aus dieser Widerlegung des naiven Realismus zieht, sondern aus der Anerkennung des fundamentalen Satzes: »Kein Objekt ohne Subjekt.« Ich kann diesem Satz nun aber keine andere als eine bloß logische Bedeutung zuerkennen. Er besagt für mich nichts weiter, als daß ›das Gegebene‹ in bezug auf das ›Ich‹ (diese beiden als Wahrnehmungsinhalt genommen) die logische Eigenschaft des Objektseins, das Ich die des Subjektseins erhält. Nicht aber wird über den Inhalt des als Objekt Auftretenden dadurch etwas ausgemacht, also auch nicht dieses: daß er meine Vorstellung ist. Es ist klar, daß, sobald das Axiom anerkannt wird: die Welt ist meine Vorstellung, meine philosophische Anschauungsweise unbedingt zum Phänomenalismus und subjektiven Idealismus führt. Nimmt man einmal die ganze empirische Welt in das Bewußtsein herein, dann kann man auch mit meinen Mitteln nicht wieder aus dem Bewußtsein heraus. Dann gilt für mich Ihre Bemerkung auf der letzten Seite meines Buches: »daß der Phänomenalismus mit unausweichlicher Konsequenz zum Solipsismus, absoluten Illusionismus und Agnostizismus führt und nichts getan ist, um diesem Rutsch in den Abgrund der Unphilosophie vorzubeugen, weil die Gefahr gar nicht erkannt ist«. Ich kann nur den Schritt nicht mitmachen, durch den die empirisch gegebene Welt in das Bewußtsein hereingenommen wird. Deshalb bin ich auch nicht Phänomenalist. Der empirisch gegebene Weltinhalt ist für mich nicht Bewußtseinsinhalt. Bewußtseinsinhalt ist für mich nicht die Feder, mit der ich schreibe (ich meine den empirisch gegebenen Inhalt), sondern dasjenige Bild der Feder, das zurückbleibt, wenn ich die Feder weglege und den Blick von ihr abwende, d. i. aber identisch mit der Erinnerungsvorstellung. Aber auch im Augenblicke des Wahrnehmens rechne ich nur soviel zum Bewußtseinsinhalt, als dann als Erinnerungsvorstellung zurückbleibt. Ich glaube nun nicht, daß die Erinnerung an eine Wahrnehmung bloß eine abgeblaßte Wiederholung der letzteren ist. Mir scheint die Erinnerungsvorstellung von dem Inhalte der Wahrnehmung numerisch verschieden zu sein. Denn wenn innerhalb meines Bewußtseins, ohne Zuhilfenahme der Wahrnehmung, eine Vorstellung zustande kommt, so kann ich den Inhalt derselben keineswegs als gleichwertig mit einem mir durch die Wahrnehmung gegebenen Inhalt ansehen. Wenn ich zum Beispiel aus einer Reisebeschreibung [mir] eine Vorstellung von einer Kirche mache (von der ich nie ein Bild gesehen habe), so kann dieses ebenso gut mit der später gesehenen Kirche kongruieren wie das Erinnerungsbild, das ich von der erst gesehenen Kirche mitnehme. Beide Bilder: die Erinnerungsvorstellung und die aus meinem Bewußtseinsinhalte kombinierte Vorstellung eines nicht wahrgenommenen Gegenstandes stehen für mich in gleichem Sinne dem Inhalte gegenüber, der mir im Akte des Wahrnehmens gegeben ist und den ich vom Bewußt-

seinsinhalt unterscheiden kann. Diesen letzteren Inhalt kann ich nicht ins Bewußtsein hereinnehmen. Er kann mir deshalb auch nicht Bewußtseinsphänomen sein. Hier liegt für mich die Schwierigkeit und die Unmöglichkeit, mich zum transzendentalen Realismus zu bekennen. Eine andere ist dann die, daß ich in der gesamten mir bekannten philosophischen Literatur für das Transzendente keinen Inhalt finden kann. Alle dem Transzendenten beigelegten Qualitäten sind nur Entlehnungen aus der Sphäre des immanenten Weltinhaltes. Ich finde das Tor nicht, das uns aus dem Immanenten in das Transzendente führt. Deshalb suche ich die Elemente der Welterklärung bloß im Gebiete des Immanenten. Und mit dieser erkenntnistheoretischen Ansicht verträgt sich nur der ethische Standpunkt, der auch die sittlichen Ideale im Gebiete des Immanenten, das heißt innerhalb des menschlichen Bewußtseins entspringen läßt. Diese Anschauung führt aber notwendig zum ethischen Individualismus. Denn innerhalb des Immanenten kann von sittlichen Ideen nur als von Gedanken des individuellen Bewußtseins gesprochen werden. Deshalb muß ich an die Stelle der sittlichen Einsicht die moralische Phantasie setzen. Die Frage: warum die in verschiedenen Köpfen entstehenden sittlichen Ideale nicht ganz verschieden, sondern im wesentlichen zusammenstimmend sind, scheint mir eine unberechtigte zu sein, da die Vereinzelung in verschiedene individuelle Bewußtseine mir vor dem zusammenfassenden Blicke zu verschwinden scheint. Ich glaube sogar, daß die Individualisierung des Einzelbewußtseins ein bloß logischer Prozeß ist, der innerhalb des Immanenten vollzogen wird und auch innerhalb des Immanenten wieder aufgelöst werden kann. Das sittliche Ideal, das ich denke, ist numerisch identisch mit dem, das ein anderer denkt. Es scheint dies nur deshalb nicht zu sein, weil es verknüpft ist mit gewissen Wahrnehmungsinhalten der Welt, die nicht numerisch identisch sind, nämlich mit den organischen Individuen. Diese sind aber nur nicht numerisch identisch, weil sie räumlich-zeitliche Wesenheiten sind. Wo aber die Begriffe Raum und Zeit aufhören Bedeutung zu haben, wie in der Sphäre des Ethischen, da hört auch die Möglichkeit auf, von Numerisch-Verschiedenem zu sprechen. Deshalb hat auch der Ausdruck ethischer Individualismus nur Sinn, solange ich davon spreche, daß das ethische Ideal zunächst verknüpft mit einem individuellen organischen Wesen erscheint, nicht aber, wenn ich von seiner Verknüpfung mit dem Weltinhalte spreche. Ich empfinde es auch als einen Mangel meines Buches, daß es mir nicht hat gelingen wollen, die Frage ganz klar zu beantworten, inwiefern das Individuelle doch nur ein Allgemeines, das Viele ein Eines ist. Aber dies ist vielleicht die schwierigste Aufgabe einer Philosophie der Immanenz. Ich arbeite fortwährend daran, den Ausgleich zwischen den zwei Dingen zu finden, auf die Sie in Ihrer Bemerkung zu Seite 242 meines Buches hindeuten: Dem Panlogismus Hegels und dem Goetheschen Individualismus. Nur bin ich mit dem Ausdruck: ›transzendenten‹ Panlogismus in bezug auf Hegel nicht einverstanden. Ich glaube, daß Hegels Panlogismus durchaus immanent ist. Hegels Logik scheint mir nichts zu sein, auch im Sinne ihres Urhebers nichts sein zu wollen als Darstellung des der Welt immanenten Ideengehaltes. Ich glaube mich von Hegel in gar nichts zu unterscheiden, sondern nur einzelne Konsequenzen seiner Lehre zu ziehen.

Soll die Idee Wirklichkeit haben, dann muß der Erkenntnisprozeß ein realer *und kein bloß logischer sein, das heißt Wahrnehmung und subjektiver Begriff können nur (einseitige) Momente der Wirklichkeit sein; diese selbst ist erst in der vom Erkenntnisprozeß herbeigeführten Durchdringung (in der von der Idee aufgesaugten Einzelwahrnehmung) gegeben. Die sittliche Idee aber ist auch nur eine einzelne, ihrer Erscheinungsweise im Individuum nach, eine allgemeine aber im logischen Zusammenhange betrachtet. Die ganze Schwierigkeit scheint mir darin zu liegen, daß unser* Leben ein *individuelles, unsere Betrachtung als denkende eine ins* allgemeine *gehende ist; beide Standpunkte scheinen mir aber im höheren Sinne wieder einer Vereinigung fähig zu sein, indem wir – zwar* nicht in *mystischer, wohl aber in logisch-ideeller Weise – das Individuelle des Bewußtseins abstreifen und erkennen, daß wir im Denken eigentlich gar nicht mehr Einzelne sind, sondern lediglich ein allgemeines Weltleben mitleben. Obwohl ich ein Feind aller Mystik bin, scheint mir hier der logische Kern der mystischen Lehren zu liegen.*

Glauben Sie nicht, hochgeschätzter Herr Doktor, daß ich aus irgendeiner Art von Eigensinn auf meiner zum transzendentalen Realismus gegnerischen Anschauung verharre. Ich würde diesen sogleich akzeptieren, trotz allem, was ich in anderem Sinne geschrieben habe, wenn ich seine Beweise für stichhaltig ansehen könnte. Daß ich die zum Subjektivismus führenden Gedankengänge durchaus nachdenken kann, werden Sie aus beiliegender Einleitung zu Schopenhauers Werken ersehen.

Ihre Notizen zu meinem Buche, die ich mir abgeschrieben habe, werden mir bei einer irgendwie gearteten neuen Darstellung meiner Gedanken sehr zustatten kommen. Für ein öffentliches Aussprechen Ihrer Einwendungen wäre ich Ihnen sehr dankbar.

Ihr Sie hochschätzender

Rudolf Steiner

Weimar, den 1. November 1897

Hochgeschätzter Herr Doctor!

Vor allen Dingen bitte ich viele Male um Entschuldigung, wenn ich bis heute, also über alles Maß lange, mit dem Zurücksenden der „Philosophie der Freiheit" gezögert habe. Ich habe in diesem Jahre unter fortwährendem Drängen der Verlagsbuchhandlung den grössten Teil der Schopenhauer-Ausgabe für die Cotta'sche Bibliothek der „Weltlitteratur" fertig gestellt, auch bereits zu 4 Bänden die Correcturen gelesen. Das alles neben meinen Arbeiten für die Weimarische und die Kürschner'sche Goethe-Ausgabe. Das alles ist mühevoll und zeitraubend.

Für die eingehende Berücksichtigung meines Buches bin ich Ihnen vielen Dank schuldig. Ihre Einwürfe haben mich in hohem Maße gefördert. Sie dürfen mir es glauben, hochgeschätzter Herr Doctor, daß es mir schmerzlich Kummer bereitet hat und immerfort bereitet, in den erkenntnistheoretischen Grundfragen von Ihnen Anschauungen ab-

weichen zu müssen. Ich kann mich aber von der Richtigkeit der für den transcendentalen Realismus vorgebrachten
Gründe nicht überzeugen. Ich glaube nämlich auf S. 115 — 121
meiner „Philosophie der Freiheit" gezeigt zu haben, wie der
transcendentale Realismus sich im Bewußtsein aus dem
naiven Realismus entwickelt, aber auch zugleich, daß
der erstere, wenn er seine in sich widerspruchsvollen Elemente
abstreift, in den immanenten Monismus einmünden
muß. Ich zweifelte keinen Augenblick daran, daß der
transcendentale Realismus die einzige annehmbare Weltanschauung sei, wenn ich die Erwägungen für richtig halten
könnte, die dazu führen den Satz aufzustellen: „die Welt
ist meine Vorstellung". Ich bin der Meinung, daß man,
um den transcendentalen Realismus zu begründen, auch
probeweise nicht vom naiven Realismus ausgehen darf.
Wenn man dies thut, und dann zeigt, daß bei consequentem
Fortschreiten vom naiven Realismus sich herausstelle, daß
dessen Voraussetzung „= die Vorstellungsobjecte seien Dinge
an sich," nicht gelten könne, so beweist man, wie ich glaube nur, daß der naive Realismus kein Ausgangspunkt
für die Philosophie ist. Man beweist, daß er einen Widerspruch
in sich" enthält, und daß man mit seinen Voraussetzungen

37

Dr. Rudolf Steiner
Die Philosophie der Freiheit
Grundzüge einer modernen Weltanschauung
Verlag Emil Felber, Berlin [1894]

Besprechung in ›Frankfurter Zeitung‹, Nr. 335. Viertes Morgenblatt. 38. Jahrgang, Sonntag, 3. Dezember 1893

Wenn dem Leser dieses Buch zu Händen kommt, so soll er sich nicht davon abschrecken lassen, daß in dem Titel von Philosophie die Rede ist, die nach einer landläufigen Meinung nur unpraktische Grübler beschäftigt, sowie von einer Freiheit, die in unsern Tagen vor dem Glanz der Notwendigkeit und der Autorität stark verblaßt ist. Das Buch enthält wirklich, was es im weiteren verspricht: die Grundzüge einer modernen Weltanschauung, mit einer Menge anregender Ausführungen und packender Gedanken. Der Verfasser greift das Philosophieren am rechten Flecke an; ehe er über die Welt denkt, will er wissen, was das Denken ist und welche Rolle es in der Welt spielt. Das Ergebnis seiner Ausführungen ist: »Im Denken halten wir das Weltgeschehen an einem Zipfel, wo wir dabeisein müssen, wenn etwas zustande kommen soll. Und das ist gerade das, worauf es ankommt. Das ist gerade der Grund, warum wir den Dingen rätselhaft gegenüberstehen, daß ich an ihrem Zustandekommen so unbeteiligt bin; ich finde sie einfach vor; beim Denken aber weiß ich, wie es gemacht wird. Daher gibt es keinen ursprünglicheren Ausgangspunkt für das Betrachten alles Weltgeschehens als das Denken.« Das Denken ist das Element, das unsere besondere Individualität mit dem Kosmos zu einem Ganzen zusammenschließt. Indem wir empfinden und fühlen, sind wir einzelne; indem wir denken, sind wir das All-Eine-Wesen, das Alles durchdringt. Aus dieser Rolle des Denkens, als Teil des Weltgeschehens, gelangt der Verfasser in logischer Weise zu seinem Freiheitsbegriff, der uns das menschliche Handeln als ein uns bewußtes darstellt und erklärt, sowie zu den übrigen Grundpfeilern seines Systems, das ein rein monistisches ist, also weder die Krücke des Offenbarungsglaubens braucht, noch auf die Künsteleien der dualistischen Weltauffassung angewiesen ist. Daneben gibt er auch wichtige kritische Beleuchtungen herrschender Systeme wie des Kantschen, Schopenhauerschen, Hartmannschen, und der Materialismus wird gerade so in die Rumpelkammer verwiesen wie der ideologische Idealismus. Dabei ist alles frisch geschrieben, verständlich gehalten, ein intellektueller Genuß und anregend für jeden denkenden Menschen. Daß es nur Grundzüge und vielfach auch nur Bruchstücke sind, die der Verfasser uns bietet, zeigt sich an verschiedenen Stellen. So zum Beispiel tritt ganz unvermittelt der Begriff der Sittlichkeit auf und auch das größtmögliche Wohl der Gesamtheit wird ohne weiteres als Ziel der sittlichen Entwicklung und als Motiv des sittlichen Einzelhandelns hingestellt; der Hinweis auf die moralische Phantasie, die sittliche Ideale schafft, erscheint uns hier zur Erklärung nicht genügend. Der Übergang ist nicht schwer, denn in dem Satze, daß der Mensch ein Teil des Weltgeschehens sei und in seinem Denken sich mit dem Ganzen eins wisse, hat der Verfasser den Faden in der Hand, der ihn sicher zum Sozialen, also zur Sittlichkeit hinüberführt. Vielleicht holt ein größeres Werk diese Ausführungen nach, wenn die Ideen des Verfassers, wie sie es verdienen, Anklang finden. Auch der vorliegenden Schrift hat er vor zwei Jahren einen Vorläufer vorausgeschickt unter dem Titel ›Wahrheit und Wissenschaft‹, die im Keime schon seine ausführliche Lehre enthält und im besonderen den Nachweis erbringt, daß die Ergebnisse der Wissenschaft wirkliche Lebenswahrheiten und als solche geeignet sind, eine wirkliche Weltanschauung, eine Art modernen Glaubensbekenntnisses zu werden. Die ›Philosophie der Freiheit‹ liefert wertvolle Grundlagen zu einer solchen wissenschaftlichen Weltanschauung, und darum sei das Werk allen denen empfohlen, deren Denken sich weder mit dem bequemen Mystizismus noch mit einem öden Materialismus begnügen kann. H.

Von der Erkenntnistheorie zur Anthroposophie

Methodisch gesehen knüpfen die erkenntnistheoretischen Schriften Rudolf Steiners an damals gebräuchliche philosophische Forschungsmethoden an. Ein Urteil über ihren Inhalt, so Rudolf Steiner, kann sich jeder verschaffen, ganz unabhängig davon, welche Stellung er zu der anthroposophisch orientierten Geisteswissenschaft einnimmt.

In seinen frühen Schriften hat er nachzuweisen versucht, daß der Mensch, indem er sich auf der Ebene bewegt, die man das ›reine Denken‹ nennt, über das rein Subjektive hinausgelangt, also das Wesen der objektiven Welt erlebt. Für den Bereich der *Geisterkenntnis* lehnt Steiner jede Form des Denkens ab, das sich unterhalb des ›reinen Denkens‹ befindet. Ein Urteil über wirkliche geistige Erkenntnisse wird somit nur dem zugestanden, der bereit ist, sich in diese Sphäre hineinzubegeben, d. h. wenn er sich von rein Vorstellungsmäßigem, Erinnerungsmäßigem, noch in Wahrnehmungen sinnlicher Art Befindlichem zu lösen vermag. Dabei kommt es nun darauf an, daß der Mensch nicht nur in Gedanken lebt, sondern daß er seine Denktätigkeit *erlebt*. Dadurch ›emanzipiert‹ sich die Seele von demjenigen, was sie in ihrem gewöhnlichen Denken vollführt. Übt man sich in den verschiedenen Arten des Erlebens der Denktätigkeit, so erreicht man eine Erlebnisebene, in der sich die Seele gänzlich loslöst »von demjenigen Denken und Vorstellen, das an die leiblichen Organe gebunden ist . . . Die hier gemeinte Seelenarbeit besteht in der *unbegrenzten Steigerung* von Seelenfähigkeiten, welche auch das gewöhnliche Bewußtsein kennt, die dieses aber in solcher Steigerung nicht anwendet.«[1] Dadurch schafft sich der Mensch Erfahrungstatsachen, die er mittels verschiedenster innerer Schulungswege, wie sie bereits skizzenhaft beschrieben wurden, erweitern und vertiefen kann.

Rudolf Steiner sah sich immer wieder vor die Aufgabe gestellt, das, was die Anthroposophie von philosophischen und psychologischen Abhandlungen und Lehren, die die Wissenschaft um die Jahrhundertwende geprägt haben, unterscheidet, auch vor Wissenschaftlern darzulegen und zu begründen. So folgte er unter anderem im Jahre 1911 einer Einladung zum 4. Internationalen Philosophie-Kongreß in Bologna, wo er eine grundlegende Darstellung über die Anthroposophie, so wie sie insbesondere in der Auseinandersetzung mit aktuellen Fragen damaligen wissenschaftlichen Lebens erlebt werden konnte, gab. Der Übergang von der Philosophie zur Anthroposophie wird hier besonders deutlich herausgearbeitet.

Rudolf Steiner beginnt seinen Vortrag mit einer eingehenden Kritik an damals führenden empirischen Forschungsmethoden, die in der Feststellung gipfelt, daß aus den durch empiristische Methoden gewonnenen Resultaten alles das ausgeschlossen ist, was »innerhalb der subjektiven Erlebnisse der menschlichen Seele eine Bedeutung hat.«[2] Darin liegt – läßt man einmal andere Gesichtspunkte unberücksichtigt – für ihn eine Ursache dafür, daß man stets von Erkenntnisgrenzen spricht. Innerhalb der anthroposophischen Auffassung bedeutet der Erkenntnisvorgang dasjenige, »was sich nicht unmittelbar aus einer Betrachtung der menschlichen Wesenheit und ihrer Beziehung zur Außenwelt ergibt. Sie glaubt aufgrund sicherer Tatsachen des Seelenlebens behaupten zu dürfen, daß Erkenntnis nichts Fertiges, Abgeschlossenes, sondern etwas Fließendes, Entwicklungsfähiges ist. Sie glaubt hinweisen zu dürfen darauf, daß es hinter dem Umkreis des normal bewußten Seelenlebens ein anderes gibt, in welches der Mensch eindringen kann. Und es ist notwendig zu betonen, daß mit diesem Seelenleben nicht dasjenige gemeint ist, was man gegenwärtig als ›Unterbewußtsein‹ zu bezeichnen gewohnt ist. Dieses ›Unterbewußtsein‹ mag Gegenstand der wissenschaftlichen Forschung sein; es kann von dem Gesichtspunkte der gebräuchlichen Forschungsmethoden als Objekt untersucht werden. Mit jener Seelenverfassung, von welcher hier gesprochen werden soll, hat es nichts zu tun. Innerhalb *dieser* lebt der Mensch geradeso bewußt, sich logisch kontrollierend, wie er im Horizonte des gewöhnlichen Bewußtseins lebt. Nun muß diese Seelenverfassung erst durch bestimmte Seelenübungen, Seelenerlebnisse hergestellt werden. Sie kann nicht als ein gegebenes Faktum der menschlichen Wesenheit vorausgesetzt werden. In dieser Seelenverfassung tritt etwas auf, was als eine Fortentwicklung des menschlichen Seelenlebens bezeichnet werden darf, ohne daß bei dieser Fortentwicklung die Selbstkontrolle und die anderen Kennzeichen des bewußten Seelenlebens aufhören.«[3]

An diese einleitenden Worte schließt Rudolf Steiner nun eine umfassende Darstellung seiner Methode, Seelenerlebnisse durch Herstellen entsprechender Bedingungen erfahrbar zu machen, an. Folgender Ausschnitt, in dem die ersten solcher Übungen beschrieben werden, mag einen weiteren Einblick in die sehr umfangreiche ›Methodik‹ des anthroposophischen Schulungsweges geben:[4]

Eine geisteswissenschaftliche Betrachtungsart aufgrund gewisser psychologisch möglicher Tatsachen.

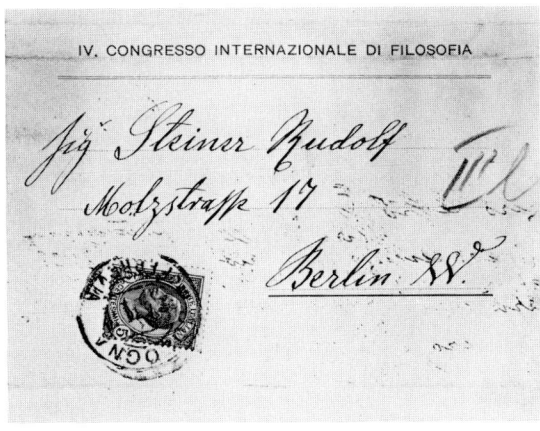

Sig. Steiner Rudolf
Motzstraße 17
Berlin W.

3.me CIRCULAIRE.

IV.me CONGRÈS INTERNATIONAL DE PHILOSOPHIE

SOUS LE HAUT PATRONAGE DE S. M. LE ROI D'ITALIE

BOLOGNA – 6-11 AVRIL 1911

Au nom du Comité d'organisation, et en nous rapportant aux précédentes circulaires, nous avons l'honneur de vous renouveler l'invitation à prendre part au IVme Congrès International de Philosophie qui aura lieu à Bologne du 6 au 11 Avril 1911, et en même temps de vous communiquer le programme des travaux du Congrès, des fêtes et des excursions arrangées pour les Congressistes.

PROGRAMME GÉNÉRAL

Mercredi 5 Avril.

Heures 20,30 - Réunion de la Commission Internationale Permanente à l'Université (Via Zamboni).

Heures 21 - « Rendez-vous des Congressistes à l'Université ».

Jeudi 6 Avril.

V.ème Section — *Philosophie de la Religion.*

A - RELATIONS (Thèmes de discussion spéciales).

1. ALESSANDRO CHIAPPELLI (Firenze) – Discorso inaugurale: *Il sistema della filosofia dello spirito.*
2. PRABHU DUTT SHASTRI (Oxford) – *The doctrine of Maja in Indian Philosophy.*
3. CARLO FORMICHI (Pisa) – *È il Buddismo una religione o una filosofia?*
4. RUDOLPH STEINER (Berlin) – *Die psychologischen Grundlagen und die erkenntnisstheoretische Stellung der Theosophie.*
5. ALBERT LECLÈRE (Fribourg) – *Le bilan de la philosophie religieuse.*
6. ROBERTO BENZONI (Genova) – *Limiti e valore dell'esperienza religiosa.*
7. GIOVANNI AMENDOLA (Firenze) – *La logica della vita religiosa.*
8. WINCENTY LUTOSLAWSKI – *Le messianisme polonais.*
9. EMIL JUNG (Salzburg) – *Radikaler Reformkatholicismus.*

B – COMMUNICATIONS.

1. BHAGAVAN DAS M. A. (Madras) – *The Metaphysic of Theosophy and Ancient Psychology.*
2. GAETANO SCORZA – *Come debbono essere trattate le questioni religiose.*
3. SALVATORE MINOCCHI (Firenze) – *La Trinità di Dio nel Cristianesimo primitivo.*

Einladung und Auszüge aus dem Programm des IV. Internationalen Philosophie-Kongresses in Bologna 1911

»Was hier charakterisiert wird, soll gelten als Seelenerlebnisse, die *erfahren* werden können, wenn gewisse Bedingungen in der menschlichen Seele hergestellt werden. Der erkenntnistheoretische Wert dieser Seelenerlebnisse soll erst nach ihrer einfachen Schilderung geprüft werden.

Als ›Seelenübung‹ kann bezeichnet werden, was vorzunehmen ist. Der Anfang wird damit gemacht, daß Seeleninhalte, die für gewöhnlich nur in ihrem Wert als Abbilder eines äußeren Wirklichen nach bewertet werden, von einem anderen Gesichtspunkte aus genommen werden. In den Begriffen und Ideen, die sich der Mensch macht, will er zunächst etwas haben, was Abbild oder wenigstens Zeichen eines außerhalb der Begriffe oder Ideen Liegenden sein kann. Der Geistesforscher in dem hier gemeinten Sinne sucht nach Seeleninhalten, die ähnlich sind den Begriffen und Ideen des gewöhnlichen Lebens oder der wissenschaftlichen Forschung; allein er betrachtet diese zunächst nicht in bezug auf ihren Erkenntniswert für ein Objektives, sondern er läßt sie in der eigenen Seele als wirksame Kräfte leben. Er senkt sie gewissermaßen als geistige Keime in den Mutterboden des seelischen Lebens und wartet in einer vollkommenen Seelenruhe ihre Wirkung auf das Seelenleben ab. Er kann dann beobachten, wie bei *wiederholter* Anwendung einer solchen Übung in der Tat die Verfassung der Seele sich ändert. Es muß aber ausdrücklich betont werden, daß die Wiederholung dasjenige ist, worauf es ankommt. Denn es handelt sich nicht darum, daß durch den Inhalt von Begriffen im gewöhnlichen Sinne nach Art eines Erkenntnisprozesses sich etwas in der Seele abspielt, sondern es handelt sich um einen realen Prozeß im Seelenleben. In diesem Prozeß wirken Begriffe nicht als Erkenntniselemente, sondern als reale Kräfte; und ihre Wirkung beruht auf dem oft *wiederholten* Ergriffen-werden des Seelenlebens von denselben Kräften. Und vorzüglich beruht alles darauf, daß die Wirkung in der Seele, welche erzielt worden ist durch das Erlebnis mit einem Begriff, als solche immer wieder ergriffen wird von der gleichen Kraft. Daher wird am meisten erzielt durch über längere Zeiträume sich erstreckende Meditationen über denselben Inhalt, die in bestimmten Zeiträumen wiederholt werden. Die Länge einer solchen Meditation kommt dabei wenig in Betracht. Sie kann sehr kurz sein, wenn sie nur bei absoluter Seelenruhe und bei vollkommener Abgeschlossenheit der Seele von allen äußeren Wahrnehmungseindrücken und von aller gewöhnlichen Verstandestätigkeit verläuft. Auf Isolation des Seelenlebens mit dem angedeuteten Inhalte kommt es an. Das muß gesagt werden, weil klar sein soll, daß niemand durch Vornahme solcher Übungen in seinem gewöhnlichen Leben gestört zu sein braucht. Die Zeit, welche zu ihnen notwendig ist, hat jeder Mensch in der Regel zur Verfügung. Und die Änderung, welche durch sie im Seelenleben eintritt, bewirkt, wenn sie richtig vollzogen werden, nicht den geringsten Einfluß auf die Bewußtseinskonstitution, welche zum normalen Menschenleben erforderlich ist. (Daß bei der Art, wie der Mensch nun einmal ist, Übertreibungen und Sonderbarkeiten vorkommen, die nachteilig sind, kann an der Ansicht über das Wesen der Sache nichts ändern.)

1. Charakter der Geheimwissenschaft.

Manuskriptseite der Schrift ›Die Geheimwissenschaft im Umriß‹

Nun sind zu der geschilderten Verrichtung der Seele die meisten Begriffe des Lebens am wenigstens brauchbar. Alle Seeleninhalte, welche im ausgesprochenen Maße auf ein außer ihnen liegendes Objektives sich beziehen, sind für die charakterisierten Übungen von geringer Wirkung. Es kommen vielmehr besonders solche *Vorstellungen* in Betracht, *welche man als Sinnbilder, Symbole bezeichnen kann.* Am fruchtbarsten sind diejenigen, welche sich in lebendiger Art zusammenfassend auf einen mannigfaltigen Inhalt beziehen. Man nehme als ein erfahrungsgemäß gutes Beispiel das, was *Goethe* als seine Idee von der ›Urpflanze‹ bezeichnet hat. Es darf darauf hingewiesen werden, wie er von dieser ›Urpflanze‹ einmal in Anlehnung an ein Gespräch mit *Schiller* mit wenigen Strichen ein symbolisches Bild gezeichnet hat. Auch hat er gesagt, daß derjenige, welcher dieses Bild in seiner Seele lebendig macht, an ihm etwas habe, aus dem durch gesetzmäßige Modifikationen alle möglichen Formen ersonnen werden können, welche die *Möglichkeit des Daseins* in sich tragen. Man mag zunächst über den objektiven Erkenntniswert einer solchen ›symbolischen Urpflanze‹ denken, wie immer: wenn man sie in dem angedeuteten Sinne in der Seele leben läßt, wenn man ihre Wirkung auf das Seelenleben in Ruhe abwartet, dann tritt etwas von dem ein, was man veränderte Seelenverfassung nennen kann. Die Vorstellungen, welche von den Geistesforschern als in dieser Beziehung brauchbare Symbole genannt werden, mögen zuweilen recht sonderbar erscheinen. Das Sonderbare kann abgestreift werden, wenn man bedenkt, daß solche Vorstellungen nicht nach ihrem Wahrheitswert im gewöhnlichen Sinne genommen werden dürfen, sondern daraufhin angesehen werden sollen, wie sie als reale Kräfte im Seelenleben wirken. Der Geistesforscher legt eben nicht Wert darauf, was die zur Seelenübung verwendeten Bilder *bedeuten,* sondern was unter ihrem Einflusse in der Seele erlebt wird. Hier können naturgemäß nur einzelne wenige Beispiele wirksamer symbolischer Vorstellungen gegeben werden. Man denke sich die menschliche Wesenheit im Vorstellungsbilde so, daß die mit der tierischen Organisation verwandte niedrige Natur des Menschen im Verhältnis zu ihm als Geisteswesen durch sinnbildliches Zusammensein einer Tiergestalt mit daraufgesetzter höchstidealisierter Menschenform (etwa wie ein Kentaur) erscheint. Je bildhaft-lebensvoller, inhaltsgesättigter das Symbol erscheint, um so besser ist es. Dieses Symbol wirkt unter den angeführten Bedingungen so auf die Seele, daß diese nach Verlauf einer – allerdings längeren – Zeit die inneren Lebensvorgänge in sich gestärkt, beweglich, sich gegenseitig erhellend empfindet. Ein altes, gut brauchbares Symbol ist der sogenannte ›Merkurstab‹, das heißt, die Vorstellung einer Geraden, um welche spiralig eine Kurve läuft. Man muß dann allerdings ein solches Gebilde als ein Kräftesystem sich verbildlichen, etwa so, daß längs der Geraden ein Kräftesystem läuft, dem gesetzmäßig ein anderes von entsprechend geringerer Geschwindigkeit in der Spirale entspricht. (Im Konkreten darf in Anlehnung daran vorgestellt werden das Wachstum des Pflanzenstengels und dazu gehörig das Sich-Ansetzen der Blätter längs desselben; oder auch das Bild des Elektromagneten. Im weiteren ergibt sich auf solche Art auch das Bild der menschlichen Entwicklung, die im Leben sich steigernden Fähigkeiten symbolisiert durch die Gerade; die Mannigfaltigkeit der Eindrücke entsprechend dem Lauf der Spirale und so weiter.) – Besonders bedeutungsvoll können mathematische Gebilde werden, insofern in ihnen Sinnbilder von Weltvorgängen gesehen werden. Ein gutes Beispiel ist die sogenannte ›Cassinische Kurve‹ mit ihren drei Gestalten, der ellipsenähnlichen Form der Lemnis-

Rudolf Steiner, 1915

Wie erlangt man Erkenntnisse der höheren Welten.

Von Dr. Rudolf Steiner

Es schlummern in jedem Menschen Fähigkeiten, durch die er sich Erkenntnisse über höhere Welten erwerben kann. Der Mystiker, der Gnostiker, der Theosoph sprechen von einer Seelen- und einer Geisterwelt, die für ihn ebenso vorhanden sind wie diejenige, die man mit physischen Augen sehen, mit physischen Händen betasten kann. Sein Zuhörer darf sich in jedem Augenblicke sagen: wovon dieser spricht, kann ich auch erfahren, wenn ich gewisse Kräfte in mir entwickle, die heute noch in mir schlummern. Es kann sich nur darum handeln, wie man es anzufangen hat, um solche Fähigkeiten in sich zu entwickeln. Dazu können nur diejenigen Anleitung geben, die schon in sich solche Kräfte haben. Es hat, seit es ein Menschengeschlecht giebt, auch immer Schulen gegeben, in denen solche, die höhere Fähigkeiten hatten, denen Anleitung gaben, die eben solche Fähigkeiten suchten. Man nennt solche Schüler Geheimschüler; und der Unterricht, welcher da erteilt wird, heißt geheimwissenschaftlicher, oder occulter Unterricht. Eine solche Bezeichnung erweckt naturgemäß Miss verständnis. Wer sie hört, kann leicht zu dem Glauben verführt werden, daß diejenigen, die in solchen Schulen thätig sind, eine besonders bevorzugte Menschenklasse darstellen wollen, die willkürlich ihr Wissen den Mitmenschen vorenthalten. Ja, man denkt wohl auch, daß vielleicht überhaupt nichts erhebliches hinter solchem Wissen stecke. Denn, wenn es ein wahres Wissen wäre - so ist man versucht zu denken - so brauchte man daraus kein Geheimnis zu machen: man könnte es öffentlich mitteilen und die Vorteile davon allen Menschen zugänglich machen.

Diejenigen, welche in die Natur des Geheimwissens eingeweiht sind, wundern sich nicht im geringsten darüber, daß die Uneingeweihten so denken. Worin das Geheimnis der Einweihung besteht, kann nur derjenige versehen, der selbst diese Einweihung in die höheren Geheimnisse des Daseins bis

kate und der aus zwei zusammengehörigen Ästen bestehenden Form. Es kommt in einem solchen Falle darauf an, die Vorstellung so zu erleben, daß dem Übergang der einen Kurvenform in die andere entsprechend mathematischer Gesetzmäßigkeit gewisse Empfindungen in der Seele entsprechen.

Zu diesen Übungen kommen dann andere.«

Der ausführlichen Darstellung weiterer Übungszusammenhänge folgt im letzten Teil eine Beschreibung der ›Erlebnisse des Geistesforschers‹ in Hinblick auf die Erkenntnistheorie:[5]

»Die hier gemachten Ausführungen werden erkennen lassen, daß der im rechten Sinne verstandenen Anthroposophie ein in sich streng zu systematisierender Entwicklungsweg der menschlichen Seele zu Grunde liegt und daß es ein Irrtum wäre zu glauben, daß in der Seelenverfassung des Geistesforschers etwas von dem lebt, was man im gewöhnlichen Leben als Enthusiasmus, Ekstase, Verzückung, Vision und so weiter bezeichnet. Gerade durch die Verwechselung der hier charakterisierten Seelenverfassung mit solchen Zuständen müssen die Mißverständnisse entstehen, welche der wahren Anthroposophie entgegengebracht werden können. Erstens wird durch diese Verwechselung der Glaube erweckt, als ob in der Seele des Geistesforschers ein Entrücktsein von der Selbstkontrolle des Bewußtseins vorhanden wäre, eine Art Streben nach unmittelbarer, instinktiver Schauung. Es ist aber das Gegenteil der Fall. Und von der gewöhnlich so genannten Ekstase, Vision, von allem landläufigen Sehertum entfernt sich die Seelenverfassung des Geistesforschers noch mehr als das gewöhnliche Bewußtsein. Selbst solche Seelenverfassungen, wie sie zum Beispiel *Shaftesbury*[6] im Auge hat, sind nebulose Innenwelten neben dem, was durch die Übungen des echten Geistesforschers angestrebt wird. Shaftesbury findet, daß durch ›kalten Verstand‹ ohne Entrücktsein des Gemütes zu tieferen Erkenntnissen kein Weg führt. Die wahre Geistesforschung nimmt den ganzen inneren Seelenapparat von Logik und Selbstbesonnenheit mit, wenn sie das Bewußtsein aus der sinnlichen in eine übersinnliche Sphäre zu verlegen sucht. Deshalb kann gegen sie auch nicht vorgebracht werden, daß sie das rationelle Element der Erkenntnis unberücksichtigt lasse. Sie kann allerdings ihren Inhalt nicht *nach* der Wahrnehmung in Begriffen denkerisch bearbeiten, weil sie das rationelle Element bei ihrem Hinausgehen aus der Sinnenwelt stets mitnimmt und es wie ein Skelett der übersinnlichen Erfahrung in aller übersinnlichen Wahrnehmung als einen integrierenden Bestandteil stets beibehält.

Es ist naturgemäß hier unmöglich, die Geistesforschung in Beziehung zu setzen zu den verschiedenen erkenntnis-theoretischen Richtungen der Gegenwart. Es soll deshalb – gleichsam probeweise – versucht werden, mit einigen – mehr aphoristischen – Bemerkungen auf die erkenntnis-theoretische Auffassung und deren Bezug zur Geistesforschung hinzuweisen, welche gegenüber dieser letzteren die größten Schwierigkeiten

◁ Manuskript aus ›Wie erlangt man Erkenntnisse der höheren Welten?‹

empfinden muß. Es ist vielleicht nicht unbescheiden, darauf hinzuweisen, daß man eine vollständige Grundlage für die Auseinandersetzung zwischen Philosophie und Anthroposophie aus meinen Schriften gewinnen kann: ›Wahrheit und Wissenschaft‹ und ›Philosophie der Freiheit‹.

Für die Erkenntnistheorie unserer Zeit ist es immer mehr zu einer Art Axiom geworden, daß in dem Bewußtseinsinhalte zunächst nur Bilder oder gar nur ›Zeichen‹ *(Helmholtz)*[7] des Transzendent-Wirklichen gegeben seien. Es braucht hier nicht auseinandergesetzt zu werden, wie die kritische Philosophie und die Physiologie (›spezifische Sinnesenergien‹, Ansichten von *Johannes Müller*[8] und seiner Nachfolger) zusammengewirkt haben, um eine solche Vorstellung zu einer scheinbar unabweislichen zu machen. Der ›naive Realismus‹, welcher in den Erscheinungen des Bewußtseinshorizontes etwas anderes sieht als Repräsentanten subjektiver Art für ein Objektives, galt in der philosophischen Entwicklung des neunzehnten Jahrhunderts als eine für alle Zeit überwundene Sache. Aus dem aber, was dieser Vorstellung zu Grunde liegt, ergibt sich fast mit Selbstverständlichkeit die Ablehnung des theosophischen Gesichtspunktes. Dieser kann ja für den kritischen Standpunkt nur als ein unmögliches Überspringen der im Wesen des Bewußtseins liegenden Grenzen angesehen werden. Wenn man eine unermeßlich große, scharfsinnige Ausprägung von kritischer Erkenntnistheorie auf eine einfache Formel bringen will, so kann man etwa sagen: Der kritische Philosoph sieht in den Tatsachen des Bewußtseinshorizontes zunächst Vorstellungen, Bilder oder Zeichen, und eine mögliche Beziehung zu einem Transzendent-Äußeren könne nur *innerhalb* des denkenden Bewußtseins gefunden werden. Das Bewußtsein könne sich eben nicht selber überspringen, könne nicht aus sich heraus, um in ein Transzendentes unterzutauchen. Solch eine Vorstellung hat in der Tat etwas an sich, was wie eine Selbstverständlichkeit erscheint. Und dennoch – sie beruht auf einer Voraussetzung, die man nur zu durchschauen braucht, um sie abzuweisen. Es klingt ja fast paradox, wenn man dem subjektiven Idealismus, der sich in der gekennzeichneten Vorstellung ausspricht, einen versteckten Materialismus vorwirft. Und doch kann man nicht anders. Es möge, was hier gesagt werden kann, durch einen Vergleich veranschaulicht werden. Man nehme Siegellack und drücke darin mit einem Petschaft einen Namen ab. Der Name ist mit allem, worauf es bei ihm ankommt, von dem Petschaft in den Siegellack übergegangen. Was nicht aus dem Petschaft in das Siegellack hinüberwandern kann, ist das Metall des Petschaft. Man setze statt Siegellack das Seelenleben des Menschen und statt Petschaft das Transzendente. Es wird dann sofort ersichtlich, daß man von einer Unmöglichkeit des Herüberwanderns des Transzendenten in die Vorstellung nur sprechen kann, wenn man sich den objektiven Inhalt des Transzendenten nicht spirituell denkt, was dann in Analogie mit dem vollkommen in das Siegellack herübergenommenen Namen zu denken wäre. Man muß vielmehr die Voraussetzung zum Behufe des kritischen Idealismus machen, daß der Inhalt des Transzendenten in Analogie zu denken sei zum Metall des Petschaftes. Das aber kann gar nicht anders geschehen, als wenn man die versteckte materialistische Voraussetzung macht, das Transzendente müsse durch ein materiell gedachtes Herüberfließen in die Vorstellung von dieser aufgenommen werden. In dem Falle, daß das Transzendente ein spirituelles ist, ist der Gedanke eines Aufnehmens desselben von der Vorstellung absolut möglich.

Eine weitere Verschiebung gegenüber dem einfachen Tatbestande des Bewußtseins geschieht von dem kritischen Idealismus dadurch, daß dieser außer acht läßt, welche faktische Beziehung zwischen dem Erkenntnisinhalte und dem ›Ich‹ besteht. Setzt man nämlich von vornherein voraus, daß das ›Ich‹ mit dem Inhalte der in Ideen und Begriffe gebrachten Weltgesetze außerhalb des Transzendenten stehe, dann wird es eben selbstverständlich, daß dies ›Ich‹ sich nicht überspringen könne, das heißt, stets außerhalb des Transzendenten bleiben müsse. Nun ist aber diese Voraussetzung gegenüber einer vorurteilsfreien Beobachtung der Bewußtseinstatsachen doch nicht festzuhalten. Es soll der Einfachheit halber zunächst hier auf den Inhalt der Weltgesetzlichkeit verwiesen werden, insofern dieser in mathematischen Begriffen und Formeln ausdrückbar ist. Der innere gesetzmäßige Zusammenhang der mathematischen Formeln wird innerhalb des Bewußtseins gewonnen und dann auf die empirischen Tatbestände angewendet. Nun ist kein auffindbarer Unterschied zwischen dem, was im Bewußtsein als mathematischer Begriff lebt, wenn dieses Bewußtsein *seinen* Inhalt auf einen empirischen Tatbestand bezieht; oder wenn es diesen mathematischen Begriff in rein mathematischem abgezogenen Denken sich vergegenwärtigt. Das heißt aber doch nichts anderes als: das Ich steht mit seiner mathematischen Vorstellung nicht außerhalb der transzendent mathematischen Gesetzmäßigkeit der Dinge, sondern innerhalb. Und man wird deshalb zu einer besseren Vorstellung über das ›Ich‹ erkenntnistheoretisch gelangen, wenn man es nicht innerhalb der Leibesorganisation befindlich vorstellt, und die Eindrücke ihm ›von außen‹ geben läßt; sondern wenn man das ›Ich‹ in die Gesetzmäßigkeit der Dinge selbst verlegt, und in der Leibesorganisation nur etwas wie einen Spiegel sieht, welcher das außer dem Leibe liegende Weben des Ich im Transzendenten dem Ich durch die organische Leibestätigkeit zurückspiegelt. Hat man sich einmal für das mathematische Denken mit dem Gedanken vertraut gemacht, daß das ›Ich‹ nicht im Leibe ist, sondern außerhalb desselben und die organische Leibestätigkeit nur den lebendigen Spiegel vorstellt, aus dem das im Transzendenten liegende Leben des ›Ich‹ gespiegelt wird, so kann man diesen Gedanken auch erkenntnistheoretisch begreiflich finden für alles, was im Bewußtseinshorizonte auftritt. – Und man könnte dann nicht mehr sagen, das ›Ich‹ müsse sich selbst überspringen, wenn es in das Transzendente gelangen wollte; sondern man müßte einsehen, daß sich der gewöhnliche empirische Bewußtseinsinhalt zu dem vom menschlichen Wesenskern wahrhaft innerlich durchlebten, wie das Spiegelbild sich zu dem Wesen dessen verhält, der sich in dem Spiegel beschaut. – Durch eine solche erkenntnistheoretische Vorstellung würde nun der Streit zwischen der zum Materialismus neigenden Naturwissenschaft und einer das Spirituelle voraussetzenden Geistesforschung in eindeutiger Art wirklich beigelegt werden können. Denn für die Naturforschung wäre freie Bahn geschaffen, indem sie die Gesetze der Leibesorganisation unbeeinflußt von einem Dazwischenreden

Vier Vorträge des Herrn

Dr. Rudolf Steiner

über Anthroposophie und akademische Wissenschaften.

◆◆◆◆◆◆◆

1. Anthroposophie und Seelenwissenschaft.
Geisteswissenschaftliche Ergebnisse über die menschlichen Seelenfragen.
Montag, den 5. November, abends 8 Uhr (pünktlich).

2. Anthroposophie und Geschichtswissenschaft.
Geisteswissenschaftliche Ergebnisse über die Entwicklung der Menschheit und ihrer Kulturformen.
Mittwoch, den 7. November, abends 8 Uhr (pünktlich)

3. Anthroposophie und Naturwissenschaft.
Geisteswissenschaftliche Ergebnisse über die Natur und den Menschen als Naturwesen.
Montag, den 12. November, abends 8 Uhr (pünktlich).

4. Anthroposophie und Sozialwissenschaft.
Geisteswissenschaftliche Ergebnisse über Recht, Moral und soziale Lebensformen.
Mittwoch, den 14. November, abends 8 Uhr (pünktlich).

Lokal: Die Aula des **Hirschengrabenschulhauses.**

Eintritt: Zykluskarten zu Fr. 6.— und 3.—; Einzelkarten zu Fr. 2.— und 1.—.

Zürcher Zweig der anthroposophischen Gesellschaft.

H. ROTH, VORM. J. LEEMANN, ZÜRICH 1

Vortragsankündigung, Zürich 1917

einer spirituellen Denkart erforschen könnte. Will man erkennen, nach welchen Gesetzen das Spiegelbild entsteht, so ist man an die Gesetze des Spiegels gewiesen. Von diesem hängt es ab, *wie* der Beschauer sich spiegelt. Es geschieht in verschiedener Art, ob man einen Planspiegel, einen konvexen oder einen konkaven Spiegel hat. Das Wesen dessen, der sich spiegelt, liegt aber außerhalb des Spiegels. So könnte man sehen in den Gesetzen, welche die Naturforschung ergibt, die Gründe für die Gestaltung des empirischen Bewußtseins; und in diese Gesetze wäre nichts einzumischen von dem, was die Geisteswissenschaft über das innere Leben des menschlichen Wesenskernes zu sagen hat. Innerhalb der Naturforschung wird man mit Recht sich immer wehren gegen ein Einmischen rein spiritueller Gesichtspunkte. Und auf dem Felde dieser Forschung ist es nur naturgemäß, daß man mehr sympathisiert mit Erklärungen, die mechanisch gehalten sind, als mit spirituellen Gesetzen. Eine Vorstellung wie die folgende *muß* dem in klaren naturwissenschaftlichen Vorstellungen Lebenden sympathisch sein: »Die Tatsache des Bewußtseins durch Gehirnzellen-Erregung ist nicht wesentlich anderer Ordnung als die Tatsache der an den Stoff gebundenen Schwerkraft« (Moritz Benedikt)[9]. Jedenfalls ist mit einer solchen Erklärung exakt methodologisch das naturwissenschaftlich Denkbare gegeben. Sie ist naturwissenschaftlich haltbar, während die Hypothesen von einem Regeln der organischen Vorgänge unmittelbar durch psychische Einflüsse naturwissenschaftlich unhaltbar sind. Der vorhin charakterisierte erkenntnistheoretische Grundgedanke kann aber in dem ganzen Umfange des naturwissenschaftlich Feststellbaren nur Einrichtungen sehen, welche der Spiegelung des eigentlichen seelischen Wesenskernes des Menschen dienen. Dieser Wesenskern aber ist nicht in das Innere des physischen Organismus, sondern in das Transzendente zu verlegen. Und Geistesforschung wäre dann als der Weg zu denken, sich in das Wesen dessen einzuleben, was sich spiegelt. Selbstverständlich bleibt dann die gemeinsame Grundlage der Gesetze des physischen Organismus und jener des Übersinnlichen hinter dem Gegensatz: ›Wesen und Spiegel‹ liegen. Doch ist dies gewiß kein Nachteil für die Praxis der wissenschaftlichen Betrachtungsweise nach den beiden Seiten hin. Diese würde bei der charakterisierten Festhaltung des Gegensatzes in zwei Strömungen fortfließen, die sich gegenseitig erhellen und erläutern. Denn es ist ja festzuhalten, daß man es in der physischen Organisation nicht mit einem von dem Übersinnlichen unabhängigen Spiegelungsapparat im *absoluten Sinne* zu tun hat. Der Spiegelungsapparat muß eben doch als das Ergebnis der sich in ihm spiegelnden übersinnlichen Wesenheit gelten. Der relativen gegenseitigen Unabhängigkeit der einen und der anderen von obigen Betrachtungsweisen muß ergänzend eine andere, in die Tiefe gehende, gegenübertreten, welche die Synthesis des Sinnlichen und Übersinnlichen anzuschauen in der Lage ist. Der Zusammenschluß der beiden Strömungen kann als gegeben gedacht werden durch eine mögliche Fortentwicklung des Seelenlebens zu der charakterisierten intuitiven Erkenntnis. Erst innerhalb *dieser* ist die Möglichkeit gegeben, den Gegensatz zu überwinden.

Man kann somit sagen, daß erkenntnistheoretisch unbefangene Erwägungen die Bahn frei machen für eine richtig verstandene Anthroposophie. Denn sie führen dazu, die

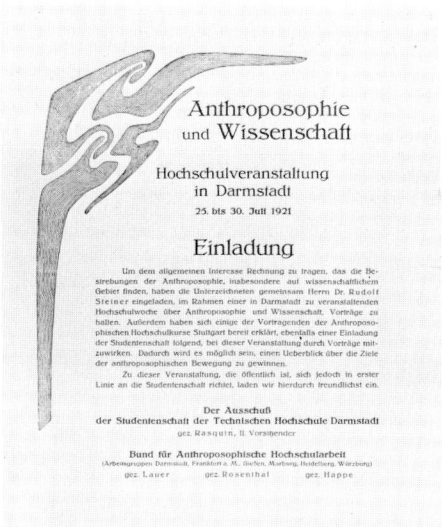

Einladung zu einer Hochschulveranstaltung in
Darmstadt 1921

Möglichkeit theoretisch verständlich zu finden, daß der menschliche Wesenskern ein von der physischen Organisation freies Dasein habe. Und daß die Meinung des gewöhnlichen Bewußtseins, das Ich sei als absolut innerhalb des Leibes gelegene Wesenheit zu betrachten, als eine *notwendige* Illusion des unmittelbaren Seelenlebens zu gelten habe. Das Ich – mit dem ganzen menschlichen Wesenskern – kann angesehen werden als eine Wesenheit, welche ihre Beziehung zu der objektiven Welt innerhalb dieser selbst erlebt, und die ihre Erlebnisse als Spiegelbilder des Vorstellungslebens aus der Leibesorganisation empfängt. Die Absonderung des menschlichen Wesenskernes von der Leibesorganisation darf naturgemäß nicht räumlich gedacht werden, sondern muß als relatives dynamisches Losgelöstsein gelten. Dann löst sich auch ein scheinbarer Widerspruch, der etwa zwischen dem hier Gesagten und dem oben über das Wesen des Schlafes Bemerkten gefunden werden könnte. In wachem Zustande ist der menschliche Wesenskern der physischen Organisation so eingefügt, daß er durch sein dynamisches Verhältnis zu dieser sich in ihr spiegelt; im Schlafzustande ist die Spiegelung aufgehoben. Da nun das gewöhnliche Bewußtsein im Sinne der hier gemachten erkenntnistheoretischen Erwägungen nur durch die Spiegelung (durch die gespiegelten Vorstellungen) ermöglicht ist, so hört es während des Schlafzustandes auf. Die Seelenverfassung des Geistesforschers kann nur so verstanden werden, daß in ihr die Illusion des gewöhnlichen Bewußtseins überwunden ist, und daß ein Ausgangspunkt des Seelenlebens gewonnen wird, der den menschlichen Wesenskern real in freier Loslösung von der Leibesorganisation erlebt. Alles weitere, was dann durch Übungen erreicht wird, ist nur ein tieferes Hineingraben in das Transzendente, in welchem das Ich des gewöhnlichen Bewußtseins wirklich ist, obgleich es sich als solches nicht in demselben weiß.

Geistesforschung ist damit als erkenntnistheoretisch denkbar nachgewiesen. Diese Denkbarkeit wird naturgemäß nur derjenige zugeben, welcher der Ansicht sein kann, daß die sogenannte kritische Erkenntnistheorie ihren Satz von der Unmöglichkeit des Überspringens des Bewußtseins nur dann zu halten in der Lage ist, wenn sie die Illusion von dem Eingeschlossensein des menschlichen Wesenskernes in der Leibesorganisation und dem Empfangen der Eindrücke durch die Sinne nicht durchschaut. Ich bin mir bewußt, daß mit meinen erkenntnistheoretischen Ausführungen nur skizzenhafte Andeutungen gegeben sind. Doch wird man vielleicht aus diesen Andeutungen erkennen können, daß sie nicht vereinzelte Einfälle sind, sondern daß sie aus einer ausgebauten erkenntnistheoretischen Grundanschauung entspringen.«

Wiederverkörperung und Schicksal

Die Fragen: Wer sind wir? Wo kommen wir her? Wohin gehen wir? beschäftigen seit alters die Menschheit, und die Art ihrer Beantwortung prägte ganze Kulturvölker und war mitbestimmend für oft große Entwicklungsabschnitte innerhalb der menschlichen Zivilisationsgeschichte.

Charakteristisch für die Antworten ist, daß es sie im eigentlichen Sinne nicht gibt. Die ständige Auseinandersetzung mit diesen ›Menschheitsfragen‹, die oft ganz im Verborgenen geführt wurde, ist ein wesentliches Stück Menschheitsgeschichte. Ernst Bloch, der sein weithin beachtetes Werk ›Das Prinzip Hoffnung‹ mit diesen Fragen einleitete, fand explizit zu keiner Antwort. Durch ihre Hervorhebung wollte er jedoch darauf hinweisen, daß die philosophische Beschäftigung mit einem Gegenstand für ihn die Bedeutung hat: »... über die vorgegebene Sache hinauszugehen, sie auf ihre Entwicklungstendenzen hin zu befragen.«[1]

Rudolf Steiner, so läßt sich bereits nach einem ersten Studium seiner Werke feststellen, war in bezug auf eine Klärung dieser Fragen nicht nur vielleicht der konsequenteste unter einer Reihe von anderen bedeutenden Persönlichkeiten der europäischen Geistesgeschichte, sondern auch der radikalste.

So wenig wie er seine Auffassung an bestehenden Lehrsätzen und Lehrmeinungen über unumgängliche Erkenntnisgrenzen orientierte, so wenig war er bereit, deterministische Anschauungen hinsichtlich der Entwicklung des Menschen, die seine ›Existenz‹ auf die Zeit zwischen Geburt und Tod beschränkt sehen wollten, hinzunehmen.

Indem er nicht nur theoretisch Denkgewohnheiten zu überschreiten suchte, sondern durch die eigene innere Schulung des Seelenlebens zu tieferen Erkenntnissen gelangte, eröffnete er zugleich Perspektiven für ein neues Begreifen der Weltzusammenhänge und ihrer spezifischen Sinnkriterien.

Aus der engen Korrespondenz zwischen seinen naturwissenschaftlichen und philosophischen Studien bildete sich ihm zunächst ein Zeitbegriff, ein Zeitmodus, heraus, der beruht auf der Erkenntnis des Werdens und Vergehens, der Evolution und Devolution, sowohl was äußere Naturgeschehnisse als auch kosmische und menschlich-individuelle Erscheinungen in Raum und Zeit betrifft. Aufgrund dieser Zeiterkenntnis stellte sich ihm auch in völlig neuer Art die Frage nach den Bedingungen menschlicher Existenz und damit nach demjenigen, was menschliches Schicksal ist. Über die Entstehungsmomente seiner Anschauung von Schicksalszusammenhängen sagt er in seiner Autobiographie: »Ich konnte an meinem Verhältnis zur Goethe-Arbeit recht anschaulich beobachten, ›wie Karma im Menschenleben wirkt‹. Das Schicksal setzt sich zusammen aus zwei Tatsachengestaltungen, die im Menschenleben zu einer Einheit zusammenwachsen. Die eine entströmt dem Drange der Seele von innen heraus; die andere tritt von der Außenwelt her an den Menschen heran. Meine eigenen seelischen Triebe gingen nach Anschauung des Geistigen; das äußere Geistesleben der Welt führte die Goethe-Arbeit an mich heran. Ich mußte die beiden Strömungen, die in meinem Bewußtsein sich begegneten, in diesem zur Harmonie bringen. – Ich verbrachte die letzten Jahre meines ersten Lebensabschnittes damit, mich abwechselnd vor mir selbst und vor Goethe zu rechtfertigen.«[2]

Wie eng auch der Schicksalsgedanke mit seiner Auffassung von der menschlichen Freiheit, die er in seiner ›Philosophie der Freiheit‹ niedergelegt hat, korrespondiert, verdeutlicht eine Passage aus einem Vortrag, den er innerhalb eines Kursus für Akademiker am 12. April 1922 in Den Haag gehalten hat:

»Was folgt daraus, wenn wir wirklich zu diesem reinen Denken aufsteigen und in ihm unsere moralischen Impulse fassen? Nun, wenn ich hier einen Spiegel habe, darinnen Bilder, die Spiegelbilder können mich nicht durch Kausalität zu irgend etwas zwingen. Ist mein Denken in der Weltenentwicklung der Menschheit so weit fortgeschritten, daß es wirklich nur Bildcharakter hat, dann enthält es für mich nicht mehr Kausalität; dann wird das reine Denken, wenn ich moralische Impulse habe, gebildet zu Impulsen der menschlichen Freiheit. Dadurch, daß wir zum Phänomenalismus gekommen sind, damit aber zum reinen Bilddenken, und dadurch, daß wir aus der Kraft des reinen Bilddenkens moralische Impulse fassen können, dadurch gehen wir auch durch das Stadium der Freiheit. Wir gliedern uns die Freiheit in unser Menschenwesen ein, indem wir diese Phase menschlicher Entwicklung durchmachen. Das wollte ich darstellen in meiner ›Philosophie der Freiheit‹. Wir werden aber nur frei, wenn wir ein Denken haben, das Bilddenken ist, das ganz im physischen Leibe verläuft, wie ich es beschrieben habe. In dem Augenblick, wo wir weiter zurückschauen, blicken wir nicht auf Freiheit, sondern auf Schicksal. Sie sehen, hier findet sich die Möglichkeit, zu erkennen dasjenige, was wir menschliches Schicksal nennen, weil es im Unbewußten waltet, weil wir erst auf sein Walten kommen, wenn wir zur Intuition aufsteigen. Weil wir in diesem Schicksal geistige Gesetze finden, die wirken durch die wiederholten Erdenleben, haben wir in ihm ein geistig Notwendiges. Aber indem wir in das

Erdenleben hineinsteigen, heben wir uns für gewisse Handlungen heraus aus der Notwendigkeit, richten uns nur nach dem bildenthaltenden Denken und werden in der gegenwärtigen Epoche der Menschheit dadurch zur Freiheit erzogen. Es ist kein Widerspruch, wenn man in die Sache richtig hineinsieht, zwischen Schicksalsmäßigkeit und Freiheit. Allerdings, um den Schicksalsbegriff später vor die Welt richtig hinstellen zu können, dazu war notwendig, daß zuerst in der ›Philosophie der Freiheit‹ der Freiheitsbegriff hingestellt worden ist.«[3]

In seinen erkenntnistheoretischen Schriften spricht Rudolf Steiner ausführlich über das Verhältnis von Vorstellung und Erinnerung: Durch die Erinnerung werden Vorstellungen ›hervorgeholt‹, wobei diese erneuten Vorstellungen sich von der ursprünglichen streng unterscheiden. Denn: hat man sich z. B. ein ›Bild‹ von einem Menschen gemacht, den man vor einiger Zeit gesehen hat, so wäre derselbe für einen in einer erneuten Begegnung ein absolut unbekannter, wenn man nicht die frühere Vorstellung mit der momentanen Wahrnehmung verbinden kann. Die ›Vorstellung‹ von ›damals‹ wird modifiziert durch neue Sinneseindrücke. Eine neue Vorstellung entsteht.

Das Organ nun, das dieses Erinnern bewirkt, ist, so Rudolf Steiner, die *Seele*, deren Funktion dadurch charakterisiert ist, daß sie Vergangenes aufbewahrt. Sie ist der Vermittler zwischen Vergangenheit und Gegenwart. »Durch die Erinnerung bewahrt die Seele das Gestern; durch die Handlung bereitet sie das Morgen vor.«[4] Alles was die Seele aus der Außenwelt empfängt, wird durch sie zu ihrer eigenen Innenwelt. Ausgangspunkt dieser Betrachtungen ist der Mensch in seiner Dreiheit von Leib, Seele und Geist. »Durch seinen *Leib* gehört er der Welt an, die er auch mit seinem Leibe wahrnimmt; durch seine *Seele* baut er sich seine eigene Welt auf; durch seinen *Geist* offenbart sich ihm eine Welt, die über die beiden anderen erhaben ist.«[5] Der Geist als Träger der ›ewigen Gesetze des Wahren und Guten‹ nimmt durch die Seele die Erinnerungen an die Erlebnisse der Vergangenheit auf und verarbeitet, modifiziert sie. An folgendem Beispiel verdeutlicht Rudolf Steiner das bisher Dargestellte: Der Mensch erinnert sich nicht all der Erlebnisse, die er in der Kindheit gehabt hat, etwa während er Lesen und Schreiben gelernt hat. Doch wären diese Fähigkeiten ohne jene Erlebnisse, die in und um den Lernprozeß herum in Erscheinung traten, entwickelt worden, so wären ihre Ergebnisse auch nicht in Form von Fähigkeiten erhalten geblieben. Und hierin liegt der Veränderungsprozeß, der durch den Geist bewirkt wird: »Kann man also auch die vergangenen Erlebnisse im Geiste nicht wie in einer Sammelkammer aufbewahrt finden, man findet ihre *Wirkungen* in den Fähigkeiten, die sich der Mensch erworben hat.«[6]

Innerhalb der Psychologie spricht man von zwei wesentlichen Faktoren, durch die der Mensch hinsichtlich seiner Entwicklung bestimmt ist: Der eine ist durch die Vererbung gegeben (genetischer Aspekt), der andere durch die Umwelt (sozio-kultureller Aspekt). Versucht man sich nun einmal den Begriff ›Vererbung‹ zu verdeutlichen, so kann man feststellen, daß er seinem Wesen nach bereits über eine *zeitliche Begrenzung* des menschlichen Lebens hinausdeutet, indem man sagt, der Mensch weist bestimmte Merkmale auf, die seine Vorfahren in ähnlicher oder gleicher Weise hatten. Rudolf Steiner formuliert dies so: »Jeder Lebensleib ist eine Wiederholung seines Vorfahren. Nur *weil* er dieses ist, erscheint er nicht in jeder beliebigen Gestalt, sondern in derjenigen, die ihm vererbt ist.«[7] Entscheidend wird nun die Beantwortung der Frage: Woher nimmt jeder Mensch die ›geistige Gestalt‹, die nur ihm eigen ist, die ihn von allen anderen unterscheidet?

Rudolf Steiner geht in seinen Darstellungen zunächst davon aus, daß *jeder* Mensch eine *andere* Geistesgestalt hat. Er weist auch das Argument zurück, das sich darauf bezieht, daß die Menschen geistig dadurch verschieden seien, daß sie von der Umwelt unterschiedlich geprägt sind, indem er darauf hindeutet, daß zwei Menschen, die unter gleichen sozio-kulturellen Bedingungen (gleiches Elternhaus, gleiche Schule etc.) aufwachsen, grundsätzlich verschieden sein können. Daraus folgert er, daß die Menschen »mit ganz verschiedenen Anlagen ihren Lebensweg angetreten haben.«[8]

An dieser Stelle muß nun auf Rudolf Steiners ›Gattungsbegriff‹ hingewiesen werden, der besagt, daß jeder Mensch in *geistiger* Hinsicht eine Gattung für sich ist. Steiner verdeutlicht dies anhand des folgenden Beispieles:[9] Das Wesen des Herrn Schulze aus Krähwinkel ist nicht erfaßbar, wenn ich dessen Sohn oder Vater charakterisiert habe. Die Differenzierung der Menschen untereinander im *geistigen Bereich* kann daher nur durch die Betrachtung des jeweiligen einzelnen Menschen erfolgen. Der Gattungsbegriff hinsichtlich des Physischen im Menschen läßt sich aus der Vererbungstheorie heraus begreifen. Und so sagt Rudolf Steiner, der Gattungsbegriff im *Geistigen* läßt sich ebenfalls durch eine ›Vererbung‹, die als eine geistige Vererbung jedoch *eigenen* Gesetzmäßigkeiten unterliegt, erklären. Im physischen Bereich stammt der Mensch von *anderen* Menschen ab, was an den äußerlichen Merkmalen ablesbar ist, oder in bezug auf den Gattungsbegriff im Allgemeinen: Jeder Mensch gehört physisch dieser Gattung an. Da jedoch, was das Geistige betrifft, nicht auf die Vorfahren zurückgegriffen werden kann, folgert Rudolf Steiner konsequent, daß der Mensch *geistig* schon einmal existiert hat. »Ich muß vielmehr als geistiges Wesen die Wiederholung eines solchen sein, aus dessen Biographie die meinige erklärbar ist.«[10]

Man könnte hier nun einwenden, sagt er, daß aus dem bisher Dargestellten jemand zur Ansicht kommt, daß die Inhalte einer Biographie auf *ein* geistiges Leben vor der Geburt – oder genauer – vor der Empfängnis zurückzuführen sind. Doch, so betont er, weist nichts auf solch eine Begrenzung menschlicher Existenz im Geistigen hin, vielmehr ist anzunehmen, daß die Fähigkeiten, die in dem gegenwärtigen Leben eines Menschen zutage treten, Ergebnis mehrer geistiger Präexistenzen sind.

Innerhalb der Darstellung der ›Wesensglieder‹ des Menschen im ersten Teil seiner 1904 erschienenen Schrift ›Theosophie‹, dem das Kapitel über ›Reinkarnation und Karma‹ folgt, zeigt er auf, daß die Seele dasjenige Wesensglied ist, das zwischen Leib und Geist steht. Er beschreibt dort die ›Empfindungsseele‹ als dasjenige Glied der Seele, das in engster Beziehung zu dem physischen Leib steht. Diese Verbindung des Seelischen

Theosophische Gesellschaft
(Hauptquartier Adyar)

Einladung

zu den von

=== Dr. Rudolf Steiner ===

in den

Monaten Oktober bis Dezember 1905

zu haltenden

öffentlichen Vorträgen

im

Saale C des Architektenhauses
Wilhelmstrasse No. 92/93.

Programm.

1. Haeckel, die Welträtsel und die Theosophie. Donnerstag, 5. Oktober, 8 Uhr abends.
2. Unsere Weltlage (Krieg, Frieden und Theosophie). Donnerstag, 12. Oktober, 8 Uhr abends.
3. Grundbegriffe der Theosophie. (Seele und Geist des Menschen.) Donnerstag, 19. Oktober, 8 Uhr abends.
4. Die soziale Frage und die Theosophie. Donnerstag, den 26. Oktober, 8 Uhr abends.
5. Die Frauenfrage. Donnerstag, den 2. November, 8 Uhr abends.
6. Grundbegriffe der Theosophie. (Die Menschenrassen.) Donnerstag, den 9. November, 8 Uhr abends.
7. Der Weisheitskern in den Religionen. Donnerstag, den 16. November, 8 Uhr abends.
8. Bruderschaft und Daseinskampf. Donnerstag, den 23. November, 8 Uhr abends.
   Der 30. November fällt aus.
9. Innere Entwickelung. Donnerstag, den 7. Dezember, 8 Uhr abends.
10. Weihnachten. Donnerstag, den 14. Dezember, 8 Uhr abends.

Nach allen Vorträgen: Fragebeantwortung (Diskussion).

Eintrittskarten zu 1 Mk., zu 50 Pf. und nach Belieben sind abends an der Kasse zu haben.

Theosophische Gesellschaft, Einladung zu Vorträgen im Architektenhaus in Berlin

mit dem Physischen bewirkt, daß »auf dem Wege der Vererbung auch seelische Eigenschaften übertragen werden können, also der Fortgang der physischen Vererbung einen seelischen Einschlag erlangt.«[11]

Zwischen Seele und Geist besteht ebenfalls ein enger Kontakt, der vor allem dadurch sichtbar wird, daß im Geiste diejenigen Erlebnisse, die durch die Seele an ihn herangetragen werden, modifiziert werden. Die einzelnen Erlebnisse treten dadurch in ihrer ursprünglichen Art zurück, was bleibt, sind die Wirkungen in Form von Fähigkeiten. Aus dem zuletzt Dargestellten resultiert auch Rudolf Steiners ›Lern-Begriff‹: »Tritt der menschliche Geist an ein solches Erlebnis heran, das einem andern ähnlich ist, mit dem es schon einmal verknüpft war, so sieht er in ihm etwas Bekanntes und weiß sich ihm gegenüber anders zu verhalten, als wenn es zum erstenmal ihm gegenüberstände. Darauf beruht ja alles Lernen. Und die Früchte des Lernens sind angeeignete Fähigkeiten.«[12] An anderer Stelle folgert er hieraus, daß ein bestimmter Grad von Fähigkeiten, den ein Kind hat, als *Ergebnis* aus einem vorangegangenen Erdenleben mitgebracht wird.

Doch die Seele wirkt nicht nur durch das Geistige hindurch, sondern auch durch die *Tat*. Eine Handlung, die in der Vergangenheit ausgeführt wurde, zeigt zu einem späteren Zeitpunkt, in der Gegenwart bzw. Zukunft, eine bestimmte Wirkung. Rudolf Steiner bedient sich hier eines Vergleiches mit dem Zustand des Schlafens: Durch den Schlaf wird eine Handlung unterbrochen, die am nächsten Tag wieder aufgenommen wird, d. h., die heutige Tat knüpft an die gestrige an, insofern sie sinnvoll sein soll. Durch das, was gestern getan wurde, wird das heutige Tun bestimmt. Durch das ›Gestern‹ wurde durch den Menschen das ›Schicksal‹ für das ›Heute‹ geschaffen. »Nicht *erwachen* müßte ich heute morgen, sondern neu, aus dem Nichts heraus geschaffen werden, wenn die Wirkungen meiner Taten von gestern nicht mein Schicksal von heute sein sollten. Sinnlos wäre es doch, wenn ich unter regelmäßigen Verhältnissen ein Haus, daß ich mir habe bauen lassen, nicht beziehen würde.«[13] Daraus ist abzulesen, daß der Menschengeist, wenn er in Verbindung mit dem physischen Leib in das Leben hineintritt, nicht als ein ›Neugeschaffener‹, sondern als ein ›Wieder-Erwachter‹ erscheint.

Rudolf Steiners Forschungszusammenhänge stützen sich zunächst auf die Tatsache, daß der physische Leib Vererbungsgesetzen unterliegt, und zum anderen darauf, daß der werdende Mensch sozio-kulturellen Einflüssen ausgesetzt ist. Darüber hinaus jedoch stellt er fest, daß der physische Leib in sich den Geist trägt. Letzterer muß sich immer wieder neu ›verkörpern‹, indem er die Ergebnisse, die Fähigkeiten früherer Erdenleben, in dieses neue Leben hineinträgt. Was nun die Seele, die ja ›Vermittler‹ zwischen Vergangenheit, Gegenwart und Zukunft ist, dadurch daß sie die Erlebnisse aufbewahrt und in das Geistige hineinfließen läßt, in der *Gegenwart* erlebt, hängt von dem ab, was durch die Verkörperungen des Geistes im Menschen existent ist. »Das Leben der Seele ist somit ein Ergebnis des selbstgeschaffenen Schicksals des Menschengeistes. Dreierlei bedingt den Lebenslauf eines Menschen innerhalb von Geburt und

Tod. Und dreifach ist er dadurch abhängig von Faktoren, die *jenseits* von Geburt und Tod liegen. Der Leib unterliegt dem Gesetz der *Vererbung*; die Seele unterliegt dem selbstgeschaffenen Schicksal. Man nennt dieses von dem Menschen geschaffene Schicksal mit einem alten Ausdrucke sein *Karma*. Und der Geist steht unter dem Gesetze der *Wiederverkörperung*, der wiederholten Erdenleben.«[14]

Sein intensives Ringen um eine wissenschaftliche Begründung der Erkenntnis von Wiederverkörperung und Schicksal beschreibt er in seiner Autobiographie mit den Worten: »Ich stand mit vollem Bewußtsein diesen Schwierigkeiten gegenüber. Ich kämpfte mit ihnen. Und wer sich die Mühe nehmen wollte, nachzusehen, wie ich in aufeinanderfolgenden Auflagen meiner ›Theosophie‹ das Kapitel über die wiederholten Erdenleben immer wieder umgearbeitet habe, gerade um dessen Wahrheiten an die Ideen heranzuführen, die von der Beobachtung in der Sinneswelt genommen sind, der wird finden, wie ich bemüht war, der anerkannten Wissenschaftsmethode gerecht zu werden.«[15] Was Karma ist und wie es im Leben des Menschen wirkt, beschreibt Rudolf Steiner in dem nun folgenden Aufsatz aus dem Jahre 1903:[16]

Wie Karma wirkt

»Der Schlaf ist oft der jüngere Bruder des Todes genannt worden. Mehr, als man bei oberflächlicher Betrachtung vielleicht anzunehmen geneigt ist, versinnlicht dieses Gleichnis die Wege des Menschengeistes. Denn es gibt eine Idee davon, in welchem Sinne die mannigfaltigen Verkörperungen, welche dieser Menschengeist durchmacht, zusammenhängen. In dem Aufsatz ›Reinkarnation und Karma, vom Standpunkte der modernen Naturwissenschaft notwendige Vorstellungen‹ ist dargelegt worden, daß die gegenwärtige naturwissenschaftliche Vorstellungsart, wenn sie sich nur wirklich selbst versteht, zu der uralten Lehre von der Entwicklung des ewigen Menschengeistes durch viele Leben hindurch führt. Notwendig schließt sich an diese Erkenntnis die Frage: wie hängen diese mannigfaltigen Leben miteinander zusammen? In welchem Sinne ist das Leben eines Menschen die Wirkung seiner früheren Verkörperungen, und wie wird es zur Ursache der späteren? Ein *Bild* des Zusammenhanges von Ursache und Wirkung auf diesem Felde gibt das Gleichnis vom Schlafe. Ich stehe des Morgens auf. Meine fortlaufende Tätigkeit war des Nachts unterbrochen. Ich kann diese Tätigkeit des Morgens nicht in beliebiger Weise wieder aufnehmen, wenn Regel und Zusammenhang in meinem Leben sein soll. Mit dem, was ich gestern getan habe, sind die Vorbedingungen geschaffen für das, was ich heute zu tun habe. Ich muß an das Ergebnis meines Wirkens von gestern anknüpfen: In vollem Sinne des Wortes gilt es: meine Taten von gestern sind mein Schicksal von heute. Ich habe mir selbst die Ursachen geformt, zu denen ich die Wirkungen hinzufügen muß. Und ich finde diese Ursachen vor, nachdem ich mich eine Weile von ihnen zurückgezogen habe. Sie gehören zu mir, auch wenn ich einige Zeit von ihnen getrennt war.

Noch in einem anderen Sinne gehören die Wirkungen meiner Erlebnisse von gestern zu mir. Ich bin selbst wohl durch sie verändert worden. Man nehme an, ich habe etwas unternommen, das mir nur halb gelungen ist. Ich habe nachgedacht, warum dies teilweise Mißlingen mich getroffen hat. Wenn ich etwas Ähnliches wieder zu verrichten habe, so vermeide ich die erkannten Fehler. Also ich habe mir eine neue Fähigkeit angeeignet. Dadurch sind meine Erlebnisse von gestern die Ursachen meiner Fähigkeiten von heute. Meine Vergangenheit bleibt mit mir verbunden; sie lebt in meiner Gegenwart weiter; und sie wird mir in meine Zukunft hinein weiter folgen. Ich habe mir durch meine Vergangenheit die Lage geschaffen, in der ich gegenwärtig mich befinde. Und der *Sinn des Lebens* verlangt, daß ich mit dieser Lage verknüpft bleibe. Sinnlos wäre es doch, wenn ich unter regelmäßigen Verhältnissen ein Haus, das ich mir habe bauen lassen, nicht beziehen würde.

Nicht *erwachen* müßte ich heute morgen, sondern neu, aus dem Nichts heraus, geschaffen werden, wenn die Wirkungen meiner Taten von gestern nicht mein Schicksal von heute sein sollen. Und neu *geschaffen*, aus dem Nichts heraus entstanden, müßte der Menschengeist sein, wenn nicht die Ergebnisse seiner früheren Leben verknüpft blieben mit seinen späteren. Ja, der Mensch kann in gar keiner anderen Lage leben als in derjenigen, die durch sein Vorleben geschaffen worden ist. Er kann es ebensowenig wie die Tiere, die nach ihrer Einwanderung in die Höhlen von Kentucky das Sehvermögen verloren haben, anderswo als in diesen Höhlen leben können. Sie haben sich durch ihre Tat, durch die Einwanderung, die Bedingungen ihres späteren Lebens geschaffen. Eine Wesenheit, die einmal tätig war, steht in der Folge eben nicht mehr isoliert da; sie hat ihr Selbst in ihre Taten gelegt. Und alles, was sie wird, ist fortan verknüft mit dem, was aus den Taten wird. Diese Verknüpfung einer Wesenheit mit den Ergebnissen ihrer Taten ist das die ganze Welt beherrschende Gesetz vom *Karma*. Die Schicksal gewordene Tätigkeit ist Karma.

Und deswegen ist der Schlaf ein gutes Bild für den Tod, weil der Mensch während des Schlafes in der Tat dem Schauplatz entzogen ist, auf dem sein Schicksal ihn erwartet. Während wir schlafen, laufen die Ereignisse auf diesem Schauplatz weiter. Wir haben eine Zeitlang auf diesen Lauf keinen Einfluß. Dennoch finden wir die Wirkungen unserer Taten wieder, und müssen an sie anknüpfen. Wirklich verkörpert sich unsere Persönlichkeit jeden Morgen aufs neue in unserer Tatenwelt. Was über die Nacht von uns getrennt war, ist tagsüber gleichsam um uns gelegt.

So ist es mit den Taten unserer früheren Verkörperungen. Ihre Ergebnisse sind der Welt, in der wir verkörpert waren, einverleibt. Sie gehören aber zu uns, wie das Leben in den Höhlen zu den Tieren gehört, die durch dieses Leben das Sehvermögen verloren haben. Wie diese Tiere nur leben können, wenn sie die Umgebung wiederfinden, an die sie sich angepaßt haben, so *kann* der Menschengeist nur leben in der Umgebung, die er durch seine Taten, als die ihm entsprechende, sich geschaffen hat.

An jedem neuen Morgen wird der menschliche Körper gleichsam von neuem durchseelt. Die Naturforschung gibt zu, daß damit etwas vorgeht, was *sie* nicht begreifen kann, wenn sie sich bloß der Gesetze bedient, die sie in der *physischen* Welt gewonnen hat.

Programm der Anthroposophischen Hochschulkurse.

Sonntag, den 26. September, abends 5 Uhr,
Eröffnungshandlung
durch angemessene Ansprachen
(*Dr. Rudolf Steiner* über „Wissenschaft, Kunst und Religion")
und musikalisch-rezitatorisch-eurhythmische Darbietungen.

Erste Woche des Kurses:

	Montag, 27. Sept.	Dienstag, 28. Sept.	Mittwoch, 29. Sept.	Donnerst., 30. Sept.	Freitag, 1. Oktober	Samstag, 2. Oktober
9—10		Dr. Rudolf Steiner: Grenzen der Natur-Erkenntnis.				
10—11	Hermann von Baravalle: Grundprobleme der Physik im Lichte anthroposophischer Erkenntnis.			Dr. Walter Johannes Stein: „Vorstellung", „Begriff" und „Urteil" in der Lehre Rudolf Steiners.		
11—12	Dr. med. Friedrich Husemann: Fragen der heutigen Psychiatrie vom Gesichtspunkte der Anthroposophie.			Dr. Oskar Schmiedel: Licht u. Farbe im Sinne der Geisteswissenschaft.		Dr. Rudolf Steiner: Der Baugedanke von Dornach. I.
4—5	Fabrikdirektor Emil Molt: Der Industrielle in Vergangenheit und Zukunft vcm Gesichtspunkt der Geisteswissenschaft. I. und II.			Rudolf Meyer, Hamburg: Geschichtsphilosophische Probleme des Christentums im Lichte anthroposophischer Forschung.		
5—6	Paul Baumann: Musik und Eurhythmische Erziehungskunst.			Emil Molt: Der Industrielle in Vergangenheit und Zukunft vom Gesichtspunkt d. Geisteswissenschaft. III.	Prof. Dr. P. Beckh: Indologie und Geisteswissenschaft. I.	An den Samstag- und Sonntag-Abenden finden Eurhythmische Aufführungen statt.
6—7	Adolf Arenson: Grundzüge geisteswissenschaftlicher Methodik.		Die Kunst d. Deklamation: A. Praxis: Marie Steiner B. Theorie: Dr. Rud. Steiner	Adolf Arenson: Grundzüge geisteswissenschaftlicher Methodik.		

Zweite Woche des Kurses:

	Montag, 4. Oktober	Dienstag, 5. Oktober	Mittwoch, 6.Oktober	Donnerstag, 7. Okt.	Freitag, 8. Oktober	Samstag, 9. Oktober
9—10	Dr. Ernst Blümel: Die Hauptprobleme der modernen Mathematik in ihrer Beziehung zur Philosophie, Physik und Anthroposophie.			Dr. med. Ludwig Noll: Physiologisch-therapeutisches auf Grundlage der Geisteswissenschaft.		
10—11	Dr. Eugen Kolisko: Hypothesenfreie Chemie im Sinne der Geisteswissenschaft.			E. A. Karl Stockmeyer: Phänomenologie des Wärmewesens.		
11—12	Dr. Roman Boos: Phänomenologische Sozialwissenschaft.			Dr. Ernst Blümel: Das Element der Freiheit in den mathematischen Begriffsbestimmungen	Prof. Dr. P. Beckh: Indologie und Geisteswissenschaft. II.	Dr. Rudolf Steiner: Der Baugedanke von Dornach. II.
4—5	Rudolf Meyer, Berlin: Johann Friedrich Herbarts Lehre vom Menschen und dessen Erziehung vom Standpunkt der Anthroposophie.			Emil Leinhas: Licht- und Schattenseiten des modernen Kapitalismus.		
5—6	Dr. Rudolf Treichler: Sprachwissenschaft und Sprachunterricht.		Karl Ballmer: Künstlerisches Wollen und Anthroposophie.			An den Samstag- und Sonntag-Abenden finden Eurhythmische Aufführungen statt.
6—7	Arnold Jth: Bankwesen und Preisgestaltung in ihrer heutigen und zukünftigen Bedeutung für das Wirtschaftsleben.		Die Kunst d. Deklamation: A. Praxis: Marie Steiner B. Theorie: Dr. Rud. Steiner	Ernst Uehli: Die nordisch-germanische Mythologie als Entwicklungsgeschichte.		

Programmübersicht des Anthroposophischen Hochschulkurses in Dornach, September 1921

Man halte sich vor, was der Naturforscher Du Bois-Reymond darüber in seiner Rede ›Die Grenzen des Naturerkennens‹ gesagt hat: »Ein aus irgendeinem Grunde bewußtloses, zum Beispiel ohne Traum schlafendes Gehirn enthielte, naturwissenschaftlich (Du Bois-Reymond sagt ›astronomisch‹) durchschaut, kein Geheimnis mehr, und bei naturwissenschaftlicher Kenntnis auch des übrigen Körpers wäre so die ganze menschliche Maschine, mit ihrem Atmen, ihrem Herzschlag, ihrem Stoffwechsel, ihrer Wärme, und so fort, bis auf das Wesen von Materie und Kraft, völlig entziffert. Der traumlos Schlafende ist begreiflich, wie die Welt, ehe es Bewußtsein gab. Wie aber mit der ersten Regung von Bewußtsein die Welt doppelt unbegreiflich ward, so wird es auch der Schläfer wieder mit dem ersten ihm dämmernden Traumbild.« Das kann nicht anders sein. Denn, was der Naturforscher hier als den traumlos Schlafenden beschreibt, das ist dasjenige vom Menschen, was allein den physischen Gesetzen unterworfen ist. Es folgt aber in dem Augenblicke, in dem es wieder *durchseelt* erscheint, den Gesetzen des seelischen Lebens. Schlafend folgt der menschliche Körper den physischen Gesetzen: der Mensch erwacht, und das Licht des vernünftigen Handelns schlägt wie ein Funke in das rein physische Dasein ein. Man drückt sich ganz im Sinne des Naturforschers Du Bois-Reymond aus, wenn man sagt: man kann den schlafenden *Körper* nach allen Seiten durchsuchen; das Seelische wird man nicht in ihm finden können. Aber dieses Seelische setzt den Lauf seiner vernünftigen Taten da fort, wo es ihn vor dem Einschlafen unterbrochen hat. – So gehört der Mensch – auch für diese Betrachtung – zwei Welten an. In der einen lebt er körperlich, und dieses körperliche Leben kann man am Faden physischer Gesetze verfolgen; in der anderen lebt er geistig-vernünftig, und über dieses Leben können wir durch physische Gesetze nichts erfahren. Wollen wir das eine Leben studieren, so müssen wir uns an die physischen Gesetze der Naturwissenschaft halten; wollen wir aber das andere Leben begreifen, so müssen wir die Gesetze des vernünftigen Handelns kennenlernen, zum Beispiel Logik, Rechtslehre, Wirtschaftslehre, Ästhetik usw.

Der schlafende Menschenkörper, der nur den physischen Gesetzen unterliegt, kann niemals etwas vollbringen, was im Sinne der Vernunftgesetze liegt. Aber der Menschengeist trägt diese Vernunftgesetze in die physische Welt. Und soviel er in sie hineingetragen hat, soviel wird er von ihnen wiederfinden, wenn er, nach einer Unterbrechung, den Faden seiner Tätigkeit wieder aufnimmt.

Bleiben wir noch eine Weile bei dem Bilde vom Schlaf. Die Persönlichkeit muß heute an ihre Taten von gestern anknüpfen, wenn das Leben nicht sinnlos sein soll. Sie könnte es nicht, wenn sie sich nicht mit diesen Taten verknüpft fühlte. Das Ergebnis meiner Wirksamkeit von gestern könnte ich heute nicht aufnehmen, wenn nicht in mir selbst etwas von dieser Wirksamkeit geblieben wäre. Hätte ich heute alles vergessen, was ich gestern erfahren habe, so wäre ich ein neuer Mensch und könnte an nichts anknüpfen. Es ist mein *Gedächtnis,* das mir die Anknüpfung an meine gestrigen Taten ermöglicht. – Dieses Gedächtnis bindet mich an die Wirkungen meines Tuns. Dasjenige, was im eigentlichen Sinne meinem vernünftigen Leben angehört, zum Beispiel die Logik, ist heute dasselbe wie gestern. Dies ist anwendbar auch auf dasjenige, was gestern durchaus nicht, was überhaupt *niemals* noch in meinen Gesichtskreis getreten ist. Mein Gedächtnis verbindet mein logisches Handeln von heute mit meinem logischen Handeln von gestern. Wenn es bloß auf die Logik ankäme, dann könnten wir in der Tat jeden Morgen ein neues Leben beginnen. Aber im Gedächtnisse bleibt aufbewahrt, was uns an unser Schicksal bindet.

So finde ich mich wirklich am Morgen als eine dreifache Wesenheit. Ich finde meinen Körper wieder, der während meines Schlafes seinen bloß physischen Gesetzen gehorcht hat. Ich finde mich selbst, meinen Menschengeist, wieder, der heute derselbe ist wie gestern, und der heute die Gabe vernünftigen Handelns hat, wie gestern. Und ich finde alles dasjenige bewahrt im Gedächtnisse, was der gestrige Tag – was meine ganze Vergangenheit – aus mir gemacht hat.

Und damit haben wir zugleich ein *Bild* der dreifachen Wesenheit des Menschen. In jeder neuen Verkörperung findet sich der Mensch in einem physischen Organismus, der den Gesetzen der äußeren Natur unterworfen ist. Und in jeder Verkörperung ist er derselbe Menschengeist. Als solcher ist er das *Ewige* in den mannigfaltigen Verkörperungen. *Körper* und *Geist* stehen einander gegenüber. Zwischen beiden muß etwas sein, wie das Gedächtnis zwischen meinen Taten von gestern und denen von heute ist. Und dies ist die *Seele.* Sie bewahrt die Wirkungen meiner Taten aus den früheren Leben. Sie bewirkt, daß der Geist in einer neuen Verkörperung als dasjenige erscheint, was vorhergehende Leben aus ihm gemacht haben. *So hängen Leib, Seele und Geist zusammen. Ewig* ist der Geist; *Geburt* und *Tod* walten nach den Gesetzen der physischen Welt in der Körperlichkeit; beide führt die Seele immer wieder zusammen, indem sie aus den Taten das *Schicksal* webt.

Auch für den Vergleich der Seele mit dem Gedächtnis ist eine Berufung auf die gegenwärtige Naturwissenschaft möglich. Im Jahre 1870 hat der Naturforscher *Ewald Hering* eine Abhandlung veröffentlicht, die den Titel trägt: ›Über das Gedächtnis als eine allgemeine Funktion der organisierten Materie‹. Und *Ernst Haeckel* stimmt mit den Ansichten Herings überein. Er sagt in seiner Arbeit ›Über die Wellenzeugung der Lebensteilchen‹ das Folgende: »In der Tat überzeugt uns jedes tiefere Nachdenken, daß ohne die Annahme eines *unbewußten Gedächtnisses* der lebenden Materie die wichtigsten Lebensfunktionen überhaupt unerklärbar sind. Das Vermögen der Vorstellung und Begriffsbildung, des Denkens und Bewußtseins, der Übung und Gewöhnung, der Ernährung und Fortpflanzung beruht auf der Funktion des *unbewußten Gedächtnisses,* dessen Tätigkeit unendlich viel bedeutungsvoller ist, als dasjenige des bewußten Gedächtnisses. Mit Recht sagt Hering, ›daß es das Gedächtnis ist, dem wir fast alles verdanken, was wir sind und haben‹.« Und nun versucht Haeckel die Vorgänge der *Vererbung* innerhalb der Lebewesen auf dieses unbewußte Gedächtnis zurückzuführen. Daß das Tochterwesen dem Mutterwesen ähnlich ist, daß von dem letzteren die Eigenschaften auf das erstere vererbt werden, soll danach auf dem *unbewußten Gedächtnis* des Lebendigen beruhen, das im Laufe der Fortpflanzung die Erinnerung an vorhergehende Formen bewahrt. – Es ist hier nicht zu untersuchen, was an den Darstellungen Herings und Haeckels naturwissenschaftlich haltbar ist; für die Ziele, die hier verfolgt werden, ist lediglich wichtig, daß der Naturforscher sich gezwungen sieht, da, wo er über Geburt und Tod hinausgeht, wo er etwas voraussetzen muß, was den Tod überdauert, daß er da eine Wesenheit annimmt, die er sich dem Gedächtnis ähnlich denkt. Er greift naturgemäß zu einer übersinnlichen Kraft, da, wo die Gesetze der *physischen Natur* nicht hinreichen.

Man muß übrigens beachten, daß es sich hier zunächst nur um einen Vergleich, um ein *Bild* handelt, wenn von Gedächtnis gesprochen wird. Man darf nicht glauben, daß wir unter *Seele* etwas verstehen, was ohne weiteres dem bewußten Gedächtnis gleichkommt. Auch im gewöhnlichen Leben ist ja nicht immer bewußtes Gedächtnis im Spiele, wenn man sich die Erlebnisse der Vergangenheit zunutze macht. Die Früchte dieser Erlebnisse tragen wir in uns, auch wenn wir uns nicht bewußt an das Erlebte immer erinnern. Wer erinnert sich an alle Einzelheiten, durch die er lesen und schreiben gelernt hat? Ja, wem sind diese Einzelheiten überhaupt alle zum Bewußtsein gekommen? Die *Gewohnheit* zum Beispiel ist eine Art unbewußten Gedächtnisses. – Nur hingedeutet werden soll eben durch den *Vergleich* mit dem Gedächtnis auf das Seelische, das sich zwischen Körper und Geist einschiebt und den Vermittler bildet zwischen dem Ewigen und dem, was als Physisches in den Lauf von Geburt und Tod eingesponnen ist.

Der Geist, der sich wiederverkörpert, findet also innerhalb der physischen Welt die Ergebnisse seiner Taten als sein Schicksal vor; und die Seele, die an ihn gebunden ist, vermittelt seine Anknüpfung an dieses Schicksal. Man kann nun fragen: wie kann der Geist die Ergebnisse seiner Taten vorfinden, da er doch wohl bei seiner Wiederverkörperung in eine völlig andere Welt versetzt wird gegenüber derjenigen, in der er vorher war? Dieser Frage liegt eine sehr äußerliche Vorstellung von Schicksalsverkettung zugrunde. Wenn ich meinen Wohnplatz von Europa nach Amerika verlege, so befinde ich mich auch in einer völlig neuen Umgebung. Und dennoch hängt mein Leben in Amerika von meinem vorhergehenden in Europa ganz ab. Bin ich in Europa Mechaniker geworden, so gestaltet sich mein Leben in Amerika ganz anders, als wenn ich Bankbeamter geworden bin. In dem einen Falle werde ich wahrscheinlich in Amerika von Maschinen, in dem andern von Bankpapieren umgeben sein. In jedem Falle bestimmt mein Vorleben meine Umgebung, es zieht gleichsam aus der ganzen Umwelt diejenigen Dinge an sich, die ihm verwandt sind. So ist es mit meiner Geistseele. Sie umgibt sich notwendig mit demjenigen, mit dem sie aus dem Vorleben verwandt ist. Für niemand kann das dem Gleichnis von Schlaf und Tod widersprechen, der sich bewußt ist, daß er es eben nur mit einem Gleichnis – wenn auch mit einem der treffendsten – zu tun hat. Daß ich am Morgen die Lage vorfinde, die ich am vorhergehenden Tage selbst geschaffen, dafür sorgt der *unmittelbare* Gang der Ereignisse. Daß ich, wenn ich mich wieder verkörpere, eine Umwelt vorfinde, die dem Ergebnis meiner Taten in dem vorhergehenden Leben entspricht: dafür sorgt die Verwandtschaft meiner wieder geborenen Geistseele mit den Dingen dieser Umwelt.

Was führt mich in diese Umwelt hinein? *Unmittelbar* die Eigenschaften meiner Geistseele bei der neuen Verkörperung. Aber diese Eigenschaften habe ich doch nur, weil die Taten meiner früheren Leben sie der Geistseele eingeprägt haben. Diese Taten sind also die *wirkliche Ursache,* warum ich in bestimmte Verhältnisse hineingeboren werde. Und was ich heute tue, wird *mit* eine Ursache sein, warum ich in einem späteren Leben diese oder jene Verhältnisse antreffen werde. – So schafft sich der Mensch in der Tat sein Schicksal. Dieses erscheint nur so lange unbegreiflich, als man das einzelne Leben für sich betrachtet und es nicht als ein Glied der aufeinander folgenden Leben ansieht.

So kann man sagen, daß den Menschen im Leben nichts treffen kann, wozu er nicht selbst die Bedingungen geschaffen hat. Durch die Einsicht in das Schicksalsgesetz – in Karma – wird erst begreiflich, warum »der Gute oft leiden muß, und der Böse glücklich sein kann«. Diese scheinbare Disharmonie des *einen Lebens* verschwindet, wenn der Blick erweitert wird auf die vielen Leben. – So einfach wie einen gewöhnlichen Richter, oder wie die staatliche Justizpflege darf man sich allerdings das Karmagesetz nicht vorstellen. Das wäre so, wie wenn man sich Gott als alten Mann mit weißem Bart vorstellte. Viele verfallen in diesen Fehler. Namentlich die Gegner der Karmaidee gehen von solch irrtümlichen Voraussetzungen aus. Sie kämpfen gegen die Vorstellung, die *sie* den Bekennern von Karma unterschieben, nicht gegen diejenige, welche die wahren Kenner haben.

In welchem Verhältnisse befindet sich der Mensch zur physischen Umwelt, wenn er in eine neue Verkörperung eintritt? Dieses Verhältnis ergibt sich einerseits daraus, daß er in der Zwischenzeit zwischen den beiden Verkörperungen keinen Anteil gehabt hat an der physischen Welt; andererseits daraus, welches seine Entwicklung in dieser Zwischenzeit war. Klar ist von vornherein, daß in *diese* Entwickelung nichts aus der physischen Welt einfließen kann, denn die Geistseele befindet sich ja eben *außerhalb* dieser physischen Welt. Sie kann daher alles, was in ihr vorgeht, nunmehr bloß aus sich selbst, beziehungsweise aus der überphysischen Welt schöpfen. War sie innerhalb der Verkörperung in die physische Tatsachenwelt verstrickt, so ist nach der Entkörperung der *unmittelbare* Einfluß dieser Tatsachenwelt von ihr genommen. Und geblieben ist ihr lediglich aus derselben das, was wir mit dem Gedächtnisse verglichen haben. – Aus zwei Teilen besteht dieser ›Gedächtnisrest‹. Seine Teile ergeben sich, wenn man in Erwägung zieht, was zu seiner Bildung beigetragen hat. – Der Geist hat in dem Körper gelebt und ist daher durch den Körper in Beziehung zur körperlichen Umwelt gekommen. Diese Beziehung hat ihren Ausdruck darin gefunden, daß sich vermittelst des Körpers Triebe, Begierden, Leidenschaften entwickelt haben, und daß sich, durch diese, äußere Handlungen vollzogen haben. Weil er körperlich ist, handelt der Mensch unter dem Einflusse der Triebe, Begierden und Leidenschaften. Und diese haben nach zwei Seiten hin ihre Bedeutung. Sie drücken auf der einen Seite den äußeren Handlungen, die der

Mensch begeht, den Stempel auf. Und sie formen auf der anderen Seite seinen persönlichen Charakter. Die Handlung, die ich begehe, ist die Folge meiner Begierde; und ich selbst bin als Persönlichkeit das, was diese Begierde zum Ausdruck bringt. Die Handlung geht in die Außenwelt über; die Begierde bleibt in meiner Seele wie die Vorstellung in meinem Gedächtnisse. Und wie zunächst das Vorstellungsbild in meinem Gedächtnisse durch jeden neuen gleichartigen Eindruck verstärkt wird, so die Begierde durch jede neue Handlung, die ich unter ihrem Einflusse vollziehe. So lebt in meiner Seele wegen des körperlichen Daseins eine Summe von Trieben, Begierden und Leidenschaften. Man bezeichnet diese Summe als den ›Körper des Verlangens‹ (Kama rupa). – Dieser ›Körper des Verlangens‹ hängt innig mit dem physischen Dasein zusammen. Denn er entsteht ja unter dem Einfluß der physischen Körperlichkeit. Von dem Augenblicke an, in dem der Geist nicht mehr verkörpert ist, kann er daher seine Bildung nicht mehr fortsetzen. Der Geist muß sich von ihm befreien, insofern er durch ihn mit dem einzelnen physischen Leben zusammengehangen hat. Auf das physische Leben folgt ein anderes, in dem die Befreiung vor sich geht. Man kann fragen: Ist denn mit dem Tode nicht auch dieser ›Körper des Verlangens‹ zerstört? Die Antwort darauf ist: Nein, in dem Maße, in dem in jedem Augenblicke des physischen Lebens das Verlangen die Befriedigung überwiegt, in dem Maße bleibt das Verlangen bestehen, wenn die Möglichkeit der Befriedigung aufgehört hat. Nur ein Mensch, der gar nichts wünscht von der sinnlichen Welt, hat keinen Überschuß des Verlangens über die Befriedigung. Nur der wunschlose Mensch stirbt, ohne in seinem Geiste eine Summe von Verlangen zurückzubehalten. Und diese Summe muß nach dem Tode gleichsam abklingen. Der Zustand dieses Abklingens wird ›Aufenthalt im Orte des Verlangens‹ (in Kamaloka) genannt. Man sieht leicht ein, daß dieser Zustand um so länger dauern muß, je mehr der Mensch sich mit dem sinnlichen Leben verbunden gefühlt hat.

Der zweite Teil des ›Gedächtnisrestes‹ wird auf andere Art gebildet. Wie das Verlangen den Geist nach dem vergangenen Leben zieht, so weist ihn dieser andere Teil nach der Zukunft. Der Geist hat sich durch seine Tätigkeit im Körper mit der Welt bekannt gemacht, der dieser Körper angehört. Jede neue Anstrengung, jedes neue Erlebnis erhöht diese seine Bekanntschaft. In der Regel macht der Mensch zum zweitenmal ein jedes Ding besser als beim ersten Versuch. Die Erfahrung, das Erlebnis prägt sich dem Geiste als eine Erhöhung seiner Fähigkeiten ein. So wirkt unsere Erfahrung auf unsere Zukunft, und wenn wir nicht mehr Gelegenheit haben, Erfahrungen zu machen, dann bleibt das Ergebnis dieser Erfahrungen als ›Gedächtnisrest‹. – Aber keine Erfahrung könnte auf uns wirken, wenn wir nicht die Fähigkeiten hätten, den Nutzen aus ihr zu ziehen. Wie wir die Erfahrung aufnehmen können, was wir aus ihr zu machen vermögen, davon hängt es ab, was sie für unsere Zukunft bedeutet. Für Goethe war ein Erlebnis etwas anderes als für seinen Kammerdiener; und es hatte durch den ersteren ganz andere Folgen als durch den letzteren. Welche Fähigkeiten wir uns durch ein Erlebnis erwerben, hängt somit von der geistigen Arbeit ab, die wir in Verbindung mit dem Erlebnisse vollbringen. – Ich habe in einem gewissen Augenblicke meines Lebens immer eine Summe von Ergebnissen meiner Erfahrung in mir. Und diese Summe bildet die Anwartschaft auf Fähigkeiten, die in der Folge zutage treten können. – Eine solche Summe von Erfahrungen besitzt der Menschengeist bei seiner Entkörperung. Sie nimmt er ins übersinnliche Leben hinüber. Verknüpft ihn nun kein körperliches Band mehr mit dem physischen Dasein, und hat er auch die Wünsche abgestreift, die ihn an dieses physische Dasein ketten, dann ist ihm die Frucht seiner Erfahrung geblieben. Und diese Frucht ist ganz von der unmittelbaren Einwirkung des *vergangenen* Lebens befreit. Der Geist kann nun lediglich darauf sehen, was sich für die *Zukunft* daraus formen läßt. So ist der Geist, nachdem er den ›Ort des Verlangens‹ verlassen hat, in einem Zustande, in dem sich seine Erlebnisse der früheren Leben in Keime – Anlagen, Fähigkeiten usw. – für die Zukunft umsetzen. Man bezeichnet das Leben des Geistes in diesem Zustande als den Aufenthalt in dem ›Orte der Wonne‹ (Devachan). (›Wonne‹ kann ja einen Zustand bezeichnen, der alle Sorge um das Vergangene vergessen macht, und das Herz lediglich für die Zukunft schlagen läßt.) Es erhellt von selbst, daß dieser Zustand im allgemeinen um so länger dauern wird, eine je größere Anwartschaft beim Tode auf die Aneignung neuer Fähigkeiten vorhanden ist. – Hier kann es sich natürlich nicht darum handeln, alle Erkenntnisse zu entwickeln, die sich auf den Menschengeist beziehen. Es soll nur gezeigt werden, wie das Karmagesetz im physischen Leben wirkt. Dazu ist zunächst hinreichend zu wissen, was der Geist aus diesem physischen Leben in übersinnliche Zustände mit hinübernimmt, und was er davon zu einer neuen Verkörperung wieder mit zurückbringt. Er bringt die zu Eigenschaften seines Wesens gewordenen Ergebnisse der in früheren Leben gemachten Erlebnisse mit. – Um die Tragweite davon einzusehen, braucht man sich den Vorgang nur an einem einzelnen Beispiele klar zu machen. Kant sagt: »Zwei Dinge erfüllen das Gemüt mit immer zunehmender Bewunderung: der gestirnte Himmel über mir und das moralische Gesetz in mir.« Jeder Denkende gibt nun zu, daß der gestirnte Himmel nicht aus dem Nichts heraus entsprungen ist, sondern sich allmählich gebildet hat. Und Kant selbst ist es, der 1755 in einer grundlegenden Schrift die allmähliche Bildung eines Kosmos zu erklären suchte. Aber ebensowenig darf man die Tatsache des moralischen Gesetzes ohne eine Erklärung hinnehmen. Auch dieses moralische Gesetz ist nicht aus dem Nichts heraus entsprungen. In den anfänglichen Verkörperungen, die der Mensch durchgemacht hat, sprach in ihm das moralische Gesetz nicht so, wie es in Kant gesprochen hat. Der primitive Mensch handelt ganz so, wie es seinen Begierden entspricht. Und er nimmt die Erlebnisse, die er mit solchem Handeln gemacht hat, hinüber in die übersinnlichen Zustände. Hier werden sie zu höherer Fähigkeit. Und in einer weiteren Verkörperung wirkt in ihm nicht mehr die bloße Begierde, sondern sie wird bereits mitgelenkt durch die Wirkungen der vorher gemachten Erfahrungen. Und viele Verkörperungen sind notwendig, bis der ursprünglich ganz den Begierden hingegebene Mensch seiner Umwelt das geläuterte moralische Gesetz gegenüberstellt, das Kant als etwas bezeichnet, zu dem man mit ebensolcher Bewunderung wie zu dem Sternenhimmel aufblickt.

BEITRÄGE ZUR WISSENSCHAFT

KONZERT-DIREKTION
HERMANN WOLFF und JULES SACHS
G. M. B. H.
BERLIN W. 9, LINK-STRASSE 42 II.

TELEGRAMM-ADRESSE: MUSIKWOLFF, BERLIN

BANK-KONTO:
DISKONTO-GESELLSCHAFT, DEPOSITEN-KASSE
POTSDAMER STRASSE 129-30.

FERNSPRECHER: AMT LÜTZOW, No. 9454, 9455 u. 6140
SPRECHSTUNDE 11-1

Sa/Sch

Berlin W. 9, den 11.7.21.

Herrn

Dr. Rudolf S t e i n e r

D o r n a c h bei Zürich
- -

Hochgeehrter Herr Doktor,

Das wachsende Interesse unserer intellektuellen
Kreise am metaphysischen Dingen, insbesondere das Interesse, das
sich auch bei den der antroposophischen Gesellschaft Fernstehen-
den an den Lehren der Antroposophie kundgibt, veranlasst mich,
Ihnen die Frage zu unterbreiten, ob Sie Neigung haben, einmal
in Berlin einem grösseren Publikum in einem öffentlichen Vortrag
eine Deutung Ihrer Lehre und Ihrer Ziele zu geben.
Es ist von jeher unser Wunsch gewesen, und auch
anderen grossen europäischen Städten durch öffentliche Vorträge
der bedeutendsten Redner dem nicht in Vereinen und Gesellschaften
zusammengeschlossenen Publikum ein Bild der geistigen
unserer Zeit zu geben. Wir haben mit diesen Bestrebungen schon
vor sehr langer Zeit begonnen, im Jahre 1905 mit den grossen
Vorträgen Ernst Haeckels über den Entwickelungsgedanken. Seither
hatten wir eine Reihe der namhaftesten Forscher auf allen Gebieten
der Wissenschaft aufgefordert, öffentlich Vorträge zu halten, und
solche Vorträge haben immer zur Zufriedenheit aller Beteiligten
stattgefunden.

Anfrage von Wolff und Sachs

Telegramm von Wolff und Sachs anläßlich der Unruhen während eines Vortrages in München

Wir bitten daher auch Sie, trotzdem wir wissen, dass die Veranstaltungen der antroposophischen Gesellschaft in einem streng abgeschlossenen Rahmen stattfinden, oder gerade deswegen, in Berlin zunächst einen grossen öffentlichen Vortrag über das Wesen der Antroposophie und ihre Lehre zu halten.

Um nach Aussen dem Vortrag schon den Stempel des Ungewöhnlichen zu verleihen, würden wir vorschlagen, ihn in unserem grössten und vornehmsten Saale, der Philharmonie, zu geben und zwar am 9. oder 15. September - vielleicht am besten am 9..Sobald Sie sich grundsätzlich mit unserem Vorschlag einverstanden erklärt haben, werden wir uns erlauben, Ihnen unsere Vorschläge bezüglich des materiellen Teiles zu unterbreiten.

Mit vorzüglichster Hochachtung

33   17.V.22
rudolf steiner adresse
hofbauer schwanenstr 19 elberfeld :=

Telegramm Nr.
Aufgenommen
den /192
um Uhr Min.
von
durch

Telegraphie des Deutschen Reichs.
Leitung Nr.

Amt Elberfeld

Befördert den /
um
in Otg.   an
durch

Telegramm aus   berlin 9+ 35-17/5-2,4 S =   zW. den / um Uhr Min.

entruestet ueber feiges attentat muenchener studentenpoebels und weigerung muenchener polizei ausreichenden schutz zu gewaehren den ich rechtzeitig erbeten hatte ausspreche ihnen freude dass unverletzt geblieben herzlichst sachs
= MUSIKWOLFF +

Die Umwelt, in die der Mensch durch eine neue Verkörperung hineingeboren wird, bringt ihm die Ergebnisse seiner Taten, als sein Schicksal, entgegen. Er selbst tritt in diese Umwelt mit den Fähigkeiten, die er in den übersinnlichen Zuständen sich aus seinen früheren Erlebnissen heraus gebildet hat. Deshalb werden auch seine Erlebnisse in der physischen Welt im allgemeinen auf einer so höheren Stufe stehen, je öfter er sich verkörpert hat, oder je größer seine Anstrengungen innerhalb seiner früheren Verkörperungen gewesen sind. Dadurch wird die Pilgerfahrt durch die Verkörperungen hindurch eine Aufwärtsentwicklung sein. Immer reicher wird der Schatz, den seine Erfahrungen in seinem Geiste ansammeln. Und damit tritt er immer reifer seiner Umwelt, seinem Schicksal entgegen. Das macht ihn immer mehr zum Herrn des Schicksals. Denn das ist es ja gerade, was er aus seinen Erlebnissen gewinnt, daß er die Gesetze der Welt durchschauen lernt, in welcher sich diese Erlebnisse abspielen. Erst findet sich der Geist in der Umwelt nicht zurecht. Er tappt im Dunkeln. Aber mit jeder neuen Verkörperung wird es heller um ihn. Er erwirbt sich das Wissen, die Kenntnis der Gesetze seiner Umwelt; mit anderen Worten: er vollbringt immer mehr mit Bewußtsein, was er vorher in Dumpfheit vollbracht hat. Immer geringer wird der Zwang der Umwelt; immer mehr vermag der Geist sich selbst zu bestimmen. Der Geist aber, der sich aus sich selbst bestimmt, das ist der *freie Geist*. Ein Handeln im vollen Lichte des Bewußtseins ist ein *freies Handeln*. (Das Wesen des freien Menschengeistes habe ich in meiner ›Philosophie der Freiheit‹, Berlin 1893, darzulegen versucht.) Die volle Freiheit des Menschengeistes ist das *Ideal* seiner Entwicklung. Man kann nicht fragen: ist der Mensch frei oder unfrei? Die Philosophen, welche die Frage nach der Freiheit so stellen, können niemals zu einem klaren Gedanken darüber kommen. Denn der Mensch ist im gegenwärtigen Zustande weder frei noch unfrei; sondern er befindet sich auf dem Wege zur Freiheit. Er ist teilweise frei, teilweise unfrei. Er ist in dem Maße frei, als er sich Erkenntnis, Bewußtsein des Weltzusammenhanges, erworben hat. – Daß unser Schicksal, unser Karma in Form einer unbedingten Notwendigkeit an uns herantritt, ist kein Hindernis unserer Freiheit. Denn wenn wir handeln, treten wir ja mit dem Maße unserer Selbständigkeit, die wir uns erworben haben, an dieses Schicksal heran. Nicht das Schicksal handelt, sondern wir handeln in Gemäßheit der Gesetze dieses Schicksals.

Wenn ich ein Streichholz anzünde, so entsteht das Feuer nach notwendigen Gesetzen; aber ich habe erst diese notwendigen Gesetze in Wirksamkeit versetzt. Ebenso kann ich eine Handlung nur vollziehen im Sinne der notwendigen Gesetze meines Karma; aber ich bin es, der diese notwendigen Gesetze in Wirksamkeit versetzt. Und durch die von mir ausgehende Tat wird neues Karma geschaffen, wie das Feuer nach notwendigen Naturgesetzen weiter wirkt, nachdem ich es angezündet habe.

Damit ist zugleich Licht geworfen auf einen andern Zweifel, der in bezug auf die Wirksamkeit des Karmagesetzes jemand befallen kann. Man könnte nämlich vielleicht sagen: wenn Karma ein unabänderliches Gesetz ist, dann sei es ein Unding, jemand zu helfen. Denn was ihn trifft, sei die Folge seines Karma, und es sei schlechterdings *notwendig*, daß ihn dies oder jenes treffe. Gewiß, die Wirkungen des Schicksals, das sich ein Menschengeist in früheren Verkörperungen geschaffen hat, kann ich nicht aufheben. Aber es handelt sich darum, wie er sich mit diesem Schicksal zurechtfindet, und welches neue Schicksal er sich unter dem Einflusse des alten schafft. Helfe ich ihm, so kann ich bewirken, daß er durch seine Taten seinem Schicksal eine günstige Wendung gibt; unterlasse ich die Hilfe, so tritt vielleicht das Gegenteil ein. Allerdings wird es darauf ankommen, ob meine Hilfe eine weise oder unweise ist.

Eine Höherentwicklung des Menschengeistes bedeutet sein Fortschreiten durch immer neue Verkörperungen. Diese Höherentwicklung kommt dadurch zum Ausdruck, daß die Welt, in der des Geistes Verkörperungen stattfinden, von diesem immer mehr durchschaut wird. Zu dieser Welt gehören aber die Verkörperungen selbst. Auch in bezug auf sie tritt der Geist aus dem Zustande der Unbewußtheit in den der Bewußtheit. Auf dem Wege der Entwicklung liegt der Punkt, in dem der Mensch mit voller Bewußtheit auf seine Verkörperungen zurückzuschauen vermag. – Dies ist eine Vorstellung, über die man leicht spotten kann; und es ist natürlich kinderleicht, sie abfällig zu kritisieren. Wer das aber tut, hat von der Art solcher Wahrheiten keinen Begriff. Und Spott sowohl wie Kritik legen sich wie ein Drache vor das Tor des Heiligtums, innerhalb dessen man sie erkennen kann. Denn von Wahrheiten, deren Verwirklichung für den Menschen erst in der Zukunft liegt, ist es wohl selbstverständlich, daß er sie in der Gegenwart nicht als Tatsache auffinden kann. Es gibt nur einen Weg, um sich von ihrer Wirklichkeit zu überzeugen; und der ist, sich anzustrengen, *um diese Wirklichkeit zu erreichen.*«

Welche Bedeutung die Erkenntnis von Reinkarnation und Karma für ein bewußtes Erfassen verschiedenster Lebenszusammenhänge, insbesondere für die Gestaltung menschlichen Zusammenlebens hat, spricht Rudolf Steiner in seinem Vortrag vom 5. März 1912 in folgender Weise aus:[17]

»Wenn der Mensch nun übergeht zur Erkenntnis von Reinkarnation und Karma, wird die Sache ganz anders. Da müssen wir uns klar sein, daß das, was für einen solchen Menschen in seiner Seele lebt, nicht bloß, wenn er durch die Pforte des Todes geschritten ist, eine Bedeutung hat für eine erdentrückte Sphäre, sondern daß von dem, was er erlebt zwischen Geburt und Tod, die Zukunft der Erdengestaltung abhängt. Die Erde wird sozusagen die äußere Konfiguration haben, welche die Menschen ihr geben, die vorher da waren. Der ganze Planet in seiner Zukunftskonfiguration, das Zusammenleben der Menschen in der Zukunft, hängt davon ab, wie die Menschen früher gelebt haben in ihren früheren Verleiblichungen. Das ist das Gemüthaft-Moralische, das sich an diese Ideen anknüpft; so daß ein Mensch, der dies angenommen hat, weiß: Wie ich war in dem Leben, so werde ich wirken auf alles, was in der Zukunft geschieht, auf die ganze Kultur der Zukunft! – Da erweitert sich etwas mit dem Wissen von Reinkarnation und Karma über die Grenzen von Geburt und Tod hinaus, was der Mensch bisher nur in engsten Grenzen kennengelernt hat: das Verantwortlichkeitsgefühl! Da sehen wir herauswachsen ein gesteigertes Verantwortlichkeitsgefühl. Darin prägt sich aus, was als eine tief bedeutsame moralische Folge auftritt von Ideen, wie es Reinkarnation und Karma sind. Der Mensch, der nicht an Reinkarnation und Karma glaubt, kann sagen: Wenn ich durch die Pforte des Todes gegangen bin, werde ich höchstens bestraft oder belohnt für das, was ich hier getan habe; ich erfahre die Folgen dieses Daseins in einer anderen Welt; diese andere Welt steht aber unter dem Regiment irgendwelcher geistiger Mächte, und die werden schon verhindern, daß das, was ich in mir trage, gar zu schädlich werde der Gesamtwelt. – So kann der nicht mehr sagen, der da weiß, daß Reinkarnation und Karma eine erkenntnismäßig sich ergebende Idee ist; denn er weiß, daß die Menschen durch die Wiederverkörperung so sein werden, je nach dem, wie sie in dem vorhergehenden Leben gelebt haben.

Das wird das Bedeutsame und Wichtige sein, daß übergehen werden die Fundamentalideen der anthroposophischen Weltanschauung in das Gemütsleben und in die Gesinnung der Menschen und auftreten werden als moralische Impulse, von denen die Menschen in den abgelaufenen Zeiten im Grunde genommen gar keine Ahnung hatten. Das Verantwortlichkeitsgefühl, haben wir gesehen, wird hervorsprießen in einer Weise, wie dies früher überhaupt nicht möglich war; und andere moralische Ideen werden sich notwendig dann in einer ähnlichen Weise ergeben wie dieses Verantwortlichkeitsgefühl. Wir werden als Menschen, die unter dem Einfluß der Ideen von Reinkarnation und Karma leben, wissen lernen, daß es sich nicht handeln kann um eine Beurteilung unseres Lebens bloß nach den Voraussetzungen, welche sich zwischen Geburt und Tod ausleben, sondern nach Voraussetzungen, welche über viele, viele Leben hin verbreitet sind.«

Beiträge zur Kunst

Über das Verhältnis von Kunst und Leben

Einführung

Erkenntnisleitend für die anthroposophisch-orientierte Geisteswissenschaft ist die Frage: Wie kann der Mensch über dasjenige hinauskommen, was gewöhnlich sein Alltagsbewußtsein bestimmt und sich in Routine und Konventionen ausprägt, obgleich er das Gefühl hat, daß er die wirklichen Lebensfragen nicht zu lösen vermag? Anders ausgedrückt: Wie kann der Mensch sein Gedanken-, sein Empfindungs- bzw. Gefühlsleben gestalten, seine Willensimpulse lenken, daß er zum Wesen der Dinge, zu demjenigen, was über das Vorstellen und die bloße Meinung hinausragt, was nicht nur ›Vergängliches‹, sondern ›Ewiges‹, was Wahrheit und Schönheit in sich birgt, vordringt?

Das Bedeutsame in Rudolf Steiners Wirken ist gerade darin zu sehen – und hier unterscheidet er sich von vielen Theoretikern, Pragmatikern, Kritikern und Utopisten seiner Zeit –, daß er nicht nur eine Bewußtseinserweiterung und Bewußtseinsintensivierung *fordert*, sondern daß er die verschiedenen Bewußtseinszustände differenziert beschreibt und auf der Grundlage eigener Erfahrungen Wege aufzeigt, wie sie unter jeweils verschiedenen konkreten Lebensbedingungen angestrebt bzw. erreicht werden können.

In seinem Suchen nach den Tiefen einzelner Bewußtseinszustände offenbarte sich ihm auch der Ursprung des Künstlerischen. Eine umfassende Schilderung seiner Beobachtungen findet sich in seinem Vortrag vom 15. Februar 1918, aus dem hier mehrfach zu zitieren sein wird. Dort heißt es zunächst: »Nun scheint mir, daß man der Kunst psychologisch deshalb so schwer nahekommt, weil man nicht recht wagt, so tief in die menschliche Seele hinunterzusteigen als notwendig ist, um dasjenige zu fassen, was eigentlich das künstlerische Bedürfnis hervorruft. Vielleicht ist überhaupt auch erst unsere Zeit geeignet, über dieses künstlerische Bedürfnis etwas deutlicher zu sprechen. Denn wie man auch denken mag über mancherlei künstlerische Richtungen der allerjüngsten Vergangenheit und der Gegenwart, über Impressionismus, über Expressionismus und so weiter, über die zu reden manchmal ja einem recht unkünstlerischen Bedürfnis entspringt, eines ist nicht abzuleugnen: daß durch das Aufkommen dieser Richtungen, das künstlerische Empfinden, das künstlerische Leben, aus gewissen Seelentiefen, die sehr weit im Unterbewußten liegen, und die früher aus diesem Unterbewußten nicht heraufgeholt worden sind, nun mehr an die Oberfläche des Bewußt-seins heraufgebracht worden sind. Ganz notwendigerweise hat man heute mehr Inter-esse für die künstlerischen und die Kunst genießenden menschlichen Seelenprozesse durch alles das, was über solche Dinge wie Impressionismus und Expressionismus ge-redet worden ist, als das in früheren Zeiten der Fall war, wo die ästhetischen Begriffe der gelehrten Herren sehr weit ab gestanden haben von dem, was in der Kunst eigent-lich gelebt hat. In der letzten Zeit haben sich bei dem Kunstbetrachten Begriffe ein-gefunden, Vorstellungen eingefunden, welche in gewisser Beziehung sehr nahestehen dem, was die gegenwärtige Kunst schafft, wenigstens im Vergleich zu früheren Zeiten.

Das Leben der Seele ist ja eigentlich unendlich viel tiefer, als man gewöhnlich vor-aussetzt. Und daß der Mensch eine Summe von Erlebnissen in den Tiefen seiner Seele im Unterbewußten und Unbewußten hat, von denen man im gewöhnlichen Leben wenig spricht, das ahnen ja sehr wenige Menschen. Aber man muß etwas tiefer in dieses Seelenleben hinuntersteigen, um es gerade da zu finden, wo die Stimmung zwi-schen den angedeuteten Grenzen zu suchen ist. Es pendelt gewissermaßen unser Seelen-leben zwischen den verschiedensten Zuständen, die alle mehr oder weniger – nichts, was ich heute sage, ist pedantisch gemeint – zwei Arten darstellen: Einmal ist in den Tiefen der Menschenseele etwas, was wie freisteigend aus dieser Seele herauf will, was manchmal recht unbewußt, aber doch diese Seele quält, und was, wenn diese Seele zu der angedeuteten Stimmung hin besonders organisiert ist, sich fortwährend nach dem Bewußtsein herauf entladen will, aber nicht sich entladen kann, auch bei ge-sunder Verfassung des Menschen nicht entladen soll – als Vision. Unser Seelen-leben strebt eigentlich, wenn die Veranlassung zu der Seelenstimmung da ist, viel mehr als man glaubt, fortwährend dahin, sich umzugestalten im Sinne der Vision. Das gesunde Seelenleben besteht nur darin, daß dieses ›Wollen der Vision‹ beim Stre-ben bleibt, daß die Vision nicht heraufkommt. Dieses Streben nach der Vision, das im Grunde genommen in der Seele aller Menschen ist, kann befriedigt werden, wenn wir das, was entstehen will, aber in der gesunden Seele nicht entstehen soll – die krank-hafte Vision –, der Seele entgegenhalten in einem äußeren Eindruck, in einer äußeren Gestaltung, in einem äußeren Bildwerk oder dergleichen. Und es kann dann das äußere Bildwerk, die äußere Gestaltung dasjenige sein, was eintritt, um in gesunder Weise im Untergrunde der Seele zu lassen, was eigentlich Vision sein will. Wir bieten ge-wissermaßen der Seele von außen den Inhalt der Vision. Und wir bieten ihr nur dann ein wirklich Künstlerisches, wenn wir imstande sind, aus berechtigten visionären Stre-bungen heraus zu erraten, welche Gestaltung, welchen Bildeindruck wir der Seele bie-ten müssen, damit ihr Drang nach dem Visionären ausgeglichen ist ... Der andere Ursprung liegt darin, daß innerhalb der Natur selbst Geheimnisse verzaubert sind, die nur gefunden werden können, wenn man sich darauf einläßt, nicht wissenschaftlich vorauszusetzen – das braucht man dabei nicht –, aber zu empfinden, welches die tiefe-ren Geheimnisse der sich um uns ausbreitenden Natur eigentlich sind.«[1]

Beide Ausgangspunkte entsprechen tiefen Bedürfnissen der menschlichen Seele: »Befriedigung zu schaffen für das, was eigentlich Vision werden will, aber in der gesunden Menschennatur nicht Vision werden darf, das wird immer mehr oder weniger zur expressionistischen Kunstform werden, wenn man auch auf das Schlagwort nicht viel zu geben braucht. Und dasjenige, was geschaffen werden soll, um wiederum das zusammenzufassen, was man in seine sinnlich-übersinnlichen Bestandteile in irgendwelcher Form aufgelöst hat, oder aus dem man das unmittelbar sinnliche Leben ertötet hat, um selbst ihm einzuhauchen übersinnliches Leben, wird zur impressionistischen Kunstform führen. Diese beiden Bedürfnisse der menschlichen Seele sind immer die Quelle der Kunst gewesen, nur daß durch die allgemeine Menschheitsentwicklung in der unmittelbaren Vergangenheit, ich möchte sagen, das erste expressionistisch, das zweite impressionistisch verfolgt wird. Es wird sich wahrscheinlich, der Zukunft zueilend, in ganz besonderem Maße ausgestalten. Man wird für die Zukunft künstlerisch dann empfinden, wenn man immer mehr und mehr nicht das Verstandesbewußtsein, aber das Empfinden erweitert, namentlich intensiv nach diesen zwei Richtungen hin erweitert.«[2]

Auf dem Hintergrund dieser Ausführungen eröffnet Rudolf Steiners ›Ästhetik‹, die er in engem Zusammenhang mit seinen erkenntnistheoretischen sowie Goethestudien in den achtziger Jahren des 19. Jahrhunderts entwickelt hat, neue Dimensionen auf allen Gebieten der Kunst. Ein wirkliches Verständnis wird man jedoch nur erringen können, wenn man neben den ›Ästhetiker‹ den schöpferisch-tätigen Künstler Rudolf Steiner stellt. Sein umfangreiches Wirken als Künstler wird daher im zweiten Teil dieses Kapitels zur Darstellung kommen.

Aus Rudolf Steiners Abhandlungen und seinem schöpferischen Tun auf dem Gebiete der Kunst ragt jedoch noch etwas hervor, was man vielleicht seinen ›künstlerischen Impuls‹ nennen kann. In vielen seiner Vorträge bringt er zum Ausdruck, daß das künstlerische Leben zu seiner Zeit bereits davon geprägt war, den Zusammenhang mit der Lebensrealität zu verlieren. Die Kunst, so Rudolf Steiner, läßt unberücksichtigt, was sich als Bedürfnis des Menschen und der Menschheit artikulieren will. Damit hat sie gesamtgesellschaftlich gesehen eine desintegrierende Funktion eingenommen, begibt sich somit in eine Isolierung hinein und wirkt ›klassenbildend‹, indem sie Luxus geworden ist.

Dadurch, daß Kunst sich auf der einen Seite zunehmend auf die Nachahmung der Natur und des Sinnlich-Wahrnehmbaren beschränkt und auf der anderen Seite in immer abstrakter werdenden Formen ihre Ausdrucksmittel zu finden glaubt, verliert sie in immer stärker werdendem Maße ihre Bedeutung, die für Rudolf Steiner darin liegt, das Sinnlich-Wahrnehmbare durch das Ich des schaffenden Menschen so zu verwandeln, daß das Kunstwerk in seiner sinnlichen Wahrnehmbarkeit Zeugnis von etwas Geistigem ablegt.

Und immer wieder weist er eindrücklich darauf hin, daß durch die neuere Entwicklung der Künste eine Polarisierung von Geist und Materie, von Theorie und

Praxis, von Abstraktion und Einsicht herbeigeführt wird, deren spätere Auswirkungen sich in schwerwiegenden Folgen für die Entwicklung der Menschen und der Menschheit äußern werden.

Ähnliche Phänomene beschreibt auch Hegel in der Einleitung zu seiner ›Ästhetik‹: »Auf allen Fall erscheint nach solcher Ansicht die Kunst als ein *Überfluß* ... Die eigentümliche Art der Kunstproduktion und ihrer Werke füllt unser höchstes Bedürfnis nicht mehr aus; wir sind darüber hinaus, Werke der Kunst göttlich zu verehren und sie anbeten zu können, der Eindruck, den sie machen, ist besonderer Art, und was durch sie in uns erregt wird, bedarf noch eines höheren Prüfsteins und anderwärtiger Bewährung ... Wie es sich nun auch immer hiermit verhalten mag, so ist es einmal der Fall, daß die Kunst nicht mehr diejenige Befriedigung der geistigen Bedürfnisse gewährt, welche frühere Zeiten und Völker in ihr gesucht und nur in ihr gefunden haben ...«[3]

Daß sich unter dem Einfluß modernster Kunstströmungen in den vergangenen Jahrzehnten das Begriffs- und Wertsystem fundamental gewandelt hat, zeigt der amerikanische Soziologe Daniel Bell in seiner Studie ›Die Zukunft der westlichen Welt‹ mit aller Deutlichkeit auf. ›Kulturmasse‹ nennt er jene breite Schicht der Intelligenz in der Wissens- und Kommunikationsindustrie, die neue Wertsetzungen bis hin zur Proklamation der ›Anti-Kunst‹ schafft, die jenseits jeglicher Moral, jenseits jeglicher Kultur liegt.

Gehen Rudolf Steiners Intentionen dahin, das künstlerische *Empfinden* zu erweitern, so verstrickt sich die moderne Kunst immer mehr in *verstandesmäßige* Auslegungen hinein. Oft ›meterlange‹ Interpretationen werden den ›Objekten‹ beigefügt. Kunst wird nicht mehr erlebbar, sondern das jeweilige Objekt kann nur mittels Interpretation ›verstanden‹ werden.

Doch die Kritik an dieser Entwicklung nimmt zu. Daniel Bell zitiert in oben genannter Abhandlung aus den Schriften des Dichters Octavio Paz, der angesichts der Kunst der Gegenwart zu folgender Schlußfolgerung gelangt: »Heute ... verliert die moderne Kunst allmählich ihre Negationskraft. Schon seit einigen Jahren sind ihre Ablehnungen ritualisierte Wiederholungen geworden: die Rebellion ist in eine Verfahrensfrage umgeschlagen, die Kritik in Rhetorik, das Übertreten von Gesetzen ins Zeremoniell. Die Negation hat nichts Schöpferisches mehr. Damit sage ich nicht, daß wir das Ende der Kunst erleben, wir erleben vielmehr das Ende der *Idee der modernen Kunst.*«[4]

Beispielhaft für die hier angedeutete Entwicklungstendenz ist folgendes Ereignis, das in den USA im Jahre 1968 stattfand: Damals erklärte der amerikanische Künstler Robert Morris »vor dem Notar, er ›entziehe‹ der von ihm angefertigten Konstruktion ›jede ästhetische Qualität und jeden Inhalt‹.«[5]

Kunst als ›Anti-Illusion‹, als ›Programmierung von Sinneserregungen‹, repräsentiert durch eine ›Ästhetik des Schocks und der Sensation‹ (D. Bell) will zwar verbal

als herzliche Zueignung
von Dr Rudolf Steiner

Rudolf
Steiner,
Zeichnung
von
Emil Orlik,
1916

die Schranken zwischen Kunst und Leben niederreißen, indem alles, was mit ›Aktion‹ zu tun hat, zur Kunst erklärt wird, doch die »Herausforderung der Zukunft, kreativ zu reagieren«[6] ist noch nicht angenommen worden.

Kunst und Leben in einen Einklang zu bringen, kann als das wesentliche Charakteristikum des künstlerischen Impulses Rudolf Steiners angesehen werden.

Eine solche ›Einheit‹ kann jedoch nur gewonnen werden aus dem Wirken einzelner Seelenfähigkeiten. Das, was Rudolf Steiner den Drang zum Visionären, was er als Empfindung gegenüber den in der Natur verborgenen Geheimnissen schildert, ist ja in jedem einzelnen Menschen vorhanden. Kunst nimmt somit ihren Ausgangspunkt an einer konkret erlebbaren Erfahrungswelt, an menschlichen Grundbedürfnissen.

Die Schwierigkeit für den Menschen, seine Erkenntnisebene, seine äußere Erfahrungswelt auch innerlich seelisch zu durchdringen und damit menschenwürdig zu gestalten, entsteht dadurch, daß er das Künstlerische in sich nicht wahrnimmt, ja unterdrückt. Damit schwächt er sich auch in seiner Sozialfähigkeit, das heißt: er ist nicht in der Lage, seinen Umgang mit den Mitmenschen in einem ständigen Entwicklungsprozeß neu zu ergreifen, sondern er läuft Gefahr, sein Leben durch Gewohnheiten und Normen zu determinieren, zu ›ordnen‹ und schließlich abzutöten.

Was bedeutet es nun für den einzelnen Menschen Künstler zu sein? Eine Antwort läßt sich aus dem bisher Dargestellten vielleicht in der folgenden Weise ableiten: Ist der Mensch in der Lage, sein innerstes Seelenleben zu ergreifen, versucht er dem visionären Drang entgegenzuwirken, in dem er die in diesem wirkenden Kräfte nach außen kehrt, das heißt in äußeren Handlungen sichtbar werden läßt, so handelt er künstlerisch. Im Umgang mit Formen, Lauten, Farben und Tönen erfährt er sein eigenes Wesen und das der ›weltschaffenden Prinzipien‹. Begibt er sich in diese Erfahrungswelt bewußt hinein, wird er zum (Mit-)Gestalter auch seiner sozialen Umwelt. In seinem Züricher Vortrag vom 28. Oktober 1919 sagt Rudolf Steiner: »Und ist es nicht begreiflich, daß dann diejenigen Menschen, die ganz in Anspruch genommen werden vom Morgen bis zum Abend durch die unmittelbare Lebenssorge, die auch keine Bildung erringen können, die sich hinaufringt zum Verständnisse, das selber erst ein künstlerisches sein muß, dieser Kunst, daß diese Menschen sich durch eine Kluft geschieden fühlen von dieser Kunst? Und wenn man es auch nicht auszusprechen wagt heute, weil man es philiströs empfindet, – im sozialen Leben prägt es sich aus: daß weite Kreise hinschauen zu dieser Kunst und sie unbewußt empfinden als einen Luxus des Lebens, als etwas, das nicht dazugehört zu jedem Menchenleben, das aber in Wirklichkeit dazugehört zu jedem menschenwürdigen Dasein, weil es jedes menschenwürdige Dasein erst zu seinem vollen Inhalte bringt ... Und sehen wir nicht, wie auf der anderen Seite die Kunst den Zusammenhang mit dem Leben verloren hat? Auch da sind wiederum sehr löbliche Bestrebungen aufgetaucht in den letzten Jahrzehnten, aber durchaus nicht durchgreifend. Da sind Bestrebungen aufgetaucht auf dem Gebiete des Kunstgewerbes. Diese Bestrebungen haben gesehen, wie unsere alltägliche Umgebung kunstlos geworden ist. Die Kunst hat ihren scheinbaren Fortschritt genommen. Alles, was uns an Häusern umgibt, worauf wir täglich stoßen für unsere Gebrauchsgegenstände, das ist so kunstlos als möglich geworden. Das praktische Leben konnte nicht heraufgehoben werden zur künstlerischen Form, weil die Kunst sich selber vom Leben getrennt hatte.«[7]

Wie eng seine Auffassung vom Künstlerischen mit den brennenden sozialen Fragen korrespondiert, wird in Rudolf Steiners ›Volkspädagogischen Vorträgen‹ aus dem Jahre 1919 deutlich.

Versuchten die verschiedensten politischen Strömungen nach Beendigung des Ersten Weltkrieges mittels politischer Programme und Parolen, die eher dazu angetan waren die klassenkämpferische Situation zu verstärken denn zu beenden, eine soziale Wende herbeizuführen, so ging es Rudolf Steiner darum, die im Menschen verborgenen schöpferischen Kräfte zu wecken und das soziale Leben in gewissem Sinne künstlerisch zu gestalten. Dabei stand ihm mit aller Deutlichkeit vor Augen, daß durch eine Fortsetzung der bisherigen, auf den Einheitsstaat ausgerichteten Politik keine in die Zukunft gerichtete menschengemäße soziale Struktur herbeigeführt werden kann. Dies ist nur möglich durch eine Gliederung des sozialen Ganzen in ein unabhängiges geistig-kulturelles Leben und in ein nach seinen eigenen Gesetzen sich entfaltendes Rechts- und Wirtschaftsleben. Gelingt es, ein freies Geistes- und Kulturleben zu schaffen, dann wird auch das Künstlerische zu einer sozialgestaltenden Kraft werden: »Nur auf dem Boden eines sich selbst verwaltenden Geisteslebens kann zum Beispiel auch wirkliche Kunst gedeihen. Und wirkliche Kunst ist Volkssache; wirkliche Kunst ist im eminentesten Sinne etwas Soziales. Derjenige, der den griechischen, den romanischen, den gotischen Baustil studiert in dem Sinne, wie das heute oftmals geschieht, der weiß über das, was in Betracht kommt, im Grunde genommen noch recht wenig. Erst derjenige kennt, was im griechischen, im romanischen, im gotischen Baustil liegt, welcher weiß, wie die ganze soziale Struktur der Zeit, als diese Stile herrschten, in Formen, in Linienführung, in Abbildlichkeit innerhalb dieser Stile zu sehen war, wie die Kunst fortschwang in den menschlichen Seelen. Was der Mensch im Alltag tat, bis in die Fingerbewegung hinein, war ein Fortschwingen desjenigen, was er sah, wenn er diese Dinge betrachtete, die ihm die Möglichkeit boten, die wirkliche reale Wesenheit, sagen wir, eines Baustils in sich aufzunehmen. Man bedarf heute der Einsetzung der Ehe zwischen Kunst und Leben, die aber nur auf dem Boden eines freien Geisteslebens gedeihen kann. Die Gedanken, die sozial wirken sollen, können nicht sozial wirken, wenn nicht, während diese Gedanken sich formen, in einer Nebenströmung des geistigen Lebens in die Seele dasjenige einzieht, was aus einer wirklich lebensgemäßen Umgebung herkommt. Dazu bedarf es auch, sagen wir, für das Künstlertum eines ganz anderen Lebensganges, als ihm heute gegönnt ist während des Heranwachsens.«[8]

Dasjenige, worin er die zukünftige Aufgabe des Künstlerischen sieht, beschreibt er gegen Ende des bereits genannten Züricher Vortrages mit den Worten: »Aus vielleicht Ihnen leicht begreiflichen Gründen konnten wir noch nicht den Stil eines modernen Bankgebäudes oder den Stil eines modernen Warenhauses finden. Aber auch diese

Dinge müssen gefunden werden. Gefunden werden muß vor allen Dingen gerade auf diesem Wege der Zusammenhang mit einer künstlerischen Formung des unmittelbar praktischen Lebens ... Dann erst werden weite Kreise das geistige Leben als notwendig empfinden, wenn dieses geistige Leben so mit dem Leben der Praxis in einer unmittelbaren Verbindung steht.«[9]

Eine wesentliche Voraussetzung für die Gestaltung sozialer Prozesse ist, daß die Menschen einander in einer Art aktiver Toleranz begegnen lernen. Die Kunst übernimmt hier die Aufgabe einer geistdurchdrungenen ›Kommunikation‹: »Dadurch, daß der Mensch Kunstverständnis sich erringt, wird er auch dem Menschen selbst, seinem Nebenmenschen, seinem Mitmenschen in einer ganz anderen Weise gegenüberstehen, als wenn ihm dieses Kunstverständnis fehlt. Denn, was ist das Wesentliche im Weltverständnis? Daß wir die abstrakten Begriffe im rechten Moment verlassen können, um Einsicht, Verständnis für die Welt gewinnen zu können.«[10]

Wie man durch eine klare Begriffsbildung und die Schulung geistig-seelischer Kräfte, insbesondere die der Imagination, der Inspiration und der Intuition über den Bereich des Sinnlichen hinaus in Bereiche des Über-Sinnlichen gelangen kann, stellt Rudolf Steiner ausführlich in seinen erkenntnistheoretischen Schriften und Abhandlungen sowie Vorträgen über den anthroposophischen Schulungsweg dar. In welcher Weise nun die Brücke vom Sinnlichen zum Übersinnlichen geschlagen werden kann, schildert er in dem bereits mehrfach angeführten Vortrag in München vom 15. Februar 1918 mit den Worten:[11]

»Ich glaube durchaus, daß der künstlerische Prozeß in vieler Beziehung etwas tief, tief im Unterbewußten Liegendes ist, daß aber doch unter gewissen Umständen es bedeutungsvoll für das Leben sein kann, so starke, so intensive Vorstellungen vom künstlerischen Prozeß zu haben, daß diese starken, intensiven Vorstellungen etwas in der Seele bewirken, was schwache Vorstellungen niemals bewirken, nämlich wirklich in die Empfindung übergehen zu können. Wenn diese beiden Quellen der Kunst empfindungsgemäß sich in der menschlichen Seele geltend machen, dann wird man allerdings sehen, wie gesund es empfunden war, als Goethe für einen gewissen Lebensaugenblick – solche Dinge sind ja immer einseitig – das reine, echt Künstlerische in der Musik empfand, indem er sagte: Die Musik stellt deshalb ein Höchstes in der Kunst dar – wie gesagt, es ist dies einseitig, denn jede Kunst kann zu dieser Höhe kommen, aber man charakterisiert ja immer einseitig, wenn man charakterisiert –, die Musik stellt deshalb ein Höchstes dar, weil sie ganz außerstande ist, irgend etwas aus der Natur nachzuahmen, sondern in ihrem eigenen Element Gehalt und Form ist. – So wird aber jede Kunst in ihrem ureigenen Element Gehalt und Form, wenn sie nicht durch Erdenken, nicht durch Ausklügeln, sondern durch Entdecken des Sinnlich-Übersinnlichen in der heute angedeuteten Weise der Natur ihre Geheimnisse entringt. Ich glaube, daß es allerdings oftmals in der Seele selbst ein recht geheimnisvoller Prozeß ist, wenn man aufmerksam wird auf dieses Sinnlich-Übersinnliche in der Natur. Goethe selbst hat ja diesen Ausdruck ›Sinnlich-Übersinnliches‹ geprägt. Und trotzdem er dieses

Sinnlich-Übersinnliche ein offenbares Geheimnis nennt, so kann es nur gefunden werden, wenn die unterbewußten Seelenkräfte sich ganz in die Natur versenken können.

Das Visionäre entsteht in der Seele gewissermaßen dadurch, daß sich das Übersinnlich-Erlebte entladen will: Es steigt aus der Seele auf. Dasjenige, was äußerlich als das Geistige, äußerlich als das Übersinnliche erlebt werden kann, das erlebt derjenige, der geistig überhaupt erleben kann, nicht durch die Vision, die in der Geisteswissenschaft dann geläutert und gereinigt wird zur Imagination, sondern das erlebt derjenige, der geistig erleben kann, durch die Intuition. Durch die Vision setzt man das Innere bis zu einem gewissen Grade heraus, so daß das Innere ein Äußeres in uns selber wird, in der Intuition geht man aus sich selbst heraus: Man steigt hinunter in die Welt. Aber dieses Hinuntersteigen bleibt ein Unwirkliches, wenn man nicht in der Lage ist, das was die Natur verzaubert hält, was sie immer durch ein höheres Leben überwinden will, zu entzaubern. Stellt man sich dann in dieses entzauberte Natürliche hinein, dann lebt man in Intuitionen. Diese Intuitionen, sofern sie in der Kunst sich geltend machen, hängen allerdings mit intimen Erlebnissen zusammen, die die Seele haben kann, wenn sie außer sich eins wird mit den Dingen. Deshalb durfte Goethe von seiner in hohem Grade eigentlich impressionistischen Kunst zu einem Freunde sagen: Ich will Ihnen etwas sagen, was Sie aufklären kann über das Verhältnis der Menschen zu dem, was ich geschaffen habe. Meine Sachen können nicht populär werden. Nur diejenigen, die ein Ähnliches erlebt haben, die durch einen gleichen Fall durchgegangen sind, werden in Wirklichkeit immer erst meine Sachen verstehen. – Goethe hatte schon dieses Kunstempfinden. Insbesondere in dem noch wenig verstandenen zweiten Teil des ›Faust‹ kommt es dichterisch ganz zum Vorschein. Goethe hatte schon dieses Kunstempfinden, das Sinnlich-Übersinnliche dadurch aufzusuchen, daß der Teil der Natur erkannt wird als das, was über sich hinaus ein Ganzes werden will, was in Metamorphose wieder ein anderes ist, und mit dem anderen dann in ein Naturprodukt zusammengefaßt, aber durch ein höheres Leben ertötet wird. Wir geraten, wenn wir in solcher Weise in die Natur eindringen, in viel höherem Sinne in eine wahre Wirklichkeit hinein, als das gewöhnliche Bewußtsein glaubt. In was man da hineingerät, liefert aber den größten Beweis dafür, daß die Kunst nicht nötig hat, bloß Sinnliches nachzubilden oder Übersinnliches, bloß Geistiges zum Ausdruck zu bringen, wodurch sie nach zwei Seiten hin abirren würde, sondern daß die Kunst gestalten kann, ausdrücken kann, was sinnlich im Übersinnlichen, übersinnlich im Sinnlichen ist.«

Kunst und Wissenschaft

Gibt es einen realen Zusammenhang zwischen dem Streben nach künstlerischer Vollkommenheit, jenem ›Bewußtseinszustand‹, der die Schönheit der Welt offenbar werden
läßt, und dem Streben nach einer Höherentwicklung der Erkenntniskräfte, durch die
sich der Mensch einen Zugang zur Wahrheit der Dinge erschließt? Diese Frage war
für Rudolf Steiner richtunggebend im Verlauf seiner jahrelangen tiefen Auseinandersetzung mit Goethes ›Geistesart‹. Aus dem ›Wie‹ ihrer Beantwortung entfaltete sich
nach und nach dasjenige, was er als anthroposophisch-orientierte Geisteswissenschaft
und eine durch sie impulsierte Kunst zu Beginn des zwanzigsten Jahrhunderts in die
Menschheit hineinstellte.

Eine grundlegende Darstellung des Zusammenhanges von Kunst und Wissenschaft,
beispielhaft aufgezeigt an dem Künstler und Wissenschaftler Goethe, gibt er bereits
innerhalb seiner ›Einleitungen zu Goethes Naturwissenschaftlichen Schriften‹. Hier die
ungekürzte Wiedergabe dieser umfassenden Ausführungen:[1]

»Wer sich die Aufgabe stellt, die Geistesentwicklung eines Denkers darzustellen, hat
uns die besondere Richtung desselben auf psychologischem Wege aus den in seiner Biographie gegebenen Tatsachen zu erklären. Bei einer Darstellung von Goethe, *dem
Denker,* ist die Aufgabe damit noch nicht erschöpft. Hier wird nicht nur nach einer
Rechtfertigung und Erklärung seiner speziellen wissenschaftlichen Richtung, sondern
und vorzüglich auch danach gefragt, wie dieser Genius *überhaupt* dazu kam, auf wissenschaftlichem Gebiete tätig zu sein. Goethe hatte durch die falsche Ansicht seiner Zeitgenossen viel zu leiden, die sich nicht denken konnten, daß dichterisches Schaffen und
wissenschaftliche Forschung sich in einem Geiste vereinigen lasse. Es handelt sich hier
vor allem um Beantwortung der Frage: Welches sind die Motive, die den großen
Dichter zur Wissenschaft getrieben? Liegt der Übergang von Kunst zur Wissenschaft
rein in seiner subjektiven Neigung, in persönlicher Willkür? Oder war Goethes künstlerische Richtung eine solche, daß *sie* ihn mit *Notwendigkeit* zur Wissenschaft treiben
mußte?

Wäre das erstere der Fall, dann hätte die gleichzeitige Hingabe an Kunst und Wissenschaft bloß die Bedeutung einer *zufälligen* persönlichen Begeisterung für beide Richtungen des menschlichen Strebens; wir hätten es mit einem Dichter zu tun, der zufällig
auch ein Denker ist, und es hätte wohl sein können, daß bei einem etwas andern
Lebensgang Goethe dieselben Wege in der Dichtung eingeschlagen, ohne daß er sich um
die Wissenschaft auch nur bekümmert hätte. Beide Seiten dieses Mannes interessierten
uns dann abgesondert als solche, beide hätten vielleicht für sich ein gut Teil den Fortschritt der Menschheit gefördert. Alles das wäre aber auch der Fall, wenn die beiden
Geistesrichtungen auf zwei Persönlichkeiten verteilt gewesen wären. Der *Dichter*
Goethe hätte mit dem *Denker* Goethe nichts zu tun.

Ist aber das zweite der Fall, dann war Goethes künstlerische Richtung eine solche, daß sie von innen heraus notwendig dazu drängte, durch wissenschaftliches Denken ergänzt zu werden. Dann ist es schlechterdings undenkbar, daß die beiden Richtungen auf zwei Persönlichkeiten verteilt gewesen wären. Dann interessiert uns jede der beiden Richtungen *nicht nur* um ihrer selbst willen, sondern auch wegen ihrer Beziehung auf die andere. Dann gibt es einen *objektiven* Übergang von Kunst zur Wissenschaft, einen Punkt, wo sich die beiden so berühren, daß Vollendung in dem einen Gebiet Vollendung in dem andern fordert. Goethe folgte dann nicht einer persönlichen Neigung, sondern die Kunstrichtung, der er sich ergab, weckte in ihm Bedürfnisse, denen nur in wissenschaftlicher Betätigung Befriedigung werden konnte.

Unsere Zeit glaubt das Richtige zu treffen, wenn sie Kunst und Wissenschaft möglichst weit auseinanderhält. Sie sollen zwei vollkommen entgegengesetzte Pole in der Kulturentwicklung der Menschheit sein. Die Wissenschaft soll uns – so denkt man – ein möglichst objektives Weltbild entwerfen, sie soll uns die Wirklichkeit im Spiegel zeigen, oder mit andern Worten: sie soll mit Entäußerung aller subjektiven Willkür sich rein an das Gegebene halten. Für ihre Gesetze ist die objektive Welt maßgebend, ihr hat sie sich zu unterwerfen. Sie soll den Maßstab des Wahren und Falschen ganz und gar aus den Objekten der Erfahrung nehmen.

Ganz anders soll es bei den Schöpfungen der Kunst sein. Ihnen wird von der selbstschöpferischen Kraft des menschlichen Geistes das Gesetz gegeben. Für die Wissenschaft wäre jedes Einmischen der menschlichen Subjektivität Verfälschung der Wirklichkeit, Überschreitung der Erfahrung; die Kunst dagegen wächst auf dem Felde genialischer Subjektivität. Ihre Schöpfungen sind Gebilde menschlicher Einbildungskraft, nicht Spiegelbilder der Außenwelt. Außer uns, im objektiven Sein, liegt der Ursprung wissenschaftlicher Gesetze; in uns, in unserer Individualität, der der ästhetischen. Daher haben die letzteren nicht den geringsten Erkenntniswert, sie erzeugen Illusionen ohne den geringsten Wirklichkeitsfaktor.

Wer die Sache so faßt, wird nie Klarheit darüber gewinnen, welches Verhältnis Goethesche Dichtung zu Goethescher Wissenschaft hat. Dadurch wird aber beides mißverstanden. Die welthistorische Bedeutung Goethes liegt ja gerade darin, daß seine Kunst unmittelbar aus dem *Urquell des Seins* fließt, daß sie nichts Illusorisches, nichts Subjektives an sich trägt, sondern als die Künderin jener Gesetzlichkeit erscheint, die der Dichter in den Tiefen des Naturwirkens dem Weltgeiste abgelauscht hat. Auf dieser Stufe wird die Kunst die Interpretin der Weltgeheimnisse, wie es die Wissenschaft in anderem Sinne ist.

So hat Goethe auch stets die Kunst aufgefaßt. Sie war ihm die *eine* Offenbarung des Urgesetzes der Welt, die Wissenschaft war ihm die *andere*. Für ihn entsprangen Kunst und Wissenschaft aus *einer* Quelle. Während der Forscher untertaucht in die Tiefen der Wirklichkeit, um die treibenden Kräfte derselben in Form von Gedanken auszusprechen, sucht der Künstler dieselben treibenden Gewalten seinem Stoffe einzubilden. »Ich denke, Wissenschaft könnte man die Kenntnis des Allgemeinen nennen, das abgezogene Wissen;

Kunst dagegen wäre Wissenschaft zur Tat verwendet; Wissenschaft wäre Vernunft, und Kunst ihr Mechanismus, deshalb man sie auch praktische Wissenschaft nennen könnte. Und so wäre denn endlich Wissenschaft das Theorem, Kunst das Problem.«² Was die Wissenschaft als Idee (Theorem) ausspricht, das soll die Kunst dem Stoffe einprägen, das soll ihr Problem werden. »In den Werken des Menschen wie in denen der Natur sind die Absichten vorzüglich der Aufmerksamkeit wert«³, sagt Goethe. Überall sucht er nicht nur das, was den Sinnen in der Außenwelt gegeben ist, sondern die Tendenz, durch die es geworden. *Diese* wissenschaftlich aufzufassen, künstlerisch zu gestalten, das ist seine Sendung. Bei ihren eigenen Bildungen gerät die Natur »auf Spezifikationen wie in eine Sackgasse«; man muß auf das zurückgehen, was hätte werden sollen, wenn die Tendenz sich hätte ungehindert entfalten können, so wie der Mathematiker nie dieses oder jenes Dreieck, sondern immer jene Gesetzmäßigkeit im Auge hat, die jedem möglichen Dreieck zugrunde liegt. Nicht *was* die Natur geschaffen, sondern nach welchem Prinzip sie es geschaffen, darauf kommt es an. Dann ist dieses Prinzip so auszugestalten, wie es seiner eigenen Natur gemäß ist, nicht wie es in dem von tausend Zufälligkeiten abhängigen einzelnen Gebilde der Natur geschehen ist. Der Künstler hat »aus dem Gemeinen das Edle, aus der Unform das Schöne zu entwickeln«.

Goethe und Schiller nehmen die Kunst in ihrer vollen Tiefe. Das Schöne ist »eine Manifestation geheimer Naturgesetze, die uns ohne dessen Erscheinung ewig wären verborgen geblieben«. Ein Blick in des Dichters ›Italienische Reise‹ genügt, um zu erkennen, daß das nicht etwa eine Phrase, sondern tief-innerliche Überzeugung ist. Wenn er sagt: »Die hohen Kunstwerke sind zugleich als die höchsten Naturwerke von Menschen nach *wahren* und *natürlichen* Gesetzen hervorgebracht worden. Alles Willkürliche, Eingebildete fällt zusammen; da ist Notwendigkeit, da ist Gott«, so geht daraus hervor, daß ihm Natur und Kunst gleichen Ursprunges sind. Bezüglich der Kunst der Griechen sagt er in dieser Richtung folgendes: »Ich habe die Vermutung, daß sie nach den Gesetzen verfuhren, nach welchen die Natur selbst verfährt, und denen ich auf der Spur bin.« Und von Shakespeare: »Shakespeare gesellt sich zum Weltgeist; er durchdringt die Welt wie jener, beiden ist nichts verborgen; aber wenn des Weltgeistes Geschäft ist, Geheimnisse vor, ja oft nach der Tat zu bewahren, so ist der Sinn des Dichters, das Geheimnis zu verschwätzen.«

Hier ist auch an den Ausspruch von der ›frohen Lebensepoche‹ zu erinnern, die der Dichter Kants ›Kritik der Urteilskraft‹ schuldig geworden ist, und die er ja doch eigentlich nur dem Umstand dankte, daß er hier »Kunst- und Naturerzeugnisse eins behandelt sah wie das andere, daß sich ästhetische und teleologische Urteilskraft wechselweise erleuchteten«. »Mich freute«, sagt der Dichter, »daß Dichtkunst und vergleichende Naturkunde so nah miteinander verwandt seien, indem beide sich derselben Urteilskraft unterwerfen.« In dem Aufsatz: ›Bedeutende Fördernis durch ein einziges geistreiches Wort‹ stellt Goethe ganz in derselben Absicht seinem gegenständlichen *Denken* sein gegenständliches *Dichten* gegenüber.

So erscheint Goethe die Kunst ebenso objektiv wie die Wissenschaft. Nur die Form beider ist verschieden. Beide erscheinen als der Ausfluß *eines* Wesens, als notwendige Stufen *einer* Entwicklung. Jede Ansicht, die der Kunst oder dem Schönen eine isolierte Stellung *außerhalb* des Gesamtbildes menschlicher Entwicklung anweist, widerstrebt ihm. So sagt er: »Im Ästhetischen tut man nicht wohl, zu sagen: die Idee des Schönen; dadurch vereinzelt man das Schöne, das einzeln nicht gedacht werden kann«[4], oder: »Der Stil ruht auf den tiefsten Grundfesten der *Erkenntnis*, auf dem Wesen der Dinge, insofern uns erlaubt ist, es in sichtbaren und greiflichen Gestalten zu *erkennen*.«[5] *Die Kunst beruht also auf dem Erkennen.* Das letztere hat die Aufgabe, die Ordnung, nach der die Welt gefügt ist, im Gedanken nachzuschaffen; die Kunst die, im einzelnen die Idee dieser Ordnung des Weltganzen auszubilden. Alles, was dem Künstler an Weltgesetzlichkeit erreichbar ist, das legt er in sein Werk. Dies erscheint somit als eine Welt im kleinen. Hierin liegt der Grund dafür, warum sich die Goethesche Kunstrichtung durch Wissenschaft ergänzen muß. Sie ist schon als Kunst ein Erkennen. Goethe wollte eben weder Wissenschaft noch Kunst; *er wollte die Idee.* Und diese spricht er aus oder stellt er dar, nach der Seite, nach der sie sich ihm gerade darbietet. Goethe suchte sich mit dem Weltgeiste zu verbünden und uns dessen Walten zu offenbaren; er tat es durch das Medium der Kunst oder der Wissenschaft, je nach Erfordernis. Nicht einseitiges Kunst- oder wissenschaftliches Streben lag in Goethe, sondern der rastlose Drang, »alle Wirkungskraft und Samen« zu schauen.

Dabei ist Goethe doch kein philosophischer Dichter, denn seine Dichtungen nehmen nicht den Umweg durch den Gedanken zur sinnenfälligen Gestaltung; sondern sie strömen unmittelbar aus der Quelle alles Werdens, wie seine Forschungen nicht mit dichterischer Phantasie durchtränkt sind, sondern unmittelbar auf dem Gewahrwerden der Ideen beruhen. Ohne daß Goethe ein philosophischer Dichter ist, erscheint seine Grundrichtung für den philosophischen Betrachter als eine philosophische.

Damit nimmt die Frage, ob Goethes wissenschaftliche Arbeiten philosophischen Wert haben oder nicht, eine durchaus neue Gestalt an. Es handelt sich darum, von dem, was vorliegt, zurück auf die Prinzipien zu schließen. Was müssen wir voraussetzen, daß uns Goethes wissenschaftliche Aufstellungen als Folge dieser Voraussetzungen erscheinen? Wir müssen aussprechen, was Goethe unausgesprochen gelassen hat, was aber allein seine Anschauungen verständlich macht.«

Der Künstler Rudolf Steiner

Versucht man in die anthroposophisch-orientierte Geisteswissenschaft, insbesondere aber in die Ästhetik und die Vortragsinhalte, in denen Rudolf Steiner von den Gegenwarts- und Zukunftsaufgaben der Kunst spricht, tiefer einzudringen, so entsteht in einem recht bald die Frage: Auf welche Weise hat er versucht, seine Anschauungen über die Kunst und die einzelnen Künste praktisch zu ›verwirklichen‹, in konkrete Lebenszusammenhänge hineinzustellen? Und blickt man dann auf die durch ihn geschaffenen Kunstwerke hin, so ergibt sich die weitere Frage: In welchem Verhältnis steht der Ästhetiker zu dem Künstler Rudolf Steiner?

Auf der Grundlage dieser Fragen soll in dem folgenden Teil eine Lebensskizze des *Künstlers* Rudolf Steiners gegeben werden, in der es in erster Linie darauf ankommt, Einblicke in die Motive und den Werdeprozeß seines künstlerischen Wirkens zu geben. Eine Vertiefung desjenigen, was hier zu den einzelnen Künsten im Rahmen einer Lebensskizze oft nur andeutungsweise zur Darstellung kommen kann, erfolgt in dem sich daran anschließenden Kapitel ›Anthroposophie und Kunst‹.

Kindheit und Jugend, 1861–1879

Die Ansätze des später so umfangreichen künstlerischen Tuns Rudolf Steiners reichen bis in die Kindheit hinein. In seiner Autobiographie ›Mein Lebensgang‹ berichtet er, wie ein Hilfslehrer an der Schule in Neudörfl in ihm die Begeisterung für das Künstlerische zu wecken vermochte: »Er spielte Violine und Klavier. Und er zeichnete viel. Beides zog mich stark zu ihm hin ... und er veranlaßte mich, schon im neunten Jahre mit Kohlestiften zu zeichnen. Ich mußte unter seiner Anleitung auf diese Art Bilder kopieren. Lange saß ich zum Beispiel über dem Kopieren eines Porträts des Grafen Széchényi ... Die Aufnahmeprüfung in die Bürgerschule bestand ich sehr gut. Man hatte alle die Zeichnungen mitgebracht, die ich bei meinem Hilfslehrer angefertigt hatte; und diese machten auf die Lehrerschaft, die mich prüfte, einen so starken Eindruck, daß wohl dadurch hinweggesehen wurde über meine mangelnden Kenntnisse. Ich kam mit einem ›glänzenden‹ Zeugnisse davon.«[1]

Im Verlauf seiner Realschulzeit erwachte sein Interesse für mathematische und physikalische Probleme. Seine Lieblingsfach wurde jedoch das geometrische Zeichnen: »Mit einem anderen Lehrer kam ich erst nach längerer Zeit in ein näheres seelisches Verhältnis ... Das Zeichnen mit Zirkel, Lineal und Dreieck wurde mir durch ihn zu einer Lieblingsbeschäftigung. Hinter dem, was ich durch den Schuldirektor, den Mathematik- und Physiklehrer und den des geometrischen Zeichnens in mich aufnahm, stiegen nun in knabenhafter Auffassung die Rätselfragen des Naturgeschehens in mir auf.«[2]

Studienjahre in Wien, 1879–1890

Tief beeindruckt war der junge Student Rudolf Steiner, der sein bisheriges Leben zumeist in ländlicher Umgebung verbracht hat, von der baukünstlerischen Entwicklung Wiens, wo bedeutende Bauwerke, wie das Parlamentsgebäude, die Votivkirche, das Rathaus und das Burgtheater gerade vollendet worden waren. Nach und nach begann er sich mit den verschiedensten architektonischen und plastischen Formen zu beschäftigen, und seine Auseinandersetzung mit den modernen Strömungen innerhalb der Architektur erhielt noch einen besonderen Akzent dadurch, daß er an der Technischen Hochschule einige der damals bedeutendsten Architekten, so Heinrich von Ferstel, den Erbauer der Votivkirche und Rektor an der Technischen Hochschule, den ›Regenerator‹ der griechischen Architektur, Hansen, wie auch den ›eigenartigen‹ Ausgestalter der Gotik, Schmidt, persönlich kennenlernte.[3]

Doch zusehends litt Rudolf Steiner darunter, daß die materialistische Deutung des Darwinismus und der Entwicklungslehre auch auf künstlerischem Gebiet immer mehr an Einfluß gewann. So brachten ihn die künstlerischen Auffassungen etwa Gottfried Sempers, nach dessen Plänen das Burgtheater erbaut worden war, »trotz aller Genialität schier zur Verzweiflung«. Vor allem in der Ornamentik, in deren plastische Formenwelt er durch Joseph Bayer eingeführt wurde, schien ihm die Tendenz zu liegen, das Künstlerische zu einer rein äußerlichen Technik degenerieren zu lassen.

Schon bald veranlaßten ihn die umfassenden Darstellungen über Ästhetik von Robert Zimmermann zu einer vertiefenden Auseinandersetzung mit der ›Wissenschaft des Schönen‹.

Entgegen der Auffassung, wie sie die damalige Lehrmeinung beherrschte, daß das Schöne die *Idee* in Form der sinnlichen Erscheinung sei, fordert Rudolf Steiner eine völlige Umkehr dieses Denkens über Ästhetik. In einem Brief an einen Freund schreibt er zu jener Zeit: »Kunst ist einmal das Göttliche nicht als solches, sondern in der *Sinnlichkeit*. Und letztere als solche, nicht das Göttliche muß gefallen.«[4]

In seinem Vortrag im Wiener Goethe-Verein spricht er erstmals aus, in welche Richtung sich eine ›Ästhetik der Zukunft‹ zu bewegen hat: »Die Ästhetik nun, die von der Definition ausgeht: ›das Schöne ist ein sinnliches Wirkliches, das so erscheint, als wäre es Idee‹, diese besteht noch nicht. Sie muß geschaffen werden. Sie kann schlechterdings bezeichnet werden als die ›Ästhetik der Goetheschen Weltanschauung‹. Und das ist die Ästhetik der Zukunft.«[5]

Aus seinen Goethe-Studien heraus wurde ihm immer deutlicher, welch ein enger Zusammenhang zwischen Kunst, Wissenschaft und Religion besteht. Zum *Erlebnis* wurde ihm dies auf den zahlreichen Zusammenkünften, in denen Künstler und Wissenschaftler verschiedener Fachrichtungen regelmäßig ihre Gedanken auszutauschen pflegten.

In Rudolf Steiners Lebensbeschreibung, besonders aber in seinen Briefen, kommt immer wieder zum Ausdruck, wie die Gedanken, die in den verschiedenen Zusammenkünften Wiener Künstler bewegt worden waren, wegbereitend waren für eine Ausweitung seiner geisteswissenschaftlichen Anschauungen auf viele Gebiete menschlichen Lebens. Schon damals bewegte ihn die Frage nach dem inneren Zusammenhang zwischen dem Geistigen in der Kunst und dem sittlichen Wollen des Menschen.

Im Jahre 1889 unternahm Rudolf Steiner seine erste Reise nach Deutschland, die veranlaßt wurde durch die Einladung zur Mitarbeit an der Weimarer Goethe-Ausgabe. Diese, seine ›erste Berührung‹ mit Deutschland, wo er Jahre später seine größte Wirksamkeit auf den verschiedensten Gebieten zur Entfaltung bringen sollte, war ganz vom künstlerischen Erleben geprägt: »Mit Ausnahme des Besuches bei Eduard von Hartmann waren die kurzen Aufenthalte, die ich im Anschlusse an denjenigen in Weimar auf meiner Reise durch Deutschland in Berlin und München nehmen konnte, ganz dem Leben in dem Künstlerischen gewidmet, das diese Orte bieten. Die Ausdehnung meines Anschauungskreises nach dieser Richtung empfand ich damals als eine besondere Bereicherung meines Seelenlebens. Und so ist diese erste größere Reise, die ich machen konnte, auch für meine Kunstanschauungen von einer weitgehenden Bedeutung gewesen.«[6]

Weimar, 1890–1896

Während seines Aufenthaltes in Weimar, wo er neben den naturwissenschaftlichen Schriften Goethes auch die Werke Schopenhauers, Uhlands, Wielands und Jean Pauls herausgab, pflegte er – ähnlich wie zuvor in Wien – intensive Beziehungen zu den dortigen Künstlerkreisen. In seiner Lebensbeschreibung blickt er auf jene Zeit zurück mit den Worten: »Seelisches Wohlbefinden und etwas innerlich tief Befriedigendes erlebte ich in Weimar durch das künstlerische Element, das in der Stadt durch die Kunstschule und durch das Theater mit dem sich daran anschließenden Musikalischen gebracht wurde ... Meine Kunstempfindung war damals noch nicht so weit wie mein Verhältnis zu den Erkenntniserlebnissen. Aber ich suchte doch auch im anregenden Verkehr mit den Weimarer Künstlern nach einer geistgemäßen Auffassung des Künstlerischen.«[7]

Angeregt durch seine freundschaftliche Beziehung zu den Malern Otto Fröhlich und Joseph Rolletschek lebte er sich immer mehr in die Geheimnisse der Farbenwelt hinein, die ihn bereits schon in Wien – anläßlich einer Böcklin-Ausstellung im Jahre 1882 – zu beschäftigen begannen. »Ich suchte in meiner Art nach dem Geistgehalt des leuchtend Farbigen. In ihm mußte ich das Geheimnis des Farbenwesens sehen. In Otto Fröhlich stand ein Mensch an meiner Seite, der persönlich instinktiv als sein Erleben in sich trug, was ich für das Ergreifen der Farbenwelt durch die menschliche Seele suchte.«[8]

Obwohl Rudolf Steiner sich zu diesem Zeitpunkt selbst noch nicht künstlerisch-schöpferisch betätigte, war sein Interesse doch bereits tief geprägt von einer inneren künstlerischen Anschauungskraft, die eine wesentliche Grundlage für sein weiteres Wirken werden sollte. »Was sich mir hier von Weimarer Vorgängen, scheinbar ganz losgelöst von mir, vor die Seele stellt, ist aber in Wirklichkeit doch tief mit meinem Leben verbunden ... So erlebte ich gerade damals in Weimar das Kunststreben so, daß ich über das meiste mein eigenes Urteil in mir trug, oft recht wenig in Übereinstimmung mit dem der anderen. Aber daneben interessierte mich alles, was die andern empfanden, ebenso stark wie das eigene.«[9]

Rudolf Steiner um 1891/92, Radierung von Otto Fröhlich

Das Magazin
für Litteratur.

Begründet von Joseph Lehmann im Jahre 1832. — Herausgegeben von Rudolf Steiner und Otto Erich Hartleben. — Verlag von Emil Felber in Weimar.

Redaktion: Berlin W 30, Habsburgerstraße 11 I.

Erscheint jeden Sonnabend. — Preis 4 Mark vierteljährlich. Bestellungen werden von jeder Buchhandlung, jedem Postamt (Nr. 4548 der Postzeitungsliste), sowie vom Verlage des „Magazins" entgegengenommen. Anzeigen 40 Pfg. die viergespaltene Petitzeile.

Preis der Einzelnummer 10 Pfg.

67. Jahrgang. Berlin und Weimar, den 6. August 1898. Nr. 31.

Auszugsweiser Nachdruck sämtlicher Artikel, außer den novellistischen und dramatischen, unter genauer Quellenangabe gestattet. Unbefugter Nachdruck wird auf Grund der Gesetze und Verträge verfolgt.

Inhalt:

Künstlerbildung.

Vor einigen Tagen hatte ich einen Traum. Ich träumte von einem Leitartikel der Zukunft. Ich las ganz deutlich in einer Auseinandersetzung, die über die Berechtigung des Bundes der Landwirte, über Stirner, Nietzsche und das monarchische Gefühl handelte, einen Satz über Kant. Ich traute meinen Augen nicht, aber in diesem Satze stand wörtlich: „die Kategorie des Imperativs". Ich war — im Traume — sehr verwundert, denn solche Blößen gibt sich doch Maximilian Harden nicht. Er hat zwar einmal einen Satz in einem Leitartikel der Zukunft geschrieben, in dem er zeigte, daß er von Kant's „Kategorischen Imperativ" keinen rechten Begriff hat; aber daß er gar „Die Kategorie des Imperativs" schreibt, statt „der Kategorische Imperativ": das verletzte mich selbst im Traume — in Verwunderung. Ich wachte auf, rieb mir die Augen, und sagte mir: o du Träumer, das

721

kam wieder von solch einem Aerger über die Schriftstellerei. Du ärgerst dich so furchtbar über den vielen Unsinn, der dir täglich durch die „Ritter der Feder" vor Augen tritt, daß dich der Aerger im Schlafe verfolgt. Aber meine Träume übertreiben. Es ist nicht wahr, daß jemals in einem Leitartikel der Zukunft „Die Kategorie des Imperativs" zu lesen war.

Sie werden wol recht haben, meine Träume. Denn Alfred, mein Kerr, hat mir einmal gesagt: ich wolle nicht so recht in's Zeug gehen und nach Herzenslust schimpfen. Der verbissene Groll wird es wol sein, der mich im Schlafe als Alpdrücken verfolgt.

Ich kleidete mich an, trank Kaffee und dann mußte ich mir aus einem Geschäfte der Potsdamerstraße etwas holen. Ich sah zum ersten Male die beiden plastischen „Kunstwerke", die auf der Potsdamerbrücke aufgestellt sind. Ein biederer, jovialer Mann sitzt da, mit milden Zügen. Ich könnte ihn für einen braven Werkmeister einer Fabrik halten, in der Kabeltaue und elektrische Apparate hergestellt werden. Es soll Werner Siemens, der größte Elektrotechniker sein. Da ich nicht ausgegangen war, die Geheimnisse der plastischen Kunst zu studieren, so ging ich vorüber, nicht sonderlich unbefriedigt, sie nicht gefunden zu haben. E. Moser hat das Denkmal gemacht.

Ich gelangte an's andere Ende der Brücke. Da sitzt ein anderer Mann. Ein Schulmeister, der eben nachdenkt, wie er den Kindern das A. B. C. beibringen soll. Doch nein — es soll Hermann Helmholtz sein. Ich habe immer geglaubt: der plastische Künstler soll mit den äußeren Zügen eines Mannes auch dessen Bedeutung der Nachwelt überliefern. Bei dem Helmholtz scheint mir das so gar so schwierig nicht zu sein. Wer sich in seine Schriften vertieft, wird eine scharf umrissene Vorstellung von der Persönlichkeit dieses Mannes erhalten. Und wer diese Vorstellung vergleicht mit den Zügen seines Gesichtes, wird dem Einklang der körperlichen und der geistigen Physiognomie erkennen, die bei ihm so auffällig war. Und Helmholtz hat ja Lebenserinnerungen geschrieben. Wer ihn je gesehen hat, muß bei jeder Zeile an die äußere Erscheinung des Forschers denken. Der Mann, der von Max Klein gebildet, das eine Ende der Potsdamerbrücke zieren soll, erinnert in keinem Zuge an den Schreiber dieser Erinnerungen.

722

Titelseite des ›Magazin für Litteratur‹

Im Jahre 1897 siedelte Rudolf Steiner nach Berlin über, wo er die Herausgabe des ›Magazin für Litteratur‹ (zusammen mit Otto Erich Hartleben) und der ›Dramaturgischen Blätter‹, des damals offiziellen Organs des Deutschen Bühnenvereins, besorgte. Daneben war er tätig innerhalb der ›Freien Literarischen Gesellschaft‹, in dem von den ›Friedrichshagenern‹ Bruno Wille und Wilhelm Bölsche begründeten ›Giordano-Bruno-Bund‹ und der mit diesem eng verbundenen ›Freien Hochschule‹.

Nach dem Tod des Dichters Ludwig Jakobowski übernahm er die Leitung des von diesem gegründeten Kreises der ›Kommenden‹, in dem auch Else Lasker-Schüler, Stefan Zweig, Erich Mühsam und viele weitere bedeutende Persönlichkeiten des literarischen und künstlerischen Lebens Berlins anzutreffen waren.

Zur gleichen Zeit erteilte Rudolf Steiner neben einer Reihe von anderen Fächern an der von Wilhelm Liebknecht begründeten Arbeiterbildungsschule Unterricht in ›Rede-Übung‹.

Wie intensiv Rudolf Steiner im damaligen künstlerischen Leben Berlins stand, dokumentieren seine zahlreichen Aufsätze über das Theaterleben, wie etwa jene über ›Wissenschaft und Kritik‹, über die ›Dramatische Technik Ibsens‹ und ›Die Anfänge des Deutschen Theaters‹ und viele andere. Als Mitarbeiter in der ›Dramatischen Gesellschaft‹ hatte er auch des öfteren die Gelegenheit, an Theaterproben teilzunehmen. Auf diese Weise wurde er mit den Aufgaben der Regieführung und der gesamten Inszenierung von Theaterstücken sehr vertraut. Im ›Lebensgang‹ schreibt er über diese Schaffensperiode:[10]

»Mit dem Magazinkreis im Zusammenhang stand eine freie ›Dramatische Gesellschaft‹. Sie gehörte nicht so eng dazu wie die ›Freie literarische Gesellschaft‹; aber es waren dieselben Persönlichkeiten wie in dieser Gesellschaft im Vorstande; und ich wurde sogleich auch in diesen gewählt, als ich nach Berlin kam.

Die Aufgabe dieser Gesellschaft war, Dramen zur Aufführung zu bringen, die durch ihre besondere Eigenart, durch das Herausfallen aus der gewöhnlichen Geschmacksrichtung und ähnliches, von den Theatern zunächst nicht aufgeführt wurden. Es gab für den Vorstand gar keine leichte Aufgabe, mit den vielen dramatischen Versuchen der ›Verkannten‹ zurechtzukommen.

Die Aufführungen gingen in der Art vor sich, daß man für jeden einzelnen Fall ein Schauspielerensemble zusammenbrachte aus Künstlern, die an den verschiedensten Bühnen wirkten. Mit diesen spielte man dann in Vormittagsvorstellungen auf einer gemieteten oder von einer Direktion frei überlassenen Bühne. Die Bühnenkünstler erwiesen sich dieser Gesellschaft gegenüber sehr opferwillig, denn sie war wegen ihrer geringen Geldmittel nicht in der Lage, entsprechende Entschädigungen zu zahlen. Aber Schauspieler und auch Theaterdirektoren hatten damals innerlich nichts einzuwenden gegen die Aufführung von Werken, die aus dem Gewohnten herausfielen. Sie sagten nur: Vor einem gewöhnlichen Publikum in Abendvorstellungen könne man das nicht machen, weil sich jedes Theater dadurch finanziell schädige. Das Publikum sei eben nicht reif genug dazu, daß die Theater bloß der Kunst dienten.

Die Betätigung, die mit dieser dramatischen Gesellschaft verbunden war, erwies sich als eine solche, die mir in einem hohen Grade entsprechend war. Vor allem der Teil, der mit der Inszenierung der Stücke zu tun hatte. Mit Otto Erich Hartleben zusammen nahm ich an den Proben teil. Wir fühlten uns als die eigentlichen Regisseure. Wir gestalteten die Stücke bühnenmäßig. Gerade an dieser Kunst zeigt sich, daß alles Theoretisieren und Dogmatisieren nichts hilft, wenn sie nicht aus dem lebendigen Kunstsinn hervorgehen, der im Einzelnen das allgemein Stilvolle intuitiv ergreift. Die Vermeidung der allgemeinen Regel ist voll anzustreben. Alles, was man auf einem solchen Gebiete zu ›können‹ in der Lage ist, muß im Augenblicke aus dem sicheren Stilgefühl für die Geste, die Anordnung der Szene sich ergeben. Und was man dann, ohne alle Verstandesüberlegung, aus dem Stilgefühle, das sich betätigt, tut, das wirkt auf alle beteiligten Künstler wohltuend, während sie sich bei einer Regie, die aus dem Verstande kommt, in ihrer inneren Freiheit beeinträchtigt fühlen.

Auf die Erfahrungen, die ich auf diesem Gebiete damals gemacht habe, mußte ich mit vieler Befriedigung in der Folgezeit immer wieder zurückblicken.

Das erste Drama, das wir in dieser Art aufführten, war Maurice Maeterlincks ›Der Ungebetene‹ (l'intruse). Otto Erich Hartleben hatte die Übersetzung gegeben. Maeterlinck galt damals bei den Ästhetizisten als der Dramatiker, der das Unsichtbare, das zwischen den gröberen Geschehnissen des Lebens liegt, auf der Bühne dem *ahnend* erfassenden Zuschauer vor die Seele bringen könne. Von dem, was im Drama sonst ›Vorgänge‹ genannt wird, von der Art, wie der Dialog verläuft, machte Maeterlinck einen solchen Gebrauch, daß dadurch zu Ahnendes wie im Symbol wirkt. Dieses Symbolisierende war es, was manchen Geschmack damals anzog, der von dem vorangegangenen Naturalismus abgestoßen war. Allen, die ›Geist‹ suchten, aber keine Ausdrucksformen wünschten, in denen eine ›Geistwelt‹ sich unmittelbar offenbart, fanden in einem Symbolismus ihre Befriedigung, der eine Sprache führte, die sich nicht in naturalistischer Art ausdrückte, die aber auf ein Geistiges doch nur insofern ging, als dieses in mystisch-ahnungsvoller, unbestimmt verschwimmender Art sich kundgab. Je weniger man ›deutlich sagen‹ konnte, was hinter den andeutenden Symbolen liegt, desto verzückter wurden manche durch sie.

Ich fühlte mich nicht behaglich gegenüber diesem geistigen Flimmern. Aber dennoch war es reizvoll, an der Regie eines solchen Dramas wie ›Der Ungebetene‹ sich zu betätigen. Denn gerade diese Art von Symbolen durch geeignete Bühnenmittel zur Darstellung zu bringen, erfordert in einem besonders hohen Grade ein Regiewirken, das in der eben geschilderten Art orientiert ist.

Und dazu fiel noch die Aufgabe auf mich, die Vorstellung durch eine kurze hinweisende Rede (Conférence) einzuleiten. Man hatte damals diese in Frankreich geübte Art auch in Deutschland bei einzelnen Dramen angenommen. Natürlich nicht auf dem gewöhnlichen Theater, aber eben bei solchen Unternehmungen, wie sie in der Richtung der ›Dramatischen Gesellschaft‹ lagen. Es geschah das nicht etwa vor *jeder* Vorstellung dieser Gesellschaft, sondern selten; wenn man für notwendig hielt, das Publikum in ein ihm ungewohntes künstlerisches Wollen einzuführen. Mir war die Aufgabe dieser kurzen Bühnenrede aus dem Grunde befriedigend, weil sie mir Gelegenheit gab, in der Rede eine Stimmung walten zu lassen, die mir selbst aus dem Geist heraus strahlte. Und das war mir lieb in einer menschlichen Umgebung, die sonst kein Ohr für den Geist hatte.

Das Drinnenstehen in dem Leben der dramatischen Kunst war für mich damals überhaupt ein recht bedeutsames. Ich schrieb daher die Theaterkritiken des ›Magazin‹ selbst. Ich hatte auch von solchen ›Kritiken‹ meine besondere Auffassung, die aber wenig Verständnis fand. Ich hielt es für unnötig, daß ein Einzelner ›Urteile‹ abgibt über ein Drama und dessen Aufführung. *Solche* Urteile, wie sie da gewöhnlich abgegeben werden, sollte eigentlich das Publikum mit sich allein abmachen.

Wer über eine Theateraufführung schreibt, sollte in seinem künstlerisch-ideellen Gemälde vor seinem Leser erstehen lassen, welche Phantasie-Bild-Zusammenhänge hinter dem Drama stehen. In künstlerisch geformten Gedanken sollte vor dem Leser eine ideelle Nachdichtung stehen als der in dem Dichter unbewußt lebende Keim seines Dramas. Denn mir waren Gedanken niemals bloß etwas, wodurch man Wirkliches abstrakt und intellektualistisch ausdrückt. Ich sah, wie im Gedanken-Bilden eine künstlerische Betätigung möglich ist wie mit Farben, wie in Formen, wie mit Bühnenmitteln. Und ein solches kleines Gedankenkunstwerk sollte derjenige geben, der über eine Theateraufführung schreibt. Daß aber ein Derartiges entstehe, wenn ein Drama dem Publikum vorgeführt wird, erschien mir als eine notwendige Forderung des Lebens der Kunst.

Ob nun ein Drama ›gut‹, ›schlecht‹ oder ›mittelmäßig‹ ist, das wird aus Ton und Haltung eines solchen ›Gedanken-Kunstwerkes‹ ersichtlich werden. Denn in ihm läßt sich das nicht verbergen, auch wenn man es nicht grob-urteilend sagt. Was ein unmöglicher künstlerischer Aufbau ist, das wird anschaulich durch gedanken-künstlerische Nachbildung. Denn da stellt man zwar die Gedanken hin; sie erweisen sich aber als wesenlos, wenn das Kunstwerk nicht aus wahrer, in Wirklichkeit lebender Phantasie ist.

Solch ein *lebendiges* Zusammenwirken mit der *lebenden* Kunst wollte ich im ›Magazin‹ haben. Dadurch hätte etwas entstehen sollen, was die Wochenschrift nicht wie etwas die Kunst und das geistige Leben theoretisch Besprechendes, Beurteilendes erscheinen ließ. Sie sollte *ein Glied* in diesem geistigen Leben, in dieser Kunst selbst sein.

Denn alles das, was man durch die Gedankenkunst für die dramatische Dichtung tun kann, das ist auch für die Schauspielkunst möglich. Man kann in Gedankenphantasie erstehen lassen, was die Regiekunst in das Bühnenbild hineinversetzt; man kann in solcher Art dem Schauspieler folgen, und was in ihm lebt nicht kritisieren, sondern ›positiv‹ darstellend erstehen lassen. Man wird dann als ›Schreibender‹ ein Mitgestalter am künstlerischen Zeitleben, nicht aber ein in der Ecke stehender ›gefürchteter‹, ›bemitleideter‹ oder wohl auch verachteter und gehaßter ›Beurteiler‹. Wenn das für alle Gebiete der Kunst durchgeführt wird, dann eben steht eine literarisch-künstlerische Zeitschrift im wirklichen Leben darinnen.«

Von entscheidender Bedeutung für sein späteres Wirken wurde seine Begegnung mit der Künstlerin Marie von Sivers im Jahre 1901: »Marie von Sivers war *die* Persönlichkeit, die durch ihr ganzes Wesen die Möglichkeit brachte, dem, was durch uns entstand, jeden sektiererischen Charakter fernzuhalten und der Sache einen Charakter zu geben, der sie in das allgemeine Geistes- und Bildungsleben hineinstellt. Sie war tief interessiert für dramatische und deklamatorisch-rezitatorische Kunst und hatte nach dieser Richtung eine Schulung, namentlich an den besten Lehrstätten in Paris, durchgemacht, die ihrem Können eine schöne Vollendung gegeben hatte. Sie setzte die Schulung noch zu der Zeit fort, als ich sie in Berlin kennenlernte, um die verschiedenen Methoden des künstlerischen Sprechens kennenzulernen.
Marie von Sivers und ich wurden bald tief befreundet. Und auf der Grundlage dieser Freundschaft entfaltete sich ein Zusammenarbeiten auf den verschiedensten geistigen Gebieten im weitesten Umkreis. Anthroposophie, aber auch dichterische und rezitatorische Kunst gemeinsam zu pflegen, war uns bald Lebensinhalt geworden.«[11]
Die ausgedehnten Reisen mit ihr zu bedeutenden Kunststätten Europas waren für ihn eine ›hohe Schule des Kunststudiums‹: »Als nun die Reisen für die Anthroposophie in Gemeinsamkeit mit Marie von Sivers gemacht wurden, traten mir die Schätze der Museen im weitesten europäischen Umkreise entgegen. Und so machte ich vom Beginne des Jahrhunderts ab, also in meinem fünften Lebensjahrzehnt, eine hohe Schule des Kunststudiums, und im Zusammenhange damit, eine Anschauung der geistigen Entwicklung der Menschheit durch. Überall war da Marie von Sivers mir zur Seite, die mit ihrem feinen und geschmackvollen Eingehen auf alles, was ich in der Kunst- und Kulturanschauung erleben durfte, selbst in schöner Weise alles, ergänzend, miterlebte. Sie verstand, wie diese Erlebnisse in all das flossen, was dann die Ideen der Anthroposophie beweglich machte. Denn es durchdrang, was an Kunst-Eindrücken meine Seele empfing, das, was ich in Vorträgen wirksam zu machen hatte.«[12]
Neben seiner intensiven Vortragtätigkeit vor Mitgliedern der Theosophischen und später der Anthroposophischen Gesellschaft sah er es als seine Aufgabe an, das künstlerische Element in diese Kreise hineinzutragen. »Marie von Sivers und mir kam es darauf an, auch das Künstlerische in der Gesellschaft lebendig zu machen. Geist-Erkenntnis als Erlebnis gewinnt ja im ganzen Menschen Dasein. Alle Seelenkräfte werden angeregt ... Man braucht einen an dieser Geisteinsicht entzündeten Enthusiasmus, um das Wort wieder in seine Sphäre zurückzuführen. Marie von Sivers entfaltete diesen Enthusiasmus. Und so brachte ihre Persönlichkeit der anthroposophischen Bewegung die Möglichkeit, Wort und Wortgestaltung künstlerisch zu pflegen.«[13]

Marie Steiner, geb. von Sivers, 1906

München, 1907

Ein erster Anlaß, das Künstlerische innerhalb theosophisch-anthroposophischer Kreise
in Erscheinung treten zu lassen, ergab sich im Jahre 1907, in dem die deutsche Sektion,
deren Generalsekretär Rudolf Steiner war, mit der Vorbereitung des IV. Jahreskon-
gresses der ›Föderation der Europäischen Sektion der Theosophischen Gesellschaft‹ be-
auftragt worden war.

»Den großen Konzertsaal, der für die Tagung dienen sollte, ließen wir – die Ver-
anstalter – mit einer Innendekoration versehen, die in Form und Farbe künstlerisch
die Stimmung wiedergeben sollte, die im Inhalt des mündlich Verhandelten herrschte.
Künstlerische Umgebung und spirituelle Betätigung im Raume sollten eine harmonische
Einheit sein. Ich legte dabei den allergrößten Wert darauf, die abstrakte, unkünstle-
rische Symbolik zu vermeiden und die künstlerische Empfindung sprechen zu lassen.

In das Programm des Kongresses wurde eine künstlerische Darbietung eingefügt.
Marie von Sivers hatte Schurés Rekonstruktion des eleusinischen Dramas schon vor
langer Zeit übersetzt. Ich richtete es sprachlich für eine Aufführung ein. Dieses Drama
fügten wir dem Programm ein. Eine Anknüpfung an das alte Mysterienwesen ... war
damit gegeben – aber, was die Hauptsache war, der Kongreß hatte Künstlerisches in
sich.«[14]

Das Zusammenwirken von künstlerischer Umgebung und spiritueller Betätigung,
wie es in München erstmals zur Verwirklichung kam, birgt in sich das Motiv für eine
neue Baukunst, wie sie in den späteren Goetheanum-Bauten ihre hohe künstlerische
Vollendung fand. Das Prinzip der Metamorphose, das Goethe in der Betrachtung der
Pflanzenwelt entdeckte, jenes Prinzip der Wandelbarkeit der in der Natur herrschenden Formkräfte, fand bereits in der Ausgestaltung des Münchner Kongresses seine
erste künstlerische Realisierung, wie es dort besonders in den Darstellungen der Säulen
zum Ausdruck kam, die einen wesentlichen Teil der Innendekoration des Saales aus-
machten.

Die Mysteriendramen, 1910–1913

Nur wenige Jahre später setzte Rudolf Steiner die mit der Aufführung des eleusinischen Dramas von Schuré eingeleitete neue Epoche des Mysterienschauspieles fort mit
den Inszenierungen seiner von ihm selbst verfaßten vier Mysteriendramen. Wie bereits
in München, so entwarf er auch für diese Aufführungen die Bühnenbilder und Ko-
stüme, gab Beleuchtungsangaben und führte die Regie. Damit trat Rudolf Steiner
erstmalig als Dichter und Dramatiker an die Öffentlichkeit. Im Zusammenhang mit
dem zweiten Mysteriendrama, ›Die Prüfung der Seele‹, entstand auch sein erstes in
Temperafarben gemaltes Bild ›Lichtesweben‹.

Den Aufführungen der Mysteriendramen war ein langer Entwicklungsprozeß vor-
ausgegangen, dessen Entstehungsmomente bis in das Jahr 1889 zurückreichen. Damals
beschäftigte er sich intensiv mit Goethes Märchen von der ›grünen Schlange und der
schönen Lilie‹, mit dem Goethe seine ›Unterhaltung deutscher Ausgewanderter‹ aus-
klingen läßt. Rudolf Steiner erkannte, daß es Goethe auf künstlerischem Wege gelungen war, die verschiedenen menschlichen Seelenkräfte in Märchengestalten zu verkörpern und in den Erlebnissen und dem Zusammenwirken dieser Gestalten das gesamte ›Seelenleben und Seelenstreben‹ des Menschen bildhaft zur Darstellung zu bringen.

Im Jahre 1910 faßte Rudolf Steiner den Entschluß, Goethes ›Märchen‹ zu dramati-
sieren: »Als die Idee entstand vor Jahren, in München zu spielen, da ergab sich die
Intention, dasjenige, was enthalten war an weltgestaltenden Wesenskräften in Goethes
›Märchen von der grünen Schlange und der schönen Lilie‹, auf die Bühne zu bringen.
Es ging nicht. Man mußte es viel realer fassen. Und daraus entstand das Mysterium
›Die Pforte der Einweihung‹. Es ist ja handgreiflich: es war zu Goethes Zeiten eben

noch nicht das Zeitalter da, wo man überleiten konnte dasjenige, was in feinen Märchenbildern noch zu halten war, in die realen Gestalten, die in der ›Pforte der Einweihung‹ sind.«[15]

Der Dichter Christian Morgenstern schreibt in einem Brief an seinen Freund Kayßler am 14. August 1913: »Das Steinersche Mysterium ist kein *Spiel,* sondern es *spiegelt* geistige Welten und Wahrheiten *wider.* Es leitet ein, mag sein noch mit mancher Mühsal eines Anfangswerkes, einer ersten Tat beladen, eine neue Stufe, eine neue Epoche der Kunst. Diese Epoche selbst ist noch fern; es können Hunderte von Jahren vergehen, bis die Menschen, die diese rein geistige Kunst wollen, so zahlreich geworden sind, daß etwa in jeder Stadt Mysterien solcher Art würdig geboten und empfangen werden können, – aber hier in der ›Pforte‹ (gemeint ist das erste Mysteriendrama, ›Die Pforte der Einweihung‹) ist ihr historischer Ausgangspunkt, hier wohnen wir ihrer Geburt bei!«[16]

Der Bau des ersten Goetheanum, Dornach 1913–1922

Da die Aufführungen in verschiedenen Theatern in München stattfanden und dadurch eine gewisse Diskrepanz zwischen dem geistigen Inhalt und der räumlichen Umgebung empfunden wurde, entstand das Bedürfnis, für zukünftige Inszenierungen ein eigenes Gebäude zur Verfügung zu haben, das den geistigen Geschehnissen, die sich in den Dramen ausdrückten, gerecht zu werden vermochte. Auf Anregung von Mitgliedern der Theosophischen Gesellschaft wurde zu diesem Zweck in München der ›Johannes-Bau-Verein‹ gegründet.

Doch äußere Umstände verhinderten die Realisierung eines solchen Bauprojektes in München. Wenig später fand sich durch die Hilfe von Persönlichkeiten in der Schweiz, die den Anschauungen Rudolf Steiners nahestanden, ein geeignetes Baugelände in Dornach bei Basel, wo im Jahre 1913 mit dem Bau des ›Goetheanum‹ begonnen werden konnte. »Die anthroposophische Geisteswissenschaft hat in Dornach bei Basel eine äußere Wirkungsstätte gefunden. Die Entstehung dieser Wirkungsstätte, die sich Goetheanum nennt, Freie Hochschule für Geisteswissenschaft, ergab sich aus dem Gang der Ausbreitung dieser anthroposophisch orientierten Geisteswissenschaft. Nachdem durch eine lange Reihe von Jahren von mir und anderen diese Geisteswissenschaft in den verschiedensten Staaten und Orten zunächst in ideeller Form verbreitet worden ist durch Vorträge oder ähnliches, stellte sich etwa um das Jahr 1909, 1910 die innere Notwendigkeit heraus, durch andere Offenbarungs- und Mittelungsmittel, als sie in den bloßen Gedanken und in den bloßen Worten liegen, dasjenige vor die Seelen der Mitmenschen heranzutragen, was mit dieser Geisteswissenschaft gemeint ist.

Und so kam es denn dazu, daß aufgeführt wurden zunächst in München – eine Reihe von Mysteriendramen, die von mir verfaßt, in bildhafter, szenischer Form dasjenige geben sollten, wovon anthroposophische Geisteswissenschaft ihrer ganzen Wesenheit nach sprechen muß ...

Blick von der Terrasse auf das von Rudolf Steiner in Beton erbaute ›Haus Duldeck‹

Das erste Goetheanum entsteht

Gewiß, man kann nachträglich vielleicht eine historische Linie ziehen, indem man das Wesen der Antike mit ihrem Lasten und Tragen charakterisiert, indem man dann übergeht zur Gotik und zeigt, wie da die Architektur herausgeht aus dem bloßen Lasten, Tragen, wie das Streben wieder durch den Spitzbogen und durch das Kreuzgewölbe frei gemacht ist von dem bloßen Lasten und Tragen, wie eine Art Übergang zum Lebendigen gefunden ist.

In Dornach ist der Versuch gemacht, dieses Lebendige so weit zu treiben, daß man wirklich das bloße Dynamische, Metrische, Symmetrische früherer Bauformen übergeführt hat in das Organische. Ich weiß sehr wohl, wieviel man zunächst vom Gesichtspunkte der alten Baukunst schreiben kann gegen dieses Übergehenlassen der geometrischen, der metrischen, der symmetrischen Formen in organische Formen, in Formen, die sich sonst an den organischen Wesen finden. Aber es ist nichts irgendwelchen Organismen naturalistisch nachgebildet, sondern es ist nur der Versuch gemacht, sich einzuleben in das organisch schaffende Prinzip der Natur . . .

Das ist in Dornach versucht worden: der ganze Bau, die ganze Architektur ist so, daß sie aus dem Ganzen heraus gedacht ist, und daß jedes einzelne an seinem Orte ganz individuell so gestaltet ist, wie es an diesem Orte sein muß. Wie gesagt, trotzdem man viel einwenden kann, es *ist* eben einmal der Versuch gemacht worden, den Übergang vom bloßen geometrisch-mechanischen Bauen zu dem Bauen in organischen Formen zu versuchen. Man könnte natürlich diesen Baustil angliedern an andere Baustile, aber damit kommt man doch nicht eigentlich weiter. Insbesondere der Schaffende kommt damit nicht weiter. So etwas muß eben einfach aus dem Elementaren heraus entstehen. Deshalb kann ich, wenn ich gefragt werde, *wie* die einzelne Form aus dem Ganzen heraus empfunden ist, nur die folgende Antwort geben. Ich kann nur sagen: Man betrachte zum Beispiel eine Nuß. Die Nuß hat eine Schale. Diese Nußschale, sie ist nach denselben Gesetzen um die Nuß herum gebildet, um den Nußkern, nach denen die Nuß selber, der Nußkern entstanden ist, und die Schale können Sie sich nicht anders denken als sie ist, wenn einmal der Nußkern so ist, wie er ist. Nun kennt man die Geisteswissenschaft. Man trägt die Geisteswissenschaft vor aus ihrem inneren Impulse heraus. Man gestaltet sie in Ideen. Man bringt sie in Ideen zusammen. Man lebt also in dem ganzen Sein dieser Geisteswissenschaft – verzeihen Sie, es ist ein trivialer Vergleich, aber es ist eben ein Vergleich, der veranschaulicht, wie man aus dem Naiven heraus schaffen muß, wenn man so etwas, wie es der Dornacher Bau ist, schaffen will –, man steht darinnen wie in dem Nußkern und hat darinnen die Gesetze in sich, nach denen man die Schale, den Bau, ausführen muß. Dadurch aber, daß anthroposophische Geisteswissenschaft eben aus dem ganzen, aus dem vollen Menschentum heraus schafft, konnte sie nicht die Diskrepanz in sich haben, für ihren Bau einen beliebigen Baustil zu nehmen und in ihn hineinzusprechen. Sie ist eben mehr als bloße Theorie, sie ist Leben. Daher mußte sie nicht nur den Kern liefern, sondern auch die Schale in den einzelnsten Formen. Es mußte das nach denselben innerlichsten Gesetzen geschaffen werden, nach denen gesprochen wird, nach denen Mysterien vorgeführt werden, nach denen jetzt die Eurythmie vorgeführt wird.«[17]

Dieses Bauwerk, das von Rudolf Steiner bis in alle Einzelheiten hinein geplant und mit Hilfe von einer Schar von Künstlern, Architekten, Ingenieuren und Handwerkern im Jahre 1920 so weit fertiggestellt war, daß erste Veranstaltungen darin stattfinden konnten, legt in eindrucksvoller Weise Zeugnis ab von seinen großen Fähigkeiten als Architekt, Maler und Bildhauer. Selbst die kompliziertesten mathematischen Berechnungen für die den Bau überragenden und ineinandergreifenden beiden Kuppeln wurden von ihm durchgeführt, da keiner der Ingenieure dieser Aufgabe gewachsen war. Auch die Entwürfe und Skizzen zu den Deckengemälden und zu den die beiden Kuppeln tragenden Säulen, bis hin zur plastischen Formgebung der Heizkörper, Treppen, Treppengeländer, den Türschlössern und -griffen stammen von Rudolf Steiner selbst.

Die neuartige Konzeption der Außen- und Innengestaltung verlangte oft neue Techniken, etwa in der Malerei durch neue Methoden der Malgrundierung, wodurch es erst ermöglicht wurde, Pflanzenfarben anzuwenden. Neue Arbeitstechniken erforderte auch die Gestaltung der farbigen Glasfenster, denn schon bald stellte sich heraus, daß man mit den herkömmlichen Glasschleiftechniken nicht zurecht kam. Durch eine neue

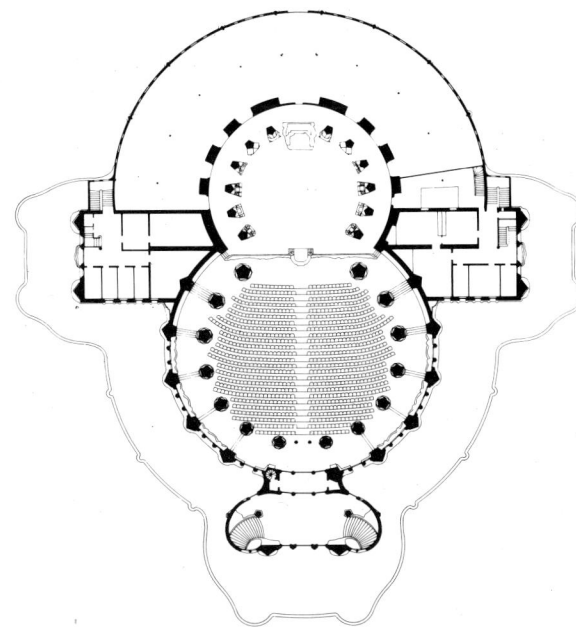

Grundriß des ersten Goetheanum

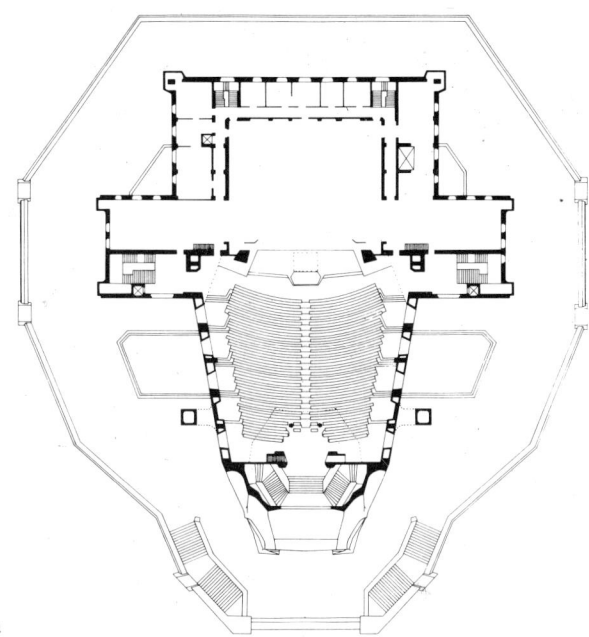

Grundriß des zweiten Goetheanum

Gravurtechnik, die Rudolf Steiner daraufhin entwickelte, gelang es, die vier Meter hohen und nahezu eineinhalb Meter breiten farbigen Glasplatten so zu bearbeiten, daß die Bildmotive aus dem 1,5 cm dicken Glas herausradiert wurden und vom durchfallenden Licht zur Erscheinung gebracht wurden. Dadurch, daß es sich ja um einen Rundbau handelte, ergab sich durch diese Fenster eine besondere Licht- und Farbwirkung, indem sich die einfallenden Lichtstrahlen in der Mitte des Raumes zu einer Art Licht- und Farbplastik vereinigten.

Wesentlich war für Rudolf Steiner, daß die einzelnen Gestaltungsmomente des Baues, wie etwa die Säulen, Kuppeln u. a. nicht als Symbole oder Allegorien aufgefaßt werden. Über dasjenige, was die Säulen *sind,* nicht was sie *ausdrücken,* sagt er in seinem Vortrag vom 23. August 1923:[18] »Die Säulen des Zuschauerraumes hatten Kapitäle, welche nicht alle gleich waren, sondern welche in einer fortschreitenden Entwicklung waren, und zwar so, daß das Kapitäl der ersten Säule links und rechts verhältnismäßig einfach war. Die zweite Säule hatte ein etwas komplizierteres Kapitäl. Und so ging es fort. Aber das künstlerische Schaffen an diesen Kapitälen war durchaus so, daß man innerlich in der Empfindung der Linie, in diesem Anschauen der Kurven alles in der Form am zweiten Kapitäl unmittelbar hervorgehen ließ aus dem ersten, das eine dritte wiederum aus dem zweiten. Und so überließ man sich rein dem Leben in Linien, Flächen, Kurven.

Und dabei ergab sich, daß man von selbst, möchte ich sagen, mit der siebenten Säule fertig war. Da hatte man eine Form bei den Linien, Kurven: darüber ging's nicht mehr hinaus, da mußte man stehen bleiben.

Da sehen nun die Leute die sieben Säulen und meinen: das ist eine tief mystische Zahl, sie beruht auf einer alten Formel, auf etwas, das im Aberglauben weiterlebt und dergleichen. Aber so ist es nicht! Wenn man rein künstlerisch schafft, muß man beim Siebenten stehen bleiben. So wie der Regenbogen sieben Farben hat, die Musikskala sieben Töne hat, von der Prim bis zur Oktave – die Oktave ist die Wiederholung der Prim –, so hat man sieben Säulen.

Aber noch etwas zeigt sich bei einem solchen Schaffen: Nun hat man das zweite Kapitäl durch Metamorphosieren, erlebtes Metamorphosieren aus dem ersten hervorgehen lassen, das dritte aus dem zweiten, und so weiter, hat sieben zustande gebracht. Dann steht man und schaut sich das an. Man schaut sich seine eigenen Sachen an und entdeckt allerlei daran, das man durchaus nicht hineingedacht hat! Da entdeckte ich zum Beispiel, als ich das siebente Säulenkapitäl hatte und es verglich mit dem ersten, daß, natürlich künstlerisch angegriffen, alle Formen, die am ersten konkav waren, konvex waren am letzten; und alle, die am ersten konvex waren, konkav waren am letzten. So daß, wenn man einiges umlegte, man das letzte ins erste hineinlegen konnte: also das siebente ins erste, das sechste ins zweite, das fünfte ins dritte, und das vierte blieb in der Mitte für sich stehen. Das ergab sich ganz von selbst.

Sehen Sie, da hatte man die Sicherheit, daß man gar nichts von menschlicher Willkür in die Dinge hineingeheimnißt hat; daß man sich verbunden hat mit der schaffenden

Skizze für die Innen-
ausgestaltung des
Doppelkuppelbaues,
Projekt München.
Die Kapitellformen
sind nur angedeutet,
da sie schon bekannt
waren.

kosmischen Welt selber; daß man auch an den Pflanzenmetamorphosen dies umfaßt, daß man also auch, was in der Natur waltet und webt, auf einer anderen Stufe erfaßt, daß das, was man tut, nicht menschliches Allegorisieren war, sondern daß man sich gewissermaßen hineinverwoben hat in das Naturschaffen, und nun wie die Natur schuf.«

Neben dem Goetheanumumbau schuf Rudolf Steiner mehrere Zweckbauten, wie das Heizhaus, das Atelier für die Herstellung der Glasfenster (›Glashaus‹), ein Transformatorenhaus und einige Wohnhäuser, die alle aus der Struktur des Geländes heraus und im Hinblick auf die ihnen jeweils zugedachte Funktion den baukünstlerischen Gedanken aufgriffen und sich so mit dem Goetheanum zu einer Einheit verbanden.

In der Silvesternacht des Jahres 1922 wurde das ›Goetheanum‹ durch Brand vernichtet. Trotz des unsäglichen Schmerzes, den der Verlust dieses Baukunstwerkes in Rudolf Steiner und der gesamten anthroposophischen Bewegung verursachte, schuf Rudolf Steiner schon wenig später das Außenmodell für einen Neubau, dessen Vollendung er jedoch nicht mehr erleben konnte.

Schon im Zusammenhang mit dem ersten Bau, der auf einem Betonsockel errichtet war, spürte Rudolf Steiner, daß aus dem spröden Material des Betons künstlerische Formen ›herausgeholt‹ werden können. Und so betonte er auch in Hinblick auf den neuen Bau, daß es notwendig sein wird, »gerade für diese Formen den aus dem Betonmaterial gemäßen modernen Stil zu finden«[19].

Viele bedeutende Architekten haben sich in den vergangenen Jahrzehnten über den eigenwilligen Baustil Rudolf Steiners geäußert und (vergeblich) versucht, ihn in stilistischer Hinsicht zu klassifizieren. Unter ihnen Mario Brunato, Sandro Mendini und

Heizhaus

Haus Duldeck

Atelier ›Glashaus‹

Willy Rotzler, durch dessen Beitrag in der Schweizer Fachzeitschrift ›Werk‹ ein weitreichender Dialog eröffnet wurde. Auch Le Corbusier, einer der bedeutendsten Wegbereiter moderner Baukunst, der im Jahre 1926/27 den noch unvollendeten Bau des zweiten Goetheanum besichtigte, zeigte sich von Rudolf Steiners Architektur beeindruckt. In der New Yorker Fachzeitschrift ›Architectural Forum‹ heißt es in der Doppelnummer August/September 1964: »daß das Goetheanum Le Corbusiers plastischen *béton brut* um 30 Jahre und mehr vorweggenommen hat«[20]. Und der Erbauer der Berliner Philharmonie, Hans Scharoun, sagte über Rudolf Steiners baukünstlerische Leistung, daß er das Goetheanum »als das bedeutendste Bauwerk der ersten Hälfte dieses Jahrhunderts«[21] betrachte.

Wie Rudolf Steiners Wirken als Architekt von der damaligen Fachwelt wahrgenommen wurde, mag folgender Brief eines führenden Vertreters neuer Architekturbestrebungen, Richard Neutra, an Rudolf Steiner verdeutlichen:[22]

Sehr geehrter Herr!

Als ich Sie vor Jahren in Wien über die Zusammenhänge künftiger Kunstentwicklung mit der geistigen Erneuerung unserer gegenwärtigen Menschheit sprechen hörte, hatte ich den Wunsch, unsere Sache, als die der wirklich gegenwärtigen Baukunst, die Pfeil und Wegweiser auf zukünftige hin sein muß, mit Ihrer gewünschten, allgemeinen geistigen Bewegung in Beziehung zu bringen.

Das traurige Brandunglück, das Ihre bauliche Schöpfung in Dornach vor kurzer Zeit betraf, erneuerte in mir den Gedanken, Ihnen persönlich näherzutreten.

Ich bin der Mitarbeiter und leitende Architekt Erich Mendelssohn's, der gegenwärtig in Palästina weilt. Ich denke, daß Ihnen – sehr geehrter Herr – einige der zahlreichen, uns selbst zum großen Teil unerwünschten Publikationen des Einstein-Turmspektographen vor Augen gekommen und auch, daß Sie von unserer Arbeit vielleicht durch die bilderreichen Veröffentlichungen holländischer und amerikanischer Kunstzeitschriften (The Dial – New York, Wendingen – Amsterdam) Nachricht besitzen.

Ich würde mich herzlich freuen, Sie bei Ihrem nächsten Aufenthalt in Berlin in unserer Werkstatt empfangen zu können und Ihnen an unseren Modellen ausgeführter großer Industrieanlagen und menschlicher Wohn- und Arbeitsstätten die Richtung unseres Strebens zu erläutern.

Ich bin auch gern bereit, Sie durch die wissenschaftlichen Laboratorien des Turmspektographen im Observatoriumshain in Potsdam zu geleiten. –

Mit ergebenster Begrüßung,   gez: Ing. Richard Neutra

Von dem hohen Können Rudolf Steiners als Bildhauer zeugt eine über neun Meter hohe Holzplastik, an der er, unterstützt von einigen Mitarbeitern, in den Jahren 1917 bis 1924 gearbeitet hat. Da dieses Kunstwerk zur Zeit des Brandes noch im Atelier Rudolf Steiners stand und so von den Flammen verschont blieb, ist es eines der wenigen Zeugnisse des künstlerischen Impulses Rudolf Steiners, wie er in der Innengestaltung des Goetheanums zum Ausdruck gebracht wurde. Diese Plastik war in die

Rudolf Steiners Modell für
das zweite Goetheanum,
Maßstab 1:100.
Mitte März 1924

Lageplan des Dornacher Hügels

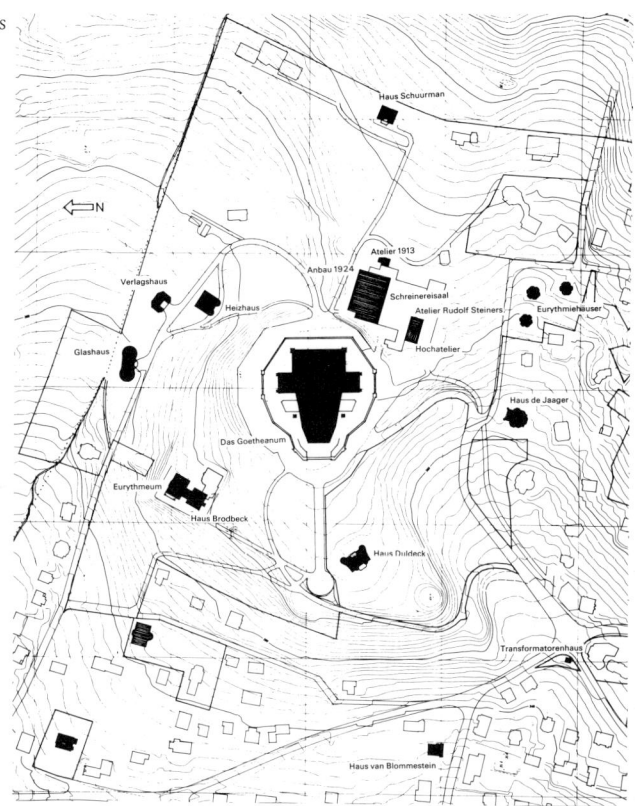

Das Goetheanum von Nord-
westen, im Vordergrund das
›Eurythmeum‹ ▷ ▷

gesamte ›Innenarchitektur‹ integriert und sollte den kleinen Kuppelraum, den Bühnenraum, nach hinten hin abschließen. Heute befindet sie sich in einem eigens für sie gebauten Raum im zweiten Goetheanum. In seinem Vortrag vom 15. Februar 1918 sagt Rudolf Steiner über diese Holzplastik:[23]

»Es ist der Versuch gemacht worden, eine Holzgruppe zu schaffen, welche einen, ich möchte sagen, typischen Menschen darstellt, aber diesen typischen Menschen so darstellt, daß das, was sonst nur veranlagt ist, aber niedergehalten wird durch ein höheres Leben, so dargestellt ist, daß die gesamte Form zunächst zur Gebärde wird, und die Gebärde dann wiederum zur Ruhe gebracht wird. Es ist dann plastisch hier angestrebt worden, das, was in der gewöhnlichen menschlichen Gestalt niedergehalten wird – nicht die Gebärde, die man aus der Seele heraus macht, sondern jene, die nur in der Seele ertötet ist, die niedergehalten ist durch das Leben der Seele – diese Gebärde wachzurufen, dann wieder zur Ruhe zu bringen. Es ist also angestrebt worden, die ruhige Fläche des menschlichen Organismus erst gebärdenhaft in Bewegung zu bringen und sie dann wiederum neuerdings zur Ruhe zu bringen. Dadurch kam man ganz naturgemäß zu der Empfindung, dasjenige, was wiederum in jedem Menschen veranlagt ist, aber selbstverständlich durch das höhere Leben zurückgehalten wird, die Asymmetrie, die bei jedem Menschen vorhanden ist – kein Mensch ist links so ausgebildet wie rechts –, stärker hervortreten zu lassen. Nun aber, hat man sie stärker hervortreten lassen, hat man gewissermaßen dasjenige aufgelöst, was in einem höheren Leben zusammengehalten ist, dann muß man es mit Humor auf einer anderen, einer höheren Stufe wiederum verbinden, dann ist es nötig, das, was einem naturalistisch von außen entgegentritt, wiederum zu versöhnen. Es wird notwendig, künstlerisch zu versöhnen dieses Verbrechen gegen den Naturalismus, die Asymmetrie hervorgehoben zu haben, auch sonst mancherlei in die Gebärde übergehen gelassen, und dann wiederum zur Ruhe gebracht zu haben. Dieses innerliche Verbrechen hatten wir wiederum zu sühnen, indem wir auf der anderen Seite die Überwindung zu zeigen hatten, die dann entsteht, wenn das menschliche Haupt durch Metamorphose übergeht in eine finstere, beklemmende Gestalt, welche nun aber wieder überwunden wird durch den Menschheitsrepräsentanten: sie ist zu seinen Füßen, ist so, daß sie empfunden werden kann als ein Glied, als ein Teil dessen, was den Menschen repräsentiert. Die andere Gestalt, die wir dazu schaffen mußten, stellt dasjenige dar, was das Empfinden fordert, wenn, außer dem Haupte, die übrige menschliche Gestalt so mächtig wird, wie sie es im Leben schon ist, aber durch höheres Leben zurückgehalten wird, wenn überwuchert dasjenige, was sonst verkümmert zurückgeblieben ist: was in den Schulterblättern zum Beispiel sich ansetzt, was im Menschen unbewußt schon in der Gestaltung steckt und ein gewisses luziferisches Element in ihm ist, ein Element, das aus der menschlichen Wesenheit heraus will. Wenn alles das, was in der menschlichen Gestalt angelegt ist als hervorsprossend aus den Trieben und Begierden, zur Gestalt wird, während es sonst durch ein höheres Leben – durch das Verstandesleben, durch das Vernunftleben – überwuchert wird, welches Vernunftleben sonst sich im menschlichen Haupt ausgestaltet, verwirklicht, so hat man die

Das zweite Goetheanum, Teilansicht

Panorama des Dornacher Hügels von Norden

Möglichkeit, die Natur zu entzaubern, der Natur ihr offenbares Geheimnis zu ent-
reißen, indem man das, was die Natur in Teile ertötet, um ein Ganzes daraus zu machen, selbst wieder in Teilen hinstellt, so daß der Beschauer notwendig hat, dasjenige
in seinem Gemüt zu vollbringen, was sonst die Natur vor ihm vollbracht hat. Die
Natur hat das alles getan. Sie hat wirklich den Menschen so zusammengestimmt, daß
er aus den verschiedenen einzelnen Gliedern zu einem harmonischen Ganzen zusam-
mengesetzt ist. Indem man das, was in der Natur verzaubert ist, wiederum auflöst,
löst man die Natur auf in ihre übersinnlichen Kräfte. Man kommt gar nicht in den
Fall, in strohern-allegorischer oder verstandesmäßig-unkünstlerischer Weise irgend
etwas als Idee, als ein Erdachtes, als ein bloß Übersinnlich-Geistiges hinter den Dingen
der Natur zu suchen, sondern man kommt dazu, einfach die Natur zu fragen: Wie
würdest du in deinen einzelnen Teilen wachsen, wenn dein Wachstum nicht durch ein
höheres Leben unterbrochen würde? – Man kommt dazu, ein Übersinnliches, das schon

im Sinnlichen drinnen ist, das verzaubert ist, aus dem Sinnlichen zu erlösen, während es sonst im Sinnlichen verzaubert ist. Man kommt dazu, eigentlich übernatürlich-naturalistisch zu sein.«

Malerei

Kaum auf einem Gebiete der Kunst spürt man so sehr die enge Verbindung mit seinen wissenschaftlichen Forschungszusammenhängen, über die im ersten Kapitel dieses Buches ausführlich berichtet wurde, wie in der Malerei. Dasjenige, was sich ihm in der Optik und speziell in der Auseinandersetzung mit Newtons und Goethes Farbenlehre an grundlegenden Erkenntnissen ergab, fand in seiner letzten Schaffensperiode nun seine künstlerische Ausgestaltung.

Berücksichtigt man die Tatsache, daß Rudolf Steiner mehrfach darauf hingewiesen hat, wie seine Tätigkeit als Herausgeber von Goethes Naturwissenschaftlichen Schriften große Veränderungen in seinem Leben mit sich brachte, so läßt sich mit Recht sagen, daß seine intensiven Bemühungen um eine Erkenntnis vom Wesen der Farben zu einem entscheidenden Ausgangspunkt seines Lebenswerkes wurden.

Die in der Einleitung zu Goethes Naturwissenschaftlichen Schriften ›angekündigte‹ eigene Farbenlehre konnte er jedoch nie schreiben. Zunächst fehlten die ›Mittel‹, später die Muße, da er gerade in seinen letzten Lebensjahren neben einer gesteigerten Vortragstätigkeit eine Fülle von Aufgaben innerhalb der anthroposophischen Bewegung wahrzunehmen hatte. Doch beinhalten seine Vorträge über das Wesen der Farbe und über seinen malerischen Impuls im Zusammenhang mit dem Bau des Ersten Goetheanum eine Fülle von Anregungen, deren systematische Erarbeitung durchaus zu einer völlig neuen Farbenlehre führen kann, vor allem dann, wenn man seine Darstellungen über physikalische Probleme, speziell der Licht- und Wärmelehre, hinzuzieht. Denn hier geht er auf zentrale Problemstellungen ein, die auch bereits in seinen Kommentaren zu Goethes Farbenlehre anklingen. Damals maß er insbesondere der Goetheschen Auffassung: »Das Licht ist die Grundlage jeder Farbe. Keine Farbe ohne Licht. Die Farben aber sind Modifikationen des Lichtes«[24] große Bedeutung bei.

Als Maler im eigentlichen Sinne trat er erstmalig im Zusammenhang mit der Inszenierung der Mysteriendramen in München in den Jahren 1910–1912 hervor. Neben mehreren skizzenhaften Entwürfen für die Bühnenbilder schuf er auch sein erstes Bild ›Lichtesweben‹, dessen Entstehung eng mit dem inhaltlichen Geschehen auf der Bühne zusammenhing. Im ersten Mysteriendrama, ›Die Pforte der Einweihung‹ (1910), findet sich jene Stelle, in der der Maler Johannes Thomasius sich bemüht, so zu malen, daß die ›Formen als der Farbe Werk‹ erscheinen. Und im zweiten Drama, ›Die Prüfung der Seele‹ (1911) sagt Thomasius von diesem Bild:[25]

> »Im zarten Ätherrot der Geisteswelt
> Versuch’ ich, Unsichtbares zu verdichten;
> Empfindend, wie die Farben Sehnsucht hegen,
> Sich geistverklärt in Seelen selbst zu schauen.«

Im Verlauf der Proben zur Uraufführung trat Thomasius, der in der Münchner Aufführung von einer holländischen Malerin gespielt wurde, an Steiner mit der Bitte nach solch einem Bild heran. Spontan ergriff dieser den Pinsel und ließ in Temperafarben jenes Bild ›Lichtesweben‹ entstehen, »das den Beginn des neuen Stiles: Die Form soll der Farbe Werk sein – bedeutet«[26].

Mit Beginn der Arbeiten am Goetheanum-Bau im Jahre 1913 ergab sich für eine Verwirklichung seiner Ideen auf dem Gebiete der Malerei ein weiteres künstlerisches Wirkungsfeld, das ihn über viele Monate und Jahre – wenn auch mit Unterbrechungen – in Anspruch nahm.

Im Jahre 1914 entstanden zahlreiche Entwürfe für die Malereien der beiden Kuppeln, deren auszugestaltende Fläche ca. 650 m²! betrug. Zunächst schuf er eine Flächengliederung mittels regenbogenartig verlaufenden Farbströmungen, die gleichzeitig den Urgrund für die Herausbildung der einzelnen Motive ergaben. Später dienten kleine Pastell- und Bleistiftskizzen Rudolf Steiners den Malern als Grundlage für die Ausgestaltung der Motive.

Da er in sich die Vorstellung trug, nur organisch-pflanzliche Materialien zu verwenden, bedurfte es völlig neuer Arbeitstechniken und -materialien. Hierfür wurden auf seine Anregung hin in einem gesondert eingerichteten Labor Pflanzenfarben hergestellt mit dem Ziel, durch eine Vielfalt von Arbeitsgängen die Leuchtkraft der Farben zu steigern. Eine große Schwierigkeit ergab sich dabei bezüglich der Farbgrundierung, denn schon bald stellte sich heraus, daß die verwendete Champagnerkreide bei weitem nicht so widerstandsfähig war wie etwa gewöhnliche Kreide. Unter Beimengung von flüssigem Wachs ergab schließlich die gewöhnliche Kreide den Malgrund, der den nun aufgetragenen Farben ihre hohe Leuchtkraft verlieh.

Immer wieder wies Rudolf Steiner die Maler darauf hin, künstlerische Imaginationen nicht zu Visionen verdichten zu lassen. Denn die realen Imaginationen, so Rudolf Steiner, können nicht in Erinnerungen festgehalten werden. Es kommt darauf an, sich – will man eine Imagination erneut erleben – immer wieder neu seelisch zu aktivieren. Dies deutet zweifellos hin auf den hohen künstlerischen Anspruch, den Rudolf Steiner stellte. Oft nur unter größten Anstrengungen war es den an der Ausgestaltung des Ersten Goetheanum beteiligten Künstlern möglich, sich in die völlig neue Art der Malerei – daß die Form der Farbe Werk sei – hineinzufinden. In ihrer Ratlosigkeit wandten sie sich immer wieder an ihren ›Lehrer‹, der daraufhin nicht selten ganze Partien neu zu malen begann. Schließlich wurde von ihm zwischen dem Sommer 1918 und dem Herbst des darauffolgenden Jahres die gesamte südliche Hälfte der kleinen Kuppel selbst ausgemalt.

Die Malereien der beiden Kuppeln waren so angelegt, daß sämtliche Motive der Südhälfte spiegelbildlich in der nördlichen Hälfte wieder in Erscheinung traten. Durch die so geschaffene Spiegelbildlichkeit der Motive und die fein abgestufte Farbgebung wurde der Betrachter angeregt, im künstlerischen Erleben geistig-seelische Urgründe zu ›erlauschen‹, um gleichsam innerlich zu erwachen.

Rudolf Steiner entwarf auch eine Skizze für den Bühnenvorhang, mit dem Motiv der Wanderung des Bruders Markus aus Goethes Dichtung ›Geheimnisse‹. Doch ist es nie zur Fertigstellung dieses Vorhanges gekommen, was vielleicht auch darauf zurückzuführen ist, daß es künstlerisch unbefriedigend erscheint, einen gemalten Vorhang zu raffen.

Im Mai 1921 kam es auf Bitten der am Goetheanum tätigen Maler zu den drei Vorträgen über ›Das Wesen der Farben‹. Um zu einer wirklichen Erkenntnis des Farbigen zu gelangen, heißt es im ersten Vortrag, ist es notwendig, in das Wesen der Farben selbst einzudringen und den Prozeß der Betrachtung in das Empfindungsleben heraufzuholen. Solch unmittelbare Farberlebnisse schildert er dann am Beispiel einer ›Grünheit‹, indem er in drei grüne Flächen jeweils eine andere Farbe, ein Rot, eine Pfirsichblüten-Farbe, ein Blau, hineinmalt und den Betrachter nun auf den unterschiedlichen Empfindungsgehalt, der mit den einzelnen Wahrnehmungen verbunden ist, aufmerksam macht. Das Grün wird jeweils anders erlebt. Vertieft man solche Übungen, so gelangt man nach und nach zu dem, was man die Objektivität der Farbe nennen kann. Im weiteren Verlauf dieses Vortrages schildert er dann die einzelnen Farben in ihrer Beziehung zum Seelischen und Geistigen. Im zweiten Vortrag vertieft er jene Übungen, um dann im abschließenden Vortrag die vielleicht bedeutendste Frage auf dem Gebiete der Malerei, die auch in Goethes Farbenlehre ›nicht eigentlich berührt wird‹: wodurch erscheint die Materie in Farben, wie wird Materie farbig? behandeln zu können.

Neben diesen drei zentralen Vorträgen hielt er noch jene, in denen besonders der oben angedeutete Zusammenhang mit seinen naturwissenschaftlichen Studien sichtbar wird. So sprach er am 2. Juni 1923 über das Thema: ›Von der Raumperspektive zur Farbenperspektive‹ und am 29. Juli desselben Jahres über ›Maß, Zahl und Gewicht – Die schwerelose Farbe als Forderung der neuen Malentwicklung‹.

In der Silvesternacht des Jahres 1922 fiel das Goetheanum einem Brand zum Opfer. Damit ging auch Rudolf Steiners großartiges malerisches Werk zugrunde, das in sich so

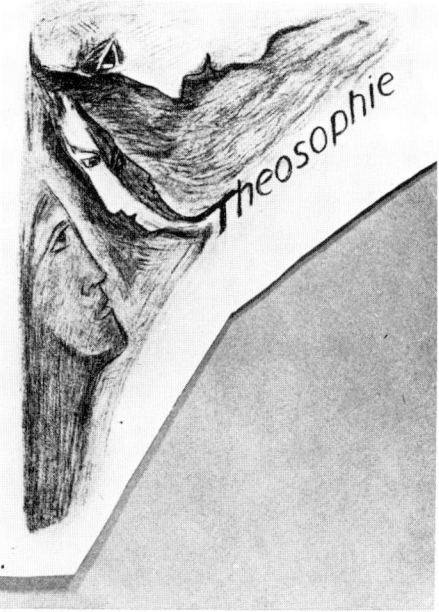

Einbandgestaltung zu E. Bulwer Lyttons Roman ›Vril oder eine Menschheit der Zukunft‹, 1923

Einbandgestaltung zur Neuauflage der Schrift ›Theosophie‹, 1922

Internationale Wirtschaft
und dreigliedriger sozialer Organismus.

... Die Idee von der Dreigliederung des sozialen Organismus wird eine überzeugende Kraft in der angedeuteten Richtung haben. Sie wird durch die Ausblicke, die sie in die soziale Menschenzukunft eröffnet, Antriebe zur Arbeit erzeugen. Sie so zu verbreiten, daß sie verständnisvoll aufgenommen werden kann und die entgegenstehenden Bedenken zum Schweigen bringt, erscheint als ein wesentlicher Teil der Aufgabe, die in der Gegenwart für das soziale Problem erstanden ist. Rudolf Steiner.

Die pädagogische Zielsetzung
der Waldorfschule in Stuttgart.

... Die Waldorfschule ist nicht eine „Reformschule" wie so manche andere, die gegründet werden, weil man zu wissen glaubt, worin die Fehler dieser oder jener Art des Erziehens und Unterrichtens liegen, sondern sie ist dem Gedanken entsprungen, daß die besten Grundsätze und der beste Wille in diesem Gebiete erst zur Wirksamkeit kommen können, wenn der Erziehende und Unterrichtende ein Kenner der menschlichen Wesenheit ist. Man kann dies nicht sein, ohne auch eine lebendige Anteilnahme zu entwickeln an dem ganzen sozialen Leben der Menschheit. Der Sinn, der geöffnet ist für das Wesen des Menschen, nimmt auch alles Leid und alle Freude der Menschheit als eigenes Erlebnis hin. Durch einen Lehrer, der Seelenkenner, Menschenkenner ist, wirkt das ganze soziale Leben auf die in das Leben hineinstrebende Generation. Aus seiner Schule werden Menschen hervorgehen, die sich kraftvoll in das Leben hineinstellen können. Rudolf Steiner.

Dreigliederung und soziales Vertrauen.
(Kapital und Kredit.)

... Diese Entscheidung kann nur durch Einrichtungen bewirkt werden, durch die aus dem ganzen sozialen Organismus heraus die Bewertung der einzelnen Lebensgüter zustande kommt. Wer bezweifeln will, daß solche Einrichtungen erstrebenswert seien der hat kein Auge dafür, daß bei dem bloßen Walten von Angebot und Nachfrage menschliche Bedürfnisse verkümmern, deren Befriedigung die Zivilisation eines sozialen Organismus erhöht; und ihm fehlt der Sinn für ein Streben, das die Befriedigung solcher Bedürfnisse in die Antriebe des sozialen Organismus einfügen will. In dem Schaffen des Ausgleiches zwischen den menschlichen Bedürfnissen und dem Werte der menschlichen Leistungen sieht das Streben nach der Dreigliederung des sozialen Organismus seinen Inhalt. Rudolf Steiner.

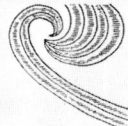

Geistesleben, Rechtsordnung, Wirtschaft.

... Nur ein solches Bedürfnis aber ist auch der Erzeuger derjenigen Erkenntnis, welche die „soziale Frage" in dem richtigen Lichte sieht. Die gegenwärtigen Lösungsversuche dieser „Frage" erscheinen deshalb so ungenügend, weil Vielen noch die Möglichkeit fehlt, zu sehen, was der wahre Inhalt der Frage ist. Man sieht die Frage auf wirtschaftlichen Gebieten entstehen, man sucht nach wirtschaftlichen Einrichtungen, die Antworten sein sollen. Man glaubt, in wirtschaftlichen Umgestaltungen die Lösung zu finden. Man erkennt nicht, daß diese Umgestaltungen nur durch Kräfte kommen können, die in dem Aufleben des selbständigen Geistes- und Rechtslebens aus der Menschennatur heraus befreit werden. Rudolf Steiner.

Schlußvignetten zu Aufsätzen für die Zeitschrift ›Soziale Zukunft‹

viele Keime zu einem neuen Malstil barg. Doch sein malerischer Impuls lebt weiter; einmal in den noch erhaltenen zahlreichen Skizzen für die Kuppelmalerei und den persönlichen Mitteilungen der an der Ausgestaltung des Goetheanum beteiligten Maler, und zum anderen in den vielen Schulungsskizzen, die er für den Malunterricht am Goetheanum und an der Dornacher Friedwart-Schule schuf.

Im letzten Jahr seines Wirkens entstanden noch fünf Aquarelle, die damals bei Eurythmieaufführungen zu den Programmen ausgestellt wurden. »Da sie Malerei und nicht Skizze sind, kann an ihnen unmittelbar angeschaut werden, wie in dem Fluten der Farben, in Klang, Bewegung und Gleichgewicht die Form sich erbildet, wie die ›Form‹ der ›Farbe Werk‹ sein kann.«[27]

Im Anschluß an seine Vorträge über ›Kunstgeschichte als Abbild innerer geistiger Impulse‹ hielt Rudolf Steiner am 3. Dezember 1917 und 15. Januar 1918 noch zwei Vorträge über ›Wesen und Bedeutung der illustrativen Kunst‹. Angeregt hierzu wurde er durch den auch in Dornach lebenden Schweizer Maler Walo von May, der eine Fülle von Illustrationen zu bedeutenden Werken der Weltliteratur, so zu Andersens Märchen, zu Jean Pauls ›Leben des vergnügten Schulmeisterleins Wuz‹, zu Schillers ›Wallenstein‹ u. a. geschaffen hat.

Unter ›illustrativer‹ bzw. ›illustrierender‹ Kunst versteht Rudolf Steiner ein bildnerisches Komponieren. So, wie man zu einem Text eine Musik komponiert, so müßte es auch möglich sein, »in gleicher Art durch die bildende Kunst etwas für einen Text zu schaffen, wie es durch die Musik nach anderer Seite hin möglich ist.«[28] Die Ursachen dafür, daß man musikalische ›Illustrationen‹ kennt und pflegt, aber keine bildnerischen, sieht er darin, »daß wir im Laufe der letzten Jahrhunderte den Sinn, die Empfänglichkeit für das Bildnerische verloren haben.«[29] Dabei bedeutet für ihn illustrative Kunst nicht, nur bildlich *das* auszudrücken, was der Dichter bereits sprachkünstlerisch dargestellt hat. Vielmehr muß das Bildnerische so gestaltet sein, daß es das zum Ausdruck bringt, was dem Dichter zwar innerlich vorschwebt, aber dichterisch nicht aussprechbar ist. Bild und Text ergeben dann erst zusammen das ›Ganze‹. Das Aufnehmen von Dichtungen, besonders auch von Gedichten geschieht ja häufig schon gewohnheitsmäßig, »aber in die Bilder sich hineinzuversenken und die Unterstützung zu haben durch die Gedichte, so daß man wirklich schon mit einer von den Gedichten erfüllten Seele an das Bild kommt, das ist für das Aktivmachen der Seele eine Wohltat.«[30]

Aus solchen Gedanken heraus schuf Rudolf Steiner eine Reihe von Titelblättern für Bücher und Zeitschriften sowie Vignetten, die den künstlerischen Abschluß zu einigen seiner schriftlichen Abhandlungen und Vortragsnachschriften bilden.

Eurythmie

In Rudolf Steiner Darstellungen über die verschiedenen Künste wie auch in seinen eigenen Kunstwerken wird stets deutlich, daß es eine Art künstlerische Formsprache gibt, die allen Künsten gemeinsam ist. Diese innere Gemeinsamkeit, das ›Gespräch der Künste‹ untereinander, wird besonders deutlich erlebbar in der von ihm geschaffenen Bewegungskunst, in der Eurythmie.

Indem der eurythmisch sich bewegende Mensch dasjenige sichtbar werden läßt, was sich im Bilden der Laute und Töne der Tendenz nach in den verschiedenen Organen des Menschen während des Sprechens und Singens – aber auch Hörens – nicht sinnlich wahrnehmbar vollzieht, hat er es mit den Grundelementen der Sprache und Musik, mit Rhythmik, Metrik, Harmonik und Melodik zu tun. Die den Lauten innewohnenden Gebärden werden von dem physischen Körper, insbesondere den Armen aufgegriffen und in eine nun sichtbare Gebärdensprache geführt. Die Seelenkräfte des Menschen, Denken, Fühlen und Wollen, »prägen sich aus in der Haltung des Körpers, in den Zonen und Richtungen der fließenden Armbewegungen; der Charakter drückt sich aus im Schritt, das Temperament im Schwung, die seelischen Stimmungen in den schwebend durchlaufenden Formen. Gedichte und Tonstücke können in dieser Weise sichtbar zum Ausdruck gebracht werden. Das Gedicht spricht; das Tonstück singt durch das Instrument der Menschengestalt.«[31]

Durch die Farbe des Gewandes wird der Bewegungscharakter, durch Nuancen des Schleierwurfs die Gefühlsstimmung betont, wobei eine Variierung des Bewegungscharakters und der Gefühlsstimmung durch eine differenzierte Beleuchtung erzielt wird.

Auch Rudolf Steiners baukünstlerischer Impuls findet sich in der Eurythmie wieder. So liegen den eurythmischen Bewegungen im Raume innerlich erlebte Formen zugrunde, die ein wesentliches Gestaltungsmoment des ersten Goetheanum-Baues, besonders was dessen plastisch-musikalische Formgebung betrifft, waren. »Ich weiß ja auch, daß ich die Formen des Baues aus der Seelenverfassung heraus empfindend gestaltet habe, aus der mir auch die Eurythmiebilder kommen. Daß sie fortlaufend im Erleben dessen gestaltet wurden, was im Zustandekommen der Bauformen erlebt werden konnte, wird nicht als ein Widerspruch gegen das Gesagte empfunden werden können. Denn so ist das Zusammenstimmen beider nicht durch eine verstandesmäßige Absicht erstrebt worden, sondern durch einen gleichgearteten künstlerischen Impuls entstanden. Wahrscheinlich hätte die Eurythmie nicht ohne die Arbeit am Bau gefunden werden können. Vor dem Baugedanken war sie nur in ihren ersten Anfängen vorhanden.«[32]

Wie sehr die Entwicklung der Eurythmie Ausdruck seines gesamten bisherigen Werdeprozesses ist, wird besonders deutlich, wenn man die Übungsanweisungen, die er jungen Künstlern gab, betrachtet. Neben der Aufgabe, sich umfassend mit der Anatomie des Menschen, mit den Formen und Funktionen einzelner innerer Organe zu beschäftigen, forderte er umfassende Kenntnisse auf dem Gebiete der Dichtung,

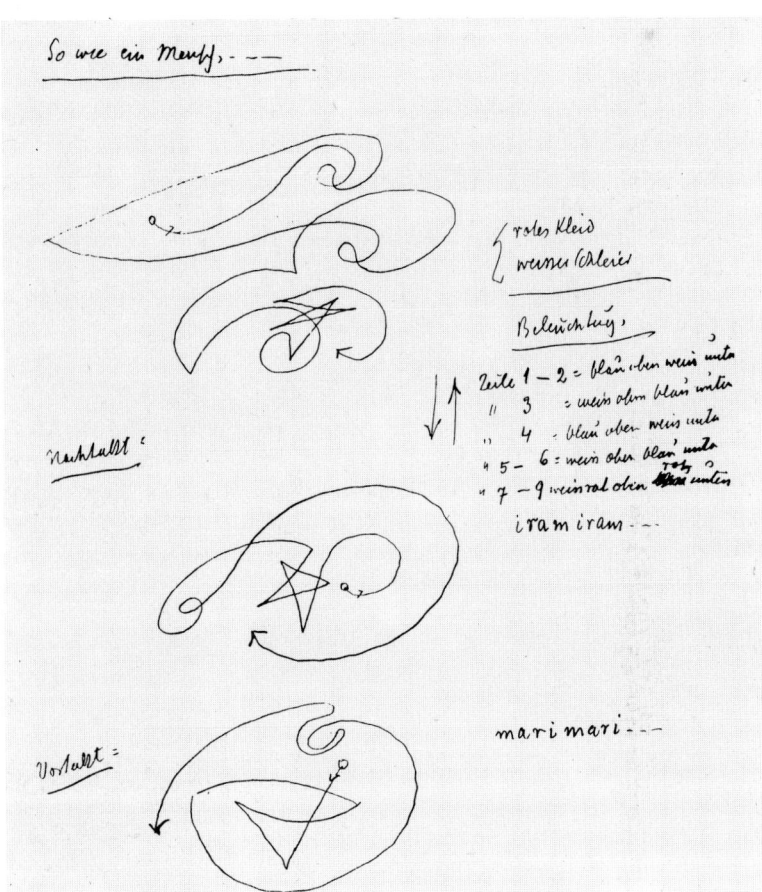

Eurythmie-Form Steiners zu Morgensterns ›So wie ein Mensch . . .‹

FÜR RUDOLF STEINER

So wie ein Mensch, am trüben Tag, der Sonne
vergißt, –
sie aber strahlt und leuchtet unaufhörlich. –
so mag man Dein an trübem Tag vergessen,
um wiederum und immer wiederum
erschüttert, ja geblendet zu empfinden,
wie unerschöpflich fort und fort und fort
Dein Sonnengeist
uns dunklen Wandrern strahlt.   *Christian Morgenstern*

›Lichtesweben‹, Temperabild, 1911

Modell für das erste Goetheanum, Blick in die große Kuppel mit Farbgrundierung (ohne Motive)

›Der Forscher inmitten von Marianus und Gabrilein‹, Pastell zu dem Roman ›Der Alchymist‹ von Fritz Lemmermayer, März 1923

›Urmensch-Urtier‹, Aquarell 1924

›Licht und Finsternis‹ (Luzifer und Ahriman), Pastell, März 1923

›Madonna‹, eine der sieben Schulskizzen für den Malunterricht an der Friedwartschule, 1924

Musik, Tanzkunst und den bildenden Künsten. Daß Rudolf Steiner ein hervorragender Kenner der hier genannten Gebiete, so z. B. auch spezieller Formen tänzerischer Ausdrucksmöglichkeiten bis hin zur Pantomime war, belegen zahlreiche Mitteilungen seiner Schüler, von denen einige in dem Band ›Die Entstehung und Entwicklung der Eurythmie‹ zu finden sind. In diesen Darstellungen kann der Leser auch verfolgen, wie Rudolf Steiner in künstlerischer Weise zusammen mit seinen Schülern die Grundlagen schuf zu einer Bewegungskunst, die heute als ›pädagogische Eurythmie‹ und ›Heileurythmie‹ in allen Freien Waldorfschulen, in vielen heilpädadogischen Heimen und einigen Krankenhäusern ein wesentlicher Bestandteil des Erziehens, Unterrichtens und Therapierens ist.

Die Entwicklung der Eurythmie zur Bühnenkunst ist vor allem Marie Steiner zu verdanken, die selbst zunächst an den ersten von Rudolf Steiner gegebenen Übungsstunden teilgenommen hat, dann aber bald, besonders nach Ausbruch des Ersten Weltkriegs, durch ihre Rezitationskunst, welche sie für die Darstellung der Eurythmie in großem Umfang weiterentwickelte, die durch Rudolf Steiner gegebenen Grundlagen weiter ausbaute und durch öffentliche eurythmische Darbietungen in vielen Ländern Europas der Eurythmie zu großem Ansehen verhalf.

Auch der Begriff ›Eurythmie‹, der ja bereits bei den Griechen bekannt war, geht, was seine ›Neuschöpfung‹ betrifft, auf Marie Steiner zurück, denn bereits lange bevor der Gedanke einer eurythmischen Bewegungskunst ins Leben getreten war, hatte sie mit dem belgischen Schriftsteller Emile Sigogne, der im Jahre 1907 ein Buch mit dem Titel ›Eurythmie‹ veröffentlichte, wiederholt über Eurythmie gesprochen.

Zu einigen Hundert Dichtungen und Musikwerken schuf Steiner die ›Eurythmieformen‹, die ähnlich den choreographischen Aufzeichnungen im klassischen Ballett dem Künstler als Grundlage der eurythmischen Ausgestaltung der jeweiligen Dichtung oder eines Musikstückes dienen.

Die nach Angaben Rudolf Steiners hergestellten ›Eurythmiefiguren‹ sowie diesen zugrundeliegende Skizzen dienen dem Eurythmisten zur Veranschaulichung der in Vokalen, Konsonanten und Tönen verborgenen Gestaltungselemente. Die aus flachem Holz geschnittenen Figuren, die nach einem Dreifarbenprinzip gestaltet sind, zeigen in ihrer Grundfarbe die jeweilige Bewegungsform. In der zweiten Farbe kommt die Gefühlsnuance für die Bewegung, in der dritten das Willenselement zum Ausdruck. An ihnen wird besonders deutlich, wie Rudolf Steiner das künstlerische Element bis hinein in das Übungs- und Anschauungsmaterial lebendig werden läßt. Kunst und Leben kann hier in seinem intimsten Zusammenhang erlebt werden. Das Künstlerische wird nicht zu einem Akt der Einmaligkeit einer momentanen Eurythmiedarbietung stilisiert, sondern bereits in dem gesamten Entwicklungsprozeß, den der Eurythmist durchläuft, waltet das Künstlerische.

Wie intensiv sich der Eurythmist mit den ›Nachbarkünsten‹ auseinanderzusetzen hat und welch eines langwierigen Schaffensprozesses es bedarf, ehe etwa ein Musikstück eurythmisch dargestellt werden kann, mag folgendes Beispiel, das Rudolf Steiner im Verlauf einer Konferenz mit Eurythmielehrern anführte, ein wenig verdeutlichen:[33]

MATINEE

in den

Kammerspielen des Deutschen Theaters

Sonntag, den 18. September 1921, vormittags 11 Uhr

Vorführungen in

Eurhythmischer Kunst

mit einleitenden Worten von

Dr. Rudolf Steiner

ausgehend von der Hochschule für Geisteswissenschaft
„GOETHEANUM" in Dornach. (Schweiz)

Die der Aufführung zu Grunde liegen=
den Dichtungen werden von Marie Steiner
rezitiert, die begleitende Musik ist von
Leopold van der Pals, Max Schuurman,
Walter Abendroth.

PROGRAMM

ERSTER TEIL

Einleitende Worte von Dr. Rudolf Steiner
über eurhythmische Kunst

Das Märchen vom Quellenwunder	Rudolf Steiner
(Musik von Walter Abendroth)	
Proömion	Goethe
Weltenseelengeister	Rudolf Steiner
Waldkonzerte (Musik von Max Schuurman)	Chr. Morgenstern
Das Sträußchen	Goethe
Schmetterling	Grieg
Metamorphose der Pflanzen	Goethe
Aus den „Zahmen Xenien"	Goethe
Aus den „Dionysos=Dithyramben"	Nietzsche

ZWEITER TEIL

Szene aus der dramatischen Dichtung „Der Hüter der Schwelle"	Rudolf Steiner
Vereinsamt	Nietzsche
Für Tänzer	Nietzsche
Aus den Galgenliedern	Chr. Morgenstern
Aus dem „Pierrot lunaire" (übersetzt von Otto Erich Hartleben)	Giraud
(Musik von Leopold van der Pals)	
Der Rattenfänger (Musik von Max Schuurman)	Goethe

---

Veränderungen vorbehalten

EINFÜHRUNG

Die als Eurhythmie bezeichnete Bewegungskunst, die bisher nur
in einem engeren Kreise gepflegt wurde, hat ihren Ausgangs=
punkt von der Anschauung Goethes genommen, daß alle Kunst
die Offenbarung ist verborgener Naturgesetze, die ohne solche
Offenbarung verborgen blieben. Mit diesem Gedanken läßt sich
ein anderer, ebenfalls Goethescher, verbinden. In jedem mensch=
lichen Einzelorgane findet man einen gesetzmäßigen Ausdruck
der menschlichen Gesamtform. Jedes einzelne Glied des Menschen
ist gewissermaßen ein Mensch im kleinen, wie — goethisch ge=
dacht, — das Pflanzenblatt eine Pflanze im kleinen ist. Man kann
diesen Gedanken umkehren und im Menschen einen Gesamt=
ausdruck dessen sehen, was eines seiner Organe darstellt. Im
Kehlkopf und den Organen, die im Sprechen und Singen mit ihm
verbunden sind, werden durch diese Betätigungen Bewegungen
ausgeführt oder auch nur intendiert, die sich in Lauten oder
Lautverbindungen offenbaren, während sie selbst im gewöhn=
lichen Leben unbeobachtet bleiben. Weniger diese Bewegungen
selbst, als vielmehr die Bewegungsintentionen sollen nun durch
die Eurhythmie umgesetzt werden in Bewegungen des Gesamt=
körpers. Durch den ganzen Menschen soll sich als Bewegung
und Haltung sichtbar machen, was sich im Bilden der Laute und
Töne in einem einzelnen Organ=System unwahrnehmbar ab=
spielt. Durch Bewegungen der Glieder am Menschen kommt

zur Offenbarung, was sich im Sprechen und Singen im Kehl=
kopf und seinen Nachbarorganen vollzieht, in der Bewegung
im Raume und in den Formen und Bewegungen von Gruppen
wird dargestellt, was durch das Menschengemüt in Ton und
Sprache lebt. Dadurch ist mit dieser eurhythmischen Bewe=
gungskunst etwas geschaffen, bei dessen Entstehung die Impulse
gewaltet haben, die in der Entwicklung aller Kunstformen
gewirkt haben. Alles willkürlich Mimische oder Pantomimische,
alles Symbolisieren von Seelischem durch Bewegungen ist ausge=
schlossen. Der Ausdruck wird durch einen gesetzmäßigen inneren
Zusammenhang erreicht, wie in der Musik. Wovon im Wesen
des Künstlerischen die Tanzkunst einmal ihren Ausgangspunkt
genommen hat, wovon sie aber im Laufe der Zeit sich weit
entfernt hat, darauf soll die Eurhythmie sie wieder zurückführen.
Sie will dies aber im Sinne einer wahrhaft modernen Kunst=
auffassung, nicht durch Nachahmung oder bloße Wiederherstellung
eines Alten. Es liegt in der Natur der Sache, daß die eurhyth=
mische Kunst sich verbindet mit dem musikalischen. Die im
Verlaufe der Darstellung auftretenden musikalischen Beigaben
zu den eurhythmischen Aufführungen haben L. van der Pals,
M. Schuurman und W. Abendroth geliefert. Was jetzt schon
als Eurhythmie auftritt, ist ein Anfang, die mit dieser Kunst ver=
bundenen Absichten werden wohl eine weitere Entwicklung
finden. Sie möchten aber als ein Anfang genommen werden.

Programmschrift zu einer Eurythmie-Aufführung in Berlin 1921

»Nehmen Sie den Klavierauszug von einer Sonate und versuchen Sie sich aufzu-
bauen, wie ein guter Komponist Takt, Harmonie, Melos verwendet. Am besten, Sie
gehen von Beispielen aus; die heutigen Dinge sind viel zu akustisch. Sie können auch
eine Partitur nehmen, wenn Sie sie lesen können. Einfach namentlich auch in der
Phrasierung. Versuchen Sie richtige musikalische Interpunktion zu treiben. – Noch
bis in die Goethe-Zeit hinein schrieb man die Partitur Punkt, Komma, Semikolon
und so weiter, um die Phrasierung herauszuarbeiten. – Hören Sie sich zwei Klavier-
spieler an, wie sie dasselbe Stück verschieden spielen, da können Sie auch anschaulich
machen, worin der Unterschied besteht. Wenn Sie falsch phrasieren, wirkt es unglaub-
lich philisterhaft. Diesen Unterschied hervorheben, zeigen, was auf Phrasierung
beruht. Harmonielehre selbst aufbauen. Beispiele suchen, wie die Harmonielehre
von irgendeinem Künstler gehandhabt wird. – Bach, Mozart, Beethoven als Kompo-
nisten. – Alle Schülerinnen sollten die Improvisation auf dem Klavier erlernen. Es
macht doch nichts, daß es etwa achtzig Schülerinnen sind. Fangen Sie an mit dem,
was Sie vor sich haben. – Gehen Sie beim Klavierspiel von der Konstruktion des
Klaviers aus. Und dann erklären Sie auch die Form der Sonate; wie die Sonate der
ganze Mensch ist.«

Sprache – Dichtung – Dramatische Kunst

»Man hält künstlerisches Sprechen heute vielfach für verfehlten Idealismus ... Dazu
hätte man nie kommen können, wenn man sich der künstlerischen Ausbildungsfähig-
keit der Sprache besser bewußt wäre ...«[34] Diesen zeitkritischen Hinweis Rudolf
Steiners findet man in einem seiner frühen Aufsätze, in dem er die Art des öffentlichen
Vortrages, wie sie damals üblich war, einer näheren Betrachtung unterzieht. Doch
berücksichtigt man weitere Aufsätze jener Zeit, in der er in vielfältiger Weise das
Kulturleben – vor allem in Berlin – intensiv wahrnahm, so wird deutlich, daß er in
diese Kritik auch das bühnenmäßige Sprechen sowie die Sprache, wie sie im alltäglichen
Umgang gepflegt wurde, einbezog.
  Als Herausgeber des damals offiziellen Organs des Deutschen Bühnenvereins, der
›Dramaturgischen Blätter‹ sah er sich vor die Aufgabe gestellt, nicht nur Theater- und
Literaturkommentare und -kritiken zu schreiben, sondern auch der bisherigen Ent-
wicklung etwas seinen Anschauungen Gemäßes entgegenzustellen. So wie das Musi-
kalische bis hinein in die Bildung eines einzelnen Tones künstlerisch gestaltet sein muß,
so muß auch die Sprache bis zur einzelnen Lautbildung eine künstlerische sein. Eine
Begründung für die Notwendigkeit künstlerischen Sprechens gibt er in seinen Dar-
stellungen über Sprachgestaltung, Rezitation, Deklamation und Dramatische Kunst.
In seinem Vortrag vom 5. September 1924 heißt es:[35]
  »Von demjenigen Sprechen, das wir heute im gewöhnlichen Leben pflegen, ist das
Sprechen überhaupt nicht ausgegangen, gerade so wenig wie von unserer Schrift das

Schreiben der Menschen ausgegangen ist. Vergleichen Sie die alte ägyptische Bilderschrift, so haben Sie noch eine Vorstellung, wovon das Schreiben ausgegangen ist. Und ebenso ist das Reden nicht von dem heutigen Reden ausgegangen, das alles mögliche in sich enthält, Konventionelles, Erkenntnismäßiges und so weiter, sondern es ist das Sprechen von dem ausgegangen, was künstlerisch im Menschen lebt. Will man daher das Künstlerische durchschauen, dann muß man schon wenigstens eine Empfindung dafür haben, daß die Sprache von menschlicher Künstlerschaft, nicht von menschlicher Zweckmäßigkeit, Wissenschaftlichkeit ausgegangen ist.

Es gab Zeiten in der Erdenentwicklung, in welchen die Menschen unrhythmisch überhaupt nicht haben sprechen können, sondern das Bedürfnis hatten, wenn sie sprachen, immer im Rhythmus zu sprechen. Es gab Zeiten, in denen man zum Beispiel gar nicht anders konnte, als, wenn man etwas sagte, was einem pointiert erschien, es durch Sprachgestaltung zu sagen. Nehmen wir zum Beispiel in ganz einfacher Weise, jemand wollte aus den Impulsen des ursprünglichen Sprechens heraus sagen, ein Mensch stolpert dahin. Es würde genügt haben, wenn er gesagt hätte, er stolpert über Stock, denn Stöcke, die liegen überall in der Urkultur, oder auch, weil Steine überall liegen, er stolpert über Stein. Aber das sagte er nicht, sondern er sagte, er stolpert über Stock und Stein, weil in dem ›Stock und Stein‹, ganz gleichgültig, ob man exakt die Außenwelt damit bezeichnet oder nicht, ein inneres künstlerisches Gestalten der Sprache liegt. Will man etwas pointiert andeuten, so sagt man, ein Schiff geht nicht bloß unter mit Mann, sondern auch mit demjenigen, das man vielleicht gar nicht gern auf dem Schiffe hat, mit Maus. Man sagt, das Schiff geht unter mit ›Mann und Maus‹, wenn man aus dem ursprünglichen Impuls des Sprechens heraus gestaltet.

Dieser Impuls des Sprechens lebt eigentlich heute am allerwenigsten in der Menschheit. Dafür gibt es Gründe, daß er nicht waltet. Die Gründe bestehen darinnen, daß er schon leider in der Schule nicht waltet, weil unsere Schulen, und zwar im ganzen internationalen Leben, das Künstlerische verloren haben.«

Ein weiterer Ausgangspunkt, das Wesen der Sprache zu erfassen, ergab sich ihm aus der Betrachtung der Entwicklung des Menschen. In seiner Schrift ›Die geistige Führung des Menschen und der Menschheit‹ schildert er, wie der Mensch zunächst lernen muß, sich mit seiner eigenen Leiblichkeit im Raume zu orientieren. Danach folgt die Ausbildung der Sprache, durch die sich der Mensch zu seinem Mitmenschen in ein Verhältnis setzt, »welches ihn zum Träger desjenigen geistigen Lebens macht, das die physische Welt zunächst von ihm aus durchdringt.«[36] Der dritte Lernschritt besteht in der Ausbildung des Denkens. Der Mensch lernt nun, innerhalb der Gedankenwelt zu leben. Das Ausbilden des Sprechens, das sich zwischen das physische und gedankliche Werden stellt, hängt eng mit der Entwicklung des Seelenlebens zusammen. Rudolf Steiner präzisierte diesen ›Standort‹ der Sprache im weiteren Verlauf dieses Buches, indem er bis zur menschlichen ›Ursprache‹, von der in der Akasha-Chronik gesprochen wird, zurückgeht.

Im Verlauf dieser Studien stieß er auf eine Tatsache, die zu einem weiteren entscheidenden Ausgangspunkt für seine Sprachforschungen bis hin zu der später von ihm entwickelten künstlerischen Sprachgestaltung wurde, eine Tatsache, die in den herkömmlichen Lehrbüchern unberücksichtigt geblieben ist. Diese besteht in der Erkenntnis, daß, will sich aus der Seele heraus ein äußerlicher Eindruck durch einen Laut artikulieren, ein *Konsonant* gebildet wird. Soll dagegen ein innerlich seelisches Empfinden wie Schmerz oder Freude zum Ausdruck gebracht werden, so bildet sich ein *Vokal*. Das Vokalische verweist auf die inneren Geschehnisse, der Konsonant auf die äußeren. Wie differenziert Rudolf Steiner mit dieser ›Entdeckung‹ umging, wird deutlich in seinen Ausführungen innerhalb des im Jahre 1924 von ihm veranstalteten ›Dramatischen Kurses‹. Dort weist er darauf hin, daß jeder Konsonant auch eine ›vokalische Nuance‹ in sich trägt, wie z. B. das ›l‹ ein ›i‹. Dies, so betont er, ist besonders für den Lyriker von großer Bedeutung, da er darauf achten muß, daß sein Sprechen »der reine Ausdruck des menschlichen Inneren wird.«[37]

Aus jenem Impuls heraus, das künstlerische Element in der theosophisch-anthroposophischen Bewegung wirksam werden zu lassen, brachte er im Jahre 1907 in München das Eleusinische Drama von Edouard Schuré zur Aufführung, nachdem er den Schuréschen Prosatext in Versform gefaßt hatte. Sein hohes künstlerisches Einfühlungsvermögen in das Wesen der Sprache und Dichtung wird hier bereits in umfassender Weise deutlich. Mit dieser Aufführung war gleichzeitig der Keim gelegt zu einer Neu-Geburt des Mysterienschauspieles, das seine Fortsetzung fand in den vier von Rudolf Steiner verfaßten Mysteriendramen, auf deren Entstehungsgeschichte bereits eingegangen wurde.

Sprachlich gesehen wurde hier der Versuch unternommen, das, was man den Gedankenrhythmus, das Gedankenmusikalische, das Gedankenbildliche nennt, wieder zum Laut zurückzuführen. An einer Szene im 7. Bild des ersten Mysteriendramas schildert Rudolf Steiner beispielhaft diesen Prozeß mit den Worten: »Da ist versucht worden, so weit dasjenige, was ausgesprochen werden soll, in den Laut hineinzubringen, daß der Laut selber, ohne daß man über ihn hinausgeht, eine Hinweisung, eine Offenbarung des Geistigen sein kann, wie das in den Ursprachen der Fall war. Und es ist in dieser Szene im siebenten Bilde erstens beachtet, daß man es zu tun hat mit etwas von der physischen Welt Abliegendem, also mit etwas, was gegen das geistige Reich hingeht. Daher ist der Grundton in diesem Bilde einer, der auf Innerlichkeit weist, auf Spirituelles weist, der darauf hinweist, daß vokalisiert werden muß. Aber auf der anderen Seite ist bei jenem Übergang, der deutlich hervortritt in den drei Seelenkräften, Philia, Astrid und Luna, der Gang der Handlung so, daß Philia noch rein lebt im vokalisch-spirituellen Elemente, wo das Konsonantische gewissermaßen dadurch hervortritt, daß man es mit Sprache und nicht mit Gesang zu tun haben muß; Astrid bildet dann den Übergang, und Luna, die schon zu tun hat mit der Schwere, also mit demjenigen, was nach dem physischen Plane hingeht, gerät im Vokalisieren bereits zum Konsonantisieren.

Welterkenntnis, Selbsterkenntnis:
Von der Einen hin zur Andern
Pendelt fragend Seelensehnsucht.
Scheint ihr oft zu winken tröstlich
Lösung ihrer Daseinsrätsel:
Schon die nächste Pendelschwingung,
Sie gebiert ihr aus der Lösung
Nur ein neues Lebensrätsel.
Doch wenn statt im Welterkennen
Nach den Daseinsuntergründen,
Und auch statt im Selbstergründen
Nach des Menschen ew'gen Wesen:
Sie in Weltenweiten Selbstheit
Sucht, und in dem Selbst das Weltall;
Sie erreicht des Wissens Ziele
Zwar nicht; doch ihr werden Wege
In das Leben der Erkenntnis
Sich erschließen; seelentragend
geisterhebend, weltenweihend.

Dornach Oktober 1920: Goetheanum   Dr Rudolf Steiner

Spruch für das ›Goldene Buch‹ der Berner Freistudenten, Bern, 20. Oktober 1920

So kann man gerade an dieser Szene sehen, wie ein solches zu behandeln ist mit konsonantischer Andeutung und einem Leben vorzugsweise im Vokalischen, was von der physischen Welt abführt nach dem Geistigen hin. Und solche Dinge sind fundamental für denjenigen, der in eine wirkliche Sprachgestaltung hinüberkommen will.«[38]

Von dem gleichen künstlerischen Anliegen durchdrungen sind Rudolf Steiners Dichtungen, die er zu einem großen Teil für die Eurythmie geschaffen hat, um die Eurythmieschüler »ganz konkret einzuführen in den Geist des Sich-eins-Fühlen mit dem Universum«.[39] Bei der Durchführung dieser Aufgabe bedurfte es daher eines künstlerischen Formgebungsprozesses, der einen Zusammenklang von Form und Inhalt erforderte.

Die beiden Dichtungen ›Zwölf Stimmungen‹ und ›Planetentanz‹ folgen in ihrem Aufbau »genau demjenigen, was inhaltlich darin gegeben ist: ein Bewegt-Ruhiges,

– die Zwölfheit, die im Universum als der Tierkreis gegeben ist, – die Siebenheit, die im Universum als Planetenfolge vorhanden ist. Wir haben zwölf Strophen zu je sieben Zeilen, ein genaues Abbild des in unserem Universum Vorhandenen. Dies ist gleichsam das äußere Gerippe; es ist aber in allen Einzelheiten festgehalten, was sich da offenbaren will, was ausgeflossen ist in die Bewegung unseres Sonnensystems: Es ist festgehalten im Auf- und Abstieg der einzelnen Strophe, im Auf- und Abstieg der ganzen Dichtung; in der allgemeinen Stimmung der Strophe, die dem betreffenden Himmelskörper entspricht, hervorgerufen durch die Art und Weise, wie die Worte in der betreffenden Strophe gerade liegen, – aber auch in dem Hineinspielen einer jeden einzelnen Zeile, die dem Wandelplaneten entspricht ... Es ist wirklich das Eins-sein mit den Gesetzen des Universums, das Gegenteil der subjektiven Willkür.«[40]

Der überwiegende Teil seiner Dichtungen entstand aus dem Mit-Erleben des Tages- und Jahreskreislaufes und ›diente‹ der innerlichen Hinwendung zu Geschehnissen, die im Menschen und im Kosmos zugleich wirksam sind.

Eine gleichfalls hohe künstlerische Ausgestaltung erfuhren Rudolf Steiners Anweisungen zum meditativen Üben, die von ihm gegebenen Mantren. Dadurch, daß es sich bei dem künstlerischen Element darum handelt, »eine Brücke zu schlagen von der Materie zum Geist, vom Geist zur Materie«[41], wird durch den künstlerisch gestalteten Meditationsspruch der Meditierende in seinem zu gehenden Weg unterstützt.

In enger Zusammenarbeit mit Marie Steiner kam es zu einer Reihe von Sprach-Übungskursen, in denen mit Lehrern, Schauspielern und interessierten Menschen künstlerisches Sprechen geübt wurde. Diese Kurse fanden ihren Höhepunkt in dem im Jahre 1924 durchgeführten ›Kursus für Sprachgestaltung und Dramatische Kunst‹, an dem über siebenhundert Menschen teilgenommen haben.

Ausgehend von der Lautentwicklung, über die Darstellung der Bedeutung des Lyrischen, Epischen und Dramatischen und der Erörterung des Verhältnisses von Sprache und Gebärde bis hin zur Skizzierung der »innerlichen Handhabung des Dramatischen und Bühnenmäßigen« führt Rudolf Steiner die Teilnehmer während der fünfzehn Tage, die der Kurs dauerte.

Daß er über diese Fragen nicht nur vor Berufsschauspielern, sondern auch vor Lehrern, Priestern, Ärzten und Heilpädagogen sprach, birgt in sich den Hinweis auf seinen grundlegenden künstlerischen Impuls: die Kunst im gesamten Leben wirksam werden zu lassen. Einen ersten Eindruck von dem in diesem Kurs Dargestellten mag folgender Auszug aus einer Zusammenstellung Rudolf Steiners über diesen Kurs geben:[42]

Aphoristische Ausführungen über Sprachgestaltung und dramatische Kunst

I.

Unter den Kursen, die in der ersten Septemberhälfte am Goetheanum abgehalten werden, ist ein solcher über ›Sprachgestaltung und dramatische Kunst‹. Er möchte einer

Sehnsucht, die bei vielen heute ganz ausgesprochen vorhanden ist, entgegenkommen: der, aus dem stillosen Naturalismus der Bühnenkunst wieder zu einem Stil zu kommen.

Man wird das nur können, wenn man zuallererst gewahr wird, wie der Seelengehalt des Menschen, im Worte lebend gestaltet, sich offenbart. Das moderne Bewußtsein lebt dem Sprechen gegenüber ganz in der *Ideenempfindung*, es hat die *Laut-* und *Wortempfindung* fast verloren. Aber in der Ideenempfindung geht auch die sinnlich-wahrnehmbare Geistigkeit verloren, die das Wesen aller Kunst ist.

In der Bühnenkunst muß das am meisten empfunden werden. Denn sie bedarf des Mimischen, der Gebärde, der Geste, wenn sie das Wort zur rechten Geltung bringen soll. Gebärde und Geste binden sich im unmittelbaren Erleben nicht mit genügender Stärke an die Ideenempfindung, sondern an die Laut- und Wortempfindung.

Im Intonieren des Lautes a offenbart die Seele ursprünglich immer das Erlebnis der Bewunderung von etwas, des Erstaunens an etwas. In dem Laute o lebt die Empfindung des seelischen Umfassens von etwas. Lebt man sich in dieser Art in die Sprache ein, so wird man in der Vokalisierung das innere Seelenleben an der Außenwelt, in der Konsonantisierung das Streben der Seele finden, in der Lautgestaltung ein hörbares Bild eines Gegenstandes oder Vorganges der Außenwelt nachahmend zu formen.

Und dadurch kommt man zu dem Erlebnis des Wortes.

In dem b bestrebt sich die Seele die Umfassung eines Gegenstandes, in dem r das innere Erregtsein, Erzittern in einem Vorgang nachzuahmen.

In dem Gefüge von Vokalen und Konsonanten lebt die Seele in der Außenwelt mit ihrem Leben; und es leben die Gestalten und Vorgänge der Außenwelt im Bilde in der Seele.

In jedem Wort, in dem der a-Vokal enthalten ist, lebt etwas davon, daß die Seele über das Bezeichnete in Verwunderung oder Erstaunen ist. Das ist zumeist ganz verblaßt für das gewöhnliche Bewußtsein. Aber in den unterbewußten oder auch halbbewußten Erlebnissen der Menschenseele stellt es die Beziehungen dar, die die Menschenseele zum Worte hat.

Wer durch das Wort künstlerisch offenbaren will, der muß diese Beziehungen in sich lebendig machen. Seine Seele muß sich in das Wort hineinleben; dann nur kann das Wort künstlerisch von ihm gestaltet werden.

Ein Dialog stellt dar, was zwei Menschen aneinander erleben. Die Seelen sind in Wechselwirkung. Während der eine spricht, hört der andere zu. Nun beginnt dieser zu sprechen. In seinem Worte muß nachklingen, was der Erste im Sprechen erlebt hat. Dieser hört jetzt dem Zweiten zu. In seinem stummen Zuhören muß für die dramatische Darstellung anschaulich werden, ob der Zweite ihn befriedigt, enttäuscht, bestürzt, besorgt und so weiter. Denn Kunst muß *alles*, was in ihr leben soll, auch zur Anschauung bringen.

Marie Steiner, geb. von Sivers, 1915 ▷

Das Verhalten der Unterredner im Dialog ergibt sich, wenn ein jeder seine Seele mit der Laut- und Wortempfindung verbunden hat. Dem Darsteller wird durch diese Verbindung die Haltung, die er einzunehmen hat, zu einer Fähigkeit des Instinktes.

Die Vorbereitung für die bühnenmäßige Darstellung soll die Schulung für Laut- und Wortempfindung in sich schließen.

Die Ideenempfindung kann keine kunstgemäße Schulung geben. Denn sie wendet sich zu stark an den Intellekt. Dieser aber zerstört das Künstlerische. Er läßt das Anschauliche in die Unanschaubarkeit des inneren Seelenlebens verschwinden. Was auf der Bühne vorgeht, muß aber in der Wahrnehmbarkeit des Gehörten und in derjenigen des Gesehenen leben; es darf keinen Anspruch erheben, von dem Intellekt des Zuhörers und Zuschauers nachkonstruiert zu werden.

Es war richtig von Aristoteles gedacht und richtig von Lessing nachempfunden, daß die tragische Handlung in Furcht und Mitleid des Zuschauers nachschwingen muß. Diese Gefühle werden aber durch den Darsteller nur dann wachgehalten werden können, wenn er bis in die Sprachgestaltung hinein *sein* Seelenleben tragen kann.

Das Leben im Sprechen kann nur am Erleben der Sprache herangezogen werden. Man wird heute naturgemäß nicht immer Worte mit dem u-Laut zu sprechen haben, wenn man Furchtgetragenes zu sagen hat. Denn die Sprachen sind nicht mehr ursprünglich. Aber der u-Laut ist die Offenbarung des Furchterlebnisses der Seele. Hat man zu sagen: »Es naht Gefahr«, so ist darin nicht der u-Laut. Aber die Intonierung, die man den Worten in diesem Falle zu geben hat, kann an der Empfindung, die sich am u-Laut erleben läßt, herangezogen werden.

Es ist das Geheimnis der Sprache, daß in jedem Laute andere unhörbar in der Seele mitklingen. Spreche ich a in einem Worte, das furchtgetragen ist, so klingt in den Tiefen der Seele der u-Laut mit. Der im gewöhnlichen Leben Sprechende hat damit selbstverständlich nichts zu tun. Er steht in der Situation des unmittelbaren Erlebens darinnen. Er ist mit dem Gefühle diesem Erleben nahe. Er spricht aus der erlebten Furcht die Worte: »Es naht Gefahr.« Der Bühnenkünstler steht nicht in der unmittelbaren Lebenssituation darinnen. Er muß instinktiv die Lautempfindungen in sich tragen, die in dem Aussprechen eines Furchterregenden stumm mitschwingt. Diese Lautempfindung kann ihm das Kolerit der Intonierung geben.

Im Dialog wird eine solche Lautempfindung die Möglichkeit gewähren, dem Unterredner so zu antworten, daß der Zuschauer wahrnehmbar das Wechselverhältnis der dialogisierenden Seelen vor sich hat. Wenn im Dialog der eine der Unterredenden zuhört, während der andere spricht, wird in ihm die entsprechende Lautempfindung anklingen, und aus dieser heraus wird er seiner Erwiderung die rechte Intonierung geben. Eine Farbe nimmt sich im Anschauen immer etwas anders aus, ob sie neben blau, oder neben gelb ist. Ein Satz mit was immer für Vokalen tönt anders, je nachdem in ihm der furchtgeborene u-Laut noch nachschwingt, oder der freudegetragene i-Laut.

Maria Steiner und ich besorgen den Kursus gemeinsam.

II.

In der Bühnenkunst muß das innere Leben der Sprache wieder erwachen. Denn es ist in der Sprache ein Teil der menschlichen Wesenheit enthalten.

Man findet diesen Teil, wenn man eine Anschauung sucht von dem Verhältnis des Mimischen, des Gebärdehaften zum Worte. In der Gebärde lebt eine vom Gefühl durchdrungene Willensoffenbarung des Menschen. Das Seelisch-Geistige ist als Bild in der Gebärde vorhanden. Insoferne das Seelisch-Geistige das Gefühl in die Bildhaftigkeit der Gebärde ausströmen läßt, offenbart sich die Menschenwesenheit in der Kraft des Willens nach außen. Man hat es da mit einem Sichtbarwerden der menschlichen Wesenheit so zu tun, daß das Innere nach außen getragen wird.

Aber der Mensch kann seine eigene Gebärde, sein eigenes Mimisches empfinden, vorstellen, wie er Dinge und Vorgänge der Außenwelt vorstellt. Es liegt in dem Vorstellen der Gebärde dann eine Art Erfüllung des Bewußtseins mit der inneren menschlichen Wesenheit vor.

Die menschliche Organisation bringt im gewöhnlichen Leben diese Übertragung der willengetragenen Gebärde in die Vorstellung nicht zu Ende. Sie hält sie auf halbem Wege auf. Und da, wo sie sie aufhält, entsteht die *Sprache*. In dem Worte ist Mimisches und Gebärdenhaftes verkörpert. Das Wort ist selbst eine Gebärde in anderer Form.

Wer die Lautempfindung entwickelt, für den wird wahrnehmbar, wie die Gebärde in den Laut hineinschlüpft; und er kann im Sprechen ein in das Seelenhafte verfeinertes Erleben der Gebärde haben.

Will man das Sprechen zur künstlerischen Gestaltung bringen, dann muß man in dieser Art den Wortcharakter mit dem Erlebnis des Mimisch-Gebärdehaften in sich tragen können.

Und nur dadurch, daß das Wort mit dem Kolorit dieses Erlebens sich der Kehle des Menschen entringt, kann es zum Bühnenwort werden.

Im Bühnenworte muß lautlich der bewegte Mensch zur Offenbarung kommen. Dann nur wird eine *anschauliche* Verbindung der Gebärde, des Mimischen mit dem Gesprochenen vor dem Auge und Ohr des Zuschauers stehen. Und das Drama wird durch Worte und Geste des Schauspielers fließen können.

Was im menschlichen Organismus beim gewöhnlichen Sprechen in den tief verborgenen Regionen des Unbewußten vor sich geht: die Umwandlung der Miene und Gebärde in die Intonierung des Lautes, das muß in künstlerischer Empfindung der Schauspieler vor das phantasievolle Bewußtsein bringen, damit in ihm phantasiebewußte Gestaltung des Wortes wird, was die menschliche Wesenheit im Sprechen sonst ganz unbewußt tut, ja in den vorgerückteren Sprachen in die Farblosigkeit der Wortgestaltung hinein ganz verloren hat.

Bei der Schulung des Schauspielers muß daher von der Verkörperung des seelischen Erlebnisses zunächst in Mimik und Gebärde ausgegangen werden. Es wird das mit einiger Vollkommenheit nur möglich sein, wenn der angehende Schauspieler an der Seite eines Rezitators, der das Sprechen besorgt, zuerst die Rolle im mimischen und gebärdehaften Ausdruck übt, und dann, in diesem ›stummen‹, aber ›beredten‹ Spiel die Tingierung mit dem Worte hinzufügt.

Dann wird die *Seele,* die in willensmäßiger Art sich der Bewegungsoffenbarung anvertraut, auch auf den Wellen der Worte leben können. Denn im Erregen der Gebärde wird die Seele erlebt; und in dem aus der Gebärde geborenen *Worte* wird dieses Erlebnis in die halbruhige Gestaltung des Lautlichen gebracht.

Lebt sich der Schauspieler in diesen Zusammenhang von Laut und Gebärdenbewegung ein, so wird die Wortgestaltung in ihm künstlerischer, phantasiegetragener Instinkt. Es muß dieses Instinktive in das Erleben hineinkommen, sonst erscheint die Darstellung als *gemacht.* Sie muß aber, um *Kunst* zu sein, als etwas völlig selbstverständlich Geborenes erscheinen.

Man wird den Willen zu einer solchen Erfassung der Bühnenkunst nur aufbringen, wenn man von einer geistgemäßen Anschauung der menschlichen Wesenheit ausgehen kann. Denn eine solche wird in dem bewegtsprechenden Menschen das Weben des Geistig-Seelischen erkennen; und dieses kann dann für die Bühnendarstellung die rechte Grundstimmung abgeben. Menschenerkenntnis, Verwandlung der Menschenerkenntnis in praktische Gestaltung des Lautlich-Gebärdehaften: das ist die Grundlage der Bühnenkunst. Was *innerlich* mit dem ganzen Menschen *erlebt* wird, das Sich-Anvertrauen dem lautbegleiteten Gestus, dem gebärdebegleitenden Worte: das ist Schauspielkunst.

In dem jetzt am Goetheanum abgehaltenen Kursus über Sprachgestaltung und dramatische Kunst bildet das eben Ausgesprochene einen Teil dessen, was als Anregung gegeben werden möchte. Das Künstlerische der Bühne möchten wir anregen. Marie Steiner hat seit vielen Jahren die Rezitations- und Deklamationskunst so ausgebildet, daß in ihr das Künstlerische der Sprachgestaltung zum anschaulichen Erlebnis erhoben wird. Daß nach dieser Seite hin das anthroposophische Wirken sich entfalten kann, ist ihr Verdienst. Sie hat denn auch diesen Kursus angeregt und wirkt in demselben durch ihre Rezitationskunst mit. Es haben sich unter ihrer Anregung eine größere Zahl von Bühnenkünstlern hier am Goetheanum eingefunden, die unter ihrer Führung in die dramatische Kunst das aufnehmen möchten, was Anthroposophie geben kann.

III.

Das Bühnenbild und die Regiekunst

Die Ausführungen, die bisher aus dem ›Kursus für Sprachgestaltung und dramatische Darstellungskunst‹ heraus hier gegeben worden sind, sollten zeigen, wie die Schauspielkunst von der Seite der Sprache her den Weg zum *Stil* findet.

Für die Gestaltung der Dichtung auf der Bühne bedarf die Regiekunst des Einlebens in die Welt der Farbe. Das kommt für die Kostümierung der Personen ebenso in Betracht wie für das dekorative Bühnenelement. Denn für den Zuschauer muß das, was er als Wort *hört,* als Geste *sieht,* mit der Gewandung des Schauspielers und mit dem plastisch-malerischen Bühnenbild zu einem Ganzen sich verweben.

Da kommt es auf die Möglichkeit an, in der Farbentönung *Stil* zu entfalten. Deshalb muß die Bühnenkunst sowie die Malerei jenen Übergang verstehen, der von dem An-schauen (Wahrnehmen) der Farbe *an* den Dingen und Vorgängen der Außenwelt zu dem Erleben *des Inneren* der Farbe führt.

Eine tragische Stimmung in einem rötlich oder gelblich gehaltenen Bühnenbild ist unmöglich. Eine heitere Seelenverfassung auf blauem oder dunkelviolettem Hinter-grund ebenso.

In der Farbe lebt das Gefühl auf räumliche Art. Wie der Anblick des Roten eine heitere Grundstimmung der Seele, des Blauen eine ernste, des Violetten eine feierliche auslöst, so fordert das liebend-hingebende Verhalten einer Person zu einer andern die räumliche Verkörperung in der rötlich gehaltenen Gewandung und in der ebenso rötlich gehaltenen Tönung der dekorativen Umgebung. Das verehrend-andächtige Erleben einer Person fordert für beides eine bläulich gehaltene Tönung.

Ein ähnliches gilt für den *zeitlichen* Ablauf der dramatischen Handlung. Geht diese von dem allgemeinen Interesse, das man im Anfange an Charakteren und Handlung nimmt, zu tragischen Katastrophen über, so entspricht dem ein Übergang in der Tönung von den hellen gelblich-roten, gelblich-grünen Farben zu den grünlich-blauen und blau-violetten. – Der Fortgang in der Stimmung zu einem heiter-befriedigenden Lustspielende fordert den Übergang in der Farbentönung vom grünlichen zum gelb-roten oder rötlichen.

Doch damit ist nur ein Gesichtspunkt angedeutet. Zu diesem kommt der andere, daß in dem Nebeneinanderstehen der Charaktere diese in der Farbentönung sich offenbaren.

Man wird einen zornmütigen Menschen nicht in blauer Gewandung auftreten lassen, sondern in einer solchen mit heller Farbentönung, wenn man es mit einer tragischen Grundstimmung zu tun hat. Man kann aber einen zornmütigen Menschen, wenn die Dichtung es fordert, auch im ernst-feierlichen Blau erscheinen lassen. Er wird dann humoristisch wirken.

Ein freudig erregter Mensch auf einem blauen Hintergrunde, ein traurig gestimmter auf einem gelben wirken so, wie wenn sie in ihrer Umgebung nicht am rechten Platze wären; man lächelt über den ersten und bemitleidet den zweiten.

Diese feinen Wirkungen spielen sich zwischen Bühne und Zuschauern ab. Ihre künstlerisch-phantasievolle Erkenntnis gehört zu dem, was die Regiekunst ausmacht.

In der Licht- und Farbentönung dessen, was gleichzeitig auf der Bühne erscheint, kombiniert und harmonisiert mit derjenigen, die sich auf das in der Zeit Verlaufende bezieht, wird sich der ganze Fortgang der dramatischen Handlung von einer Seite aus offenbaren lassen.

Man wird bei einer richtigen Auffasung der Sache gegenüber dem Angedeuteten nicht den Vorwurf erheben, daß die Künste hier in ungehöriger Art miteinander vermischt werden sollen. Denn in der praktischen Ausführung der Sache wird man finden, daß der Regisseur ein ganz anderes Einleben in die Farbe braucht als der Maler.

Das beruht darauf, daß der Maler seine Gestaltungen aus der Farbe heraus geboren werden läßt, während die Regiekunst Charakter und Handlung in das leuchtend-farbige Bühnenbild hineinstrahlen läßt. Ein Maler, der das letztere tut, wird dekorativ im üblen Sinne; ein Regisseur, der in ersterem sich ergehen würde, ertötete das Leben auf der Bühne.

Bei einer Darstellung im Freien, bei der man mit der Ausstrahlung im Farbigen nicht rechnen kann, wird man eine viel koloriertere Sprachgestaltung und eine dem Innenerleben der Personen deutlicher entsprechende Gewandung brauchen, als in dem künstlich hergestellten geschlossenen Bühnenbilde. Das kommt aber *nicht* in Betracht, wenn es sich um die Darstellung der freien Natur im geschlossenen Bühnenbilde handelt. Da gilt durchaus, was in bezug auf die Farbentönung hier gesagt worden ist.

So wird man für das Bühnenbild nach Stilisierung von Licht und Farbe streben. Dagegen wird die Stilisierung des Linienhaften, Formhaften, Plastischen *gemacht, maniriert* erscheinen. Ein stilisierter Wald, eine stilisierte Architektur sind etwas Karikaturenhaftes. Da wird der Übergang zur realistischen Darstellung notwendig sein. Da setzt sich, was sich im Drama aus der Natur im übrigen heraushebt, in diese hinein wieder fort.

Wenn die rechte Sprachgestaltung durch die rechte Geste innerhalb des rechten Bühnenbildes sich offenbart, dann wird der Geist, der im Drama lebt, als Seele sich von der Bühne herab kundgeben. Und in einem solchen Kundgeben ist nur allein das Künstlerische möglich.

Der Naturalismus entsteht nur aus der Ohnmacht gegenüber dem künstlerischen Gestalten. Er tritt auf, wenn der Stil den Geist verloren hat und zur Manier ausgeartet ist; er wird aber auch mit dem Geiste wieder gefunden.

Musik

»Wenn wir die Musik vergleichen wollen mit den anderen Künsten, so müssen wir sagen: Eigentlich haben die anderen Künste alle in der physischen Welt ein Vorbild. Wenn zum Beispiel der Bildhauer die Statue eines Apoll oder Zeus schafft, dann arbeitet er nach der idealisierten Wirklichkeit der menschlichen Welt. Ebenso ist es in der Malerei. Heute will man sogar in der Malerei nur das gelten lassen, was unmittelbar den Eindruck der Wirklichkeit gibt. Ebenso bemüht sich die Poesie, ein Abbild der Wirklichkeit zu schaffen. Wer diese Theorie auf die Musik anwenden wollte, würde wohl kaum zu irgendeinem Resultat kommen können. Der Mensch muß sich fragen: Woher kommt denn eigentlich der künstlerisch geformte Ton, worauf in der Welt hat er Bezug?«[43]

In diesen einleitenden Worten zu einem Vortrag vom 3. Dezember 1906 deutet sich bereits die Aufgabenstellung an, die sich für den Geistesforscher Rudolf Steiner auf dem Gebiet der Musik ergibt: das Erfassen des Ursprungs der Musik, des Musikalischen als einem ›weltschaffenden Prinzip‹ und seine Bedeutung für den Menschen.

Auf den ersten Blick erscheint es, als ob das Gebiet der Musik im Lebenswerk Rudolf Steiners ausgespart bliebe. Im üblichen Sinne ist er auch nie musikalisch-schöpferisch tätig geworden. Er spielte weder ein Instrument, noch schuf er Kompositionen. Jedoch durchziehen seine Bemühungen um ein Erfassen des ›Wesens des Musikalischen‹ viele Bereiche seines Wirkens auf geisteswissenschaftlichem und künstlerisch-praktischem Felde.

In seiner Autobiographie schreibt Rudolf Steiner, daß er sich von jeher tief mit der Musik verbunden fühlte. Aufmerksam lauschte er dem Violinspiel seines Lehrers in Neudörfl und aus seiner Jugendzeit berichtet er: »Ich hatte während meines Knaben- und Jugendlebens jede Gelegenheit benützt, um mein Musikverständnis zu finden. Die Stellung, die ich zum Denken hatte, brachte das mit sich ... Die Welt der Töne an sich war mir die Offenbarung einer wesentlichen Seite der Wirklichkeit.«[44]

Nicht die Musik, wie sie in den Konzertsälen oder als Umrahmung von Festveranstaltungen oder gar in ihrer Übermittlung durch technisch-akustische Medien im damaligen und auch gegenwärtigen Kulturleben gepflegt und kommerzialisiert wird, steht im Zentrum seiner Forschungen, sondern dasjenige, was als das Musikalische im Menschen und der Welt lebt und erlebbar wird. Dazu zählen Probleme der Entwicklung des Gehörsinnes in Verbindung mit der Ausbildung des Sprach- und Gleichgewichtssinnes ebenso wie die Erörterung des Zusammenhanges des Musikalischen mit dem Atmungsprozeß des Menschen und dessen Auswirkungen auf das leiblich-seelisch-geistige Geschehen im Menschen. Hinzu kommt die Auseinandersetzung mit Fragen nach dem Wesen und der Bedeutung der Sphärenharmonien für eine ›musikalische Kosmologie‹; aber auch Detailprobleme aus der Intervallehre, Instrumentenkunde bis hin zu Fragen der Musikerziehung fallen in diesen Bereich.

Bereits im Zusammenhang mit seiner Herausgabe von Goethes Naturwissenschaftlichen Schriften setzte sich Rudolf Steiner mit der Musik auseinander, wobei ihn vor allem die Frage nach der ›Würde der Kunst‹, die für Goethe in der Musik besonders deutlich zutage trat, beschäftigte. Während seiner umfangreichen Vortragstätigkeit nach der Jahrhundertwende sprach er verschiedentlich auch über Musik. Dabei ging es ihm insbesondere – häufig ausgehend von Goethe, Schopenhauer und Wagner – darum, die »irdische Musik als Nachklang der in höheren Welten wahrgenommenen Klänge«, von den Pythagoreern ›Sphärenharmonie‹ genannt, deutlich zu machen. Wesentlich war ihm stets, die Verbindung der einzelnen Künste untereinander und in Beziehung zu den Wesensgliedern des Menschen aufzuzeigen, wodurch sich oft völlig neue Aufgabenstellungen für die Musik auf dem Gebiete der Pädagogik und Medizin kundtaten.

Eine eingehende Darstellung des ›Wesens des Musikalischen‹ findet sich in Rudolf Steiners Vortragszyklus vom März 1923, den er für die Lehrer der Stuttgarter Waldorfschule und Eurythmisten gehalten hat. Hier präzisiert er die Anschauung, daß die Musik übersinnlichen Ursprungs ist, indem er musikalische Einzelaspekte aus der Intervall- und Harmonielehre, Grundprobleme des Melodischen und Rhythmischen bis hin zu musikpsychologischen Fragestellungen und einer umfassenden Übersicht der

Entwicklungsgeschichte einzelner Musikinstrumente aus der Sicht der Geisteswissenschaft darstellt. Ein heutiges Studium dieser Vorträge setzt bereits umfassende Kenntnis der anthroposophisch-orientierten Geisteswissenschaft voraus. Eine Steigerung des hier Angeführten stellt der ›Ton-Eurythmie-Kurs‹ aus dem Jahre 1924 dar, in dem er insbesondere auf die Frage nach dem Verhältnis des Menschen zur Musik mit dem Ziel einer Umwandlung musikalischen Erlebens eingeht. Dieser Wandlungsprozeß wird vor allem dadurch bewirkt, daß durch die Musik, die in der Eurythmie in Bewegung übergeht, alles das, was nicht zur Musik selbst gehört, abgestoßen wird und nur ›reine Musik‹ in den Bereich des Sichtbaren hinübergetragen wird.

In einer Reihe von weiteren Vorträgen spricht Rudolf Steiner von zwei grundlegenden Polaritäten im Künstlerischen: dem Poetisch-Musikalischen auf der einen Seite und dem Plastisch-Architektonischen auf der anderen. Ist das Poetisch-Musikalische Repräsentant eines im Zeitlichen verlaufenden Geschehens, so drücken sich im Plastisch-Architektonischen Formtendenzen aus, die im Räumlichen erlebbar sind. Gelingt es, beide Gestaltungsprinzipien zu integrieren, wie es Rudolf Steiner in der Innengestaltung des ersten Goetheanum-Baues zu verwirklichen suchte, indem er durch sich stets wandelnde Motive der Säulenkapitäle das Plastisch dynamisierte, in einen zeitlichen Fluß brachte, so wird für den Menschen das Verhältnis von Raum und Zeit in einer neuen Weise erlebbar. Seine bereits während der Wiener Studentenzeit begonnenen Studien über die Begriffe von Raum und Zeit, auf die im ersten Kapitel dieses Buches schon näher eingegangen wurde, finden in den späteren Jahren seines Wirkens im Künstlerischen eine neue Ausdrucksform. In dieser Art der Behandlung der Raum-Zeit-Problematik wird der enge Zusammenhang zwischen Kunst und Wissenschaft deutlich, zeigt sich, worauf Goethe sehr eindringlich hingewiesen hat, daß Kunst und Wissenschaft nur »verschiedene Offenbarungen der einen geistigen Wahrheit«[45] sind.

Anthroposophie und Kunst

Indem Anthroposophie verschiedene Wege aufzeigt zu immer neuen Erkenntniserfahrungen und damit eine Bewußtseinsintensivierung tiefster seelischer Vorgänge veranlagt, ist sie gleichzeitig »Vorbildnerin für das künstlerische Empfinden und auch das künstlerische Schaffen ... Denn das Künstlerische ist immer das Erscheinen des Übersinnlichen hier in unserer sinnlichen Welt. Und wir können solches an allen Künsten gewahr werden ...«[1]

Wie nun anthroposophische Erkenntnis in die verschiedenen Gebiete der Kunst hineinzuwirken vermag, stellt Rudolf Steiner in einem Vortrag, den er in Kristiania, dem heutigen Oslo, gehalten hat, dar, dem der folgende Abschnitt entnommen wurde:[2]

». . . das Künstlerische ist immer das Erscheinen des Übersinnlichen hier in unserer sinnlichen Welt. Und wir können solches an allen Künsten gewahr werden, wenn diese Künste in Formen uns vorliegen, in denen sie echt aus der Menschennatur heraus entsprungen sind.

Nehmen Sie zunächst einmal diejenige Kunst, die am meisten heute der äußeren Zweckmäßigkeit dient, nehmen Sie die Architektur.

Um die Architektur in ihren Formen wirklich fühlend zu verstehen, muß man den Menschen selber, die Menschenform künstlerisch fühlen. Und wenn man die Menschenform künstlerisch fühlt, dann tritt in diesem Gefühl stark auch die Empfindung auf, der Mensch hat eigentlich die Welten, denen er angehört, verlassen. Betrachte ich einen Bären in seinem Pelz, dann habe ich die Empfindung, den hat das Weltenall reich ausgestattet, denn es hat ihn mit dem Pelz umkleidet. Und ich empfinde ein Ganzes, indem ich den Bären mit seinem Pelze oder den Hund mit seinem Fell empfinde; ich empfinde ein Ganzes. Schaue ich künstlerisch den Menschen an, so fehlt mir an diesem Menschen etwas, wenn ich ihn nur sinnlich anschaue. Er hat dasjenige nicht von dem Universum erhalten, was der Bär oder der Hund in ihrem Pelz oder Fell haben. Der Mensch steht gewissermaßen in bezug auf seinen Sinnenschein nackt in der Welt da. Es entsteht das Bedürfnis, für das Physische, anstelle des Physischen, um ihn herum rein in der künstlerischen Empfindung ein bildhaft Geistiges zu haben, das ihn umhüllt.

Heute ist diese rein künstlerische Empfindung in der Architektur etwas zugedeckt, ist nicht klar da. Aber nehmen Sie jenen Ausgangspunkt der Architektur, wo die Architektur vor allen Dingen ihre Höhe dadurch erreicht hat, daß sie Umhüllungen für hingegangene Menschen, für die Toten gebildet hat. Sehen wir einmal, wie die Grabmäler, die Grabwohnhäuser, die errichtet wurden über den Grabstätten, am Ausgangspunkt der Architektur sinnvoll stehen. Indem der Mensch gewissermaßen seinen Erdenkerker, seinen physischen Leib verlassen hat und die nackte Seele ist, will für ein ursprüngliches instinktives Hellsehen diese nackte Seele nicht hinausgelassen werden in den Weltenraum, ohne daß sie eingehüllt wird von denjenigen Formen, von denen sie aufgenommen sein will. Man kann doch – so sagte man – die Seele nicht hinauslassen einfach in die chaotischen Luftströmungen, in die chaotisch ineinander wirkenden Wetterströmungen. Das würde die Seele zerreißen. Die Seele will, wenn sie den Körper verlassen hat, durch regelmäßige Raumesformen sich in die Welt ausdehnen. Man umkleidet sie mit der Grabesarchitektur, denn da weiß sie Bescheid. Sie weiß nicht Bescheid in den Wetterstürmen, die ihr entgegendringen, in den Windströmungen, die ihr entgegenkommen, sie weiß aber Bescheid in den künstlerischen Formen, in denen der Architekt das Grabhaus über der Totenstätte formt. Da bilden sich die Wege für die Seele hinaus in die Weltenweiten. Das ist die aus dem Übersinnlichen der Seele gegebene Schale, gegebene Umhüllung, während der Mensch nicht so wie die Tiere oder wie die Pflanzen durch die sinnlich natürlichen Elemente eine Schale, eine Hülle bekommt.

Und so möchte man sagen: Die Architektur drückt ursprünglich die Art und Weise aus, wie der Mensch von den Weiten des Kosmos aufgenommen sein will. – Befinde ich mich in einem Haus, so sollte das künstlerische Empfinden auch so sein. Ich schaue die Flächen, ich schaue die Linien. Warum sind sie da? Um mir anzuzeigen, so will die Seele in der Richtung dieser Linien hinausschauen in die Raumesweiten. So will aber auch die Seele geschützt sein vor dem heranstürmenden Lichte. Und betrachtet man das Verhältnis der Seele zum Universum, zum Raumesuniversum ringsherum, lernt man so recht erkennen, wie das Raumesuniversum die Seele des Menschen in der richtigen Weise empfängt, dann bekommt man die künstlerische Form der Architektur heraus.

Die Architektur aber hat ein künstlerisches Gegenbild. Der Mensch, wenn er aus der Welt heraustritt, verläßt seinen physischen Leib. Als Seele verbreitet er sich in die Raumesform. Alles Architektonische will dieses Verhältnis des Menschen zum sichtbaren Weltenraum, zum sichtbaren Kosmos offenbaren. Wenn der Mensch durch die Geburt ins physische Dasein hereintritt, dann hat er unbewußt die Erinnerung an sein vorirdisches Dasein. Dann taucht er mit seiner Seele in den physischen Leib unter. Im Bewußtsein namentlich des heutigen Menschen ist nichts von diesem Untertauchen vorhanden. Aber im Unterbewußtsein, im tiefen seelischen Empfinden, namentlich da, wo dieses Empfinden zum naiv künstlerischen Empfinden wird, weiß die Seele, indem sie in den Leib untertaucht, vorher, bevor du in einen Leib untergetaucht bist, warst du doch anders. Und da will sie nicht so sein, wie sie im Leibe ist, da will sie so sein, wie sie in den Leib untergetaucht ist.

Diese Empfindung entdeckt man in einer merkwürdigen Weise bei primitiven Menschen. Sie fühlen in dieser Weise künstlerisch, wie sie im Leibe eigentlich sein wollen, und da beginnen sie zuerst sich zu schmücken und dann sich zu bekleiden. Die Farben der Bekleidung sind da, weil der Mensch sein Seelisches heraussetzen will in seine Leiblichkeit. Seine Leiblichkeit, in die er untergetaucht ist, genügt ihm nicht, er will farbig sich in die Welt hineinstellen, wie er seelisch sich selber fühlt. Wer mit künstlerischem Sinn gerade die farbenprächtigen Bekleidungen primitiver Menschen anschaut, sieht das Herauswalten der Seele in den Raum, so wie man das Hineinwalten der Seele in den Raum in den Architekturformen sieht. Will die Seele sich in die Weltenweiten zerstreuen, dann folgt sie den architektonischen Formen. Will die Seele aus dem tiefsten inneren Mittelpunkte heraus sich räumlich entfalten, dann entwickelt sie die Bekleidungskünste.

Diese Bekleidungskünste gehen dann in das andere künstlerische Leben ein. Und es ist nicht gleichgültig, daß Sie in Zeitaltern, in denen man viel künstlerischer empfunden hat als heute, sagen wir die Bilder der italienischen Renaissancemaler so sehen, daß eine Magdalena immer ein ganz bestimmtes anderes Kleid haben wird als eine Maria. Vergleichen Sie das Gelb, das sehr häufig bei Magdalenen in der Bekleidung auftritt, mit dem aus Blau und Rot zusammengefügten, das bei Marien auftritt, dann haben Sie die ganzen Seelenunterschiede bei der Art und Weise, wie der noch ganz im

Das erste Goetheanum, nördlicher Flügel des Westportales

Haus Duldeck

künstlerischen Elemente lebende Maler aus der Seele heraus auch noch in der Malerei die Bekleidung schafft.

Wir, die wir uns grau in grau am liebsten anziehen, stellen eben auch in der äußeren Welt einfach das totgewordene Abbild unserer Seele dar. Wir kleiden uns abstrakt in unserem gegenwärtigen Zeitalter. Und – ich darf das ja nur in Parenthese sagen – wenn wir uns nicht abstrakt kleiden, dann zeigen wir oftmals erst recht in der Zusammenstellung der Farben, wie wenig wir doch übrig haben von dem lebendigen Denken, das wir durchmachen, bevor wir zur Erde herabsteigen. Wenn wir anfangen, uns heute nicht abstrakt zu kleiden, dann fangen wir an, uns geschmacklos zu kleiden. Wir müssen schon uns klar sein darüber, daß gerade das künstlerische Element eine Aufbesserung unserer ganzen Zivilisation braucht, daß der Mensch wiederum lebendig-künstlerisch in die Welt hineingestellt werden muß. Dann aber muß man auch alles Weltenwesen und Weltenleben wiederum künstlerisch sehen können. Man muß nicht nur herangehen in den Forschungsinstituten und den bekannten galgenähnlichen Apparat aufstellen, um den Gesichtswinkel zu probieren, möglichst abstrakt die Rasse-Eigentümlichkeit zu messen, sondern man muß – ich möchte sagen mit qualitativer Vertiefung in das menschliche Wesen, die Form empfindend erkennen können.

Man wird dann schon am menschlichen Haupte in einer wunderbaren Weise in der Wölbung der Stirne und in der Wölbung des Oberkopfes, nicht bloß allegorisch vergleichsweise, sondern ganz innerlich real, die Nachbildung des über uns sich wölbenden – wenn es auch nicht da ist, aber es wölbt sich dynamisch, kraftmäßig – Himmelsgewölbes wiedererkennen. Das Abbild des ganzen Weltenalls bildet Stirne und Oberkopf, und das Abbild desjenigen, was wir durchmachen, indem wir die Sonne umkreisen, indem wir uns in horizontal kreisender Bewegung um das Gestirn mit unserem Planeten herumdrehen, dieses Mitmachen einer kosmischen Bewegung, das empfindet man künstlerisch in der Nasen- und Augenbildung. Denken Sie: die Ruhe des Fixsternhimmels in der ruhenden Wölbung von Stirne und Oberkopf, die Bewegung des Umkreisens im Kosmos in dem beweglichen Blick des Auges, in alledem, was durch Nase und Riechen innerlich erlebt wird. Und verstehen wir richtig künstlerisch den Mund und das Kinn des Menschen zu studieren, dann haben wir da ein Abbild desjenigen, was tief in das menschliche Innere selbst hineinführt. Der Mund mit dem Kinn ist der ganze Mensch, wie er seelisch in seinem Leibe lebt. Die ganze Welt ist da künstlerisch. In Stirne und Wölbung des Oberkopfes die ruhende Rundung des Universums; in Auge und Nase und Oberlippe die Bewegung durch den Weltenraum; in Mund und Kinn das Ruhen in sich selbst.

Dies jetzt nicht in abstrakten Gedanken, sondern lebendig geschaut im Bilde, will gar nicht im Kopfe bleiben. Wenn man dies, was ich jetzt beschrieben habe, gegenüber dem menschlichen Kopfe wirklich empfindet, so fängt man an zu empfinden: Du warst doch sonst ein leidlich gescheiter Mensch, du hast so hübsche Ideen gehabt. Jetzt wird dein Kopf plötzlich leer. Du kannst dir gar nichts dabei denken. Du fühlst ganz richtig Stirne, Hauptteswölbung, Auge, Nase, Oberlippe, Mund, Unterlippe. Aber denken kannst du da nicht mehr. Die Gedanken verlassen dich. – Und es beginnt im übrigen Menschen sich zu regen, namentlich die Arme und die Finger fangen an, Gedankenwerkzeuge zu werden, nur daß da die Gedanken in Formen leben. Und man wird zum *Plastiker*, zum *Bildhauer*.

Nur muß, wenn man zum Bildhauer werden will, der Kopf aufhören zu denken. Es ist das Schrecklichste, wenn man als Bildhauer mit dem Kopfe denkt. Das ist ein Unsinn. Das kann man nicht. Das ist ganz unmöglich. Da muß der Kopf ruhen können, leer sein, und die Arme und die Hände müssen anfangen, richtig in Bildern, in Formen gestalten, die Welt nachbilden zu können. Insbesondere wenn man das Menschenbild formen will, muß aus den eigenen Fingern ausströmen die Menschenform. Da beginnt man dann auch zu fühlen, warum die Griechen, die sehr künstlerisch gefühlt haben, der Athene so merkwürdig den oberen Teil des Kopfes gebildet haben, der Athene sogar den Helm aufgesetzt haben, der einen Teil des Hauptes bildet, um nachzuempfinden das Formende des ruhenden Raumes, des Weltenraumes. Das haben die Griechen noch in der Kopfbedeckung ausgedrückt. Und wenn man dieses eigentümliche Gestalten der Nasenformen, wie sie sich anschließen an die Stirne, gerade in den griechischen Profilen sieht, so fühlt man darinnen, wie der Grieche den Um-

Rudolf Steiner im Atelier, 1919

schwung, die Bewegung gefühlt hat und wie er in dem Nasenbau zum Ausdruck gebracht hat das Mitgehen mit der Weltenbewegung.

O, es ist wunderbar, in einer künstlerischen Darstellung eines Griechenkopfes zu fühlen, wie der Grieche Plastiker, Bildhauer geworden ist. Und, sehen Sie, so ist es das geistige Erfühlen und das geistige Anschauen der Welt – beileibe nicht das Kopfdenken –, das zur Kunst hinführt und gerade durch die anthroposophische Anschauung angeregt wird, weil man da an einem bestimmten Punkte dazu kommt und sich sagt: Da ist etwas in der Welt, dem kommst du nicht mit Gedanken bei, du mußt anfangen, Künstler zu werden, um überhaupt hineinzukommen. – Und dann erscheint einem die materialistisch intellektualistische Gelehrsamkeit so, wie ein Mensch, der äußerlich um die Dinge herumgeht und sie immer logisch beschreibt, aber trotzdem nur äußerlich herumgeht, während das anthroposophische Erkennen überall auffordert, in die Dinge selber unterzutauchen, dasjenige nachzuschaffen, was vom Kosmos geschaffen ist, in lebendiger Gestaltungskraft.

So wird einem nach und nach klar: Bringst du dir bei als Anthroposoph ein richtiges Verständnis des physischen Leibes, der herausfällt aus den kosmischen Raumesformen, zum Leichnam wird, bringst du dir bei ein Verständnis dafür, wie die Seele, nachdem sie den physischen Leib verlassen hat, von den Raumesformen aufgenommen werden will, dann wirst du zum Architekten. Verstehst du, was die Seele will, indem sie sich selber in den Raum hineinstellen will mit den unbewußten Erinnerungen aus dem vorirdischen Dasein, dann wirst du – verzeihen Sie, daß ich den Ausdruck gebrauche, er ist in unserer Zeit gar nicht mehr recht üblich, weil man überhaupt von solchen Dingen ganz abgekommen ist, man hat mit dem Bewußtsein des vorirdischen Daseins auch diesen Impuls verloren, auf den ich hindeutete – zum Bekleidungskünstler. Das ist der andere Pol des Architektonischen.

Und man wird zum Plastiker, wenn man sich nun wirklich lebendig hineinfindet in die menschliche Form, wie sie herausgehoben, herausgestaltet ist aus der Welt. Lernt man den physischen Leib nach allen Seiten verstehen, wird man künstlerisch zum Architekten. Lernt man den ätherischen – oder den Bildekräfteleib, wie ich ihn in der Anthroposophie nenne, in seiner inneren Lebendigkeit, in seinem eigentlichen Leben und Walten richtig kennen, wie dieser ätherische Leib die Stirne wölbt, die Nase formt, wie er den Mund zurücktreten läßt – denn das sind alles die Bildekräfte –, dann wird man aus einem wirklichen Erfassen des ätherischen Leibes heraus zum Plastiker, zum Bildhauer. Der Bildhauer tut nichts anderes, als die Form des ätherischen Leibes nachahmen.

Schaut man das Seelische in allem Weben und Leben an, dann wird einem die mannigfaltige bunte Farbenwelt zu einer ganzen Welt. Da fügt man sich allmählich in dasjenige ein, was ich ein astralisches Ergreifen, Erfassen der Welt nennen möchte. Es wird einem dasjenige, was sich farbig offenbart, überall zu einer Offenbarung des Seelischen in der Welt. Schauen wir einmal die Pflanze an, wie sie grünt. Wenn die Pflanze grünt, können wir nicht das Grün bloß als etwas Subjektives ansehen und in der Pflanze Vibrationen uns denken, wie der Physiker das tut. Wir haben nicht mehr die Pflanze, wenn wir auf den Bäumen uns diese Vibrationen, welche die Farben bewirken sollen, denken. Das sind Abstraktionen. In Wahrheit können wir uns die Pflanzen nicht ohne das Grün lebendig vorstellen, wenn wir sie lebendig vorstellen. Die Pflanze schafft das Grün aus sich selbst heraus. Ja, aber wie? Nun, in der Pflanze sind die toten Erdenstoffe eingegliedert. Aber diese toten Erdenstoffe sind durch und durch belebt. In der Pflanze ist Eisen, Kohlenstoff, ist irgendwelche Kieselsäure und so weiter, in den Pflanzen sind alle möglichen Erdenstoffe, die wir auch im mineralischen Reich finden. Das alles aber ist in der Pflanze durchlebt und durchwebt. Und indem wir das anschauen, wie Leben sich durch das Tote durchringt, sich durch das Tote ein Bild, nämlich das Bild der Pflanze schafft, empfinden wir das Grün als das tote Bild des Lebens. Überall schauen wir in unsere grüne Umgebung. Wir wissen, in den Pflanzen leben die Stoffe der Erde, die toten Stoffe der Erde. Das Leben selber nehmen wir nicht wahr. Dadurch, daß die Pflanzen die toten Stoffe enthalten, nehmen wir die Pflanzen wahr. Dadurch aber sind sie grün. Das Grün ist das tote Bild des Lebens, das auf der Erde waltet. Jetzt schauen wir so auf das Grün hin, indem wir gewissermaßen in dem Grün eine Art Weltenwort haben, das uns sagt, wie Leben in der Pflanze west und webt.

Und dann schauen wir auf den Menschen. Wenn wir in die Natur hinausschauen, so finden wir das der gesunden Menschenfarbe ähnlichste in der frischen Pfirsichblüte im Frühling. Eine andere, der Menschenfarbe, dem Inkarnat ähnliche Farbe gibt es draußen in der Natur nicht. Aber wir fühlen auch, in diesem pfirsichartigen Inkarnat drückt sich das innere Gesunde des Menschen aus. Wir lernen im Inkarnat die lebendige, richtig von der Seele begabte Gesundheit des Menschen ergreifen. Und wir fühlen, wenn das Inkarnat zum Grün herunterkommt, dann ist der Mensch kränklich, dann weiß die Seele den richtigen Zugang zu dem physischen Leben nicht zu finden. Dagegen, wenn die Seele in egoistischer Weise zu stark den physischen Leib in Anspruch nimmt, zum Beispiel beim Geizigen, dann wird der Mensch blaß. Oder auch in der Angst nimmt die Seele zu stark den physischen Leib in Anspruch; dann wird der Mensch blaß, weißlich. Zwischen Weißlichem und Grünlichem liegt die gesunde Lebensfarbe des Inkarnates mit dem pfirsichblütartigen Anflug. Und wir fühlen dann, geradeso wie wir das Grün der Pflanze als das tote Bild des Lebens fühlen, in dem Inkarnat, in der eigentümlichen Pfirsichblütfarbe des gesunden Menschen das lebendige Bild der Seele. Sehen Sie, jetzt belebt sich in den Farben die Welt. Das Lebendige gestaltet sich durch das Tote zum Bilde des Grünen. Das Seelische gestaltet sich die menschliche Haut zum Bilde im Pfirsichblütartigen, im Inkarnat.

Sehen wir weiter. Die Sonne erblicken wir weißlich. Das Weißliche fühlen wir nahe verwandt dem Lichte. Wenn wir in der Nacht in schwarzer Finsternis aufwachen, fühlen wir, das ist nicht unsere entsprechende menschliche Umgebung, wo wir unser Ich voll fühlen können. Wir brauchen Licht zwischen uns und den Gegenständen, um unser Ich voll fühlen zu können. Wir brauchen gewissermaßen zwischen uns und der

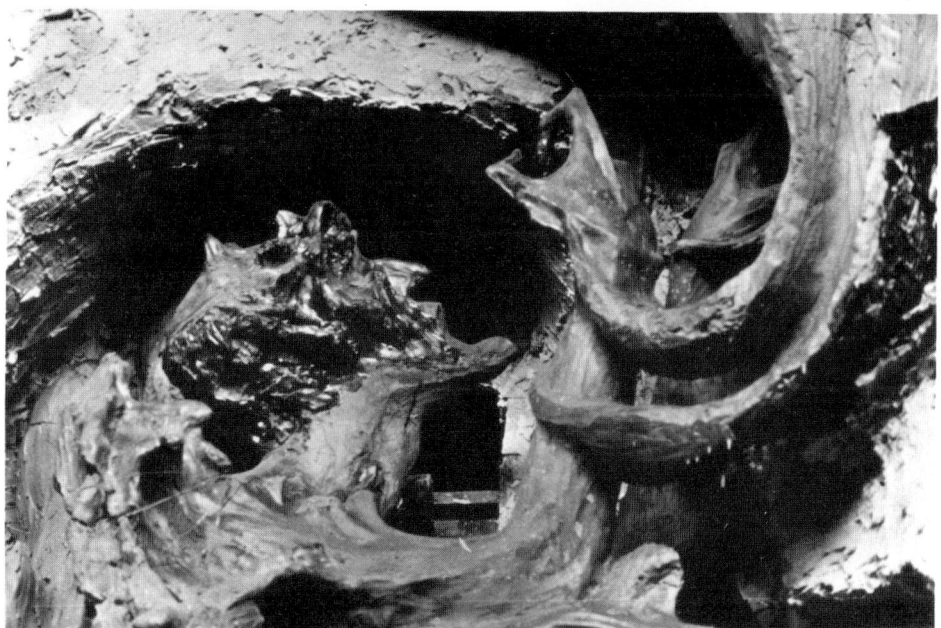

Details aus dem Modell der in Holz ausgeführten Plastik ›Der Menschheitsrepräsentant‹: Luzifer und Ahriman mit Felsenwesen (Weltenhumor)

Wand Licht, damit die Wand aus der Entfernung auf uns wirken kann. Da entzündet sich unser Ich-Gefühl. Wenn wir im Lichte, das heißt im Weiß-Verwandten, aufwachen, dann empfinden wir unser Ich. Wenn wir im Finstern, das heißt im Schwarz-Verwandten, aufwachen, fühlen wir uns fremd in der Welt. Ich sage: Licht. Ich könnte auch andere Sinnesempfindungen nehmen. Und Sie werden einen scheinbaren Widerspruch herausfinden, weil der Blindgeborene niemals Licht sieht. Aber es kommt nicht darauf an, ob man das Licht unmittelbar sieht, sondern wie man organisiert ist. Der Mensch ist, auch wenn er blind geboren ist, für das Licht organisiert, und die Hemmung für die Ich-Energie, die beim Blinden vorhanden ist, ist vorhanden durch die Abwesenheit des Lichtes. Das Weiß ist dem Lichte verwandt. Fühlen wir das Weiß, das heißt das Lichtartige in dieser Art, daß wir eben empfinden, wie das Ich im Raume sich entzündet an dem Weißen zu seiner inneren Stärke, dann können wir sagen, indem wir jetzt den Gedanken lebendig machen, nicht abstrakt: Das Weiß ist die seelische Erscheinung des Geistes. – Deshalb fühlen wir auch überall, wo uns auf Bildern Weiß entgegentritt: Ja, da ist der Geist gemeint.

Nehmen Sie dagegen das Schwarze. Wenn Sie das Schwarze sehen, wenn wir das Schwarze irgendwo anbringen, so wird es am leichtesten verwendet werden können zum geistigen Bilde des Toten, wie wir uns selbst ertötet, gelähmt fühlen, wenn wir unseren Geist aufwachend in die schwarze Finsternis hineinstellen müssen. Und so kann man das Schwarz fühlen als das geistige Bild des Toten.

Denken Sie, wie man nun in den Farben leben kann. Die Welt als Farbe und Licht erlebt man, wenn man erlebt: Das Grün als das tote Bild des Lebens; Pfirsichblüt und menschliches Inkarnat als das lebende Bild der Seele; Weiß als das seelische Bild des Geistes; Schwarz als das geistige Bild des Toten. Ich bin wirklich in eine Rundung hineingekommen, indem ich das ausgesprochen habe. Denn geben Sie acht, wie ich beschreiben mußte: Grün = totes Bild des Lebenden. Ich bin beim Lebenden stehen geblieben. Pfirsichblüt und Inkarnat = lebendes Bild der Seele. Ich bin bei der Seele stehen geblieben. Weiß = seelisches Bild des Geistes. Ich bin bei der Seele stehen geblieben und steige zum Geiste auf. Schwarz = geistiges Bild des Toten. Ich bin bei Geistigem stehen geblieben, zum Toten aufgestiegen, aber ich bin wiederum zurückgekehrt, indem das Grün das tote Bild des Lebens war. Ich bin zu dem Toten wieder zurückgekehrt. Ich habe den Kreis geschlossen. Würde ich Ihnen das auf einer Tafel aufzeichnen können, könnte ich Ihnen die Sache schematisch aufzeichnen, und Sie würden sehen, daß dadurch dieses lebendige Weben im Farbigen – wir werden im nächsten Vortrage auch von dem Blau zu sprechen haben – zu einem wirklichen künstlerischen Nacherleben des Astralischen in der Welt wird.

Hat man dieses künstlerische Erleben, stellt sich einem Tod, Leben, Seele, Geist wie im Rade des Lebens dar, indem man von dem Toten zu dem Toten zurückkehrt durch das Leben des Seelischen, Geistigen, stellt sich einem Tod, Leben, Seele, Geist durch Licht und Farbe dar, wie ich es eben beschrieben habe, dann weiß man, mit dem kann man nicht im Raume bleiben, man muß aus dem Raume heraus, vom Raume zur

Ebene kommen. Da muß man in der Ebene das Rätsel des Raumes lösen, man verliert das Raumesvorstellen. Wie man als Plastiker das Kopfdenken verloren hat, so verliert man jetzt das Raumesvorstellen. Alles drängt sich einem in Licht und Farbe hinein, man wird zum Maler. Der Quell des Malerischen wird durch eine solche Anschauung von selbst eröffnet. Man bekommt die große, innerliche Freude, diese oder jene Farbe aufzutragen, neben sie die andere Farbe zu setzen, denn die Farben werden dann zu einer lebendigen Offenbarung des Lebendigen, des Toten, des Geistigen, des Seelischen. So erlangt man wirklich, wenn man den toten Gedanken überwindet, den Punkt, wo man sich unmittelbar getrieben fühlt, nicht mehr in Worten zu sprechen, nicht mehr in Ideen zu denken, auch nicht mehr in Formen zu gestalten, sondern in der Farbe und im Lichte Leben und Tod, Geist und Seele, wie sie werden und leben in der Welt, wiederzugeben.

Sehen Sie, auf diese Weise wird tatsächlich innerlich angeregt das künstlerische Schaffen durch dasjenige, was anthroposophische Erkenntnis ist, denn die gibt einen dem Leben zurück und nimmt einen nicht dem Leben wie die abstrakte, idealistisch empiristische Erkenntnis. Aber fühlen Sie, wie wir damit ganz außerhalb des Menschen zunächst noch geblieben sind. Wir sind beim Menschen zur Oberfläche gekommen, zu seiner gesunden Farbe, zum Pfirsichblüt, oder wenn er zu stark den Geist in den physischen Leib hineinsendet, zum Blassen, Weißen, oder wenn er mit seiner Seele nicht erfüllen kann den physischen Leib, also ungesund ist, zum Grünlichen, aber wir sind immer an der Oberfläche des Menschen geblieben.

Gehen wir jetzt in das Innere des Menschen hinein, dann gelangen wir bei demjenigen an, was sich innerlich im Menschen der äußerlichen Weltengestaltung entgegenstellt. Wir gelangen an bei jenem wunderbaren Zusammenklang des Atmungsrhythmus und des Blutrhythmus. Der Atmungsrhythmus überträgt sich auf die Nervenbewegungen des Menschen. Sehen Sie, das ist etwas, was die Physiologie so wenig weiß, daß der Atmungsrhythmus, beim normalen Menschen achtzehn Atemzüge in der Minute, sich überträgt auf das Nervensystem. Er ist fein seelisch-geistig im Nervensystem enthalten. Der Blutrhythmus kommt aus dem Stoffwechselsystem. Er ist viermal beim normalen, erwachsenen Menschen gesteigert gegenüber dem Atmungsrhythmus. Vier Pulsschläge entsprechen einem Atmungsrhythmus = zweiundsiebzig Pulsschläge in der Minute. Sehen Sie, das ist so, daß dasjenige, was im Blute lebt – und im Blute lebt das Ichmäßige, das Sonnenhafte im Menschen –, auf dem Atmungssystem und dadurch auf dem Nervensystem spielt.

Gehen Sie irgendwie in den Menschen hinein, gehen Sie zum Beispiel ins Auge hinein, da laufen im Auge aus die Blutgefäße, sie laufen so aus, daß sie außerordentlich fein werden. Die Blutpulsation begegnet da den Nervenströmungen des Sehnervs, der sich im Auge ausbreitet. Es ist ein wunderbar künstlerischer Vorgang, der sich da abspielt in dem Blutkreislauf, der auf dem Sehnerv spielt. Der Sehnerv bewegt sich langsamer, viermal langsamer, ein wunderbarer künstlerischer Vorgang zwischen Blutzirkulation und Sehnerv.

Aber gehen Sie an den ganzen Menschen heran, sehen Sie sich seinen Rückenmark-strang an, die Nerven nach allen Seiten auslaufend, verfolgen Sie die Adern, die Blutadern, da ist ein innerliches Spielen des ganzen Blutsystems, das eigentlich dem Menschen von der Sonne eingepflanzt ist, auf dem Nervensystem, das dem Menschen von der Erde aus gegeben ist. Das haben die Griechen in ihrer so künstlerischen Art empfunden. Sie haben das Sonnenhafte im Menschen, das blutartige künstlerische Spielen auf dem Nervensystem, als den Gott Apoll angesehen und den Rückenmarks-strang mit seinen wunderbar auslaufenden Saiten, auf denen das Blutsystem, das Sonnenhafte spielt, als die Leier des Apollo.

So wie Architektonischem, Plastischem, Bekleidungskünstlerischem, Malerischem begegnet wird, wenn wir von der Außenwelt heran an den Menschen kommen, so begegnen wir Musikalischem, Rhythmischem, Taktmäßigem, wenn wir an den inneren Menschen herankommen und das wunderbar künstlerische Gestalten und Treiben zwischen Blutsystem und Nervensystem verfolgen.

Gegenüber aller äußeren Musik ist die Musik, die im menschlichen Organismus verrichtet wird zwischen Blutsystem und Nervensystem, etwas viel, viel Erhabeneres. Und wenn dann das Musikalische heraufklingt in das Dichterische, dann fühlen wir, wie im Worte sich löst nach außen wiederum diese innerliche Musik, die zwischen Blut und Nerven sich abspielt. Und dann fühlen wir zum Beispiel im Hexameter, in dem griechischen Vers, der seine drei Längen hat und dann die Zäsur, wie der Atem über den halben Hexameter hingeht bis zur Zäsur, die Zäsur aufnimmt, und wie das Blut im Atemstoß spielt, die vier Längen der Silben hineinsetzt. Der Pulsschlag setzt die vier Silbenlängen in den Atemzug hinein; da haben Sie den halben Hexameter. Und wenn wir den halben Hexameter richtig skandieren, so geben wir gerade im Skandieren des Hexameters das Maß an, wie unser Blut heranschlägt an unser Nervensystem.

Den innerlichen, göttlichen Künstler im Menschen suchen wir nach außen zu ent-rätseln, wenn wir anfangen mit dem Deklamieren und Rezitieren. Über das möchte ich dann genauer im nächsten Vortrag sprechen. Aber Sie sehen, wenn wir von außen, von Architektur, Plastik und Malerei hereindringen in das Innere des Menschen und bis zu dem Musikalisch-Dichterisch-Künstlerischen kommen, geht überall ein lebendiges Erfassen von Welt und Mensch in ein künstlerisches Empfinden und in die Anregung zu künstlerischem Schaffen über.

Wenn dann der Mensch fühlt: Du bist heruntergestellt in die Welt und erfüllst innerhalb des Irdischen nicht dasjenige, was in diesem Urbilde liegt, dein Urbild ist eigentlich in den Himmeln enthalten –, wird das, wenn es künstlerisch empfunden wird, zu dem Bedürfnis, nun auch ein äußerliches Abbild dieses Urbildes zu geben. Sehen Sie, da wird dann der Mensch selber zum Instrument, der das Verhältnis des Menschen zur Welt durch sich selber zum Ausdrucke bringt. Der Mensch wird zum Eurythmiker. Der Eurythmiker sagt eigentlich: Alles dasjenige, wozu ich hier auf Erden die Bewegungen der menschlichen Glieder gebrauche, genügt nicht in vollkommener Art dem bewegten Urbilde des Menschen. Ich muß ein Ideal-Urbild des Menschen haben, aber ich muß mich erst lernen hineinzufügen in die Bewegungen des idealen menschlichen Urbildes. Diese Bewegung, in welcher der Mensch gewissermaßen auch räumlich nachbilden will die Bewegung seines himmlischen Urbildes, kommt in der Eurythmie zum Ausdrucke. Deshalb kann die Eurythmie weder eine bloße Gebärdenkunst sein, noch kann sie ein bloßer Tanz sein. Sie steht in der Mitte zwischen Tanz und Gebärdenkunst, mimischer Kunst – mitten drinnen. Die mimische Kunst ist gewissermaßen nur da zur Unterstützung des gesprochenen Wortes. Wenn der Mensch in einem Zusammenhange etwas auszudrücken hat, wozu ihm das Wort nicht genügt, da will er das Wort unterstützen durch die Gebärde, da kommt die mimische Kunst heran, sie drückt das Ungenügende des bloßen Wortes aus. Daher ist die mimische Kunst eine andeutende Gebärde.

Die Tanzkunst tritt dann ein, wenn überhaupt das Wort gar nicht mehr in Betracht kommen kann, wenn der Wille sich so stark auslebt, daß die Seele aus sich selber herausgeht und ihrem Körper folgt, der ihr die Bewegungen vorschreibt. Das ist die ausschweifende Gebärde: die Tanzkunst.

So können wir sagen: Mimik, mimische Kunst = andeutende Gebärde. Tanzkunst = ausschweifende Gebärde. Zwischendrinnen steht die wirkliche sichtbare Sprache der Eurythmie, die weder bloß andeutende noch ausschweifende Gebärde ist, sondern ausdrucksvolle Gebärde, wie das Wort selbst ausdrucksvolle Gebärde ist. Denn das Wort ist ja nur die Luftgebärde. Wenn wir das Wort formen, so pressen wir die Luft in einer gewissen Gebärde heraus. Derjenige, der sinnlich-übersinnlich anschauen kann, was sich da aus dem menschlichen Munde heraus formt, sieht in der Luft die Gebärden, die da gemacht werden, das sind die Worte. Bildet man sie nach, bekommt man die Eurythmie, die ebenso eine ausdrucksvolle sichtbare Gebärde ist, in die der Gedanke hineinkommt, Wellen zieht in der Gebärde und dadurch das Ganze gehört werden kann. Die Eurythmie ist die Umsetzung der Luftgebärde in sichtbare Gliedgebärde, ausdrucksvolle Gebärde.

Doch über diese Dinge muß ich, ergänzend das Thema ›Anthroposophie und Kunst‹, in dem nächsten Vortrag über ›Anthroposophie und Dichtung‹ dann sprechen. Es wird alles das berührt werden können, wenn über Anthroposophie und Dichtung im Speziellen gesprochen wird. Ich wollte heute hauptsächlich das zur Andeutung bringen, wie anthroposophische Erkenntnis, im Gegensatz zur intellektualistischen Erkenntnis, einen nicht mit den Gedanken tot macht, so daß man zum Kommentator der Kunst wird, wodurch man die Kunst begräbt, sondern wie anthroposophische Erkenntnis den phantasievollen künstlerischen Quell sprudeln macht. Sie macht den Menschen selbst entweder zum künstlerischen Genießer oder zum künstlerisch Schöpfenden, bewahrheitet also auch heute wirklich das, was man immer wieder betonen muß, daß Kunst, Religion, Wissenschaft einstmals Schwestern waren, die sich nur entfremdet haben, die aber wiederum, wenn der Mensch als Vollmensch sich empfinden und fühlen will, in ihrem geschwisterlichen Verhältnis sich zusammenfinden müssen. So daß der Gelehrte nicht hochmütig das Kunstwerk erst dann anerkennt, wenn er es kommentieren kann, im übrigen eben trocken sich abwendet vom Kunstwerke, sondern daß der Gelehrte sich sagt: Dasjenige, was ich mit den Gedankengebärden deuten kann, führt gerade zu dem lebendigen Bedürfnis, es künstlerisch, architektonisch, plastisch, malerisch, musikalisch, dichterisch zu gestalten.

Das Goethesche Wort wird wahr: Die Kunst ist eine Art von Erkenntnis, – weil die andere Erkenntnis keine vollständige Welterkenntnis ist. Kunst muß erst hinzutreten zu dem abstrakt Erkannten, wenn wirkliche Welterkenntnis eintreten soll. Es bleibt doch wahr, daß dann, wenn solche Erkenntnis eintritt, die bis zum Gestalten vordringt, auch das so tief in die Menschenseele hereingeht, das diese Vereinigung von Kunst und Wissenschaft auch die religiöse Stimmung abgibt. Deshalb, weil das im Goetheanum erstrebt wurde, haben nicht deutsche, sondern außerdeutsche Freunde die Forderung aufgestellt, den Dornacher Bau ›Goetheanum‹ zu nennen, denn Goethe hat eben gesagt:

> Wer Wissenschaft und Kunst besitzt,
> Hat auch Religion;
> Wer jene beiden nicht besitzt,
> Der habe Religion.

Denn aus wahrer Wissenschaft und wahrer Kunst, wenn sie in lebendiger Weise zusammenfließen, wird religiöses Leben. Wie auch religiöses Leben weder Wissenschaft noch Kunst zu verleugnen braucht, sondern nach beiden gerade mit aller Energie und aller Lebenswirklichkeit hinstrebt.«

In dem sich daran anschließenden Vortrag, dessen zentraler Gesichtspunkt das Verhältnis von Anthroposophie und Dichtung ist, wiederholt Rudolf Steiner zunächst dasjenige, was er im ersten Vortrag über das Wesen der Farbe ausgeführt hat. Da er hier das zuvor Gesagte durch Hinzunahme weiterer Aspekte vertieft und mit Hilfe einer Skizze auch zur bildlichen Darstellung bringt, sei die entsprechende Passage ergänzend hinzugefügt:[3]

»Neben dem Architektonischen, dem, wenn ich wiederum das paradoxe Wort gebrauchen darf, Bekleidungskünstlerischen und dem Plastischen habe ich für das Malerische versucht, das wirkliche Erleben der Farbe zu zeigen, und ich habe mich bemüht zu zeigen, wie die Farbe tatsächlich nicht bloß etwas ist, was gewissermaßen an der Oberfläche der Dinge und Wesenheiten hinzieht, sondern was aus dem Inneren, aus dem wirklich Wesenhaften der Welt heraus leuchtet, dieses Wesen offenbart. Und da kam ich darauf, zu zeigen, wie das Grün das wirkliche Bild des Lebens ist, so daß die Pflanzenwelt ihr eigenes Leben offenbart in dem Grün. Das Grün bezeichnete ich als herrührend von den mineralischen, also den toten Einschlüssen, den toten stofflichen Bestandteilen des Lebendigen. Das Lebendige zeigt sich uns in der Pflanze durch das Grün in einem toten Bilde. Das ist gerade das Reizvolle, daß sich das Lebendige in dem toten Bilde zeigt. Wir brauchen nur daran zu denken, wie uns die menschliche Gestalt in dem toten Bilde der Plastik erscheint, und wie das Reizvolle gerade darinnen

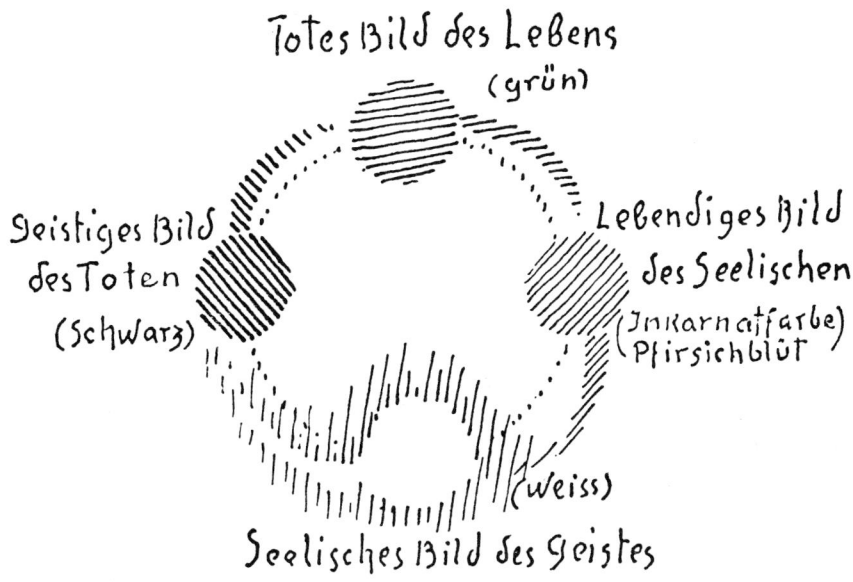

Totes Bild des Lebens
(grün)

Geistiges Bild
des Toten
(Schwarz)

Lebendiges Bild
des Seelischen
(Inkarnatfarbe)
Pfirsichblüt

(weiss)
Seelisches Bild des Geistes

besteht, daß im Plastischen ein totes Bild des Lebendigen erscheinen kann, daß in toten, starren Formen das Leben zum Ausdrucke gebracht werden kann. So ist es auch im Farbigen mit dem Grün. Das Reizvolle des Naturgrün besteht eben darinnen, daß das Grün, ohne selbst den Anspruch an das Leben zu machen, als totes Bild des Lebens erscheint.

Ich wiederhole das aus dem letzten Vortrage, um zu zeigen, wie sich in der Tat der Weltenlauf wiederholt und dann in sich selbst zurückkehrt, indem er farbig seine verschiedenen Elemente, das Lebendige, das Seelische, das Geistige zeigt. Und ich sagte schon das letzte Mal, ich wolle Ihnen heute diesen in sich selbst geschlossenen Kreis des Kosmischen in der Farbenwelt aufzeichnen. Wir können also sagen: Das Grün erscheint als das tote Bild des Lebens. Im Grün verbirgt sich das Leben. – Wenn wir dagegen dasjenige Farbige anschauen, welches die Inkarnatfarbe des Menschen ist, die am ähnlichsten der Farbe der frischen Pfirsichblüte im Frühling ist, so bekommen wir in diesem Farbigen das lebendige Bild des Seelischen. Wir bekommen also in der Farbe des Inkarnats das lebendige Bild des Seelischen. In dem Weiß, dem wir uns künstlerisch hingeben, haben wir, wie ich vorgestern sagte, das seelische Bild des Geistes, der sich als solcher verbirgt. Und in dem Schwarz, wenn ich es künstlerisch erfasse, habe ich dann das geistige Bild des Toten. Der Kreis ist in sich geschlossen.«

Beiträge zur sozialen Frage

Die soziale Frage als Bewußtseinsfrage

Einführung

Jede Gesellschaft konstituiert sich auf der Grundlage von Sinngehalten und daraus resultierenden Wert- und Normsetzungen, die von Gesellschaft zu Gesellschaft in ihrer zeitlichen Abfolge wie dem räumlichen Nebeneinander sehr unterschiedlich sein können.

Auch die Sozialwissenschaften orientieren sich an solchen Sinnkriterien, und je nach dem eingenommenen Standort entstehen häufig sich grundlegend widersprechende Aussagen. Dies wird besonders deutlich in den vorherrschenden Paradigmen zeitgenössischer Soziologie, dem Marxismus und Strukturfunktionalismus. Besitzverhältnisse, der Widerspruch zwischen Kapital und Arbeit bilden das Leitmotiv in der marxistischen Anschauung. Die Festschreibung eines allgemeinen Wertsystems, durch das sämtliche Verhaltensmuster besonders unter dem Aspekt der Leistung legitimiert und kontrolliert werden, sind erkenntnisleitend für die Strukturfunktionalisten von Durkheim bis Parsons.

Der Aktualitätsgrad sozialer Fragestellungen steigt mit der Krisenanfälligkeit jeweils vorherrschender Steuerungs-(Macht-)Mechanismen, die einerseits in der Praxis, andererseits in der Theorienbildung (Kritikfähigkeit) erfahrbar wird. Probleme der Steuerung sozialer Prozesse werden in jüngster Zeit vor allem von Systemtheoretikern untersucht, die Gesellschaftssysteme in Hinblick auf ihre Bedingungen und Möglichkeiten einer System- und Sozialintegration von dem jeweiligen *Steuerungszentrum* her zu erfassen suchen. Dabei wurde bisher als Ergebnis sichtbar, daß »in differenzierten Gesellschaften das politische System (als ausdifferenziertes Steuerungszentrum) gegenüber dem soziokulturellen und dem ökonomischen System eine übergeordnete Stellung«[1] einnimmt. Dieser Auffassung widerspricht jedoch Luhmann, der darauf hinweist, daß moderne Industriegesellschaften »kein eindeutiges Primat eines funktional ausdifferenzierten Teilsystems«[2] erkennen lassen. Auffallend ist – trotz zahlreicher Widersprüchlichkeiten –, daß sich zunehmend umfassendere Gesellschaftsanalysen nicht mehr auf einen nur allzu oft vagen Totalitätsbegriff von Staat und Gesellschaft stützen, sondern ihren Ausgangspunkt nehmen von drei gesellschaftlichen Teil-(Sub-)Systemen, dem ökonomischen, politisch-administrativen und soziokulturellen.

Einer der gegenwärtig bedeutendsten Vertreter dieser Richtung ist der amerikanische Soziologe Daniel Bell, der in der Einleitung seines jüngst erschienenen Buches ›Die Zukunft der westlichen Welt‹ sein methodisches Vorgehen in der folgenden Weise beschreibt: »Im Gegensatz zu der ganzheitlichen Auffassung von Gesellschaft halte ich es für angemessener ... die *zeitgenössische* Gesellschaft als ein Phänomen zu begreifen, das aus drei deutlich unterschiedenen Bereichen besteht, deren jeder einem anderen axialen Prinzip gehorcht. Ich unterteile die Gesellschaft zum Zwecke der Analyse in die *techno-ökonomische Struktur*, die *politische Ordnung* und die *Kultur*. Diese Bereiche sind nicht kongruent; sie weisen verschiedene Rhythmen des Wandels auf und unterliegen verschiedenen, sich jeweils anders legitimierenden Normen und sogar gegensätzlichen Verhaltensweisen. Die Unstimmigkeiten zwischen diesen Bereichen sind für die mannigfaltigen Widersprüche innerhalb der Gesellschaft verantwortlich.«[3]

Bells Analyse führt dahin, daß jedes dieser Teilsysteme eigene Steuerungsmechanismen und -prinzipien aufweist und hinsichtlich eines gesellschaftlichen Ganzen als gleichwertig empfunden werden können. Dadurch aber, daß Entscheidungen – welcher Art auch immer – zusehends in den staatlich-politisch-administrativen Kontrollraum verlagert werden, kristallisiert sich für ihn immer deutlicher die Frage nach den Beziehungen zwischen öffentlichem Interesse einerseits und privaten Bedürfnissen andererseits zum Kernproblem der Sozialproblematik im letzten Viertel des 20. Jh. heraus.

Die Notwendigkeit einer sich an diesen drei Subsystemen orientierenden Analyse wird immer häufiger erkannt und beginnt sich als Methode (vgl. Habermas, Offe, Luhmann, Hurrelmann u. a.) durchzusetzen. Um so verwunderlicher ist es, daß neue Gesellschaftstheorien und Innovationsstrategien auf verschiedenen Gebieten des sozialen Lebens bisher nicht auf dieser Dreigliedrigkeit der Gesellschaft aufbauen. Angesichts dieser Tatsache dürften die Gedanken Rudolf Steiners zur sozialen Frage zum gegenwärtigen Zeitpunkt von großer Bedeutung sein, da er in konsequenter Weise die Dreigliedrigkeit über die Analyse hinaus zum konstituierenden Prinzip neuer Gesellschaftsformen erhebt.

Der entscheidende Anstoß hierzu ergab sich ihm aus der Beobachtung der Entwicklung des Parlamentarismus und der Parteien. Die ›Dreigliederung des sozialen Organismus‹ als zukunftsorientiertes Gestaltungsprinzip gesellschaftlicher Prozesse ist seine Antwort auf das Versagen der parlamentarischen Demokratie, wie es durch die Entwicklung hin zum Ersten Weltkrieg und durch seinen Verlauf sowie in den sich ankündigenden Entwicklungstendenzen erfahrbar wurde.

Der Einheitsstaat, repräsentiert durch den demokratischen Parlamentarismus, schließt das Wirtschaftsleben ebenso ein wie das geistig-kulturelle Leben. Hier beginnt nun Rudolf Steiners Kritik, indem er darauf verweist, daß weder das Wirtschafts- noch das Kulturleben seinem Wesen nach demokratisch sind noch sein können. Der Begriff ›Demokratie‹ gehört wesensgemäß zum Parlamentarismus, und dieser kann nur beruhen auf demjenigen, »was zwischen Mensch und Mensch dadurch festgesetzt werden kann, daß der Mensch einfach ein erwachsener mündiger Mensch ist«[4].

Aufruf an alle Menschen zur Begründung eines Kulturrats!

Dieser Aufruf wendet sich an alle Menschen, weil die Kultur eine Angelegenheit aller wahren Menschen ist; weil jeder Einzelne in irgend einer Weise selbst im Geistesleben steht oder doch seine geistige Nahrung aus ihm bezieht. Er wendet sich insbesondere an alle diejenigen, die am Geistesleben **tätigen Anteil** nehmen auf dem Gebiete der Erziehung, des Unterrichts, der Kunst, der Wissenschaft oder Religion.

Freiheit ist der Grundnerv jeder geistigen Kultur. Sie kann sich in gesunder Art nicht entfalten in Abhängigkeit oder im Dienste irgend einer fremden Macht, heiße sie nun Staat oder Kapitalismus.

Kulturmenschen! Vertreter von Kunst und Wissenschaft, Religion, Erziehung und Unterricht!

Könnt Ihr Euch fühlen als freie Geistesarbeiter? Seid Ihr in der Lage, in dem was Ihr hervorbringt Euch zu richten nach den Bedürfnissen eines freien, unabhängigen Geisteslebens selbst, oder seid Ihr gezwungen, auf Schritt und Tritt Konzessionen zu machen, Rücksichten zu nehmen und Eure Arbeit einzurichten nach den Anforderungen des bisher allmächtigen kapitalistischen Staates?

Der Kapitalismus, der Euch in dem letzten halben Jahrhundert fast völlig beherrscht hat, ist in Deutschland durch die Weltkriegskatastrophe, die er mit verschuldet hat, in sich zusammengebrochen. Er hat sich sein eigenes Urteil gesprochen, indem er sich selbst vernichtet hat. Er braucht nicht erst vernichtet zu werden. Er fristet nur noch ein Scheinleben, und in kürzester Zeit wird sein völliger Zusammenbruch nicht mehr zu verschleiern sein.

Wollt Ihr nicht, ehe das völlige Chaos über uns hereinbricht und alle Kultur vernichtet, die Möglichkeit schaffen, daß ein **freies** Geistesleben entstehen kann? — Nur ein befreites, auf sich selbst gestelltes Geistesleben wird die Menschheit vor den furchtbaren Schicksal bewahren können, denn sie verfallen müßte durch die Knebelung des Geisteslebens durch eine politische oder wirtschaftliche Macht. Nur ein freies Geistesleben wird, in inniger Fühlungnahme mit dem ganzen Volke, teilnehmen können an der Gestaltung eines gesunden, **sozialisierten** Wirtschaftslebens.

Die breite Masse des arbeitenden Volkes ist im Begriff, das Joch des seelenverödenden Kapitalismus abzuschütteln, unter dem es gelitten hat, dadurch, daß er die menschliche Arbeitskraft zur Ware gemacht hat. Dieses Volk verlangt nach Eurer Mitarbeit. Es will, daß der Aufbau einer neuen Wirtschaftsordnung gelenkt und geleitet werde von Menschen, die befruchtet sind von einem **freien** Geistesleben und die daher Herz und Sinn haben für die berechtigten sozialen Forderungen der Zeit. Davon, ob Ihr den Zusammenschluß mit ihm **jetzt** findet, hängt unsere Zukunft ab.

Die Handarbeiter sind dabei, sich mit den im Wirtschaftsleben stehenden Kopfarbeitern zusammenzuschließen zu Betriebsräten und einer Betriebsräteschaft. **Schließt ihr Euch auf dem Gebiete des Geisteslebens zusammen zu einem Kulturrat**, der sich zur Aufgabe macht, das Geistesleben zu befreien und dadurch die Kultur vor dem drohenden Untergange zu retten! Dann wird die Möglichkeit eines harmonischen Zusammenarbeitens zwischen dem Geistesleben und dem Wirtschaftsleben gegeben sein; dann wird eine gesunde Sozialisierung des Geisteslebens **und** des Wirtschaftslebens eintreten; dann werden wir bewahrt bleiben sowohl vor einem reaktionären Zurücksinken in kapitalistischen Zwang, der dann ja nur eine Zwangsherrschaft des Kapitalismus unserer westlichen Feinde sein könnte, als auch vor dem tragischen Schicksal der russischen Revolution, das darin begründet liegt, daß Kopf und Hand nicht miteinander, sondern **gegeneinander** gearbeitet haben.

Der Bund für
Dreigliederung des sozialen Organismus.
Geschäftsstelle: Stuttgart, Champignystraße 17.

Beitritts-Erklärung.

Ich erkläre mich zur Mitarbeit in dem zu gründenden Kulturrat bereit:

Name	Beruf	Ort und Wohnung	Art der Mitarbeit

Flugschrift des Bundes für Dreigliederung ›Aufruf zur Begründung eines Kulturrates‹

Rudolf Steiners Dreigliederung des sozialen Organismus in ein Geistes-, Rechts- und Wirtschaftsleben bedeutet daher auch nicht die Konstituierung dreier Parlamente, sondern zielt daraufhin ab, Grundlagen zu schaffen, aus denen heraus die dem Wirtschafts- und Kulturleben entsprechenden Organisationsformen gefunden werden müssen. »Der soziale Organismus ist gegliedert wie der natürliche. Und wie der natürliche Organismus das Denken durch den Kopf und nicht durch die Lunge besorgen muß, so ist dem sozialen Organismus die Gliederung in Systeme notwendig, von denen keines die Aufgabe des andern übernehmen kann, jedes aber unter Wahrung seiner Selbständigkeit mit den anderen zusammenwirken muß.

Das wirtschaftliche Leben kann nur gedeihen, wenn es als selbständiges Glied des sozialen Organismus nach seinen eigenen Kräften und Gesetzen sich ausbildet, und wenn es nicht dadurch Verwirrung in sein Gefüge bringt, daß es sich von einem anderen Gliede des sozialen Organismus, dem politisch wirksamen, aufsaugen läßt. Dieses politisch wirksame Glied muß vielmehr in voller Selbständigkeit neben dem wirtschaftlichen bestehen wie im natürlichen Organismus das Atmungssystem neben dem Kopfsystem. Ihr heilsames Zusammenwirken kann nicht dadurch erreicht werden, daß beide Glieder von einem einzigen Gesetzgebungs- und Verwaltungsorgan aus versorgt werden, sondern daß jedes seine eigene Gesetzgebung und Verwaltung hat, die lebendig zusammenwirken. Denn das politische System muß die Wirtschaft vernichten, wenn es sie übernehmen will; und das wirtschaftliche System verliert seine Lebenskräfte, wenn es politisch werden will. Zu diesen beiden Gliedern des sozialen Organismus muß in voller Selbständigkeit und aus seinen eigenen Lebensmöglichkeiten heraus gebildet ein drittes treten: das der geistigen Produktion, zu dem auch der geistige Anteil der beiden anderen Gebiete gehört, der ihnen von dem mit eigener gesetzmäßiger Regelung und Verwaltung ausgestatteten dritten Glied überliefert werden muß, der aber nicht von ihnen verwaltet und anders beeinflußt werden kann, als die nebeneinander bestehenden Gliedorganismen eines natürlichen Gesamtorganismus sich gegenseitig beeinflussen.«[5]

Aus der damaligen *politischen* Situation heraus begründet Rudolf Steiner die Dreigliederung mit den Worten: »Nicht ein Deutschland, das nicht mehr da ist, müßte der Außenwelt gegenübertreten, sondern ein *geistiges, politisches* und *wirtschaftliches* System in ihren Vertretern müßten als selbständige Delegation mit denen verhandeln wollen, von denen *das* Deutschland niedergeworfen worden ist, das sich durch die Verwirrung der drei Systeme zu einem unmöglichen sozialen Gebilde gemacht hat.«[6]

In vielen Vorträgen weist er darauf hin, daß es ihm nicht darum geht, aus theoretischen Erwägungen heraus Konzeptionen etwa für ein neues Steuersystem oder Bankwesen vorzulegen, sondern »die Bedingungen herzustellen, unter denen die besten sozialen Einrichtungen entstehen können«[7].

Rudolf Steiner um 1900 zur Zeit seiner Lehrtätigkeit an der Arbeiterbildungsschule in Berlin ▷

• • • Arbeiter-Bildungsschule • Berlin • • •

Sonntag, den 25. Januar 1903

Zwölftes Stiftungs-Fest

in den Gesammträumen des

Gewerkschaftshauses, Engel-Ufer 15

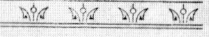

Mitwirkende:

Berliner Künstler-Vereinigung

Frau **Helene Löffler-Hintze**
Mezzo-Sopran

Herr **Alfred Holy**
Harfenist der Kgl. Oper zu Berlin

Herr **Albrecht Löffler**
Violon-Cello, Mitglied des Waldemar
Meyer-Quartetts

Herr **Richard Francke**
Harmonium-Virtuos und Pianist

Rezitationen: Herr **Curt Holm**

Fest-Rede: Herr Dr. **Rudolf Steiner**

Concert-Harmonium: **Mason & Hamlin**
Boston, Vertreter: Paul Köppen, SW.,
Friedrich-Strasse 235

Concert-Flügel: Hoflieferant **C. Bechstein**,
N., Johannisstr. 5—7

Anfang 6 Uhr.

Wilh. Liebknecht, Begründer der „Arbeiter-Bildungsschule".

Soziale Konflikte, so Rudolf Steiner, treten zumeist da ins Bewußtsein, wo ein schier unüberbrückbarer Widerspruch zwischen der *Ideenwelt* einerseits und der *Lebenspraxis* andererseits offenbar wird. Diese Tatsache legitimiert nicht nur geisteswissenschaftliche Forschungsmethoden auf dem Gebiet der Sozialwissenschaft, sondern macht sie unerläßlich; insbesondere dann, wenn festgestellt werden kann, daß jene Kluft zwischen menschlichen Sehnsüchten und Bedürfnissen und der sozialen Wirklichkeit immer größer wird dadurch, daß die sozialen Forderungen aufgrund ihrer politisch-ideologischen Nuancierung immer abstrakter werden, wie dies um die Jahrhundertwende der Fall war. Dabei kommt es ihm darauf an, daß man nicht nur »von einer Geistigkeit weiß oder zu wissen glaubt, sondern darauf, daß dies eine Geistigkeit ist, die auch beim Erfassen der praktischen Lebenswirklichkeit zutage tritt. Eine solche begleitet diese Lebenswirklichkeit nicht als eine bloß für das innere Seelenwesen reservierte Nebenströmung.«[8]

Im Verlauf seiner über fünf Jahre währenden Tätigkeit als Lehrer an der von Wilhelm Liebknecht gegründeten Arbeiterbildungsschule in Berlin hatte Rudolf Steiner hinreichend die Gelegenheit, soziale Realitäten, insbesondere was die Situation des Proletariats betraf, zu studieren. Aus diesen Arbeitszusammenhängen heraus und besonders aufgrund seiner zahlreichen Auseinandersetzungen mit Vertretern sozialistischer Bestrebungen wurde ihm immer deutlicher, daß dasjenige, was menschliche Arbeit, was Beruf und deren Verhältnis zum Einkommen und Erwerb ist, den Kristallisationspunkt dessen bildet, was man ›die soziale Frage‹ nennt.

Sein grundlegend neuer Ansatz bezüglich einer Klärung dieser Frage liegt darin, daß er, entgegen der marxistischen Auffassung, die die Notlage des Proletariats als logische Folge bisheriger historischer Entwicklungen, als eine ›Geschichte des Klassenkampfes‹ seit dem Beginn der menschlichen Zivilisation betrachtet, das Elend, die Armut im 19. Jahrhundert als Resultat derjenigen Lebensformen beschreibt, die sich in dieser Zeit selbst herausgebildet haben. Für Rudolf Steiner gibt es kein eindeutiges Prinzip sozialen Wandels innerhalb der Menschheitsgeschichte zugunsten eines Abbaues von Machtstrukturen mit dem Ziel der Emanzipation, sondern für ihn produziert jede Gesellschaft auch neue Unterdrückungsmechanismen, die nur auf der Grundlage eines jeweils neu zu schaffenden Bewußtseins überwunden werden können. Dadurch versetzt er sich in die Lage, aus der aktuellen Zeitsituation heraus wesensgemäße Begriffe zu bilden. Und hier liegt die eigentliche Aufgabe geisteswissenschaftlicher Bestrebungen. Welche Probleme mit einem solchen Ansatz verbunden sind, spricht aus den folgenden Worten: »Geisteswissenschaft ist unbequem. Zwar nicht für diejenigen, die sich nur an das halten, was in Worten verbreitet ist, und sich dann auf eine abstrakte Lebensanschauung beschränken; aber für die, welche sich tiefer in sie hineinwagen, ist sie unbequem. Sie hat es nicht zu tun mit ein paar mechanischen Vorstellungen, sondern

◁ Titelblatt des Programmes anläßlich des zwölften Stiftungsfestes der Arbeiter-Bildungsschule in Berlin, 1903

sie zwingt dazu, sich für die verschiedensten Stufen des Daseins besondere Begriffe anzueignen. Dafür sind aber diese besonderen Begriffe gute Führer im Leben.«[9]

Die Ursachen der ›Verelendung‹ sieht er in erster Linie darin, »daß Erwerb und Beruf, daß Lohn und Arbeit eins geworden sind«[10]. Arbeit hat für ihn die Qualität des Tuns für andere, Einkommen die des Auf-Sich-Selbst-Bezogenseins. Arbeitet der Mensch, um ein Einkommen zu bekommen, d. h., ist sein einziges Interesse an dem Produkt der Erwerb, dann wird der egoistische Aspekt zum dominierenden Prinzip erhoben. Die Ursachen für diese Entwicklung sieht er weniger in der fortschreitenden Industrialisierung als in der Unfähigkeit, ihr durch entsprechende Sozialformen ein menschenwürdiges Dasein zu verleihen. Die enge Beziehung zu dem erzeugten Produkt, die noch die Handwerker im Mittelalter hatten, ging zugunsten des Primates des Erwerbs verloren. »Die Menschheit hat aber nicht einen Ersatz schaffen können, der den Menschen wieder anschließt an das Produkt.«[11] Eine Lösung des Problems besteht für Rudolf Steiner zunächst darin, daß der Mensch ein Verständnis dafür gewinnt, daß er »die Arbeit aus Liebe für seine Mitmenschen«[12] tut, und er weist in diesem Zusammenhang darauf hin, daß bereits in allen ›Geheimwissenschaften‹ ein Geistesgesetz, ein *soziales Hauptgesetz,* besteht, welches lautet: »Das Heil einer Gesamtheit von zusammenarbeitenden Menschen ist um so größer, je weniger der einzelne die Erträgnisse seiner Leistungen für sich beansprucht, das heißt, je mehr er von diesen Erträgnissen an seine Mitarbeiter abgibt, und je mehr seine eigenen Bedürfnisse nicht aus seinen Leistungen, sondern aus den Leistungen der anderen befriedigt werden.«[13] In den weiteren Ausführungen zu diesem ›Gesetz‹ heißt es: »Alle Einrichtungen innerhalb einer Gesamtheit von Menschen, welche diesem Gesetz widersprechen, müssen bei längerer Dauer irgendwo Elend und Not erzeugen. – Dieses Hauptgesetz gilt für das soziale Leben mit einer solchen Ausschließlichkeit und Notwendigkeit, wie nur irgendein Naturgesetz in bezug auf irgendein gewisses Gebiet von Naturwirkungen gilt. Man darf aber nicht denken, daß es genüge, wenn man dieses Gesetz als ein allgemeines moralisches gelten läßt oder es etwa in die Gesinnung umsetzen wollte, daß

Vortragsankündigung,
Stuttgart 1919

ein jeder im Dienste seiner Mitmenschen arbeite. Nein, in der Wirklichkeit lebt das Gesetz nur so, wie es leben soll, wenn es einer Gesamtheit von Menschen gelingt, solche Einrichtungen zu schaffen, daß niemals jemand die Früchte seiner eigenen Arbeit für sich selber in Anspruch nehmen kann, sondern doch diese möglichst ohne Rest der Gesamtheit zugute kommen. Er selbst muß dafür wiederum durch die Arbeit seiner Mitmenschen erhalten werden. Worauf es also ankommt, das ist, daß für die Mitmenschen arbeiten und ein gewisses Einkommen erzielen zwei voneinander ganz getrennte Dinge seien.«[14]

In engem Zusammenhang mit diesem ›Gesetz‹ steht eine andere Entwicklungsströmung, der Rudolf Steiner ebenfalls aus der geistesgeschichtlichen Entwicklung heraus gesetzmäßigen Charakter zuspricht und die sich mit der Frage nach dem Verhältnis von Individuum und Gemeinschaft befaßt. Dieses ›soziologische Grundgesetz‹ lautet: »Die Menschheit strebt im Anfange der Kulturzustände nach Entstehung sozialer Verbände; dem Interesse dieser Verbände wird zunächst das Interesse des Individuums geopfert; die weitere Entwicklung führt zur Befreiung des Individuums von dem Interesse der Verbände und zur freien Entfaltung der Bedürfnisse und Kräfte des Einzelnen.«[15]

Ein weiteres Grundproblem nimmt innerhalb seiner sozialwissenschaftlichen Studien einen weiten Raum ein: Das der Bildung von Eigentum, insbesondere in der Hand des Unternehmers. Hier nun erweist sich ihm die Forderung nach einer Vergesellschaftung des Kapitals und der Produktionsmittel als eine Fortsetzung bisheriger Handhabungen mit anderen Mitteln. Durch die Übernahme des Kapitals durch den Staat bzw. die Parteien bleibt das bisherige Verständnis von Besitz unangetastet. Die Kapital- und Profitmentalität erfährt lediglich eine Verlagerung. An die Stelle einer Vergesellschaftung stellt Rudolf Steiner die Neutralisierung des Kapitals. Jeder Unternehmer, d. h. jeder, der seine Fähigkeiten zur Befriedigung von Bedürfnissen anderer einsetzen will, erhält so lange Kapital, wie er diese seine Fähigkeiten einzusetzen in der Lage ist. Er hat lediglich ein Verfügungsrecht. Kapital, seinem Wesen nach, ist das Mittel, »solche Fähigkeiten für weite Gebiete des sozialen Lebens in Wirksamkeit zu bringen. Den gesamten Kapitalbesitz so zu verwalten, daß der einzelne in besonderer Richtung begabte Mensch oder daß zu Besonderem befähigte Menschengruppen zu einer solchen Verfügung über Kapital kommen, die lediglich aus ihrer ureigenen Initiative entspringt, daran muß jedermann innerhalb eines sozialen Organismus ein wahrhaftes Interesse haben.«[16] Ebenso verhält es sich mit den Produktionsmitteln. Auch für sie gilt lediglich ein Verfügungsrecht. Worin die Ursachen der gegenwärtigen Probleme hinsichtlich des Besitzes über Kapital und Produktionsmittel zu suchen sind, wird aus folgendem ersichtlich: »Nicht die *ursprüngliche* freie Verfügung führt zu sozialen Schäden, sondern lediglich das *Fortbestehen* des Rechtes auf diese Verfügung, wenn die Bedingungen aufgehört haben, welche in zweckmäßiger Art individuelle menschliche Fähigkeiten mit dieser Verfügung zusammenbinden.«[17] Ein solches Vorgehen ist jedoch erst möglich, wenn bereits in Hinblick auf eine zukünftige dreigegliederte Gesellschaft gedacht wird, d. h., besonders auf das konkrete Problem bezogen, daß eine exakte Kenntnis dessen gefordert ist, was die Aufgaben eines Rechtsstaates sein werden, denn: »Der Rechtsstaat wird nur eine Bestimmung darüber zu treffen haben, *daß* die Überleitung der in Frage kommenden Kapitalmassen in der angegebenen Art geschehe; nicht aber wird es ihm obliegen, Entscheidungen darüber zu treffen, zu welcher materiellen oder geistigen Produktion ein übergeleitetes oder auch ein ersaartes Kapital zur Verfügung zu stellen ist. Das würde zu einer Tyrannis des Staates über die geistige und materielle Produktion führen.«[18]

Auf die Entstehungsmomente und insbesondere die historisch-politischen Hintergründe, die zu der Idee der ›Dreigliederung des sozialen Organismus‹ und zu einer Dreigliederungsbewegung nach Beendigung des Ersten Weltkrieges führten, wird im zweiten und dritten Abschnitt dieses Kapitels eingegangen werden. Für ein tieferes Verständnis scheint die biographische Entwicklung Rudolf Steiners bis hin zu dieser Zeit, insbesondere seine Auseinandersetzung mit dem Anarchismus und seine Tätigkeit als Lehrer an der Berliner Arbeiterbildungsschule von großer Bedeutung. Hierüber wird im ersten Teil berichtet werden.

Abschließend sei noch die Stimme eines Zeitgenossen, des ehemaligen Ministers der norwegisch-schwedischen Unionsregierung, Sigurd Ibsen, ein Sohn des Dichters Henrik Ibsen, angeführt, durch die recht deutlich zum Ausdruck kommt, in welch lebendiger Weise der Impuls der ›Dreigliederung‹ in der damaligen Zeit aufgegriffen wurde:[19]

»Die Kollektivisten über die Welt hin können sich jetzt solidarisch fühlen, weil sie einem gemeinsamen Widerpart gegenüber stehen, dem kapitalistischen Regime. Wäre dieses gebrochen, so fiele die Voraussetzung für die Solidarität und damit auch diese selber weg.

Würde der Kampf dann weniger gehässig sein als in der Gegenwart? So wie die Verhältnisse jetzt sind, ersieht man mit Gewißheit, daß wirtschaftliche Zwistigkeiten einen unnötig bösartigen Charakter annehmen können, weil sie von Nationalismus und machtpolitischen Rücksichten vergiftet werden. Und doch brauchen unter dem bürgerlichen Regime Interessengegensätze zwischen Individuen oder Gruppen verschiedener Nationalität durchaus nicht zu internationalen Verwicklungen zu führen: solche lassen sich oft durch private Verhandlungen ausgleichen.

Dieser Ausweg wäre in einer kollektivistischen Welt versperrt. Hier, wo der ganze Wirtschaftsprozeß eine Staatssache geworden wäre, würde jeder Konflikt mit ausländischen Interessen gleich von vornherein mit Nationalismus behaftet sein.

Was die wirtschaftliche Zusammenarbeit der Völker erschwert, ist nicht der Kapitalismus, aber noch viel weniger ist der Kollektivismus imstande, dieselbe zu fördern. Der Fehler steckt in der Vermengung von Wirtschaft und Politik, und die Erkenntnis davon muß zu der Konsequenz führen, die *Rudolf Steiner* gezogen hat: das Wirtschaftsleben müßte in vollkommener Unabhängigkeit vom politischen organisiert werden.

Inwiefern Aussicht ist zu einer solchen Scheidung und wie sie vorgenommen werden sollte, das ist ein weitläufiges Kapitel. Hier ist nicht der Ort dafür. Nur soviel sei

Oeffentliche

Volksversammlung.

Dr. R. Steiner

spricht am

**Montag den 30. Juni 1919, abends ½8 Uhr
im alten Theatersaal (Harmonie) über**

„Sozialisierung und Betriebsräte".

Alle im Wirtschaftsleben Tätige, insbesondere Arbeiter und Angestellte erscheint geschlossen und nehmt Stellung zu dieser für unsere Gegenwart und Zukunft so brennenden Frage.

Saalöffnung ½7 Uhr Freie Aussprache. **Saalgeld 30 Pfg.**

Für die Angestellten: Ortskartell der Privatangestellten Heilbronn.

Für die Arbeiter:

Gg. Bartelmäs bei J. Weipert & Söhne
Hermann Faber bei Carl Berberich
Richard Gimmi bei Maschinenbaugesellschaft
    Heilbronn A.-G.
E. Reißer bei P. Bruckmann & Söhne

Karl Roth bei Ernst Mayer
Der gesamte Arbeiterausschuß v. Carl Hagen-
    bucher & Sohn.   J. A.: Stegmaier.
Ortsgruppe Freie Vereinigung aller Berufe,
    Syndikalisten.   J. A.: Wacker.

Bund für Dreigliederung des sozialen Organismus, Ortsgruppe Heilbronn.

Flugschrift des Bundes für Dreigliederung ›Sozialisierung und Betriebsräte‹

gesagt: wenn Steiners Gedanke auch kühn ist, so ist er durchaus keine Utopie. Denn auf der einen Seite hat das Wirtschaftsleben die natürliche Tendenz, über die Staatsgrenzen hinauszustreben: der Handel hat es seit alters getan, die moderne Hochfinanz ist an keine Heimat gebunden, die Großindustrie unserer Tage ist auf Expansion angewiesen und organisiert sich zum Teil in übernationalen Zusammenschlüssen, und selbst auf dem Gebiet der Landwirtschaft ist eine Interessengemeinschaft anerkannt durch die Errichtung des internationalen Institutes in Rom. Und auf der anderen Seite besteht für den Staat keine Notwendigkeit, in das Wirtschaftsleben einzugreifen, ebensowenig wie er sich in das Geistesleben einzumischen braucht: er könnte sehr wohl als ausschließlich politisch-juristische Einrichtung bestehen.«

Soziale Praxis – Soziale Rätsel

Die erste Tätigkeit, die Rudolf Steiner mit politischen wie auch damals brennenden sozialen Fragen in Berührung brachte, war die als Redakteur bei der von dem Historiker Friedjung begründeten ›Deutschen Wochenschrift‹ in Wien. In seiner Autobiographie ›Mein Lebensgang‹ berichtet er: »Meine kurze Redaktion [1888] fiel in die Zeit, in der die Auseinandersetzung der Völker Österreichs einen besonders heftigen Charakter angenommen hatte. Es wurde mir nicht leicht, jede Woche einen Artikel über die öffentlichen Vorgänge zu schreiben. Denn im Grunde stand ich aller parteimäßigen Lebensauffassung so fern als nur möglich. Mich interessierte der Entwicklungsgang der Kultur im Menschheitsfortschritt. Und ich mußte den sich daraus ergebenden Gesichtspunkt so einnehmen, daß unter seiner vollen Wahrung meine Artikel doch nicht als die eines ›weltfremden Idealisten‹ erschienen ... Für mich war diese kurze Redaktionstätigkeit doch von großer Bedeutung. Sie lenkte meine Aufmerksamkeit auf den Stil, mit dem man damals in Österreich die öffentlichen Angelegenheiten behandelte. Mir war dieser Stil tief unsympathisch. Ich wollte auch in die Besprechungen über diese Angelegenheiten etwas hineinbringen, das einen die großen geistigen und menschheitlichen Ziele in sich schließenden Zug hatte. Diesen vermißte ich in der damaligen Tagesschriftstellerei. Wie dieser Zug zur Wirksamkeit zu bringen sei, das war damals meine tägliche Sorge ... So war denn das Zustandekommen jeder Wochennummer für mich ein schweres Ringen ...

Doch brachte mich diese Tätigkeit in eine ziemlich enge Beziehung zu Persönlichkeiten, deren Tätigkeit auf die mannigfaltigsten Zweige des öffentlichen Lebens gerichtet war. Ich lernte Viktor Adler kennen, der damals der unbestrittene Führer der Sozialisten in Österreich war. In dem schmächtigen, anspruchslosen Mann steckte ein energischer Wille ... Ich lernte Pernerstorfer kennen, der sich in der Umwandlung vom deutschnationalen zum sozialistischen Parteigänger befand. Eine starke Persönlichkeit von umfassendem Wissen. Ein scharfer Kritiker der Schäden des öffentlichen Lebens. Er gab damals eine Monatsschrift ›Deutsche Worte‹ heraus. Die war mir eine anregende Lektüre. In der Gesellschaft dieser Persönlichkeiten traf ich andere, die wissenschaftlich oder parteigemäß den Sozialismus zur Geltung bringen wollten. Durch sie wurde ich veranlaßt, mich mit Karl Marx, Friedrich Engels, Rodbertus und anderen sozialökonomischen Schriftstellern zu befassen. Ich konnte zu alledem ein inneres Verhältnis nicht gewinnen. Es war mir persönlich schmerzlich, davon sprechen zu hören, daß die materiell-ökonomischen Kräfte in der Geschichte der Menschheit die eigentliche Entwicklung tragen und das Geistige nur ein ideeller Überbau dieses ›wahrhaft realen‹ Unterbaues sein sollte. Ich kannte die Wirklichkeit des Geistigen. Es waren die Behauptungen der theoretisierenden Sozialisten für mich das Augen-Verschließen vor der wahren Wirklichkeit.

Und dabei ward mir doch klar, daß die ›soziale Frage‹ selbst eine unbegrenzte Bedeutung habe. Es erschien mir aber als die Tragik der Zeit, daß sie behandelt wurde von Persönlichkeiten, die ganz von dem Materialismus der zeitgenössischen Zivilisation ergriffen waren. Ich hielt dafür, daß gerade *diese* Frage nur von einer geistgemäßen Weltauffassung richtig gestellt werden könne.

So war ich denn als Siebenundzwanzigjähriger voller ›Fragen‹ und ›Rätsel‹ in bezug auf das äußere Leben der Menschheit, während sich mir das Wesen der Seele und deren Beziehung zur geistigen Welt in einer in sich geschlossenen Anschauung in immer bestimmteren Formen vor das Innere gestellt hatte. Ich konnte zunächst nur aus dieser Anschauung heraus geistig arbeiten. Und diese Arbeit nahm immer mehr die Richtung, die dann einige Jahre später mich zur Abfassung meiner ›Philosophie der Freiheit‹ geführt hat.«[1]

Um die Jahrhundertwende, Rudolf Steiner war von Wien über Weimar nach Berlin übergesiedelt, bewegten ihn besonders die gegensätzlichen Anschauungen Hegels und Max Stirners. In Hegel sah er den ›reinen Denker‹, dessen Ziel es war, »daß im Zusammenleben der Menschen der Gedanke des Sittlichen objektive Gestalt annimmt.«[2] Stirner war ihm der genaue Gegenpol, da dieser die Entfaltung des Menschen ganz unter dem Gesichtspunkt des ›individuell-persönlichen Willen‹ sah. Stirner, so sagt Steiner, *fühlt* »den ›Einzelnen‹ (Einzigen) beirrt durch alles, was so dem Leben der Menschen harmonisierte Gestalt geben kann. Bei mir verband sich mit der Betrachtung Stirners damals eine Freundschaft, die bestimmend auf so manches in dieser Betrachtung wirkte. Es ist die Freundschaft zu dem bedeutenden Stirner-Kenner und -Herausgeber J. H. Mackay ... Er hatte sich in meiner ›Philosophie der Freiheit‹ mit den Abschnitten befaßt, die vom ethischen Individualismus sprechen. Er fand eine Harmonie zwischen meinen Ausführungen und seinen eigenen sozialen Anschauungen.«[3]

Aber auch Rudolf Steiner empfand manche Übereinstimmung mit den Anschauungen Mackays. Verschiedentlich sprach er auch von gleichen Zielen und in einem offenen

Brief an Mackay, der ebenso wie zuvor Mackays Brief an Rudolf Steiner im ›Magazin für Litteratur‹ veröffentlicht wurde, antwortete er auf die Frage, ob das Wort ›individualistischer Anarchist‹ auch auf ihn anwendbar sei, mit ›ja‹.

Was er darunter versteht und worin sich die ›individualistischen Anarchisten‹ von denjenigen, die der ›Propaganda der Tat‹ huldigen, unterscheiden, geht aus dem bereits erwähnten Brief hervor. Da das Thema ›Anarchismus – Anarchist‹ auch heute noch – oder wieder – viel Konfliktstoff in sich birgt, sei hier der Brief in seinem gesamten Wortlaut wiedergegeben:[4]

Lieber Herr Mackay!

Vor vier Jahren, nach dem Erscheinen meiner ›Philosophie der Freiheit‹, haben Sie mir Ihre Zustimmung zu meiner Ideenrichtung ausgesprochen. Ich gestehe offen, daß mir dies innige Freude gemacht hat. Denn ich habe die Überzeugung, daß wir in bezug auf unsere Anschauungen so weit übereinstimmen, wie zwei voneinander völlig unabhängige Naturen nur übereinstimmen können. Wir haben gleiche Ziele, obwohl wir uns auf ganz verschiedenen Wegen zu unserer Gedankenwelt durchgearbeitet haben. Auch Sie fühlen dies. Ein Beweis dafür ist die Tatsache, daß Sie den vorstehenden Brief gerade an mich gerichtet haben. Ich legte Wert darauf, von Ihnen als Gesinnungsgenosse angesprochen zu werden.

Ich habe es bisher immer vermieden, selbst das Wort ›individualistischer‹ oder ›theoretischer Anarchismus‹ auf meine Weltanschauung anzuwenden. Denn ich halte sehr wenig von solchen Bezeichnungen. Wenn man in seinen Schriften klar und positiv seine Ansichten ausspricht: wozu ist es dann noch nötig, diese Ansichten mit einem gangbaren Worte zu bezeichnen? Mit einem solchen Worte verbindet jedermann doch ganz bestimmte traditionelle Vorstellungen, die dasjenige nur ungenau wiedergeben, was die einzelne Persönlichkeit zu sagen hat. Ich spreche meine Gedanken aus; ich bezeichne meine Ziele. Ich selbst habe kein Bedürfnis, meine Denkungsart mit einem gebräuchlichen Worte zu benennen.

Wenn ich aber in dem Sinne, in dem solche Dinge entschieden werden können, sagen sollte, ob das Wort ›individualistischer Anarchist‹ auf mich anwendbar ist, so müßte ich mit einem bedingungslosen ›Ja‹ antworten. Und weil ich diese Bezeichnung für mich in Anspruch nehme, möchte auch ich gerade in diesem Augenblicke mit wenigen Worten genau sagen, wodurch ›wir‹, die ›individualistischen Anarchisten‹, uns unterscheiden von denjenigen, welche der sogenannten ›Propaganda der Tat‹ huldigen. Ich weiß zwar, daß ich für verständige Menschen nichts Neues sagen werde. Aber ich bin nicht so optimistisch wie Sie, lieber Herr Mackay, der Sie einfach sagen: »Keine Regierung ist so blind und töricht, gegen einen Menschen vorzugehen, der sich einzig und allein durch seine Schriften, und zwar im Sinne einer unblutigen Umgestaltung der Verhältnisse, am öffentlichen Leben beteiligt.« Sie haben, nehmen Sie mir diese meine einzige Einwendung nicht übel, nicht bedacht, mit wie wenig Verstand die Welt regiert wird.

Ich möchte also doch einmal deutlich reden. Der ›individualistische Anarchist‹ will, daß kein Mensch durch irgend etwas gehindert werde, die Fähigkeiten und Kräfte zur Entfaltung bringen zu können, die in ihm liegen. Die Individuen sollen in völlig freiem Konkurrenzkampfe sich zur Geltung bringen. Der gegenwärtige Staat hat keinen Sinn für diesen Konkurrenzkampf. Er hindert das Individuum auf Schritt und Tritt an der Entfaltung seiner Fähigkeiten. Er haßt das Individuum. Er sagt: Ich kann nur einen Menschen gebrauchen, der sich so und so verhält. Wer anders ist, den zwinge ich, daß er werde, wie ich will. Nun glaubt der Staat, die Menschen können sich nur vertragen, wenn man ihnen sagt: so müßt ihr sein. Und seid ihr nicht so, dann müßt ihr eben – doch so sein. Der individualistische Anarchist dagegen meint, der beste Zustand käme dann heraus, wenn man den Menschen freie Bahn ließe. Er hat das Vertrauen, daß sie sich selbst zurechtfänden. Er glaubt natürlich nicht, daß es übermorgen keine Taschendiebe mehr gäbe, wenn man morgen den Staat abschaffen würde. Aber er weiß, daß man nicht durch Autorität und Gewalt die Menschen zur Freiheit erziehen kann. Er weiß dies eine: man macht den unabhängigsten Menschen dadurch den Weg frei, daß man jegliche Gewalt und Autorität aufhebt.

Auf die Gewalt und die Autorität aber sind die gegenwärtigen Staaten gegründet. Der individualistische Anarchist steht ihnen feindlich gegenüber, weil sie die Freiheit unterdrücken. Er will nichts als die freie, ungehinderte Entfaltung der Kräfte. Er will die Gewalt, welche die freie Entfaltung niederdrückt, beseitigen. Er weiß, daß der Staat im letzten Augenblicke, wenn die Sozialdemokratie ihre Konsequenzen ziehen wird, seine Kanonen wirken lassen wird. Der individualistische Anarchist weiß, daß die Autoritätsvertreter immer zuletzt zu Gewaltmaßregeln greifen werden. Aber er ist der Überzeugung, daß alles Gewaltsame die Freiheit unterdrückt. Deshalb bekämpft er den Staat, der auf der Gewalt beruht – und deshalb bekämpft er ebenso energisch die ›Propaganda der Tat‹, die nicht minder auf Gewaltmaßregeln beruht. Wenn ein Staat einen Menschen wegen seiner Überzeugung köpfen oder einsperren läßt – man kann das nennen, wie man will –, so erscheint das dem individualistischen Anarchisten als verwerflich. Es erscheint ihm natürlich nicht minder verwerflich, wenn ein Luccheni eine Frau ersticht, die zufällig die Kaiserin von Österreich ist. Es gehört zu den allerersten Grundsätzen des individualistischen Anarchismus, derlei Dinge zu bekämpfen. Wollte er dergleichen billigen, so müßte er zugeben, daß er nicht wisse, warum er den Staat bekämpft. Er bekämpft die Gewalt, welche die Freiheit unterdrückt, und er bekämpft sie ebenso, wenn der Staat einen Idealisten der Freiheitsidee vergewaltigt, wie wenn ein blödsinniger eitler Bursche die sympathische Schwärmerin auf dem österreichischen Kaiserthrone meuchlings hinmordet.

Unsern Gegnern kann es nicht deutlich genug gesagt werden, daß die ›individualistischen Anarchisten‹ energisch die sogenannte ›Propaganda der Tat‹ bekämpfen. Es gibt außer den Gewaltmaßregeln der Staaten vielleicht nichts, was diesen Anarchisten so ekelhaft ist wie diese Caserios und Lucchenis. Aber ich bin doch nicht so optimistisch wie Sie, lieber Herr Mackay. Denn ich kann das Teilchen Verstand, das zu so groben

Unterscheidungen wie zwischen ›Individualistischem Anarchismus‹ und ›Propaganda der Tat‹ nun doch einmal gehört, meist nicht finden, wo ich es suchen möchte.

In freundlicher Neigung   Rudolf Steiner

Welche Gefahr mit der einseitigen ›Politisierung‹ seiner Anschauungen verbunden war, die ihn schließlich zu einer ›Umkehr‹ veranlaßte, spricht aus den folgenden Sätzen seiner Autobiographie: »Das Schicksal hatte nun mein Erlebnis mit J. H. Mackay und mit Stirner so gewendet, daß ich auch da untertauchen mußte in eine Gedankenwelt, die mir zur *geistigen Prüfung* wurde. Mein ethischer Individualismus war als reines Innen-Erlebnis des Menschen empfunden. Mir lag ganz fern, als ich ihn ausbildete, ihn zur Grundlage einer politischen Anschauung zu machen. Damals nun, um 1898 herum, sollte meine Seele mit dem rein ethischen Individualismus in eine Art Abgrund gerissen wer-den. Er sollte aus einem rein-menschlich Innerlichen zu etwas Äußerlichem gemacht werden.«[5]

Die Freundschaft mit Mackay begann bereits in Weimar und setzte sich fort, nachdem Rudolf Steiner nach Berlin übergesiedelt war, um dort die Herausgabe des ›Magazin für Litteratur‹ zu übernehmen.

Über die näheren Hintergründe, Aufgaben und Schwierigkeiten, die mit dieser Tätigkeit verbunden waren, berichtet er ausführlich in seinem Vortrag vom 27. Oktober 1918, der unter dem Thema stand: ›Episodische Betrachtung zum Erscheinen der neuen Auflage der ‚Philosophie der Freiheit‘‹. »Ich kam nach Berlin. Ich hatte, als Neumann-Hofer das ›Magazin‹ aufgegeben hatte, es erworben, um eine Tribüne zu haben, Ideen, welche ich für wirklich im wahren Sinn des Wortes zeitgemäß halte, vor der Welt ver-treten zu können. Allerdings, schon als bald nach meinem Eintreten in das ›Magazin‹ mein Briefwechsel mit John Henry Mackay erschien, tanzte das frühere Philistertum, aus dem die Abonnenten des ›Magazin‹ bestanden, durchaus nicht freudig, und ich bekam von allen Seiten die Vorwürfe: Ja, was macht denn der Steiner eigentlich aus diesem alten ›Magazin‹, was soll das werden? – Die ganze Berliner Professorenschaft, die dazumal, soweit sie für Philologisches oder für Literatur interessiert war, noch das ›Magazin‹ abonniert hatte – es war im Jahre 1832, also schon in Goethes Sterbejahr begründet worden, was unter anderem auch einer der Gründe war, warum die Profes-sorenwelt es abonniert hatte –, diese Professorenwelt bestellte nun bald nach und nach das ›Magazin‹ ab. Und ich hatte auch bei der Herausgabe des ›Magazin‹ eben durchaus das Talent, die Leute vor den Kopf zu stoßen, nicht das Zeitalter, aber die Leute vor den Kopf zu stoßen.«[6]

Charakteristisch für Rudolf Steiners Äußerungen zu sozialen Fragen ist, daß sie stets auf der Grundlage seiner bis dahin gewonnenen Erkenntniserfahrungen, besonders aber des in der ›Philosophie der Freiheit‹ ausgeführten ›ethischen Individualismus‹ gesehen werden müssen. Freiheit, so Rudolf Steiner, wird nur da erlebbar, wo sie sich nicht nur im menschlichen Geiste, sondern im äußeren Handeln vollzieht. Wenn das menschliche

Handeln hervorgeht aus denjenigen Ideen, die in den Intuitionen jeder einzelnen Individualität wurzeln, wird Freiheit als Impuls menschlichen Handelns zu einer Neugestaltung des sozialen Lebens führen. Ethischer Individualismus ist dasjenige ›ethische Entwicklungsziel‹, dem sich der Mensch nähern kann, wenn er sich des Zwanges der Naturgesetze wie auch konventioneller Sittengesetze zu erwehren vermag. Auf dem Hintergrund dieser Anschauungen entfaltete Rudolf Steiner seine umfangreiche Tätigkeit auf den verschiedensten Gebieten des sozialen Lebens. »Man wird schon, wenn man will, durch all das, was ich in dem ›Magazin für Litteratur‹ geschrieben habe, den Geist der ›Philosophie der Freiheit‹ wehen sehen. Doch das ›Magazin für Literatur‹ wurde nicht in das moderne Philistertum hineinlanciert. Ich aber wurde selbstverständlich unter diesen verschiedenen Einflüssen nach und nach durch das moderne Philistertum herauslanciert.

Da bot sich gerade Gelegenheit, eine andere Tribüne zu finden. Angesichts der großen Fragen, die um die Jahrhundertwende alle Welt bewegten und mit denen ich ja schon in so innige Beziehungen getreten war durch John Henry Mackay, durch Tucker, der von Amerika nach Berlin gekommen war und mit dem ich sehr interessante Abende zugebracht habe, bot sich mir Gelegenheit, eine andere Tribüne zu finden. Es war die Tribüne der sozialistischen Arbeiterschaft.«[7]

Diese ›Tribüne‹ war die von Wilhelm Liebknecht, dem Vater Karl Liebknechts, gegründete ›Arbeiterbildungsschule‹ in Berlin und später auch in Spandau, an der Rudolf Steiner von 1899–1904 Unterricht in Geschichte, Redekunst und Naturwissenschaften erteilte. In seinem ›Lebensgang‹ legt er Zeugnis ab von einer Tätigkeit, die sein späteres Wirken gegen Ende des Ersten Weltkrieges zur Lösung sozialer Konflikte und vor allem seinen unermüdlichen Einsatz in Stuttgart und Baden-Württemberg zur Einrichtung von Betriebsräten maßgeblich geprägt hat.[8]

»In dieser für mich schweren Zeit trat nun der Vorstand der Berliner Arbeiterbildungsschule an mich heran mit dem Ersuchen, ich solle in dieser Schule den Unterricht in Geschichte und ›Rede‹übungen übernehmen. Mich interessierte zunächst der sozialistische Zusammenhang, in dem die Schule stand, wenig. Ich sah die schöne Aufgabe vor mir, gereifte Männer und Frauen aus dem Arbeiterstande zu belehren. Denn junge Leute waren wenige unter den ›Schülern‹. Ich erklärte dem Vorstande, wenn ich den Unterricht übernähme, so würde ich ganz nach meiner Meinung von dem Entwicklungsgange der Menschheit Geschichte vortragen, nicht in dem Stil, wie das nach dem Marxismus jetzt in sozialdemokratischen Kreisen üblich sei. Man blieb dabei, meinen Unterricht zu wünschen.

Nachdem ich diesen Vorbehalt gemacht hatte, konnte es mich nicht mehr berühren, daß die Schule eine sozialdemokratische Gründung des alten Liebknecht (des Vaters) war. Für mich bestand die Schule aus Männern und Frauen aus dem Proletariat; mit der Tatsache, daß weitaus die meisten Sozialdemokraten waren, hatte ich nichts zu tun.

Aber ich hatte selbstverständlich mit der Geistesart der ›Schüler‹ zu tun. Ich mußte in Ausdrucksformen sprechen, die mir bis dahin ganz ungewohnt waren. In die Begriffs-

Anzeige der Arbeiter-
bildungsschule Span-
dau in der Zeitung
›Die Laterne‹, Nr. 7,
3. Jg. vom 16. 2. 1902
(Unterhaltungsabend)

und Urteilsformen dieser Leute mußte ich mich hineinfinden, um einigermaßen verstanden zu werden.

Von zwei Seiten her kamen diese Begriffs- und Urteilsformen. Zunächst aus dem
Leben. Die materielle Arbeit und deren Ergebnisse kannten diese Leute. Die die
Menschheit in der Geschichte vorwärts leitenden geistigen Mächte traten nicht vor
ihre Seele. Deshalb hatte der Marxismus mit der ›materialistischen Geschichtsauffassung‹
so leichtes Spiel. Er behauptete, die treibenden Kräfte im geschichtlichen Werden seien
nur die wirtschaftlich-materiellen, die in materieller Arbeit erzeugten. Die ›geistigen
Faktoren‹ seien bloß eine Art Nebenprodukt, das aus dem Materiell-Wirtschaftlichen
aufsteigt: sie seien eine bloße Ideologie.

Dazu kam, daß sich damals in der Arbeiterschaft ein Eifer nach wissenschaftlicher
Bildung seit lange entwickelt hatte. Aber der konnte nur in der populären materiali-
stisch-wissenschaftlichen Literatur befriedigt werden. Denn nur *diese* Literatur traf eben
auf die Begriffs- und Urteilsformen der Arbeiter auf. Was nicht materialistisch war, war
so geschrieben, daß ein Verständnis für den Arbeiter unmöglich war. So kam die unsäg-
lich tragische Tatsache, daß, als das werdende Proletariat mit höchster Sehnsucht nach
Erkenntnis begehrte, ihm diese nur mit dem gröbsten Materialismus befriedigt wurde.

Man muß bedenken, daß in dem wirtschaftlichen Materialismus, den die Arbeiter
durch den Marxismus als ›materialistische Geschichte‹ in sich aufnehmen, Teilwahrheiten stecken. Und daß diese Teilwahrheiten gerade das sind, was sie leicht verstehen.
Hätte ich daher mit völligem Außerachtlassen dieser Teilwahrheiten idealistische Geschichte gelehrt, man hätte in den materialistischen Teilwahrheiten ganz unwillkürlich
das empfunden, was von meinem Vortrage zurückstieß.

Anzeige der
Arbeiterbildungs-
schule Spandau
in der Zeitung
›Die Laterne‹,
Nr. 23, 3. Jg.
vom 8. 6. 1902
(Dichter-Abend)

Ich ging deshalb von einer auch für meine Zuhörer zu begreifenden Wahrheit aus. Ich zeigte, wie bis zum sechzehnten Jahrhundert von einer Herrschaft der wirtschaftlichen Kräfte, so wie dies Marx tut, zu sprechen, ein Unding sei. Wie vom sechzehnten Jahrhundert an die Wirtschaft erst in Verhältnisse einrückt, die man marxistisch fassen kann; wie dieser Vorgang dann im 19. Jahrhundert seinen Höhepunkt erlangt.

So war es möglich, für die vorangehenden Zeitalter der Geschichte die ideell-geistigen Impulse ganz sachgemäß zu besprechen und zu zeigen, wie diese in der neuesten Zeit schwach geworden sind gegenüber den materiell-wirtschaftlichen.

Die Arbeiter bekamen auf diese Art Vorstellungen von den Erkenntnisfähigkeiten, den religiösen, den künstlerischen, den sittlichen Triebkräften in der Geschichte und kamen davon ab, diese nur als ›Ideologie‹ anzusehen. Dabei polemisch gegen den Materialismus zu werden, hätte gar keinen Sinn gehabt; ich mußte aus dem Materialismus heraus den Idealismus erstehen lassen.

In den ›Redeübungen‹ konnte allerdings nur wenig nach der gleichen Richtung getan werden. Nachdem ich immer im Beginne eines Kurses die formalen Regeln des Vortragens und Redens erörtert hatte, sprachen die ›Schüler‹ in Übungsreden. Sie brachten da selbstverständlich das vor, was ihnen nach ihrer materialistischen Art geläufig war.

Die ›Führer‹ der Arbeiterschaft bekümmerten sich zunächst gar nicht um die Schule. Und so hatte ich völlig freie Hand.

Schwieriger wurde für mich die Sache, als zu dem geschichtlichen Unterricht der naturwissenschaftliche hinzuwuchs. Da war es besonders schwer, von den in der Wissenschaft, namentlich bei deren Popularisatoren, herrschenden materialistischen Vorstellungen zu sachgemäßen aufzusteigen. Ich tat es, so gut es nur irgend ging.

hat sich erst vor zwei Jahren verheirathet, während die andern Beiden wohl ein oder zwei Kinder haben. Die Direktion hielt aber dennoch diese Drei, entgegen der ihr eingereichten Vorschlagsliste für berücksichtigungswerth! — Ob man uns nicht „einen Bären aufgebunden" hat, Herr v. Einem? U. A. w. g.

Der „erste Unterhaltungsabend" der hiesigen Arbeiter-Bildungsschule, am vergangenen Sonntag hat die gehegten Erwartungen sicher erfüllt, wenn nicht gar übertroffen. Der Besuch war ein überaus guter. Herr Dr. Steiner hielt zunächst einen äußerst fesselnden Vortrag über „Ferdinand Freiligrath", dem sich Recitationen einiger seiner ergreifenden Dichtungen anreihten. Der Vortragende fand allgemeinen lebhaften Beifall. Zwischendurch wurden einige musikalische Solovorträge gegeben, welche gleichfalls lebhaft applaudirt wurden. Den Vorträgen schloß sich ein Tanzkränzchen an, welches die Festgäste noch einige Stunden gesellig zusammenhielt. Das Gelingen dieses ersten Unterhaltungs-Abend hat den Beweis geliefert, daß der eingeschlagene Weg, Bildungsbestrebungen mit der Geselligkeit in passender Form zu verbinden, durchaus der richtige ist, und daß auf diese Weise am besten Verständniß für unsere Volksdichter und für eine schlichte Geselligkeit der Arbeiter untereinander gefördert werden kann. Nur weiter so!

Morallumperei! Mitglieder der Berliner städtischen Behörden haben sich schlüssig gemacht, eine Versammlung von deutschen Städte-Vertretern zwischen Ostern und Pfingsten nach Berlin zu berufen, um gegen die Zolltarif-Vorlage der verbündeten Regierungen Stellung zu nehmen. Das „Spand. Tagebl." begeistert

aus: ›Die Laterne‹, Nr. 9, 3. Jg. vom 2. 3. 1902 (Besprechung des Unterhaltungsabends, siehe Seite 174)

Nun dehnte sich aber gerade durch die Naturwissenschaft meine Unterrichtstätigkeit innerhalb der Arbeiterschaft aus. Ich wurde von zahlreichen Gewerkschaften aufgefordert, naturwissenschaftliche Vorträge zu halten. Insbesondere wünschte man Belehrung über das damals Aufsehen machende Buch Haeckels: ›Welträtsel‹. Ich sah in dem positiv biologischen Drittel dieses Buches eine präzis-kurze Zusammenfassung der Verwandtschaft der Lebewesen. Was im allgemeinen meine Überzeugung war, daß die Menschheit von dieser Seite zur Geistigkeit geführt werden könne, das hielt ich auch für die Arbeiterschaft richtig. Ich knüpfte meine Betrachtungen an dieses Drittel des Buches an und sagte oft genug, daß man die zwei andern Drittel für wertlos halten muß und eigentlich von dem Buche wegschneiden und vernichten solle.

Als das Gutenberg-Jubiläum gefeiert wurde, übertrug man mir die Festrede vor 7000 Setzern und Druckern in einem Berliner Zirkus. Meine Art, zu den Arbeitern zu sprechen, wurde also sympathisch empfunden.

Das Schicksal hatte mich mit dieser Tätigkeit wieder in ein Stück Leben versetzt, in das ich unterzutauchen hatte. Wie die Einzelseele innerhalb dieser Arbeiterschaft schlummerte und träumte, und wie eine Art Massenseele diese Menschheit ergriff, die Vorstellung, Urteil, Haltung umschlang, das stellte sich vor mich hin.

Man darf sich aber nicht vorstellen, daß die Einzelseelen erstorben gewesen wären. Ich habe nach dieser Richtung tiefe Blicke in die Seelen meiner Schüler und überhaupt der Arbeiterschaft tun können. Das trug mich in der Aufgabe, die ich mir bei dieser ganzen Tätigkeit stellte. Die Stellung zum Marxismus war damals bei den Arbeitern noch nicht so, wie zwei Jahrzehnte später. Damals war ihnen der Marxismus etwas, das sie wie ein ökonomisches Evangelium mit voller Überlegung verarbeiteten. Später ist er etwas geworden, wovon die proletarische Masse wie besessen ist.

Das Proletarierbewußtsein bestand damals in Empfindungen, die wie Wirkung von Massensuggestionen sich ausnahmen. Viele der Einzelseelen sagten immer wieder: es muß eine Zeit kommen, in der die Welt wieder geistige Interessen entwickelt; aber zunächst muß das Proletariat rein wirtschaftlich erlöst werden.

Ich fand, daß meine Vorträge in den Seelen manches Gute wirkten. Es wurde aufgenommen, auch was dem Materialismus und der marxistischen Geschichtsauffassung widersprach. Als später die ›Führer‹ von meiner Art Wirken erfuhren, da wurde es von ihnen angefochten. In einer Versammlung meiner Schüler sprach einer dieser ›kleinen Führer‹. Er sagte das Wort: »Wir wollen nicht Freiheit in der proletarischen Bewegung; wir wollen vernünftigen Zwang.« Es ging das darauf hinaus, mich *gegen* den Willen meiner Schüler aus der Schule hinauszutreiben. Mir wurde die Tätigkeit allmählich so erschwert, daß ich sie bald, nachdem ich anthroposophisch zu wirken begonnen hatte, fallen ließ.

Ich habe den Eindruck, wenn damals von Seite einer größeren Anzahl unbefangener Menschen die Arbeiterbewegung mit Interesse verfolgt und das Proletariat mit Verständnis behandelt worden wäre, so hätte sich diese Bewegung ganz anders entfaltet. Aber man überließ die Leute dem Leben innerhalb ihrer Klasse, und lebte selbst innerhalb der seinigen. Es waren bloß theoretische Ansichten, die die eine Klasse der Menschen von der andern hatte. Man verhandelte in Lohnfragen, wenn Streiks u. dgl. dazu nötigten; man gründete allerlei Wohlfahrtseinrichtungen. Das letztere war außerordentlich anerkennenswert.

Aber alles Tauchen dieser weltbewegenden Fragen in eine geistige Sphäre fehlte. Und doch hätte nur ein solches der Bewegung ihre zerstörenden Kräfte nehmen können. Es war die Zeit, in der die ›höheren Klassen‹ das Gemeinschaftsgefühl verloren, in der der Egoismus mit dem wilden Konkurrenzkampf sich ausbreitete. Die Zeit, in der sich die Weltkatastrophe des zweiten Jahrzehnts des zwanzigsten Jahrhunderts schon vorbereitete. Daneben entwickelte das Proletariat auf seine Art das Gemeinschaftsgefühl als proletarisches Klassenbewußtsein. Es nahm an der ›Kultur‹, die sich in den ›oberen Klassen‹ gebildet hatte, nur insoferne teil, als diese Material lieferten zur Rechtfertigung des proletarischen Klassenbewußtseins. Es fehlte allmählich jede Brücke zwischen den verschiedenen Klassen.

So stand ich durch das ›Magazin‹ in der Notwendigkeit, in das bürgerliche Wesen unterzutauchen, durch meine Tätigkeit in der Arbeiterschaft in das proletarische. Ein reiches Feld, um die treibenden Kräfte der Zeit erkennend mitzuerleben.«

Folgende Episode mag Steiners Beweggründe und Bemühungen, die Idee der Freiheit auch dem Proletarier zum Erlebnis werden zu lassen, noch verdeutlichen:[9]

Versammlungen.

Zu einer imposanten Weihefeier gestaltete sich die öffentliche Versammlung, welche aus Anlaß der Gründung einer Bildungsschule zum letzten Sonntag einberufen worden war. Die Versammlung, welche auch von Frauen gut besucht war, lauschte aufmerksam dem fesselnden Vortrage unserer Genossin Dr. Luxemburg, die ein anschauliches Bild davon, wie schwer jede Wissenschaft von jeher gegen stupides Vorurtheil oder die Unterdrückungsversuche der in ihrer Herrschaft bedrohten Gewalthaber hat ankämpfen müssen, wie sie aber trotz alledem, trotz Torturen und Martern aller Art trotz Zuchthausgesetz u. s. w., sich noch stets siegreich durchgerungen. Die Referentin unterzog dann die bürgerliche Wissenschaft einer Prüfung auf ihren geschichtlichen Werth, und kennzeichnete den entschiedensten Gegensatz zwischen dieser und der proletarischen Wissenschaft. Heute, so führte sie aus, steigen bürgerliche Professoren nur deshalb „zu dem Volk hinab", um aus diesem gefügige Werkzeuge, für **Flotten- und Zollvorlagen** u. s. w. beim Volke Propaganda zu machen. Rednerin schloß unter lautem Beifall mit der Mahnung, die proletarische Wissenschaft jederzeit hoch zu halten und darum auch die neugegründete Bildungsschule lebensfähig zu gestalten. Hierauf machte Herr Dr. Steiner längere, temperamentvolle Ausführungen, indem er seine vollste Uebereinstimmung mit der Referentin kund gab. Genosse Rieger schloß alsdann nach einem kurzen Appell an die Versammelten zu Gunsten der Bildungsschule mit einem dreifachen Hoch auf die moderne, proletarische Wissenschaft. (Bisher haben sich dem neuen Verein bereits einige 60 Mitglieder angeschlossen.)

aus: ›Die Laterne‹, Nr. 3, 3. Jg. vom 19. 1. 1902
(Versammlung mit Rosa Luxemburg)

»Der Freiheitsgedanke muß in einer Wissenschaft der Freiheit verankert sein. Daß man das der ›durchbölschten‹[10] Bourgeoisie nicht leicht beibringen kann, wohl aber dem Proletariat, das hat sich mir manchmal gezeigt. So zum Beispiel zeigte es sich, als ich einmal in Spandau vor den Reihen der dort versammelten Arbeiter zunächst nur ein paar Worte sagen wollte, woraus aber dann eine fünf Viertelstunden lange Rede geworden ist, nachdem Rosa Luxemburg – sie ist ja hinlänglich bekannt – ihre große Rede vor dieser Arbeiterschaft gehalten hatte. Diese bestand aber nicht nur aus Arbeitern, sondern hatte auch Weib und Kind mitgebracht. Wickel- und kleine, schreiende Kinder, Hunde und alles mögliche waren im Saal. Als ich hinterher, nachdem Rosa Luxemburg ihre Rede über ›die Wissenschaft und die Arbeiter‹ gehalten hatte, gerade daran anknüpfte, daß ein wirkliches Fundament schon daläge, das wäre das, Wissenschaft geistig zu erfassen, das heißt aus dem Geiste heraus nach einer neuen Lebensgestalt zu suchen, da fand ich mit solchen Dingen immerhin einige Zustimmung.«

Zu dieser Zeit sprach Rudolf Steiner auf zahlreichen Veranstaltungen damaliger, mit der Arbeiterbewegung zusammenhängender Organisationen. Den Höhepunkt seines Wirkens innerhalb Berliner Arbeitskreise bildete jene Festrede, die er anläßlich des 500jährigen Gutenberg-Jubiläums am 17. Juni 1900 im Zirkus Schumann vor 7000 Setzern hielt.

Die Zusammenhänge zwischen seiner Tätigkeit an der Arbeiterbildungsschule und seinem späteren Einsatz für die Verwirklichung einer ›Dreigliederung des sozialen Organismus‹ schildert er in einer Fragenbeantwortung im Anschluß an seinen öffentlich gehaltenen Vortrag in Zürich am 24. Oktober 1919 mit den Worten:[11]

»Nun, da muß gesagt werden, daß die soziale Frage eigentlich erst kritisch geworden ist während dieser großen Weltkriegskatastrophe. Ich berühre ja nicht gern Persönliches, aber in solchen Dingen ist man nur allzuoft genötigt, das zu tun. Ich habe Gelegenheit gehabt, reichlich genug mitzuerleben den Gang der sozialen Frage. Ich war lange Zeit Lehrer an einer Arbeiterbildungsschule, in der von mir im Umgange mit den nicht nur erwachsenen, sondern oftmals recht alten Schülern die soziale Frage sehr gut studiert werden konnte ... ich habe gesehen ... wie es gerade in dem Zeitpunkt um die Wende des 19. zum 20. Jahrhundert möglich gewesen wäre, in die modernen breiteren Massen der arbeitenden Bevölkerung Ideen hineinzutragen, welche das heutige Chaos und die heutige Zerstörungswut auf sozialem Gebiete hätte verhindern können. Wahrhaftig, ich konnte deutlich sehen: Für aus dem Geiste heraus geborene Ideen wäre vor zwanzig Jahren, wenn man darauf seine Aufmerksamkeit gewendet hätte, eine breite Masse der Bevölkerung zugänglich gewesen.«

Rudolf Steiner während des Ersten Weltkrieges

Herrschte noch unmittelbar vor Ausbruch des Ersten Weltkrieges der Glaube an die für unbegrenzte Zeiten sichergefügten Verhältnisse, so wurde dieser durch den Verlauf des Krieges restlos verbraucht. In zahlreichen Vorträgen weist Rudolf Steiner auf die heute grotesk anmutende Haltung bedeutender Regierungspersönlichkeiten, wie etwa Gottlieb von Jagows, Staatssekretär im Auswärtigen Amt, hin: »Im Frühling des Jahres 1914 konnten wir hören, daß zu einer Versammlung, die wenigstens in bezug auf politische Dinge erleuchtet sein sollte, zu einer Versammlung derjenigen Männer, denen dazumal die Führung des Volkes anvertraut war, der damalige Außenminister sagte, er könne den Herren des Deutschen Reichstages mitteilen, daß die allgemeine Entspannung Europas große Fortschritte mache. Die Beziehungen des Deutschen Reiches zu Rußland seien die denkbar befriedigendsten, denn die Petersburger Regierung sei gar nicht geneigt, hinzuhorchen auf die Treibereien der Presse; die freundnachbarlichen Beziehungen zwischen dem Deutschen Reiche und Rußland versprächen das Allerbeste. Ferner sagte er, es seien Verhandlungen angeknüpft worden mit England, welche zwar noch nicht zum Abschluß gekommen seien, die aber versprächen, daß das beste Verhältnis mit England eintreten werde. Ja, eben gerade, wenn man offen und ehrlich dasjenige ins Auge fassen will, was Gedankenschlagkraft der führenden Kreise und der aus diesen führenden Kreisen Auserlesenen in jener entscheidungsvollen Zeit war, dann muß man schon auf solche Dinge hinweisen. Das Angedeutete konnte gesagt werden in den Wochen, die unmittelbar vorangingen jener furchtbaren Zeit, in welcher innerhalb Europas, gering gerechnet zehn bis zwölf Millionen Menschen getötet und dreimal soviel zu Krüppeln geschlagen worden sind! Auf diese Dinge muß hingeschaut werden, denn heute kommt es darauf an, von dem, was man in den letzten Zeiten gewöhnlich die Lebenspraxis genannt hat, endlich abzukommen und Vertrauen zu gewinnen zu dem, was wirkliche Einsicht in die Tatsachen vermag.«[1]

Dieses von Illusionen getragene Vorgehen politischer wie auch militärischer Führer aller an dem Krieg beteiligten Nationen ist jedoch, so Rudolf Steiner, nichts anderes als die Fortsetzung der bis dahin verfolgten politisch-wirtschaftlichen und imperialistischen Strategien, deren Ausgangspunkte bis weit in das 19. Jahrhundert zurückreichen.

Dazu zählt die Slawen-Frage ebenso wie das deutsch-russische Verhältnis seit dem Krim-Krieg (1853–1855), das deutsch-französische Verhältnis seit dem Krieg von 1870/71 wie auch das politisch-imperialistische Sendungsbewußtsein, das vom Britischen Empire und später von den Vereinigten Staaten von Amerika ausgehend die politische Landschaft zu Beginn des zwanzigsten Jahrhunderts zu prägen begann.

Von entscheidender Bedeutung war auch die Auswucherung der liberal-kapitalistischen Wirtschaftsweise und ihre Gegenreaktion, die sozialistische, später bolschewistische Bewegung, deren Zielsetzung und Strategien sich immer mehr von den Bedürfnissen und Forderungen, die sich im Proletariat aus der Entwicklung heraus notwendigerweise zu artikulieren suchten, entfernten.

Die Wahrnehmung dieser Tatbestände und eine spirituelle Durchdringung ihrer Entwicklungsbedingungen und -tendenzen veranlaßten Rudolf Steiner bereits im April 1914 von einer unmittelbar bevorstehenden sozialen Katastrophe zu sprechen:[2]

»Wir stehen in bezug auf die Entwicklung unserer sozialen und Völkerverhältnisse in etwas darinnen, das sich nur bezeichnen läßt mit einem Karzinom, mit einer Krebskrankheit im Leben der Völker, die in kürzester Zeit in einer furchtbaren Art zum Ausbruch kommen muß.«[2]

Wenig später brach der Erste Weltkrieg aus. Seine Auswirkungen hielten Europa noch über viele Jahre in Atem und sollten Wegbereiter zu einer erneuten Kriegskatastrophe werden.

In seiner im Jahre 1915 verfaßten Schrift ›Gedanken während der Zeit des Krieges. Für Deutsche und solche, die nicht glauben, sie hassen zu müssen‹[3] weist Rudolf Steiner darauf hin – und hier spricht aus ihm wieder der intime Geistesforscher –, daß die Entwicklung, die zu der Kriegskatastrophe von 1914 führte und deren weiteren Verlauf bestimmen sollte, zur Folge haben wird, daß mit dem Untergang des Deutschtums im äußeren Sinne auch der Untergang des ›geistigen‹ Deutschtums eintrete; das heißt, alles dasjenige, was durch Persönlichkeiten wie Goethe, Schiller, Herder, Fichte und viele andere geistig in Mitteleuropa Wirklichkeit werden wollte, wenn die Menschen die durch sie gegebenen Gedanken als reale geistige Impulse ergreifen, wird im Zuge des äußeren Unterganges in diesen mit hinabgezogen. Damit aber würde sich Mitteleuropa einer Kraft berauben, deren Aufgabe es war – und viele kritische ausländische Zeitgenossen haben dies damals erkannt –, aufbauend zu wirken im Sinne eines moralisch-sittlichen Impulses, der im konkreten sozialen Leben zu grundlegenden Veränderungen hätte führen können.

Eine andere Gefahr sah Rudolf Steiner von seiten des ›Wilsonismus‹ über Europa hereinbrechen, nämlich einen erbarmungslosen Nationalitätenstreit, der dann auch tatsächlich eintreten sollte. So heißt es in seinem Vortrag vom 14. November 1917 in Zürich: »Ich habe dazumal – also vor dem Ausbruch dieser Kriegsereignisse – in Helsingfors angedeutet, wie man fehlgehen kann, wenn man aus bloßen naturwissenschaftlichen Vorstellungen heraus die soziale Struktur in Menschengemeinschaften erfassen will, und ich habe als Beispiel eine Persönlichkeit gewählt, welche im eminentesten Sinne diesen Fehler macht: *Woodrow Wilson*. Und zwar habe ich darauf aufmerksam gemacht, daß Woodrow Wilson – Gelehrsamkeit ist in diesem Falle zur Staatsmannschaft aufgerückt – in sonderbarer Weise sagt: Zu der Zeit des Newtonismus, als man die ganze Welt mehr mechanisch betrachtet hat, da kann man bemerken, wie die Menschen auch in ihren Staatsvorstellungen, in ihren sozialen Vorstellungen, die mechanischen Vorstellungen drinnen haben, die Newton und andere an die Tagesordnung gebracht haben. Aber es ist falsch, das soziale Leben mit solchen engen Begriffen zu erfassen, sagt Woodrow Wilson; heute muß man das anders machen: heute muß man die darwinistischen Vorstellungen auf das soziale Leben anwenden! Also er macht dasselbe, nur macht er es mit den heute geltenden naturwissenschaftlichen Vorstellungen!«[4]

Rudolf Steiners Kritik richtete sich zunächst gegen Wilsons ›Sozialdarwinismus‹, den dieser im ersten Kapitel ›Was ist Fortschritt?‹ seines Buches ›Die neue Freiheit‹ mit folgenden Worten beschreibt: »... eine Regierung (ist) nicht eine Maschine, sondern ein lebendes Wesen. Sie untersteht nicht der Theorie vom Weltall, sondern der Theorie des organischen Lebens. Sie wird durch Darwin erklärt und nicht durch Newton ... Lebendige politische Verfassungen müssen in ihrem Bau und ihrer Handhabung darwinistisch sein.«[5] Später wandte er sich energisch gegen das 14-Punkte-Programm, wie u. a. aus folgender Passage eines Vortrages unter dem Thema ›Die geschichtliche Entwicklung des Imperialismus‹ vom 20. Februar 1920 hervorgeht: »In den letzten vier bis fünf Jahren ist außerordentlich viel über allerlei schöne Dinge gesprochen worden: Selbstbestimmung der Völker und so weiter. – Alle diese Dinge waren nicht wahr; denn dasjenige, was dahinter war, das war etwas ganz anderes, das waren selbstverständlich Machtfragen ... Und so muß ein solches Wort wie Imperialismus – ›Imperial Federation‹ ist das offizielle Wort seit Beginn des 20. Jahrhunderts in England –, wenn über solche Dinge gesprochen wird, so muß berücksichtigt werden, daß wir in diesen Dingen Ableitungen haben, Spätprodukte der Entwicklung, und daß diese zurückführen in weit vergangene Zeiten.«[6]

An das deutsche Volk und an die Kulturwelt!

Sicher gefügt für unbegrenzte Zeiten glaubte das deutsche Volk seinen vor einem halben Jahrhundert aufgeführten Reichsbau. Im August 1914 meinte es, die kriegerische Katastrophe, an deren Beginn es sich gestellt sah, werde diesen Bau als unbesieglich erweisen. Heute kann es nur auf dessen Trümmer blicken. Selbstbesinnung muß nach solchem Erlebnis eintreten. Denn dieses Erlebnis hat die Meinung eines halben Jahrhunderts, hat insbesondere die herrschenden Gedanken der Kriegsjahre als einen tragisch wirkenden Irrtum erwiesen. Wo liegen die Gründe dieses verhängnisvollen Irrtums? Diese Frage muß Selbstbesinnung in die Seelen der Glieder des deutschen Volkes treiben. Ob jetzt die Kraft zu solcher Selbstbesinnung vorhanden ist, davon hängt die Lebensmöglichkeit des deutschen Volkes ab. Dessen Zukunft hängt davon ab, ob es sich die Frage in ernster Weise zu stellen vermag: wie bin ich in meinen Irrtum verfallen? Stellt es sich diese Frage heute, dann wird ihm die Erkenntnis aufleuchten, daß es vor einem halben Jahrhundert ein Reich gegründet, jedoch unterlassen hat, diesem Reich eine aus dem Wesensinhalt der deutschen Volkheit entspringende Aufgabe zu stellen. — Das Reich war gegründet. In den ersten Zeiten seines Bestandes war man bemüht, seine inneren Lebensmöglichkeiten nach den Anforderungen, die sich durch alte Traditionen und neue Bedürfnisse von Jahr zu Jahr zeigten, in Ordnung zu bringen. Später ging man dazu über, den in materiellen Kräften begründete äußere Machtstellung zu festigen und zu vergrößern. Damit verband man Maßnahmen in bezug auf die von der neuen Zeit geborenen sozialen Anforderungen, die zwar manchem Rechnung trugen, was der Tag als Notwendigkeit erwies, denen aber doch ein großes Ziel fehlte, wie es sich hätte ergeben sollen aus jener Erkenntnis der Entwicklungskräfte, denen die neuere Menschheit sich zuwenden muß. So war das Reich in den Weltzusammenhang hineingestellt ohne wesenhafte, seinen Bestand rechtfertigende Zielsetzung. Der Verlauf der Kriegskatastrophe hat dieses in trauriger Weise geoffenbart. Bis zum Ausbruche derselben hatte die außerdeutsche Welt in dem Verhalten des Reiches nichts sehen können, was ihr die Meinung hätte erwecken können: die Verwalter dieses Reiches erfüllen eine weltgeschichtliche Sendung, die nicht hinweggesetzt werden darf. Das Nichtfinden einer solchen Sendung durch diese Verwalter hat notwendig die Meinung in der außerdeutschen Welt erzeugt, die für den wirklich Einsichtigen der tiefere Grund des deutschen Niederbruches ist.

Unermeßlich vieles hängt nun für das deutsche Volk an seiner unbefangenen Beurteilung dieser Sachlage. Im Unglück müßte die Einsicht auftauchen, welche sich in den letzten fünfzig Jahren nicht hat zeigen wollen. An die Stelle des kleinen Denkens über die allernächsten Forderungen der Gegenwart müßte jetzt ein großer Zug der Lebensanschauung treten, welcher die Entwicklungskräfte der neueren Menschheit mit starken Gedanken zu erkennen strebt, und der mit mutigem Wollen sich ihnen widmet. Aufhören müßte der kleinliche Drang, der alle diejenigen als unpraktische Idealisten unschädlich macht, die ihren Blick auf diese Entwicklungskräfte richten. Aufhören müßte die Anmaßung und der Hochmut derer, die sich als Praktiker dünken und die doch durch ihren als Praxis maskierten engen Sinn das Unglück herbeigeführt haben. Berücksichtigt müßte werden, was die Idealisten verschrieenen, aber in Wahrheit wirklichen Praktiker über die Entwicklungsbedürfnisse der neuen Zeit zu sagen haben.

Die „Praktiker" aller Richtungen sahen zwar das Heraufkommen ganz neuer Menschheitsforderungen seit langer Zeit. Aber sie wollten diesen Forderungen innerhalb des Rahmens altüberlieferter Denkgewohnheiten und Einrichtungen gerecht werden. Das Wirtschaftsleben der neueren Zeit hat die Forderungen hervorgebracht. Ihre Befriedigung auf dem Wege privater Initiative schien unmöglich. Ueberleitung des privaten Arbeitens in gesellschaftliches drängte sich der einen Menschenklasse auf einzelnen Gebieten als notwendig auf; und sie wurde verwirklicht da, wo es dieser Menschenklasse nach ihrer Lebensanschauung als ersprießlich erschien. Radikale Ueberführung aller Einzelarbeit in gesellschaftliche wurde das Ziel einer anderen Klasse, die durch die Entwicklung des neuen Wirtschaftslebens an der Erhaltung der überkommenen Privatziele kein Interesse hat.

Allen Bestrebungen, die bisher in Anbetracht der neueren Menschheitsforderungen hervorgetreten sind, liegt ein Gemeinsames zugrunde. Sie drängen nach Vergesellschaftung des Privaten und rechnen dabei auf die Uebernahme des letzteren durch die Gemeinschaften (Staat, Kommune), die aus Voraussetzungen stammen, welche nichts mit den neuen Forderungen zu tun haben. Oder auch, man rechnet mit neueren Gemeinschaften (z. B. Genossenschaften), die nicht voll im Sinne dieser neuen Forderungen entstanden sind, sondern die aus überlieferten Denkgewohnheiten heraus den alten Formen nachgebildet sind.

Aufruf an das Deutsche Volk

Die Wahrheit ist, daß keine im Sinne dieser alten Denkgewohnheiten gebildete Gemeinschaft aufnehmen kann, was man von ihr aufgenommen wissen will. Die Kräfte der Zeit drängen nach der Erkenntnis einer sozialen Struktur der Menschheit, die ganz anderes ins Auge faßt, als was heute gemeiniglich ins Auge gefaßt wird. Die sozialen Gemeinschaften haben sich bisher zum größten Teil aus den sozialen Instinkten der Menschheit gebildet. Ihre Kräfte mit vollem Bewußtsein zu durchdringen, wird Aufgabe der Zeit.

Der soziale Organismus ist gegliedert wie der natürliche. Und wie der natürliche Organismus das Denken durch den Kopf und nicht durch die Lunge besorgen muß, so ist dem sozialen Organismus die Gliederung in Systeme notwendig, von denen keines die Aufgabe des anderen übernehmen kann, jedes aber unter Wahrung seiner Selbständigkeit mit den anderen zusammenwirken muß.

Das wirtschaftliche Leben kann nur gedeihen, wenn es als selbständiges Glied des sozialen Organismus nach seinen eigenen Kräften und Gesetzen sich ausbildet, und wenn es nicht dadurch Verwirrung in sein Gefüge bringt, daß es sich von einem anderen Gliede des sozialen Organismus, dem politisch wirksamen, aufsaugen läßt. Dieses politisch wirksame Glied muß vielmehr in voller Selbständigkeit neben dem wirtschaftlichen bestehen, wie im natürlichen Organismus das Atmungssystem neben dem Kopfsystem. Ihr heilsames Zusammenwirken kann nicht dadurch erreicht werden, daß beide Glieder von einem einzigen Gesetzgebungs- und Verwaltungsorgan aus versorgt werden, sondern daß jedes seine eigene Gesetzgebung und Verwaltung hat, die lebendig zusammenwirken. Denn das politische System muß die Wirtschaft vernichten, wenn es sie übernehmen will; und das wirtschaftliche System verliert seine Lebenskräfte, wenn es politisch werden will.

Zu diesen beiden Gliedern des sozialen Organismus muß in voller Selbständigkeit und aus seinen eigenen Lebensmöglichkeiten heraus gebildet ein drittes treten: das der geistigen Produktion, zu dem auch der geistige Anteil der beiden anderen Gebiete gehört, der ihnen von dem mit eigener gesetzmäßiger Regelung und Verwaltung ausgestatteten dritten Gliede überliefert werden muß, der aber nicht von ihnen verwaltet und anders beeinflußt werden kann, als die nebeneinander bestehenden Gliedorganismen eines natürlichen Gesamtorganismus sich gegenseitig beeinflussen.

Man kann schon heute das hier über die Notwendigkeiten des sozialen Organismus Gesagte in allen Einzelheiten vollwissenschaftlich begründen und ausbauen. In diesen Ausführungen können nur die Richtlinien hingestellt werden, für alle diejenigen, welche diesen Notwendigkeiten nachgehen wollen.

Die deutsche Reichsgründung fiel in eine Zeit, in der diese Notwendigkeiten an eine neuere Menschheit herantraten. Seine Verwaltung hat nicht verstanden, dem Reich eine Aufgabe zu stellen durch den Blick auf diese Notwendigkeiten. Dieser Blick hätte ihm nicht nur das rechte innere Gefüge gegeben; er hätte seiner äußeren Politik eine berechtigte Richtung verliehen. Mit einer solchen Politik hätte das deutsche Volk mit den außerdeutschen Völkern zusammenleben können.

Nun müßte aus dem Unglück die Einsicht reifen. Man müßte den Willen zum möglichen sozialen Organismus entwickeln. Nicht ein Deutschland, das nicht mehr da ist, müßte der Außenwelt gegenübertreten, sondern ein geistiges, politisches und wirtschaftliches System in ihren Vertretern müßten als selbständige Delegationen mit denen verhandeln können, von denen das Deutschland niedergeworfen worden ist, das sich durch die Verwirrung der drei Systeme zu einem unmöglichen sozialen Gebilde gemacht hat.

Man hört im Geiste die Praktiker, welche über die Kompliziertheit des hier Gesagten sich ergehen, die unbequem finden, über das Zusammenwirken dreier Körperschaften auch nur zu denken, weil sie nichts von den wirklichen Forderungen des Lebens wissen mögen, sondern alles nach den bequemen Forderungen ihres Denkens gestalten wollen. Ihnen muß klar werden: entweder man wird sich bequemen, mit seinem Denken den Anforderungen der Wirklichkeit sich zu fügen, oder man wird von Unglücke nichts gelernt haben, sondern das herbeigeführte durch weiter entstehendes ins Unbegrenzte vermehren.

Der Verfasser des Aufrufs: Dr. Rudolf Steiner.

Das Arbeiter-Komitee für Drei-Gliederung des sozialen Organismus:

Möffel, Gönnewein bei Daimler, Untertürkheim
Hammer bei Bosch, Stuttgart
Lohrmann bei Bosch, Feuerbach

Benzinger bei der Waldorf-Astoria
Hüttelmeyer bei der Maschinenfabrik Eßlingen
Dorfner b. d. Maschinenfabrik Unger, Hedelfingen

Proletarier!

In der Drei-Gliederung liegt die Lösung der sozialen Frage.
Werbt dafür und hört die Vorträge Dr. Steiners oder lest sein Buch.

Greiner-Buchdruckerei, Stuttgart.

183

So wurde für Rudolf Steiner immer deutlicher, daß die Völker Europas den Gefahren, die ihnen durch die Politik Wilsons drohen, nur dadurch begegnen und standhalten können, indem sie selbst ein umfangreiches Programm entwickeln und ihren zukünftigen Handlungen dadurch eine neue Bestimmtheit, eine zeitgemäße Sinngebung verleihen.

Im Juli des Jahres 1917, im Westen war der Stellungskrieg zu einer unabänderlichen Tatsache geworden, im Osten war nach einer Übergangsregierung Kerenskis Lenin auf dem Wege zur Macht, die Vereinigten Staaten hatten Deutschland den Krieg erklärt, verfaßte Rudolf Steiner zwei *Memoranden*, in denen er zum ersten Mal seine Ideen einer grundlegenden Neugestaltung des sozialen Lebens nach vorangegangener Analyse des Ist-Zustandes zur Darstellung brachte.

Veranlaßt wurden diese Memoranden durch Otto Graf Lerchenfeld, der als Reichsrat von Bayern in Berlin tätig war. Dieser schreibt in seinen Erinnerungen: »... war heute drei Stunden bei Dr. Steiner in der Motzstraße. Vor mir steht die Lösung von allem. Weiß, daß es keine andere geben *kann*. ›Dreigliederung des sozialen Organismus‹ hat er genannt, was er wie das Ei des Columbus vor mich hingestellt hat. In den nächsten Tagen will er die Idee mit mir ausarbeiten. Werden wohl Wochen daraus werden.«[7] Und an anderer Stelle fährt er fort: »Daß Rudolf Steiner meinen Optimismus nicht teilte, wurde mir allerdings sehr bald klar. Mehr als drei Wochen tagtäglicher, stundenlanger Arbeit folgten dieser ersten Unterredung, Wochen höchsten Erlebens, höchster Anspannung, intensivsten Lernens, Lernens was in Wahrheit bedeutet Logik des Lebens, des Werdens und Vergehens, wie Logik hinübergreifen muß ins Künstlerische, soll sie vom wirklichen Leben nicht abgelehnt und zur Unlogik werden. Politik ist Kunst, nicht Wissenschaft allein, und, wo sie nur mehr Wissenschaft ist, da erkrankt der soziale Organismus, weil er behandelt wird wie ein Totes.«[8] Schon kurz nach seinem Gespräch mit Rudolf Steiner war Graf Lerchenfeld an Ludwig Graf Polzer-Hoditz, den Bruder des österreichischen Kabinettchefs, herangetreten: »Inzwischen war auf ein Telegramm hin Graf Ludwig Polzer-Hoditz aus Wien nach Berlin gekommen, um eine Zeitlang an unseren Gesprächen teilzunehmen und, nach Wien zurückgekehrt, seinen Bruder, den Grafen Arthur, den Kabinettchef des Kaisers, über die Idee Rudolf Steiners unterrichten zu können, der ja dann auch die eine dieser Schriften in seinem außerordentlich wertvollen Buche ›Kaiser Karl‹ abdrucken ließ.«[9]

Otto Graf Lerchenfeld und Polzer-Hoditz begannen nun ihre Beziehungen zu deutschen und österreichischen Regierungskreisen einzusetzen, um Rudolf Steiners Gedanken von einem über die unmittelbaren Kriegsziele hinausgehenden politischen deutschen Beitrag zur ›Gesundung der Weltlage‹ an einflußreiche Persönlichkeiten heranzutragen. Doch konkrete Ergebnisse brachten die Kontakte etwa mit dem deutschen Staatssekretär Kühlmann und Prinz Max von Baden nicht. In einer Fragenbeantwortung im Anschluß an einen Vortrag am 19. Juli 1920 sagt Rudolf Steiner über seine Begegnung mit Prinz Max von Baden: »Ich reiste nach Berlin über Karlsruhe. Es war im Januar. Man wußte dazumal ganz gut, daß wenn es im ehemaligen Deutschland zum Krache kommen würde, würde der Prinz Max von Baden Reichskanzler werden. Ich sprach auf dieser Reise also dem Prinzen Max von Baden schon im Januar über die Dreigliederung des sozialen Organismus, weil es sich darum gehandelt hätte, daß selbstverständlich in die unmittelbar konkreten, realen Tatsachen hinein gewirkt hätte, was die Kraft der Impulse des dreigliedrigen sozialen Organismus ist.«[10]

Und in seinem Vortrag vom 24. November 1921 berichtet er: »Dieses Gespräch führte auch darauf, daß von seiten dieser Persönlichkeit bemerkt wurde, wie notwendig es eigentlich sei, eine Psychologie, eine Seelenkunde der europäischen Völker zu haben, denn das große Chaos, in das man hineinsegelt, werde fordern, daß diejenigen, die einigermaßen führend sein wollen, sich auskennen in der Wirksamkeit, in den Kräften der europäischen Völkerseelen. Und es wurde von dieser Persönlichkeit sehr bedauert, daß eigentlich keine Möglichkeit sei, bei der Behandlung der öffentlichen Angelegenheiten so etwas wie eine Seelenkunde der Völker zugrunde legen zu können. Ich erwiderte, daß ich über diese Seelenkunde der europäischen Völker hier in Kristiania einen Vortragszyklus gehalten habe, und ich habe dann dieser Persönlichkeit diesen Vortragszyklus mit einer aus der damaligen Situation – Januar 1918 – herausgeschriebenen Vorrede geschickt ... Genützt hat es allerdings nichts.«[11]

Als Prinz Max von Baden im Oktober 1918 Reichskanzler wurde, war jegliches, auf eine grundlegende Veränderung gerichtetes Vorhaben von deutscher Seite bereits aussichtslos geworden. Der folgende Auszug aus den Erinerungen des österreichischen Kabinettchefs Arthur Graf Polzer-Hoditz mag die Schwierigkeiten ein wenig beleuchten, die mit einer Verbreitung der Dreigliederungsidee auf der obersten politischen Ebene verbunden waren:[12]

»Es war Ende August 1917, als ich durch meinen Bruder – der mich in Reichenau besuchte – mit dem Gedanken des Gründers der anthroposophischen Gesellschaft, Dr. Rudolf Steiner, über die Dreigliederung des sozialen Organismus bekannt wurde. Ich verhielt mich anfangs zurückhaltend und skeptisch, unterzog aber eine darauf bezügliche Denkschrift Steiners, die mir übergeben worden war, einem eingehenden Studium. Ich wollte den Gedanken, unabhängig von der Quelle, aus der er stammte und der ich ferne stand, und zwar nicht nur auf seinen objektiven Wert, sondern auch auf seine Durchführbarkeit und Anwendbarkeit prüfen. Ich gewann den Eindruck, daß es sich um einen Vorschlag handle, der – zum Unterschied von so vielen anderen – den *praktischen* Bedürfnissen der anbrechenden Zeit volle Rechnung trug ...

Ich glaubte zu erkennen, daß der dem System zugrunde liegende Gedanke im allgemeinen ein richtiger sei, und so schloß ich daraus, daß seine Realisierung – mag sie auch noch so schwierig sein – objektiv möglich sein müsse. Hierzu hätte es aber der überzeugten Mitarbeit der Völker bedurft. Es wäre also vor allem notwendig gewesen, dem Großteil der Menschheit die Überzeugung von der Richtigkeit des Gedankens zu vermitteln. Es genügt nicht, einen an sich richtigen Gedanken zu fassen, man muß für dessen Verwirklichung die breiten Massen gewinnen und ihn so aus dem Reich des Ideellen auf den festen Boden der Wirklichkeit verpflanzen ...

Ich hatte aber von vornherein die Empfindung, daß die Idee der Dreigliederung, gerade weil sie aus der Geisteswelt hervorgeholt war und die endgültige Absage an die althergebrachten Zustände, Begriffe und Denkgewohnheiten bedeutete, nahezu allgemein abgelehnt worden wäre, zumal in einer Zeit, zu der man – wie dies im Jahr 1917 noch der Fall war – meinte, man werde von dem Gewohnten nicht allzu weit abrücken müssen ...«

Über sein Gespräch mit dem österreichischen Kaiser berichtet er:
»Am Abend und am nächsten Tag hatte ich mehrstündige Audienzen, während welcher ich, nunmehr der Rücksichten ledig, die mir mein Amt auferlegt hatte, das System der Dreigliederung auseinandersetzte. Der Kaiser hörte mit gespannter Aufmerksamkeit zu. Er würdigte voll die Bedeutung des Gedankens, meinte aber, daß er doch noch zu wenig durchgearbeitet sei, als daß man sich ein abschließendes Urteil darüber bilden könnte, und darauf müsse es schließlich ankommen, wenn man der Sache nähertreten wollte. Ich machte mich erbötig, die Sache weiter zu studieren und zunächst die Grundgedanken des Systems der Dreigliederung in einer Denkschrift[13] niederzulegen ...

Ich hatte mich während meines Urlaubs mit dem Gedanken der Dreigliederung des sozialen Organismus befaßt und die Art der Durchführung überdacht, so daß ich in der Lage war, dem Ministerpräsidenten diesfalls sehr konkrete Vorschläge zu machen. Seidler hörte aufmerksam zu und besprach die Sache sehr eingehend mit mir.

Ich konnte nicht recht daran glauben, daß aus der Sache etwas werde; denn schließlich mochte es selbst jenen, die von der gründlichen Reformbedürftigkeit der Formen des staatlichen Lebens voll überzeugt waren, bedenklich erscheinen, einen so vollständig neuen Gedanken, *für dessen Aufnahme die Welt noch in keiner Weise vorbereitet war, zum Inhalt eines Regierungsprogramms zu machen.* Man erzählte mir, daß auch Kühlmann mit dem Gedanken vertraut gemacht wurde, und daß der nachmalige deutsche Reichskanzler Prinz Max von Baden sich dafür interessierte und mit Dr. Steiner darüber persönlich verhandelte. Weder der eine noch der andere ist damit hervorgetreten. Ich kann dies gut verstehen. *Ich, persönlich, war allerdings der Meinung, daß die Zeit gerade damals für große Gedanken, nur für große Gedanken aufnahmsfähig war und daß es nicht von Nachteil gewesen wäre, einen solchen, wenn auch unvermittelt in die Welt zu werfen. Man wäre vielleicht über ihn hergefallen und hätte ihn zerzaust und arg zugerichtet. Aber er wäre dagewesen. Die Welt hätte sich mit ihm auseinandersetzen* müssen, und war er gut, so hätte er sich schließlich behauptet. Es wäre eines Versuchs wert gewesen. Aber auch ich habe zu einem solchen Versuch erst zu raten vermocht, als ich die Gewißheit hatte, daß der bisherige Weg uns in den Abgrund führe und daß nur eine vollständige Wandlung Rettung bringen könnte. Dem unehrlichen Programm der ›Selbstbestimmung und Völkerbefreiung‹, welches vom Westen revolutionierend in die Welt geschleudert wurde und dessen Saaten in Rußland bereits aufgegangen waren, *hätte eine geistige Offensive von ebenso großer Wucht entgegengesetzt werden müssen.*«

Die „Schuld" am Kriege

Betrachtungen und Erinnerungen

des

Generalstabchefs **H. v. Moltke**

über die Vorgänge vom Juli 1914
bis November 1914

Herausgegeben vom

„Bund für Dreigliederung des sozialen Organismus" und
eingeleitet in Übereinstimmung mit Frau Eliza v. Moltke
durch Dr. Rudolf Steiner

1. bis 10. Tausend

Druck und Verlag von Greiner & Pfeiffer, Stuttgart
1919

Titelblatt zu der Broschüre ›Die Schuld am Kriege‹

Auch während jener Phase intensivster Gespräche mit Persönlichkeiten des öffentlichen politischen Lebens setzte Rudolf Steiner seine Vortragtätigkeit vor Mitgliedern der Anthroposophischen Gesellschaft, einem immer größer werdenden Kreis von Menschen, der sich zusammengefunden hatte, um von den geistigen Zusammenhängen menschlichen Seins, den spirituellen Hintergründen der ›äußeren‹ Welt und der sozialen Frage zu erfahren, fort. Immer wieder versuchte er an Beispielen bedeutender Denker aus dem Westen, Osten und der Mitte das Ringen um eine geistgemäße Anschauung zu verdeutlichen und so die geistigen Hintergründe der Menschheitsentwicklung und die in ihnen verborgenen Zukunftskeime aufzuzeigen.

Um jedoch in die Zukunft hinein die brennenden sozialen Fragen fundamental neu angehen zu können, schien ihm eine Klärung der Ursachen, die zum Ersten Weltkrieg geführt haben, unabdingbar. Aus seinen persönlichen Begegnungen mit dem damaligen Chef des deutschen Generalstabes, Helmuth von Moltke, und dem damit verbundenen Wissen um die tatsächlichen Begebenheiten im Sommer 1914 sah er sich verpflichtet, dies einer breiteren Öffentlichkeit zugänglich zu machen, in der Hoffnung, daß die bevorstehenden Friedensverhandlungen in Versailles dadurch eine sachbezogenere Richtung einschlügen.

Nach Rücksprachen mit Frau Eliza von Moltke, der Witwe des im Jahre 1916 verstorbenen deutschen Generalstabchefs, bereitete Rudolf Steiner die Veröffentlichung der Erinnerungen Helmuth von Moltkes vor, denen er eine längere Einleitung voranstellte. Durch das Eingreifen einflußreicher politischer Persönlichkeiten wurde jedoch die Auslieferung der bereits gedruckten Schrift verhindert.

Der nun folgende Auszug wurde der Einleitung Rudolf Steiners entnommen:[14]

Vorbemerkungen
zu ›Die ‹Schuld› am Kriege‹
Betrachtungen und Erinnerungen des Generalstabchefs
H. von Moltke
über die Vorgänge vom Juli 1914 bis November 1914
Mai 1919

»Das deutsche Volk muß sich der Wahrheit über den Kriegsausbruch gegenübergestellt sehen. Kraft zu dem Handeln, das ihm jetzt notwendig ist, kann es aus dieser Wahrheit schöpfen. Der Ernst der gegenwärtigen Lage gebietet, *alle* Bedenken zu unterdrücken, die von der einen oder andern Seite erhoben werden gegen die Enthüllung der Ereignisse, die in Deutschland dem Beginn des Krieges vorangegangen sind.

Mit dieser Veröffentlichung soll ein Beitrag zur Darstellung der Wahrheit über diese Ereignisse gegeben werden. Er rührt von dem Manne her, der Ende Juli und Anfang August 1914 im Mittelpunkt dessen gestanden hat, was in Berlin damals geschehen ist, dem Chef des Generalstabes, dem Generalobersten *Helmuth von Moltke*. Man wird aus dem Beitrag ersehen, *wie* stark von diesem Manne behauptet werden darf, daß er im Mittelpunkt dieser Ereignisse gestanden hat.

Die Witwe des Herrn von Moltke, Frau Eliza von Moltke, erfüllt eine ihr von der Geschichte auferlegte Pflicht, indem sie diese Aufzeichnungen der Öffentlichkeit nicht vorenthält. Wer sie liest, wird wohl die Meinung gewinnen können, daß sie das wichtigste historische Dokument sind, das in Deutschland über den Beginn des Krieges gefunden werden kann.

Die Stimmung kennzeichnen sie, aus der in militärischen Kreisen der Krieg für unvermeidlich gehalten worden ist. Die militärischen Gründe legen sie dar, aus denen heraus er diejenige Entfaltung in seinem Anfange genommen hat, die dem deutschen Volke die Verurteilung der ganzen Welt gebracht hat.

Die Welt will ein ehrliches Wahrheitsbekenntnis des deutschen Volkes. Hier hat sie eines, niedergeschrieben von dem Manne, dessen Aufzeichnungen in jedem Satze das Gepräge der Ehrlichkeit tragen, der – man wird es aus den Aufzeichnungen ersehen – in dem Augenblicke, als er schrieb, gar nichts anderes wollen konnte, als die lauterste subjektive Wahrheit seiner Feder entströmen lassen.

Und *diese* Wahrheit: sie ergibt, recht gelesen, die restlose Verurteilung der deutschen Politik. Eine Verurteilung, die schärfer nicht sein könnte. Eine Verurteilung, die auf noch ganz andere Dinge hinweist, als diejenigen sind, die bei Freund und Feind angenommen werden.

Nicht die eigentliche Ursache des Krieges wird man in diesen Aufzeichnungen geschildert finden. Diese sind in Ereignissen zu suchen, welche natürlich weit zurückreichen. Aber zur rechten Beleuchtung dieser Ereignisse führt, was Ende Juli 1914 geschehen ist. Das Zusammenbrechen des Kartenhauses, das deutsche Politik genannt worden ist, zeigt sich in dieser Beleuchtung. Personen sieht man an dieser Politik beteiligt, bei denen jeder Beweis, daß sie den Krieg haben vermeiden wollen, überflüssig ist. Man kann ihnen ruhig glauben, daß sie den Krieg haben vermeiden wollen. Er hätte nur vermieden werden können, wenn *sie* niemals hätten auf ihre Posten kommen können. Nicht, was sie getan haben, hat zur Herbeiführung des Unheils beigetragen, sondern das ganze Wesen ihrer Persönlichkeiten.

Es ist erschütternd, in diesen Aufzeichnungen zu lesen, wie deutsches militärisches Urteil deutschem politischen Urteil im entscheidenden Augenblicke gegenübersteht. Das politische Urteil steht ganz außerhalb jeder Beurteilungsmöglichkeit der Lage, steht im Nullpunkte seiner Betätigung, und es ergibt sich eine Situation, über welche der Generalstabschef schreibt: »Die Stimmung wurde immer erregter und *ich stand ganz allein da.*«

Man bedenke doch, was in diesen Aufzeichnungen steht von diesem Satze an bis zu dem andern: »*Nun können Sie machen, was Sie wollen.*«

Ja, so war es: Der Chef des Generalstabes *stand ganz allein da.* Weil die deutsche Politik im Nullpunkte ihrer Betätigung angekommen war, lag Europas Schicksal am 31. Juli und am 1. August 1914 in der Hand des Mannes, der *seine militärische Pflicht tun mußte.* Der sie tat mit blutendem Herzen.

Wer beurteilen will, was da geschehen ist, der muß sachgemäß, ohne Voreingenommenheit die Frage sich vorlegen: wodurch ist es gekommen, daß Ende Juli 1914 in Deutschland keine andere Macht da war, über das Schicksal des deutschen Volkes zu entscheiden, als allein die militärische? War es einmal so, dann war der Krieg für Deutschland eine Notwendigkeit. Dann war er eine europäische Notwendigkeit. Der Generalstabschef, der ›allein dastand‹, konnte ihn nicht vermeiden.

Wie auf die Spitze des militärischen Urteiles in den Zeiten, die dem Kriegsausbruch vorausgingen, alles in Deutschland gestellt war, das zeigt der unglückselige Einfall in Belgien, der eine ›militärische Notwendigkeit‹ und eine politische Unmöglichkeit war. Der Schreiber dieser Zeilen hat Herrn von Moltke, mit dem er jahrelang befreundet war, im November 1914 gefragt: Wie hat der Kaiser über diesen Einfall gedacht? Und es wurde geantwortet: Der hat vor den Tagen, die dem Kriegsausbruch vorangingen, nichts davon gewußt. Denn bei seiner Eigenart hätte man befürchten müssen, daß er die Sache aller Welt ausgeschwätzt hätte. Das durfte nicht geschehen, denn der Einfall konnte nur Erfolg haben, wenn die Gegner unvorbereitet waren. – Und wußte der Reichskanzler davon? Ja, der wußte davon.

Diese Dinge *darf* heute nicht verschweigen, wer sie weiß, auch wenn er sie noch so ungerne mitteilt. Nur zum Überflusse will ich bemerken, daß ich, nach der ganzen Art meiner Aussprachen mit Herrn von Moltke, nicht die geringste Verpflichtung habe, diese Dinge zu verschweigen, und daß ich weiß, ich handle in seinem Sinne, wenn ich sie mitteile. Sie zeigen, wie die deutsche Politik in den Nullpunkt ihrer Betätigung hineintrieb.

Man *muß* auf diese Dinge weisen, wenn man von der ›Schuld‹ des deutschen Volkes sprechen will. Diese ›Schuld‹ ist doch von ganz besonderer Art. Es ist die Schuld eines gänzlich unpolitisch denkenden Volkes, dem die Absichten seiner ›Obrigkeit‹ durch undurchdringliche Schleier verhüllt worden sind. Und das aus seiner unpolitischen Veranlagung heraus gar nicht ahnte, wie die Fortsetzung seiner Politik der Krieg werden mußte.

Unbegreiflich muß es ja auch erscheinen, daß an offizieller Stelle sogar einige Zeit vor dem Krieg von einer Persönlichkeit Worte gesprochen worden sind, aus denen man schließen mußte, daß in Deutschland *nicht* die Absicht bestehe, die belgische Neutralität jemals zu verletzen, während Herr von Moltke mir ebenfalls im November 1914 sagte, daß diese Persönlichkeit von der Absicht, durch Belgien zu marschieren, gewußt haben müßte.

Die Frage, ob das deutsche Volk im Jahre 1914 in den Kriegsausbruch hätte verhindernd eingreifen können: sie beantworten diese Aufzeichnungen restlos. Weit zurück hätten die Taten liegen müssen, durch die bewirkt hätte werden können, daß die Ereignisse dieses Jahres Deutschland in einem anderen Zustande angetroffen hätten, als er da gewesen ist. Nachdem dieser Zustand einmal da war, konnte anderes nicht geschehen, als geschehen ist. So muß das deutsche Volk heute sein Schicksal ansehen. Und aus der Kraft, die ihm diese Einsicht gibt, muß es seinen weiteren Weg finden. Die Ereignisse *während* der furchtbaren Kriegskatastrophe beweisen dies nicht minder, als die in diesen Aufzeichnungen über den Kriegsanfang enthaltenen. Doch ich habe hier nicht *darüber* zu sprechen; denn mir obliegt es hier nur, diese Aufzeichnungen einzuleiten.

Man sieht aus den Aufzeichnungen, daß nicht die Annahme, Frankreich oder England werde die belgische Neutralität verletzen, wenn dies nicht Deutschland tun werde, das Maßgebende war, sondern die andere, daß Frankreich hinter seiner starken Ostfront einen Defensivkrieg führen werde, der vermieden werden sollte. Dieser Ausgangspunkt bestimmte für Deutschland die ganze Gestaltung des Krieges schon seit vielen Jahren. Und dieser Ausgangspunkt mußte die Entscheidung auf die Spitze des militärischen Urteiles stellen, wenn nicht seit ebenso langer Zeit von einer Politik daran gearbeitet wurde, für eine solche Entscheidung andere Kräfte ins Feld führen zu können. Das ist nicht geschehen. Man hatte einer Entwicklung entgegengetrieben, die im entscheidenden Augenblicke notwendig machte, jedes politische Urteil vor dem militärischen zurücktreten zu lassen. Hinter dem, worauf die Aufzeichnungen an diesem Punkte weisen, liegt das eigentlich Maßgebende.«

Im Mittelpunkt zahlreicher Vorträge gegen Ende des Ersten Weltkrieges und in den Jahren danach stand die Konkretisierung dessen, was er die ›Dreigliederung des sozialen Organismus‹ nannte. Eine Analyse von Gesellschaftssystemen und Konzeptionen zu einer Überwindung erstarrter und damit unwirksamer Gesellschaftspraktiken sind dieser Idee zufolge nur sinnvoll, wenn man die sie konstituierenden drei Lebensgebiete (gesellschaftlichen Subsysteme) differenziert zu erfassen weiß und Alternativkonzeptionen auf den ihnen jeweils zugrundeliegenden Gestaltungsprinzipien entwickelt.

Dreigliederungsidee und Dreigliederungsbewegung

Wie bereits den beiden Memoranden, die Rudolf Steiner im Jahre 1917 verschiedenen führenden Persönlichkeiten des politischen Lebens vorlegte, zu entnehmen ist, resultierte die Notwendigkeit einer Drei-Gliederung des sozialen Organismus aus der unmittelbaren Wahrnehmung der damaligen sozialen Verhältnisse. Die großen politischen Konflikte und das Versagen hinsichtlich grundlegender sozialer Erneuerungen führt er darauf zurück, daß das wirtschaftliche, politische und geistig-kulturelle Leben derart ineinander verflochten und letztlich auch verfilzt ist und z. B. das geistig-kulturelle Leben mal unter dem Primat der Wirtschaft, mal unter dem der Politik stand, so daß ein sachgerechtes Vorgehen unmöglich gemacht wird.

Daher stellt er in den Mittelpunkt seiner Memoranden die Forderung, in »Gesetzgebung, Verwaltung und sozialer Struktur die Trennung des Politischen, Wirtschaftlichen und Allgemein-Menschlichen«[1] vorzunehmen.

Die erste Stufe zur Verwirklichung sah er angesichts der sozialen Wirrnisse des Ersten Weltkrieges darin, diese Anschauungen an führende Persönlichkeiten des politischen Lebens heranzutragen. Nachdem auf dieser Ebene jedoch keine offenkundige Bereitschaft und schon bald auch, aufgrund des äußeren politischen Druckes, keine reale Möglichkeit zur Konkretisierung dieser Impulse gegeben war, begann er sich in zahlreichen Vorträgen an eine breite Öffentlichkeit zu wenden.

Einen weiteren Schritt unternahm Steiner mit seinem ›Aufruf an das Deutsche Volk und an die Kulturwelt‹, der von bedeutenden Persönlichkeiten des politischen und kulturellen Lebens, so z. B. von Hermann Hesse, unterzeichnet worden war. Ende April 1919 erschien seine grundlegende Schrift ›Die Kernpunkte der sozialen Frage‹. Ausgehend von der Ideologisierung allen geistig-kulturellen Lebens von seiten sozialistischer Strömungen und deren Auswirkungen auf das Proletariat versucht er im zweiten Kapitel am Beispiel des menschlichen Organismus, dem Nerven-Sinnes-System, Atmungs- und Blutzirkulations-System sowie Stoffwechsel-Gliedmaßen-System, darzustellen, wie dort die einzelnen ›Systeme‹ unter Wahrung ihrer eigenen Gesetzmäßigkeiten ohne absolute Zentralisation so ineinandergreifen, daß sie einen geschlossenen Funktionszusammenhang bilden.

In ähnlicher Weise, so fährt er fort, muß man auch hinblicken auf den sozialen Organismus. Dabei wehrt er sich gegen jegliches bloße Analogiespiel: »Denn nicht wird hier

EINLADUNG

zum

Oeffentl. Vortrag

im großen Volkshaussaal

Samstag, den 8. März 1919, abends 8 Uhr

Dr. **Rudolf Steiner** (Dornach)

spricht über:

Welchen Sinn hat die Arbeit des modernen Proletariers?

Worin liegt das Menschenunwürdige in der Stellung des heutigen Proletariers?

In vier öffentlichen Vorträgen in Zürich, im Hirschengrabenschulhaus, im Februar dieses Jahres hat Rudolf Steiner zu *diesem* Punkte der sozialen Frage dem Sinne nach ungefähr das Folgende ausgeführt: Darin, daß heute die menschliche Arbeitskraft als *Ware* gewertet wird, liegt der Grundimpuls zu der modernen proletarischen Bewegung. Nicht allein dadurch, daß die Stellung des Arbeiters nach rein *wirtschaftlichen* Gesichtspunkten betrachtet wird, sondern erst dadurch, daß die Arbeit des Besitzlosen des Warencharakters entkleidet wird, entsteht die Möglichkeit und die Hoffnung, den Arbeiter im modernen sozialen Organismus als *Menschen* zu würdigen. Die Frage „Ware — Arbeitskraft" kann und darf gar nicht auf rein wirtschaftlichem Boden gelöst werden. Diese Frage berührt die menschliche Freiheit des Einzelnen, und diese Freiheit betrachtet Steiner als den *geistigen* Kern des Menschenwesens betreffend. Nur mit einer vertieften geistigen Lebensauffassung im Sinne des von Dr. Steiner vertretenen „Götheanismus" (Geisteswissenschaft) darf an diese Frage herangetreten werden. Die sozialistische Wissenschaft hat die wissenschaftlichen Denkformen und Denkgewohnheiten vom Bürgertum übernommen und trägt heute diese bürgerlich-materialistische wissenschaftliche Denkart als bedrückendes Erbe. Nach Steiner *lebt* zwar der Proletarier proletarisch, aber er *denkt* noch heute bürgerlich. Dieses bedrückende Vermächtnis der bürgerlichen Wissenschaft an das Proletariat ist nichts anderes als: die Furcht vor einer wahrhaft geistigen Weltbetrachtung.

* * *

Eine Anzahl jüngerer, unabhängiger Hörer der Steinerschen Vorträge vom Februar empfinden es als Pflicht, die Gedanken Dr. Steiners den *Arbeitenden* zugänglich zu machen. Aus diesem Grunde haben sie Herrn Dr. Steiner gebeten, den angekündigten Vortrag zu halten. Sie werden in dieser Absicht bestärkt durch ein Erlebnis: nach einem der Vorträge im Hirschengrabenschulhaus trat eine schlichte Arbeitersfrau auf den Vortragenden zu und stellte fast vorwurfsvoll die Frage: „Warum sprechen Sie in dieser Weise nicht zu *uns!*"

Der **Eintritt** zum Vortrag ist **frei!**

Einladung zu dem öffentlichen Vortrag ›Welchen Sinn hat die Arbeit des modernen Proletariers?‹

angestrebt, irgendeine für naturwissenschaftliche Tatsachen passende Wahrheit herüber zu verpflanzen auf den sozialen Organismus; sondern das völlig andere, daß das menschliche Denken, das menschliche Empfinden lerne, das Lebensmögliche an der Betrachtung des naturgemäßen Organismus zu empfinden und dann diese Empfindungsweise anwenden könne auf den sozialen Organismus.«[2]

Im dritten Kapitel wird eingegangen auf Probleme der Kapitalbildung und das Verhältnis von Arbeit und Kapital ein, dem dann im vierten Teil eine Darstellung über die internationalen Beziehungen verschiedener sozialer Organismen, wie sie sich aus dem bisher Skizzierten ergeben können, folgt.

Der folgende Brief Rudolf Steiners an Eliza von Moltke gibt ein anschauliches Bild jener Zeit kurz nach der Veröffentlichung des ›Aufrufes‹ und der ›Kernpunkte‹:[3]

Meine verehrte, liebe Frau von Moltke!   *Stuttgart, 3. Mai 1919*

. . . Es haben sich hier bereits nach Tausenden zählende Menschen zu dem Aufrufe und meinem Buche ›Die Kernpunkte der sozialen Frage‹ bekannt und die Verwirklichung in der Form gefordert, daß die Regierung mich rufe. Nun, das hat zunächst nur einen ideellen Wert, denn erstens wird es bei dieser Regierung nicht dazu kommen, zweitens wäre auch mit dieser Regierung nichts zu machen. Aber wenn diese Regierung nur wenigstens meine Kreise und die Kreise meines Komitees[4] nicht stört, dann wird es allerehestens sicher sein, daß der neue Ausgangspunkt Stuttgart vor den Schrecknissen Münchens[5] ganz bewahrt bleibt und bei völliger Besonnenheit auch der radikalsten Arbeiterelemente einer gedeihlichen Keimlegung für die Zukunft entgegenschreitet. Aber, aber: letzten Mittwoch sagte ich dem hiesigen Arbeitsminister: Geben Sie mir 4 Wochen Zeit, aber arbeiten Sie mir nicht entgegen, dann werden Sie sehen, was mit den Arbeitern, die dann verstehen werden, wie in gesunder Weise an dem Herankommen der Zukunft gearbeitet werden muß, in aller Ruhe verhandelt werden kann. Da sagte er: ›Sie sind auf dem Holzwege, mit diesen Leuten ist nichts zu machen. Die hören in ihren Vorträgen die Rosinen, die für sie gebraucht werden können und überhören dasjenige, was ihnen entgegen ist.‹ Ich antwortete: nun ja, diese Leute nehmen sich ihre Rosinen aus meinen Vorschlägen. Aber sind denn in diesen Vorschlägen nicht auch Rosinen für Sie und Ihre Anhänger? Sie und diese Anhänger nehmen aber nichts von diesen Rosinen. Sehen Sie, da liegt die Sache . . .

In eine andere Blickrichtung weist eine Besprechung der ›Kernpunkte‹ anläßlich des Erscheinens der englischen Übersetzung, die von dem Journalisten Wilson Harris in den ›Daily News‹ am 16. 9. 1920 unter der Überschrift ›Wie Kapital behandelt werden soll (Ein Buch über das in Europa diskutiert wird) veröffentlicht worden war:[6] »Von jedem Denkenden des Kontinents wird ein auffallendes Buch besprochen, das von einem bemerkenswerten Manne im Frühjahr dieses Jahres veröffentlicht wurde. Dr. Simons, Minister der Auswärtigen Angelegenheiten, hat den sich aus dem Inhalt dieses Buches

An die deutsche Arbeiterschaft.

Die deutschen Arbeitervereine (z. H. ihrer Mitglieder) will der unterzeichnete Bund hiermit auf ein außerordentlich bedeutsames Werk hinweisen, das eine Lösung der im Mittelpunkte der heutigen sozialen Bewegung stehenden Fragen gibt:

Dr. Rudolf Steiner: Die Kernpunkte der sozialen Frage
in den Lebensnotwendigkeiten der Gegenwart und Zukunft.

(Der Kommende Tag A.-G., Verlag, Stuttgart, Champignystraße 17. Preis der Neuauflage ca. Mk. 10.—.)

Heute, wo die Arbeiterschaft sich selbst die Aufgabe gesetzt hat, mitzutun an der Neuentwicklung der sozialen Ordnung, da tritt an sie die positive Forderung heran, sich mit allen denjenigen Gedanken und Vorschlägen auseinanderzusetzen, die eine Bemeisterung der sozialen Schwierigkeiten zu ermöglichen geeignet sind. Die Lehre von Karl Marx stellte zwar von einer wissenschaftlich fundierten Gedankengrundlage ausgehend die Bekämpfung schädlicher Krebsbildungen des sozialen Organismus als Forderung auf, brachte jedoch keine Lösung, die dem sozialen Organismus unserer Zeit mit seinen wirtschaftlichen, rechtlich-politischen und geistigen Anforderungen gerecht würde und ihn auf die Dauer lebensfähig erhalten könnte. Die Resultate in Rußland und auch anderwärts beweisen dies für jede wirklich objektive Betrachtung, denn diese enttäuschenden Resultate sind keine zufälligen Mißerfolge, sondern von vornherein im System begründet. Das Werk Dr. Rudolf Steiners geht nun auch von einer solchen wissenschaftlich fundierten Gedankengrundlage aus, erstreckt seine Erkenntnisse aber nicht ausschließlich auf die bloß wirtschaftliche Seite der sozialen Frage, es verspricht sich nicht aus einer nur einseitigen Änderung der wirtschaftlichen Struktur des sozialen Organismus eine Lösung, wie es der Marxismus will, sondern indem es die soziale Frage als eine dreifache, als eine

Geistes-, Rechts- und Wirtschaftsfrage
aufzeigt, will es durch die

„Dreigliederung des sozialen Organismus"

einem jeden dieser Gebiete die Möglichkeit geben, sich nach den ihm eigenen Gesetzmäßigkeiten und Notwendigkeiten zu entwickeln. Es will aber nicht nur dem sozialen Organismus die einzige ihn lebensfähig erhaltende Form geben, sondern es will auch dadurch, daß die menschliche Arbeitskraft im dreigliedrigen sozialen Organismus nicht mehr Ware sein kann, insbesondere denjenigen Anforderungen an Menschenwürde gerecht werden, die als Grundtendenz den sozialen Kämpfen der letzten Jahrzehnte das Gepräge gaben. Das Werk Rudolf Steiners löst schließlich alle diejenigen Probleme, die in dem unentwirrbaren Knäuel des modernen Staatswesens unlösbar geworden zu sein scheinen. Und es zeigt hierzu einen Weg, der sofort beschritten werden kann, ohne die für uns alle so notwendige Fortdauer eines geregelten Wirtschaftskreislaufes zu gefährden, ohne aber auch die nicht mehr aufschiebbaren gerechten Forderungen der Arbeiterschaft bis in eine ungewisse Zukunft zu verschieben. Die sich aus einer solchen Dreigliederung des sozialen Organismus ergebenden Wirkungen, die bis in die praktischen Einzelfragen, insbesondere des Wirtschaftslebens, hineingreifen, sind in diesem Werke eingehendst besprochen.

Das Buch Dr. Rudolf Steiners, dem bereits viele führende ausländische Zeitungen wie Times, Daily News, Ilya Dagligt Allehanda, Narodni Listi, Corriere della Sera, Avanti usw. usw. ausführliche Hinweise und Besprechungen widmeten, und das Daily News bezeichnet als „ein Buch, über das in Europa diskutiert wird" und „das von jedem Denkenden des Kontinents besprochen wird" ist aber gerade in den Kreisen der deutschen Arbeiterschaft noch nicht in dem Umfang bekannt und zur Grundlage einer Bemeisterung der sozialen Probleme gemacht worden, wie es die Bedeutung dieses Werkes gerade im jetzigen Zeitpunkte dringendst erfordert.

Der Bund für Dreigliederung des sozialen Organismus, Stuttgart, Champignystr. 17, ist zu eingehenderen Auskünften etc. gern bereit. Außerdem befinden sich bereits in fast allen größeren Städten Deutschlands Ortsgruppen des Bundes, sowie in nahezu allen übrigen europäischen Staaten gleichgerichtete Organisationen, durch die ebenfalls ausführlichere Auskunft gegeben werden kann.

Bund für Dreigliederung des sozialen Organismus
Stuttgart, Champignystraße 17.

Flugschrift des Bundes für Dreigliederung ›An die deutsche Arbeiterschaft‹

Zürich, im gross. Saal des

Konservatorium

Florhofgasse

am 24., 25., 26., 28., 29., 30. Oktober 1919,
je abends 8 Uhr:

Oeffentlicher

Vortrags-Zyklus

über

„soziale Zukunft"

gehalten durch

Dr. Rudolf Steiner

aus Dornach

—

Vortrag=Themas:

Erster Vortrag: Freitag den 24. Okt., **je abends 8 Uhr:**
„Die soziale Frage als Geistes-, Rechts-
und Wirtschaftsfrage."

Zweiter Vortrag: Samstag den 25. Oktober:
Das **Wirtschaften** auf assoziativer Grundlage. „Die Umwandlung des Marktes Preis-
gestaltung. Geld- u. Steuerwesen. Kredit."

Dritter Vortrag: Sonntag den 26. Oktober:
Rechtsfragen. „Aufgabe und Grenze der
Demokratie. Oeffentliche Rechtsverhält-
nisse und Strafrechtspflege."

Vierter Vortrag: Dienstag den 28. Oktober:
Geistesfragen. „Geisteswissenschaft
(Kunst,Wissenschaft,Religion).Erziehungs-
wesen. Soziale Kunst."

Fünfter Vortrag: Mittwoch den 29. Oktober:
„Die **Zusammenwirkung** des Geistes-,
Rechts- und Wirtschaftlebens zum einheit-
lichen dreigegliedert. sozial Organismus."

Sechster Vortrag: Donnerstag den 30. Oktober:
„Das nationale u. internationale Leben im
dreigegliederten sozialen Organismus."

Eintrittspreise:

Fr. 1.— und Fr. 2.— (Abonnements für alle 6 Vorträge
à Fr. 5.— und Fr. 10.—), Studierende halber Preis.

Billet=Verkauf (und Abonnements) abends halb acht
Uhr **an der Kasse** im „Konservatorium". (17458

Schweizer Bund für Dreigliederung des
sozialen Organismus Zürich.
Anthroposophische Gesellschaft Zürich.

Ankündigung des Vortragszyklus' ›Soziale Zukunft‹

Titelseite des ›Mitteilungsblattes des Bundes für Dreigliederung‹

ergebenden Plan als die einzige Abwehr gegen den Bolschewismus bezeichnet. Dr. Benesch, Minister der Auswärtigen Geschäfte in der Tschechoslowakei, einer der erfolgreichsten und fähigsten Organisatoren der kleinen Staaten, hatte dieses Buch in Spa[7] vor sich auf dem Tische liegen. Venizelos hat es gelesen. Jeder, der irgendetwas ist, hat es gelesen. Hier, seltsam genug, ist es im allgemeinen unbeachtet geblieben. Es wurde übersetzt unter dem Titel ›The Treefold State‹. Mit Ausnahme einiger englischer oberflächlicher Kritiker scheint es das englische Volk kalt gelassen zu haben.

Wenn dieses Buch durchaus unbeachtet während der verflossenen letzten zwei Monate blieb, wäre wohl jetzt ein ernstes Studium keine schlechte Sache, denn je gewaltsamer die Zeichen des Umsturzes der alten Gesellschaftsordnung drohen, um so bedeutungsvoller werden die fesselnden Vorschläge von Dr. Rudolf Steiner. Dr. Steiner ist in diesem Lande nicht unbekannt. Zunächst ist er Geistesforscher und eine Reihe von Werken über die Geisteswissenschaft erregten im Westen schon mehrere Jahre vor dem Kriege beträchtliche Aufmerksamkeit ...«

Nach einer Inhaltsangabe der Kernpunkte unter besonderer Berücksichtigung des dritten Kapitels ›Kapitalismus und soziale Ideen‹ schließt der Verfasser mit den Worten:

Offener Brief
an die württembergische Industrie,
vertreten durch die Vereinigung württembergischer Arbeitgeberverbände!

Die Vereinigung württembergischer Arbeitgeberverbände befasst sich in einem Rundschreiben an ihre Unterverbände mit unserem Flugblatt über die Betriebsräte. Wir erwidern darauf öffentlich folgendes:

1.) Unser Flugblatt richtet sich nicht nur an die Hand- und Kopfarbeiter, sondern an die Fabrikanten selbst, um auch sie zur Initiative aufzurufen. In der Landesversammlung sowohl, wie in seiner Erwiderung im Tagblatt vom 3. Juni weist Herr Fabrikant Bruckmann mit Recht darauf hin, unsere Industrie sei schwer krank und könne nur lebensfähig gestaltet werden durch die baldige Einführung von Betriebsräten. Also nicht um „Aufreizung" der Arbeiter handelt es sich, sondern um die sehr ernste Mahnung, rasch in die Tat umzusetzen, was von der Industrie selbst als notwendig erachtet wurde, damit das Gesagte eben gerade nicht „Phrase" bleibe.

2.) Die von uns angeführten Funktionen eines Betriebsrats, wie die „Möglichkeit des genauesten Einblickes in die Verhältnisse der Betriebe, Schaffung eines Mitbestimmungsrechtes, Durchnahme der Frage der Rohstoffe, Bilanzierung, Preisbildung," sind von einem Führer wie Bruckmann selbst aufgestellt und, wie angenommen werden darf, „nach reiflicher Prüfung der Verhältnisse". Auch neuerdings spricht er davon „die Betriebe müssen sich neue Verfassungen schaffen, die den Verhältnissen der heutigen Zeit gerecht werden". Damit empfiehlt ein namhafter Industrieller aus Ihren Kreisen selbst das, was auch wir verlangen, wir wünschen nur, daß sich nicht in Widerspruch setze mit seinen eigenen Worten, wenn er jetzt auf den Inhalt des Gesetzes warten will. Nach dem vorliegenden Entwurf wird dieses Gesetz niemals das bringen, was Fabrikant und Arbeiter mit Recht verlangen müssen, denn es führt nicht zur Einigung, sondern zur Vertiefung der Kluft und des Misstrauens. Gerade weil unsere Industrie und unser ganzes Wirtschaftsleben schwer krank sind, muss **rasch** und **ganz** gearbeitet werden, damit diesen geholfen werde, **ehe** sie gestorben sind. Darin liegt der Unterschied: **Sie** wollen durch Medizin das Heilen heilen, **wir** durch die Medizin der sofortigen Einführung des Notwendigen.

3.) Gerade um die Gefahr zu vermeiden, von der Herr Bruckmann spricht: „Betriebsräte könnten am Ende nur dem Einzelvorteile des Arbeiters dienen, oder zur einseitigen Ausschlachtung der Betriebe durch die Arbeiter führen," fordern wir den Zusammenschluss sämtlicher Betriebsräte in eine grosse Betriebsräteschaft, welche als eine zentrale Wirtschaftsverwaltung das Gesamtwirtschaftsleben mit allen arbeitenden Menschen regelt und seine Interessen selbst vertritt. Wie in Parlamenten der Ausschüsse, so ist der **Zentralrat** die ausführende Instanz. Klar und deutlich haben wir immer vertreten die Abtrennung des Wirtschaftskörpers und des geistigen Organismus vom politischen, wenn soziales Heil entstehen soll. Einer **objektiven Verleumdung** kommt es gleich, wenn Sie jetzt „von einer Maske abwerfen" sprechen und

4.) unseren Hinweis auf Russland als „unverblümte Orientierung nach dem Osten" politisch und im bolschewistischen Sinne ausdeuten. Klipp und klar sprachen wir in unserem Flugblatt von einer **gesunden** Verbindung mit Russland. Sie bezieht sich nicht auf das heutige politische Russland, oder dessen heutige Regierung, sondern auf die Verbindung mit dem russischen Volk und dem ehemaligen russischen Gebiet als Wirtschaftsgebiet. **Eindeutig** sprechen wir also im wirtschaftlichen und nicht im politischen Sinn. Vom Westen hat der Deutsche nichts zu erwarten, weder der Kapitalist noch der Arbeiter; wenn er aber mit einer mustergültigen sozialen Gliederung an den Westen herantreten wird, ist nicht ausgeschlossen, sogar stark zu erwarten, daß den Kapitalismus des Westens die Arbeiter des Westens überwinden werden. Unsere Industrie muß zu Grunde gehen, wenn Deutschland nur auf sich selbst angewiesen ist. Einfachste, kaufmännische Erwägung ist es, im Osten das zu suchen, was uns der Westen vorderhand noch verweigert. Sie aber verschließen sich der klaren Einsicht und suchen unser Bestreben durch das Gespenst des Bolschewismus zu diskreditieren!

5.) In ähnlicher Weise verfahren Sie bei Ihrem Hinweis auf die „Literatenherrschaft in München", indem Sie gleichzeitig eine klare Stellungnahme gegen Dr. Steiner fordern. Wer Dr. Steiner, hinter dem wir uns mit allen Kräften stellen, wirklich ist, weiß, daß gerade er es ist, welcher zur Ueberbrückung der Gegensätze das **Menschenmögliche** leistet. Unserem Bunde gehören Menschen der verschiedensten Parteischattierung an. Nur zum **Heile** wird diese derartige gemeinschaftliche Zusammenfassung aller arbeitenden Kräfte gereichen. Durch Ihr Scharfmachertum vermehren Sie die bestehenden Gefahren. **Wir** arbeiten denselben bewußt entgegen, indem wir die **fähigsten** Köpfe und selbst die **Leiter**, soweit sie Herz und Sinn dafür haben, in die Betriebsräte mit herein genommen wissen wollen. Die **Tüchtigkeit** soll herrschen, nicht die **rohe Gewalt!** Letztere aber wird kommen **müssen**, wenn bei dem bevorstehenden Zusammenbruche nicht schon Kräfte vorhanden und geschult sind, welche zielbewußt am Neu-Aufbau arbeiten können. Im Chaos selbst kann dies nicht mehr geschehen, dann ist es zu spät, zu lernen und zu handeln. Indem Sie sich den Notwendigkeiten verschließen, versündigen Sie sich an der gesamten arbeitenden Menschheit, und indem Sie sich der Initiative begeben, vermehren **Sie** die Gefahr des Umsturzes. Durch klares Verständnis der Lage und nicht durch Pochen auf eine **nicht mehr vorhandene Macht** werden die Maßnahmen entstehen, welche zu dem notwendigen Vertrauen führen, das man aber untergräbt, indem man einen Kreis von ernst und aufrichtig strebenden Menschen aller Berufe und aller Stände mit vergifteten Pfeilen dadurch bekämpft, daß man sie einfach als Kommunisten und Spartakisten im **üblen** Sinne des Wortes ablut.

Wir fordern Sie auf, Ihre Anklagen in einer demnächst stattfindenden Versammlung unseres Bundes öffentlich vorzubringen, damit Sie und wir weitesten Kreisen Rede und Antwort stehen.

Bund für Dreigliederung des sozialen Organismus.

Geschäftsstelle: Champignystrasse 17.

Offener Brief an die württembergische Industrie, hrsg. vom Bund für Dreigliederung

»Seine Art und Weise zu trennen und zu verbinden ist oft verblüffend und unvollständig, aber eine lebende fesselnde Idee bleibt dieses Buch. Es muß besprochen, erörtert, klassifiziert und sorgfältig durchgearbeitet werden. Ich persönlich möchte viel mehr darüber sprechen, ich kann es nicht, da ich niemand in diesem Lande gefunden habe, der dieses Buch gelesen hat. Daher dieser Artikel.«

Mit der Gründung eines ›Bundes für Dreigliederung‹ strebte Rudolf Steiner die Verbreitung und Fruchtbarmachung des Dreigliederungs-Gedankens an. In der von diesem Bund herausgegebenen Wochenzeitschrift ›Dreigliederung des sozialen Organismus‹ heißt es hierzu:[8]

»Der Bund zählt zu seinen Mitgliedern Menschen aus allen Berufen, Lebenskreisen und Parteien, und betrachtet die durch seinen Namen ausgedrückten Ideen als einen Weg zur wirklichen Einigung aller Menschen, welche mit gutem Willen unser Volk aus seiner tiefsten Not zu einer lebensmöglichen Zukunft führen wollen. Wo alle Parteiprogramme versagt haben in dieser tragischen Zeit, werden es unsere Forderungen sein, welche in Innen- und Außenpolitik die neuen Wege vorzeichnen. Die Träger der Idee vom dreigliedrigen sozialen Organismus lehnen es entschieden ab, mit dieser Idee auf irgendeinen Parteiboden gestellt zu werden.«

Sein Aufgabenfeld wird in einem Informationsschreiben des ›Arbeitsausschusses des Bundes für Dreigliederung‹ wie folgt beschrieben:

»*Der Bund* setzt sich die Aufgabe, den Impuls, der mit der Dreigliederung des sozialen Organismus gegeben ist, in allen Kreisen der Bevölkerung bekannt zu machen. Er rechnet mit dem Verständnis und der Selbstbesinnung all derer, die aus den Erfahrungen der Gegenwart fühlen, daß Gesundung und Wiederaufbau nur möglich ist, wenn das alte soziale Leben einem ganz neuen Platz macht.«

Die gesamte erste Hälfte des Jahres 1919 war geprägt durch eine vielfältige Vortragstätigkeit Rudolf Steiners. Zielgruppe waren Arbeiter und Angestellte der Waldorf-Astoria-Zigarettenfabrik (23. April), der Daimler-Werke (26. April), ein anderes Mal Lehrer, zu denen er über ›Die Aufgaben der Schulen und des dreigliedrigen sozialen Organismus‹ (19. Juni) sprach. Hinzu kamen Versammlungen mit den Unterzeichnern des ›Aufrufs‹ (22. April) und Mitgliedern des Stuttgarter Industrierates, sowie sieben Sitzungen mit den Arbeiterausschüssen Stuttgarter Großbetriebe mit dem Ziel der Gründung einer Betriebsräteschaft.

Die folgenden Auszüge aus Ansprachen sowie einige ungekürzte Vortragsentwürfe mögen einen Einblick in die Inhalte dessen geben, was Rudolf Steiner zur Erneuerung des wirtschaftlichen, rechtlichen und geistig-kulturellen Lebens unter dem Begriff der ›Dreigliederung des sozialen Organismus‹ dargestellt hat:

Aufzeichnung Rudolf Steiners zur sozialen Frage[9]

»Es reden heute viele Menschen von der ›sozialen Frage‹ so, als ob es sich darum handelte, an die Stelle bestehender sozialer Lebensordnungen andre zu setzen, in denen gewissen Forderungen entsprochen sein wird, die von breiten Menschenmassen als die nach einem menschenwürdigen Dasein erhoben werden. Man sieht Einrichtungen als unsozial an und strebt danach, soziale auszubilden. Wenn man von der Überführung der Produktionsmittel aus dem privaten in das Gemeineigentum spricht, so liegt dem gegenwärtig eine solche Denkweise zugrunde. Man bemerkt unter dem Einflusse dieser Denkweise nicht, daß die Verwaltung der Produktionsmittel durch die Gemeinschaft ebenso unsozial wirken kann wie die privatkapitalistische, wenn die Verwaltenden sich zu ihren Mitmenschen unsozial verhalten.

Man hat in der neueren Zeit erleben müssen, daß die Gesellschaftsordnung einen unsozialen Charakter angenommen hat. Man sucht nach den Ursachen des Unsozialen. Man sieht, daß man in privatkapitalistischen Wirtschaftsformen lebt. Man bildet sich daraus das Urteil, daß diese Wirtschaftsformen die soziale Gerechtigkeit untergraben haben. Man schaltet den Menschen aus, indem man sich dieses Urteil bildet. Man glaubt, daß die Einrichtungen durch ihre eigene Wesenheit dem gesellschaftlichen Leben den Charakter aufdrücken.

Solange derartige Einsichtigkeiten im Kreise von ›wissenschaftlichen Denkern‹ bleiben, sind sie harmlos. Andre solche ›Denker‹ kommen und widerlegen die Einseitigkeiten. Die Harmlosigkeit hört auf, sobald man daran geht, Einrichtungen zu treffen, die aus solchen Einseitigkeiten heraus erdacht sind. Die Gegenwart steht vor der Gefahr, Lebensordnungen so umzugestalten, wie es der gekennzeichneten Einseitigkeit entspricht. Auf weiten Gebieten des europäischen Ostens gestalten sich Dinge, welche die Menschheit in eine solche Gefahr bringen.

Einzusehen, in welche verhängnisvollen Irrtümer man mit solcher Umgestaltung des sozialen Lebens hineinsegelt, ist eine der wichtigsten Aufgaben der Gegenwart. Verwirklichte Irrtümer ertöten das Leben. Die Versuchung ist groß, in solche Irrtümer zu verfallen. Denn sie wird dadurch herbeigeführt, daß man in dem Bestehenden die Schäden erkennt. Diese sind da; und sie zeigen, daß Neues geschaffen werden muß. Ob das Neue nicht zu noch schlimmeren Schäden führt, das erwägt man nicht, solange man von einseitigen Ideen hypnotisiert ist, die man verwirklichen will.

Karl Marx hat die Schäden bisheriger Wirtschaftsformen gründlich durchschaut. Er hat gesehen, daß diese Schäden aus dem Privatkapitalismus sich ergeben haben. In ihm erstand die Idee: Wenn kein Privatkapitalismus sein wird, so werden die Schäden beseitigt sein. Diese Idee hypnotisierte ihn. Und die Hypnose bewirkt, daß er nicht bis zu der Frage durchdrang: *Wodurch* hat der Privatkapitalismus die Schäden hervorgebracht?

Wer diese Frage stellt und Sinn für Lebenswirklichkeit hat, der findet, daß nicht der Privatkapitalismus *als solcher* die Ursache der Schäden ist. Denn nicht dadurch wird das Leben antisozial, daß einzelne Personen oder Personengruppen Kapitalmassen verwalten, sondern dadurch, daß diese Personen oder Gruppen die Ergebnisse ihrer Verwaltung im antisozialen Sinn verwerten. Die privatkapitalistische Verwaltung macht möglich, daß der einzelne Befähigte die denkbar größten Werte aus der Verwaltung herauszieht. Daß *dies* geschehe, wird durch die sozialen Interessen selbst gefordert. Setzt

man an die Stelle der Verwaltung durch den einzelnen Befähigten diejenige durch die Allgemeinheit, dann wird die Fruchtbarkeit der Verwaltung untergraben. Denn innerhalb dieser Allgemeinheit kann die freie Initiative, die volle Auswirkung der individuellen Arbeitsfähigkeit und Arbeitswilligkeit nicht zur Geltung kommen.

Die Marxisten sahen, wie sich durch die modernen Produktionsverhältnisse die Kapitalmassen bei wenigen konzentrierten. Sie bildeten sich die Ansicht, daß die Verwaltung der konzentrierten Kapitalmassen eines Tages auf die Allgemeinheit übergehen könne. Sie sahen nicht, daß mit diesem Übergang alles das verschwinden müsse, was bei der Konzentrierung durch die Kraft der Einzelnen errungen werden kann. Nicht darum kann es sich handeln, diese auf der Kraft der Einzelnen beruhenden Errungenschaften aus der Welt zu schaffen; sondern darum, das Errungene in der rechten Art in den Kreislauf des sozialen Organismus einzuführen.

Man stelle sich doch vor Augen, was tatsächlich ist. Die Anforderungen der modernen Wirtschaft haben die privatkapitalistische Verwaltung zu einer gewissen Höhe gebracht. Auf dieser Höhe beruht ihre Fruchtbarkeit. Zugleich aber hat sich mit dieser Fruchtbarkeit eine antisoziale Struktur der Lebensordnung herausgebildet. Strebt man danach, das Wirtschaftsleben *als solches* sozial zu gestalten, so nimmt man ihm die Fruchtbarkeit.

Eine wirklich soziale Denkweise muß nach einer Lebensordnung streben, die der Fruchtbarkeit des Wirtschaftens nicht abträglich ist. Sie muß dem Einzelnen die Verwaltung der Produktionsmittel belassen. Sie wird deshalb fragen müssen: Wie wird das Antisoziale, das notwendig durch diese Verwaltung hervorgebracht wird, in ein Soziales verwandelt?

Man wird durch keine rückläufige Umgestaltung des Wirtschaftens das Soziale bewirken können. Aber eine rückläufige Umgestaltung ist es, wenn man das gefährdet, was fruchtbar dadurch geworden ist, daß der Einzelne im Wirtschaftsleben hat voll zur Geltung kommen können. Man wird nicht zurückgehen dürfen zu Wirtschaftsformen, in denen der Einzelne wieder mehr durch die Gemeinschaft gebunden ist. Das Gegenteil muß angestrebt werden. Die Auswirkung der Kraft des Einzelnen muß gefördert werden.

Mit dieser Auswirkung wächst die Macht des Einzelnen, wenn dieses Wachstum allein vom Wirtschaftsleben abhängig ist. *Innerhalb* des Wirtschaftslebens können Einrichtungen nicht getroffen werden, welche diesem Wachstum die Nachteile benehmen, die sich ergeben, wenn der Einzelne zu einer Macht kommt, die seinen Mitmenschen schädlich wird. Sie müssen *außerhalb* des Wirtschaftslebens entstehen.

Die Idee von der Dreigliederung des sozialen Organismus strebt nicht nach einer unmöglichen Gestaltung des Wirtschaftslebens, sondern sie will dem Wirtschaftskreislauf durch die abgesonderte Verwaltung des Rechtslebens und des Geisteslebens den sozialen Kräftestrom zuführen, den er aus sich selbst niemals entwickeln kann. Durch *sein eigenes* Wesen kann das Wirtschaftsleben weder sozial noch antisozial sein. Es kann nur so verwaltet werden, daß in ihm durch die Sachkenntnis und Fachtüchtigkeit der wirtschaftenden Menschen der Gemeinschaft diejenigen Güter erzeugt werden, deren diese Gemeinschaft bedarf. Durch Sachkenntnis und Fachtüchtigkeit erlangen die Menschen ihre Stellungen innerhalb des Wirtschaftslebens. Sozial gerecht werden sie in diesen Stellungen nur wirken können, wenn durch deren Innehaben sich keine andern als wirtschaftliche Beziehungen zu ihren Mitmenschen ergeben. Das kann aber nur dann sein, wenn der Tendenz des Wirtschaftslebens, solch andere Beziehungen zu erzeugen, fortdauernd entgegengearbeitet werden kann. In einer Stellung, in der er wirtschaftlich sich betätigt, kann das der Mensch nicht. In ihr kann er ersprießlich nur arbeiten, wenn er keine andern Gesichtspunkte im Auge zu haben braucht, als aus den ihm zugänglichen wirtschaftlichen Quellen die sich offenbarenden Bedürfnisse seiner Mitmenschen zu befriedigen. Die andern Beziehungen müssen in einer Art hergestellt werden, auf welche das Wirtschaftsleben keinen Einfluß hat. Solche andere Beziehungen sind die Pflege des geistigen und des rechtlich-politischen Lebens.

Nur weil sich in dem Gesamtleben in einander organisiert, was sich aus der wirtschaftlichen Arbeit, aus der Pflege des Geisteslebens und aus den rechtlich-politischen Einrichtungen ergibt, glaubt man, das Zusammenwirkende auch von einem Mittelpunkte aus leiten zu müssen. Weil ein Mensch die Fähigkeiten zu einem ersprießlichen Arbeiten im Wirtschaftsleben haben muß, glaubt man, aus dem Wirtschaftsleben heraus auch die Einrichtungen gewinnen zu müssen, durch welche diese Fähigkeiten entwickelt werden. Dadurch aber wird das Zusammenarbeiten des Geisteslebens mit dem Wirtschaftsleben nicht gefördert, sondern gehemmt. Dafür, wie ein Mensch arbeitet, wenn er eine wirtschaftliche Position innehat, kann nur maßgebend sein, was das Wirtschaftsleben fordert. *Daß* er Fähigkeiten für diese Position entwickelt, dazu kann das Wirtschaftsleben nichts tun. Er soll daher zu einer solchen Position nicht durch etwas kommen können, das im Wirtschaftsleben selbst begründet ist. Der Leiter eines Betriebes soll so arbeiten, daß durch seine Arbeit in der zweckmäßigsten Weise Güter erzeugt werden. Daß im Menschen die Fähigkeiten zu solcher Leitung entwickelt werden, dafür soll das selbständige Geistesleben sorgen. Fähigkeiten entwickeln sich nur, wenn sie von geistigen Gesichtspunkten aus gepflegt werden. Zu ihrer Pflege ist notwendig, daß es ein Lebensgebiet gibt, auf dem sachgemäß die Anlagen der Menschen aus deren eigener Wesenheit heraus entfaltet werden.«

Rudolf Steiner: Entwurf zu dem Aufsatz
›Internationale Wirtschaft und dreigliedriger sozialer Organismus‹[10]

»Eine nahe liegende Einwendung gegen die Idee der Dreigliederung des sozialen Organismus ist die, daß ein Staat, der an die Ausführung dieser Idee schreitet, seine internationalen Beziehungen zu andern Staaten, die ihre alten Einrichtungen beibehalten, stören würde. Diese Einwendung verhindert manchen, der das Zeitgemäße einer Dreigliederung des sozialen Organismus durchschaut, dem Gedanken der entsprechenden praktischen Ausgestaltung näher zu treten.

Bedenken dieser Art kommen aus der berechtigten Einsicht, daß ein Staat, der für sich allein eine Sozialisierung durchführen wollte, die im Sinne des orthodoxen oder modifizierten Marxismus gehalten ist, den Wirtschaftsverkehr mit anders organisierten Staaten nicht ungestört aufrecht erhalten könnte. Es kommt daher darauf an, Klarheit darüber zu schaffen, ob die Bedenken, die bei einer solchen Sozialisierung zutreffend sind, auch für die Dreigliederung des sozialen Organismus gelten.

Man wird diese Klarheit nicht gewinnen können, wenn man nicht in Erwägung zieht, welche Gestaltung das Wirtschaftsleben der Menschheit in der neuesten Zeit angenommen hat. Und da ist die auffälligste Tatsache die, daß dieses Wirtschaftsleben die ausgesprochenste Tendenz hat, die historisch gegebenen Staatengrenzen als für sich nicht bestehend zu betrachten. Die nationalen Wirtschaften streben dahin, in eine einheitliche Weltwirtschaft einzulaufen. Die geschichtlichen Bedingungen, aus denen heraus die Staatenabgrenzungen sich ergeben haben, haben allmählich aufgehört, für die wirtschaftlichen Interessen der in den Staaten lebenden Menschen eine restlos maßgebende Bedeutung zu haben. Die internationalen Neigungen sowohl der kapitalistischen als auch der sozialistischen Kreise hängen mit dieser Tendenz nach Ausgestaltung einer einheitlichen Weltwirtschaft zusammen. Am deutlichsten tritt dies bei dem internationalen Sozialismus zu Tage. Nur verkennt dieser, was wirklich durch die Zeitentwicklung gefordert wird, weil er den Blick einseitig nur auf das Wirtschaftsleben richtet. Er sieht, daß dieses Leben Formen angenommen hat, denen nicht Rechnung getragen werden kann, wenn die historisch gewordenen Staatseinrichtungen die Willensantriebe der wirtschaftenden Personen und Personengruppen bestimmen. Er möchte deshalb diese Einrichtungen so umgestalten, daß sie den Weltwirtschaftsverhältnissen entsprechen. Ihm schwebt eine Weltwirtschaft vor, deren einzelne wirtschaftliche Teilgebiete die geschichtlich gewordenen Staaten sein sollen. Diese selbst aber will er zu großen Genossenschaften umbilden. Er ist damit auf dem Wege, den Staat zu einer

Rudolf Steiner 1919

bloßen Wirtschaftsgesellschaft werden zu lassen. Er schreckt nicht davor zurück, diese Idee ins Auge zu fassen, weil er unter Marxistischem Einflusse den Glauben ausgebildet hat, daß aus den wirtschaftlichen Einrichtungen heraus sich die entsprechenden rechtlichen und geistigen ›von selbst‹ ergeben. Wer einsieht, daß dies ein Irrtum ist, der muß der Tendenz der neuesten Zeit nach Ausgestaltung einer Weltwirtschaft in andrer Art gerecht werden.

Je mehr sich die einheitliche Weltwirtschaft herausbildet, desto mehr wird sie erfordern, daß, was auf ihrem Gebiete geschieht, *nur* von wirtschaftlichen Gesichtspunkten abhängig sein soll. Ein in dieser Richtung notwendiger Zustand kann herbeigeführt werden, wenn innerhalb der Staaten die rechtlichen Beziehungen der Staatsbürger und deren geistige Interessen von dem Wirtschaftsleben abgegliedert werden. Wird durch diese Abgliederung innerhalb eines sozialen Organismus das Wirtschaftsleben nur als solches für sich verwaltet, so tritt es auch nur durch Einrichtungen mit andern sozialen Organismen in Beziehung, die aus ihm selbst stammen. Mit welchen Rechts-Einrichtungen und geistigen Organisationen das Wirtschaftsgebiet zusammengeschlossen ist, das kommt für die Wirtschaftsbeziehungen nach auswärts nicht in Betracht. Die Personen oder Personengruppen des einen sozialen Gebietes treten mit denen des andern in unmittelbaren durch die Staatsverhältnisse nicht beeinflußten Verkehr.

Dieser Verkehr ist in der neueren Zeit dadurch beeinträchtigt worden, daß die Verkettung des Wirtschaftslebens mit den rechtspolitischen und den geistigen Interessen aus älteren menschlichen Entwicklungsepochen sich erhalten hat und dem Drange nach Weltwirtschaft widerstrebte. In den Tatsachen, die zur Weltkriegs-Katastrophe geführt haben, ist diese Verkettung wahrzunehmen. In dem südosteuropäischen Wetterwinkel, von dem diese Katastrophe ausgegangen ist, lag eine dieser Tatsachen. Der geistige Gegensatz zwischen Slawentum und Germanentum lag konfliktentladend zum Grunde. Zu ihm kam ein politisches Geschehen. An die Stelle des alten türkischen Regimes trat das demokratisch orientierte jungtürkische. Die Annexion Bosniens und der Herzegowina von Seiten Österreichs, die Erklärung Bulgariens zum Königreich waren die Folge des politischen Umschwunges in der Türkei. Als drittes wirkte mit beiden zusammen der Drang Österreichs, seine Handelsbeziehungen nach dem Süden zu erweitern. (Das Bestreben, Bahnen in dieser Richtung in seinem Interesse anzulegen, ist ein Ausdruck dieses Dranges.) Die Verkettung dieser drei Momente in den Bestrebungen der Einheitsstaaten, die an ihnen interessiert waren, machte es möglich, daß die Katastrophe entstand. — Und wer die Verhandlungen verfolgt, die wegen der Bagdadbahn geführt worden sind, kann sehen, wie in eine Angelegenheit, die rein wirtschaftlicher Natur hätte sein können, bestimmend immer wieder nationale Gegensätze, das ist geistige Interessen, und Staatenaspirationen hineinspielen. — Das sind zwei auffällige Beispiele für viele. Sowohl im Südosten Europas wie bei der Bagdadbahn hätten Maßnahmen, die *nur* im Interesse der Weltwirtschaft unternommen worden wären, *für sich* nicht zu Ursachen der Weltkatastrophe werden können. Sie sind es geworden, weil die Einheitsstaaten andersartige Interessen mit den wirtschaftlichen verbanden.

Wirtschaftliches

Arbeitnehmer=

Taschenbuch.

Die soziale Dreigliederung Dr. Steiners. Wunsch=gemäß

geben wir den Vertretern der Idee selbst das Wort:

Bund für Dreigliederung des sozialen Organismus, Hauptgeschäfts=stelle Stuttgart, Champignystraße 17, mit vielen Ortsgruppen in allen größeren Städten Deutschlands und Parallelbewegungen in fast allen europäischen neutralen und Entente=Staaten. Geistiger Urheber Dr. Rudolf Steiner, 1899—1904 Lehrer an der Arbeiterbildungsschule Berlin, später Begründer der Anthroposophischen Gesellschaft und Erbauer des Goetheanum in Dornach bei Basel. Soziales Hauptwerk „Die Kernpunkte der sozialen Frage." Verlag: Der kommende Tag A.G.

Der Bund bricht mit allen hergebrachten Einrichtungen und Programmen und will, über alle Parteien hinausgehend, dem deutschen Volk zur Erfüllung seiner Aufgaben dadurch verhelfen, daß er eine Vermittlung darstellt zwischen dem westlichen kapitalistischen Imperialismus und den östlichen geistigen Einflüssen. Auf der einen Seite soll der Staat, der nur noch Rechtsstaat bleiben wird, das Wirtschaftsleben völlig freigeben, auf der andern Seite das Geistesleben, damit diese beiden Gebiete auf sich selbst gestellt und ausschließlich durch Sachverständige verwaltet werden können. Aller Fortschritt setzt freie Entfaltung der menschlichen geistigen Fähigkeiten voraus und die Umwandlung des Schulwesens zwecks Erziehung zu sozialer Anschauung. Der Glaube an die Kraft lebentragender Ideen muß wieder überhand nehmen, denn das Wirtschaftsleben ändert die geistige Verfassung der Menschen nicht von selbst. Staats=Sozialismus oder teilweise Verstaatlichung der Wirtschaft werden abgelehnt, weil Sozialisierung nur möglich, wenn die wirtschaftenden Kräfte sich zu Assoziationen der Konsumenten und Produzenten zusammenschließen. So wird eine freiwillige Neuorientierung der Wirtschaft möglich, ohne daß die politische Gewalt in Anspruch genommen werden muß. Preisbildung und Erwerbsverhältnisse können unter gemeinsamer Arbeit der Arbeiter, Angestellten und Betriebsleiter in ein gerechtes Verhältnis gebracht werden. Voraussetzung ist, daß die menschliche Arbeitskraft nicht mehr als Ware behandelt werden kann, weshalb sie in die Verwaltung der Rechtsstaates, das von allen Staatsangehörigen auf demokratischer Grundlage gewählt ist, verwiesen wird. Es ist eine Rechtssache, über das Maß und die Art der Arbeit zu befinden. Dadurch verschwinden im Wirtschaftsleben die Gegensätze zwischen Arbeitnehmer und Arbeitgeber. Weil alles Produzieren sich künftig nach dem Bedarf zu richten hat, muß dieses nach dem Gesichtspunkt der Brüderlichkeit umgestaltet werden. Auf das Rechtsgebiet soll die Gleichheit aller mündigen Menschen Anwendung finden. Im Geistesleben gilt völlige Freiheit der Persönlichkeit, ganz unabhängig von jeglichem staatlichen Einfluß. Durch diese Anwendung der drei großen Devisen der französischen Revolution bekommen diese erst volle Berechtigung. Vermischt stiften sie Unfrieden.

Durch die Vermengung von Wirtschaft und Politik sind immer Rohstoffkriege verursacht worden, also müssen solche Einrichtungen geschaffen werden, die eine wirtschaftliche Interessenvertretung im Parlamente nicht zulassen. Die politische Ausnützung des Geisteslebens durch die Parteien verursachte Klassenbildung auf Kosten des Proletariats: Abhilfe durch völlige Loslösung der Erziehung und des Unterrichts von jeglichem politischen Einflusse und Gründung von Einheits= und Sachschulen zwecks gleicher Erziehung für alle.*) Als erste Schule dieser Art wurde die freie Waldorf-Schule in Stuttgart begründet.

---

*) Siehe Dr. Steiners „Volkspädagogik."

79

Beitrag über die Dreigliederung im Arbeitnehmertaschenbuch, Stuttgart 1921

Es könnte nun scheinen, als ob die Betrachtung dieser Tatsachen den gekennzeichneten Einwand gegen die Dreigliederung *eines* sozialen Organismus inmitten solcher Staaten, die ihr altes Gefüge weiter behalten, als vollberechtigt erwiesen. Denn man könnte meinen, daß die von der Staatsmacht getragene Wirtschaft dieser andern Staaten den sozialen Organismus erdrückt, der hinter seinem Wirtschaften diese Staatsmacht nicht haben will. Für einen Wirtschaftsstaat, der im Sinne des Marxismus eingerichtet ist, gilt dieses. Denn ein solcher will den Rahmen des bisherigen Einheitsstaates benützen, um in ihn die von ihm ersprießlich gestalteten Wirtschaftsformen hinein zu pressen. Die Folge müßte sein, daß alle Nachteile, die sich ergeben haben, indem die einzelstaatlichen Wirtschaften der Tendenz der Weltwirtschaft sich entgegenstellten, ins Maßlose vergrößert würden. Die Weltwirtschaft strebt darnach, die wirtschaftlichen Beziehungen zwischen wirtschaftenden Menschen und Menschengruppen rein nach deren Bedürfnissen zu gestalten. In diese Gestaltung griffen die Staatswirtschaften störend ein, indem sie, was aus wirtschaftlichen Forderungen sich ergeben sollte, nach ihren Interessen formten. Werden die Staaten Wirtschaftsgenossenschaften, so wird, was störend eingegriffen hat, zum allein Maßgebenden.

Das Entgegengesetzte muß eintreten, wenn gemäß der Idee der Dreigliederung des sozialen Organismus das Wirtschaftsleben ganz aus dem staatlichen Gebiete herausgenommen und auf sich selbst gestellt wird. Dann werden die diesem Organismus angehörigen Menschen in freie wirtschaftliche Beziehungen zum Auslande treten können. Wie dieses Ausland zu ihnen selbst in Verkehr tritt, das wird nun davon abhängen, welches wirtschaftliche Interesse an einem solchen Verkehre vorhanden ist.«

Rudolf Steiner: Über das Parteiwesen

Auszug aus einem Diskussionsabend mit den Arbeiter- und Angestellten-Ausschüssen der Stuttgarter Großbetriebe im Gewerkschaftshaus in Stuttgart am 14. Juni 1919:[11]

»Sehen Sie, Parteien haben immer die Eigentümlichkeiten, daß sie nach und nach eigentlich abkommen von dem, was in ihnen ursprünglich gelegen hat. Parteien haben überhaupt ein merkwürdiges Schicksal. Da ich ja den Impuls zum dreigliedrigen sozialen Organismus nicht aus der Luft geschöpft, sondern ihn gefaßt habe auf Grundlage eines wirklichen vollen Miterlebens der sozialen Bewegung seit Jahrzehnten, habe ich doch so manches erlebt. Ich habe z. B. erlebt den Aufgang noch der sogenannten liberalen Partei in Österreich. Diese liberale Partei war eine liberale, stand aber auf dem Boden des Monarchismus, wie das selbstverständlich war in den 60er, 70er Jahren des vorigen Jahrhunderts. Sie war eine liberale Partei, aber wenn sie sich geltend machen wollte innerhalb des bestehenden Staatswesens in Österreich, da legte sich diese liberale Partei eine merkwürdige Bezeichnung bei: ›Euer Majestät allergetreueste Opposition‹. Das war ein offizielles Beiwort für die Opposition im monarchischen österreichischen Staat. Ich will dieses Beispiel aus dem Grunde anführen, weil ich erstens daran zeigen möchte, wie manchmal der Partei Stoßkraft, die letzte Stoßfähigkeit genommen wird in dem [eigenen?] Zusammenhang. Aber wir haben ja heute schon viel deutlicher noch sprechende Beispiele. Sehen Sie, in Nordamerika gibt es zwei Hauptparteien, die demokratische und die republikanische. Diese zwei Parteien hatten vor längerer Zeit, es ist schon Jahrzehnte her, ihre gute Parteibezeichnung. Die einen nannten sich republikanisch, weil sie Republikaner waren, die anderen nannten sich demokratisch, weil sie Demokraten waren. Heute ist die Sache so, daß die republikanische Partei durchaus nicht mehr republikanisch ist, und die demokratische alles eher als demokratisch, sondern die beiden Parteien unterscheiden sich nur dadurch, daß sie von verschiedenen Konsortien aus verschiedenen Wahlfonds gespeist werden, wenn Wahlen sind. Es ist nur der Ursprung des Wahlgeldes von verschiedenen Konsortien her ein verschiedener, aber die Bezeichnung ›Republikanische Partei‹, ›Demokratische Partei‹ ist, wenn man den Wortsinn nimmt, ein absoluter Unsinn, denn die demokratische Partei ist nicht demokratisch und die republikanische Partei ist nicht republikanisch. Parteien stehen auf, haben eine gewisse Lebenszeit, die verhältnismäßig kurz ist, dann sterben sie. Aber sie bleiben gewissermaßen, wenn sie schon Leichname sind, noch lebendig als Leichnam, sie mögen nicht gern sterben. Aber das schadet nichts; wenn sie ihre ursprüngliche Bedeutung verloren haben, dann sind sie noch Sammelbecken für die Menschen und es ist trotzdem noch gut, wenn sie da sind, damit die Menschen eben nicht auseinanderlaufen. Deshalb hat man, wenn man nicht theoretisierender Politiker ist, wie es die Parteimänner sind, denn sie sind ja die eigentlichen Utopisten und Ideologen, – wenn man nicht ideologischer oder utopistischer Politiker sein will, sondern sich auf praktischen Boden stellen will und man ja weiß, daß im politischen Leben nur etwas zu machen ist mit geschlossenen Menschenreihen, dann hat man gar kein Interesse daran, die Parteien zu zersplittern. Wir würden das Dümmste machen, wenn wir darauf ausgehen würden, die Parteien zu zersplittern und etwa gar eine neue Partei begründen wollten. Also darum kann es sich wirklich ganz und gar nicht handeln. Man frägt sich daher: aus welcher Ecke kommt denn dann eigentlich der Widerstand?

Sehen Sie, er kommt von dem konservativen Sinn der Menschen. Ich erlebe ja immer wieder und wiederum in der großen Reihe von Vorträgen, die ich gehalten habe, daß Diskussionsredner auftreten. So wie diese Diskussionsredner sprechen, erfährt man das ganz Merkwürdige: sie haben alles das gehört, was sie gewöhnt sind zu denken schon seit Jahrzehnten. Vieles daran ist ja richtig, die alten Sachen sind ja nicht falsch, aber es muß doch heute Neues zu den alten Sachen dazukommen, und da stellt sich das Merkwürdige heraus, daß man bei den Diskussionsrednern oftmals konstatieren kann, sie haben nicht einmal mit dem physischen Ohr die neue Sache gehört, sondern nur das, woran sie seit Jahrzehnten gewohnt sind. Ja, das beruht schon auf einer gewissen inneren Trägheit des gegenwärtigen menschlichen Verstandes. Man muß sich schon mit dieser inneren Trägheit des gegenwärtigen menschlichen Verstandes bekanntmachen und muß sie bekämpfen . . .

Wir stehen jetzt vor der Einrichtung der Betriebsräteschaft. Ja, diese Betriebsräteschaft ist eine ungeheuer wichtige Sache und zwar aus folgendem Grund. Es können heute die Betriebsräte so eingerichtet werden, daß sie nichts weiter sind als eine Dekoration für eine geheimnisvolle Fortsetzung des alten kapitalistischen Systems. So kann man sie einsetzen, aber sie werden gewiß nichts anderes werden, wenn sie im Sinne des Gesetzenwurfes, der Ihnen ja hinlänglich bekannt ist, eingesetzt werden. Ganz gewiß werden sie auch nichts anderes als eine solche Dekoration werden, wenn sie auch auf Grundlage eines anderen Gesetzentwurfes eingesetzt werden. Das einzige Heil besteht darin, daß man die Betriebsräte, wie ich hier schon oftmals gesagt habe, auf die Beine stellt aus dem lebendigen Wirtschaftsleben selber heraus, daß sie also aus dem Wirtschaftsleben selber heraus gewählt werden, sich zusammenschließen zu einem geschlossenen Wirtschaftskörper – das würde also hier, weil man die alten Landesgrenzen beibehalten muß, Württemberg sein – und eine Betriebsräteschaft bilden. Das muß eine konstituierende Versammlung sein, die aus sich selbst heraus dasjenige schafft, was die anderen als Gesetz machen wollen. Die Rechte, die Befugnisse, das, was die Betriebsräte zu tun haben, das muß alles aus der Betriebsräteschaft herauskommen. Und man darf nicht den Mut verlieren, aus dem Wirtschaftsleben selber heraus diese Betriebsräteschaft zu schaffen.

Aber sehen Sie, sobald man anfängt an einem Ende, sobald man wirklich ernst damit macht, das eine Glied des dreigliederigen sozialen Organismus so zu nehmen, wie es zu nehmen ist im Wirtschaftskreislauf, dann muß man sich auf den Boden des dreigliederigen sozialen Organismus stellen. Dann müssen die beiden anderen Glieder irgendwie wenigstens mitarbeiten und parallel damit eingerichtet werden, sonst kommt man nicht vorwärts. Es ist heute schon leicht der Beweis zu liefern, einfach durch die Tatsachen, daß man das, was der dreigliederige Organismus will, braucht. Denn, was auch immer geschwätzt wird über jenes Sozialisierungsexperiment, das im Osten gemacht worden ist – das, worauf es ankommt, wird ja immer nicht hervorgehoben. Sie haben in diesen Tagen, wenn Sie aufmerksam die Berichte verfolgt haben, im hiesigen Landtag von ministerieller Seite hören können, daß Lenin nun auch wieder angekommen wäre dabei, beim Kapitalismus seine Hilfe zu suchen, weil er verzweifelt daran, daß in der Jetztzeit eine Sozialisierung, so wie er sie gewollt hat, durchgeführt werden könne. Solche Dinge werden ja heute auch von sozialistischen Regierungen mit einer gewissen Befriedigung registriert. Mögen sie die Befriedigung haben. Aber, sehen Sie, worauf es ankommt, ist dieses: Man muß sich fragen: woran liegt es denn, daß dieses östliche Experiment gescheitert ist?

Es liegt daran – es gibt wirklich die Möglichkeit das einzusehen, man muß nur den Mut haben, sein eigenes Vorurteil zu bekämpfen –, daß vor allen Dingen innerhalb dieses russischen, östlichen sozialistischen Experimentes keine Rücksicht darauf genommen worden ist, eine selbständige Sozialisierung des Geisteslebens mit einzurichten. Dieses Glied hat gefehlt, und an dem Fehlen dieses Gliedes liegt es. Und wird man das einsehen, dann wird man wissen, wie man es anders machen soll. Man muß von den Tatsachen lernen und nicht von seinen seit Jahrzehnten im Kopfe herumspukenden Gespenstern der Parteiprogramme.

Das ist es, worauf es ankommt. Und ich kann Ihnen sagen: Entweder werden die Betriebsräte so eingerichtet, daß sie die erste Einrichtung sind von dem, was im großen Stile gedacht ist im Sinne einer sozialen Gestaltung des menschlichen Gemeinwesens, damit dann aus der Einrichtung der Betriebsräte etwas hervorgehen kann, was einer wirklichen Sozialisierung gleichkommt, oder wenn das nicht gemacht wird, dann erreicht man keine richtige Sozialisierung. Wenn man abwartet, bis die Fortsetzung des alten Regierungssystems aus einem Gesetz heraus Betriebsräte einrichtet, wenn man immerfort von der Idee ausgeht: derjenige, der praktisch handeln will, zersplittert die Partei, wird man auf keinen grünen Zweig kommen.

Ich möchte sagen, eine Frage ist immer und immer wieder notwendig zu stellen. Sehen Sie, wie wir hier angefangen haben im Sinne des dreigliederigen sozialen Organismus über die Dinge zu reden, da erwarben wir uns und unsere Freunde aus den Parteien verhältnismäßig rasch das Vertrauen der Arbeiterschaft, eines großen Teiles der Arbeiterschaft. Dem sah man offenbar zunächst zu, weil man sich gedacht hat: Nun, solange die so ein paar Spielereien treiben, genügt es ja, wenn man sagt: Bekümmert euch nicht um diese Utopien. Das mag so dahingehen. – Dann sah man aber, daß es sich gar nicht um Utopien handelte, sondern daß man anfing, wirklich etwas Praktisches einmal in Szene zu setzen. Da zog nicht mehr recht die Geschichte mit den Utopien und Ideologien. Denn schließlich, wie wir versuchten für die Betriebsräte zu wirken, da ließ sich das doch nicht recht als eine Utopie mehr bezeichnen. Da kommt man nun damit, daß man sagt: Es wird Zersplitterung hineingetragen. Wir haben sie nämlich nicht hineingetragen, sondern die, die das sagen, tragen sie selbst hinein ... Nun, die Sache der Betriebsräteschaft ist eben doch zu ernst, als daß man nicht solche Dinge heute wirklich zur Sprache bringen müßte. Und ich hoffe, daß von diesen Gesichtspunkten aus dem einen oder anderen von Ihnen in dieser leider wenig besuchten Versammlung heute noch sehr viel über die verschiedenen Dinge gesprochen wird, die da notwendig sind.«

Rudolf Steiner
Zum Entwurf des Betriebsrätegesetzes

Auszug aus einem Diskussionsabend mit den Arbeiter-Ausschüssen Stuttgarter Großbetriebe:[12]

»... Nehmen Sie das Ganze, was da jetzt als Entwurf in die Welt gegangen ist, so werden Sie sich fragen müssen: Trägt das irgendwie auch nur im Geringsten den Stempel einer wahren Sozialisierung? Man nennt es sogar ›Sozialisierung der Betriebe‹, als ob man die einzelnen Betriebe in Wirklichkeit sozialisieren könnte. Was in diesem Entwurf für die Betriebsräte enthalten ist, das ist ja nichts anderes als das Hineinfließenlassen eines gewissen demokratischen Prinzips des uns sattsam bekannten Parlamentarismus in die einzelnen Betriebe. Man nennt die Sache ja heute schon vielfach ›Demokratisierung der Betriebe‹. Ich möchte sagen: das parlamentarische Prinzip, das soll gewisse Ausläufer, eine Art Meerbusen, ausstrecken, die in die Betriebe hinein-

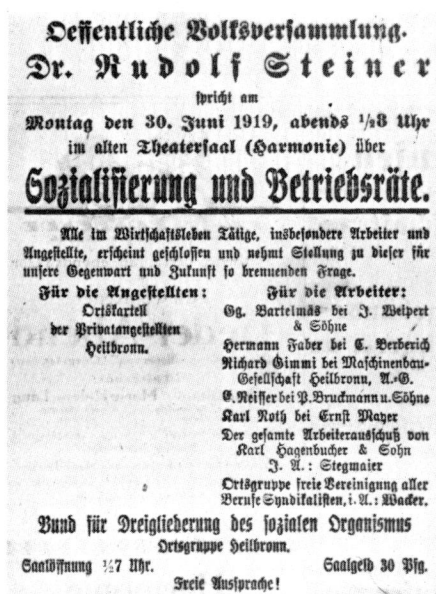

Vortragsankündigung ›Sozialisierung und Betriebsräte‹

geleitet werden, und da drinnen soll weiter parlamentarisiert werden. Ja, so wenig der bisherige Parlamentarismus, indem er in allerlei Häusern abgeschlossen war, ernstlich irgend etwas zur Sozialisierung hat beitragen können, ebensowenig wird dieses Ausstrecken der parlamentarischen Meerbusen den Betrieben das Allergeringste von dem bringen, was Sozialisierung ist. Sie sehen es ja am besten daran, daß überall in diesem Entwurf in der ganzen alten Weise geredet wird von Arbeitgeber und Arbeitnehmer, daß, wenn es auch nicht offen ausgesprochen wird, doch hinter all dem der alte Kapitalismus lauert. Es ist alles auf die alte kapitalistische Form gedacht. Es soll im Grunde genommen alles beim Alten bleiben, und die Arbeitnehmer sollen dadurch beruhigt werden, daß nun irgendwie Betriebsräte gewählt werden können, die mit den Unternehmern allerlei theoretische Verhandlungen zu pflegen haben. Mit Bezug auf die eigentliche soziale Gesinnung soll doch alles beim Alten bleiben. Das kann der aus einem solchen Entwurf deutlich herauslesen, der einen Sinn hat, so etwas überhaupt zu lesen . . .«

Zu Beginn der anschließenden Diskussion werden zwei Fragen gestellt:

1. Ist zur Durchführung einer derartigen neuen Form des Wirtschaftslebens die Demokratie eine Notwendigkeit, oder ist unter Umständen einmal – wenn eben durch die Demokratie ein derartiger Zustand nicht herbeizuführen ist – die Gewalt eine Notwendigkeit oder kann die Gewalt in diesem Falle ein Recht sein?

2. Ist diese Dreigliederung oder Sozialisierung eine Möglichkeit ohne Internationalität,

also ohne daß alle kulturell entwickelten Völker, die da in Frage kommen, gleichzeitig mit denselben Ideen und Forderungen auf den Plan treten?

Dr. Steiner: »Was zunächst die Frage betrifft: Ist zur Durchführung einer wirklichen Sozialisierung die Demokratie eine Notwendigkeit? –, so möchte ich das folgende sagen: Man kann in einem gewissen Sinne wirklich sagen, daß bisher eine Anzahl von Menschen für neue Gedanken sich nicht erwärmen konnten, wie mein verehrter Vorredner gesagt hat; daß es immer kleine Gruppen waren. Allein man wird gerade in diesen Punkten sich klar sein müssen darüber, daß wir eben heute nicht vor kleinen, sondern vor großen Abrechnungen der Weltgeschichte stehen. Es muß vieles anders werden, und es wird nur anders werden, wenn wir gerade in bezug auf allerwichtigste Dinge uns bequemen zu etwas anderem zu kommen, als bisher vorhanden war. Derjenige, der heute nicht bloß zurücksieht auf die Gepflogenheiten früherer Zeiten, sondern der heute sehen kann, was die Menschen wollen, der wird mit den verschiedenen realen Faktoren rechnen.

Der Herr Vorredner hat zum Beispiel gesagt: in den Weltkrieg habe eine kleine Kaste die Menschen hineingetrieben. Es wird durch mich sogar in den nächsten Tagen eine kleine Broschüre erscheinen, gerade über die Einleitung des Weltkrieges, in der gezeigt werden wird, *wie* klein die Zahl derjenigen war, die zum Beispiel von deutscher Seite in die Sache hineingetrieben haben, indem da einmal von einem Punkte aus wahrhaftig in die Wahrheit hineingeleuchtet werden soll. Das wird geschehen. Aber da, wo diese kleine Gruppe gerade in diesen Punkten in ihrer Art gewirkt hat, da waren eben fortwirkend wahrhaftig Verhältnisse, die aus grauer Urzeit nur stammten. Da waren recht alte Verhältnisse fortgetragen worden in die Gegenwart hinein. Damit so regiert hätte werden können, der Gesinnung nach, nicht mit den technischen Mitteln, wie in Berlin regiert worden ist, vor dem Weltkrieg, dazu hätte es zum Beispiel gar keiner Buchdruckerkunst bedurft, durch die die Bildung und Urteilsfähigkeit in die breitesten Massen hineingetragen worden ist. Aber ist dann nicht wirklich durch diese Weltkatastrophe in den Abgrund hinuntergesunken das, was so immer wieder und wiederum fortgewirtschaftet hat? Wir stehen heute auf einem anderen Boden, und heute sind eben die Menschen nicht so, daß sie sich von kleinen Gruppen diktieren lassen wollen dasjenige, was sie zu tun haben, daß sie bloß eine kleine Gruppe gegen die andere kleine Gruppe austauschen wollen. Heute will schon ein jeder mittun. Heute ist die Zeit, wo man lernen muß den Unterschied zwischen herrschen und regieren. Es scheint ja allerdings, als ob der noch nicht gründlich genug gelernt worden wäre. (Beifall). Herrschen muß heute das Volk, eine Regierung darf nur regieren. Das ist das worauf es ankommt. Und damit ist auch gegeben, daß in einem gesunden Sinne heute die Demokratie notwendig ist. Deshalb habe ich auch keine Hoffnung, daß man mit den schönsten Ideen, wenn man durch kleine Gruppen sie verwirklichen will, etwas erreichen kann, wenn man nicht getragen wird von der Erkenntnis und Einsicht der wirklichen Majorität der Bevölkerung. Die wichtigste Arbeit ist heute: sich zu erwerben das Mitgehen der großen Mehrheit der Bevölkerung mit dem,

Sozialisierung
durch Betriebsräte!

Als im Spätherbst 1918 der kapitalistische Imperialismus Mitteleuropas in sich zusammenbrach, glaubte das deutsche Proletariat die Zeit gekommen, in der es seine Forderung nach Sozialisierung des Wirtschaftslebens werde verwirklichen können. **Heute sieht es sich um die Früchte der Revolution betrogen.**

Wodurch ist dies möglich geworden? Diese Frage muss sich der denkende Proletarier vorlegen. Zu ihrer Beantwortung genügt es nicht, den einstigen Führern die Schuld zuzuschieben. Die Gründe dafür liegen tiefer:

Die Gedanken der sozialistischen Parteiprogramme, die genügt hatten zur Kritik am Privatkapitalismus, erwiesen sich als unzureichend in dem Augenblick, wo mit ihrer Hilfe eine neue Gesellschaftsordnung aufgebaut werden sollte. Infolgedessen sehen wir heute die durch das Proletariat zur Macht emporgetragenen Persönlichkeiten Anlehnung suchend bei demselben Kapitalismus, den sie früher bekämpften.

Demgegenüber erblickt das deutsche Proletariat in dem **Betriebsrätesystem ein geeignetes Organ zur Sozialisierung** des Wirtschaftslebens. Die Regierung sieht sich genötigt, dem Verlangen nach Schaffung von Betriebsräten endlich etwas entgegen zu kommen. Was aber bietet sie durch den „Gesetzentwurf über Betriebsräte"? —

Eine recht bescheidene formelle, praktisch aber ganz unwirksame Erweiterung der Rechte der Arbeiter und Angestellten innerhalb von Betrieben, die selbst aber auch in Zukunft ganz im Dienste des Privatkapitals bleiben sollen. „Lohnarbeiter" und „Unternehmer" sollen gleiche Rechte haben. **Das ist das Ideal einer sozialistischen Regierung!** Es scheint, dass die Revolution nicht gemacht worden ist, um den Sozialismus zu verwirklichen, sondern um ihn gleichberechtigt neben den Kapitalismus zu stellen!! Wie die sich wohl auf die Dauer vertragen werden?! —

Nach dem Gesetzentwurf haben die Betriebsräte auch die Aufgabe, „den (NB. kapitalistischen) Betrieb vor Erschütterungen zu bewahren." – Diese Bestimmung dürfte sich zweifellos in ihren Folgen (Streikverbot usw.) als sehr segensreich erweisen — für den Kapitalismus.

In diesem Gesetzentwurf spricht sich **nicht** der Geist der „Sozialisierung" aus, **sondern** derjenige der „Sozialpolitik" mit ihren Wohlfahrts- und Fürsorge-Gesetzen. **Diese** Betriebsräte würden nichts anderes sein als neu aufgewärmte Arbeiter- und Angestellten-Ausschüsse und könnten gerade dadurch **nicht** sein **ein Organ zur Umgestaltung der privatkapitalistischen Ordnung in eine sozialistische.** Sie würden durchaus geeignet sein, die Sozialisierung zu verhindern und dem Privatkapitalismus (mit Hilfe der Entente) zu neuer Blüte zu verhelfen.

Wie kann eine Sozialisierung unseres Wirtschaftslebens bewirkt werden?

Nicht durch das Gesetz eines **politischen** Parlamentes, sondern nur durch Massnahmen von Körperschaften, die sich aus den im Wirtschaftsleben selbst tätigen und daher sachverständigen Menschen bilden.

Nicht durch Bestimmungen, die sich auf das Verhältnis zwischen „Unternehmer" und „Arbeiter" beziehen, sondern durch Vorschläge, die zeigen, wie der Gegensatz zwischen „Unternehmern" und „Arbeitern" aufgehoben und die Produktionsmittel aus dem Besitz der Privatkapitalisten übergeführt werden können in die Verwaltung der Allgemeinheit.

Flugschrift des Bundes für Dreigliederung ›Sozialisierung durch Betriebsräte‹

was man als ausführungsmöglich erkennt. So stehen wir heute eben vor der Notwendigkeit, daß wir für das, was zuletzt wirklich an wahrer Sozialisierung erreicht werden wird, in demokratischer Weise die Mehrheit der Bevölkerung haben müssen. Es könnte ja Übergangszeiten geben, wo eine kleine Gruppe irgend etwas verwirklichen würde, was von der Mehrheit nicht anerkannt wird, aber es würde doch von sehr kurzer Dauer sein. Auch gerade in diesem Punkte muß man sich klar werden, daß sogar heute die Zeit da ist, wo die Demokratisierung alle Menschen gleich machen muß, und deshalb müssen wir den Boden haben, wo alle Menschen gleich sein können in ihrem Urteil und den wir loslösen müssen von dem, worin die Menschen in ihrem Urteil eben nicht gleich sein können.

Denken Sie doch einmal, wenn irgendein Kind in der Schule besonders veranlagt ist, rechnen zu lernen, und Sie wollen es zum Musiker machen, so entziehen Sie ja dadurch eine ganz besondere Kraft dem sozialen Leben, daß Sie das Kind falsch ausbilden. Die gesunde Entwicklung der Individualität muß gerade im sozialen Organismus gepflegt werden. Da können Sie nicht demokratisieren, da können Sie nur Einsicht walten lassen in die wirkliche Menschenkenntnis. Da muß etwas ganz Neues eintreten auf dem Boden der Erziehung, des Unterrichtswesens usw. Und im Wirtschaftsleben, wollen Sie da demokratisch entscheiden? Etwa wie man Stiefel fabrizieren muß oder Ventile? Da muß man aus sachlicher Kenntnis heraus Korporationen bilden nach Produktion und Konsumtion; da müssen sachliche Interessen spielen. Nach links und nach rechts müssen die rein sachlichen Interessen abgesondert werden, dann bleibt in der Mitte übrig der Boden der Demokratie, wo nichts in Betracht kommt als das, was jeder reife ausgewachsene Mensch von jedem ausgewachsenen reifen Menschen als Gleicher zu fordern hat, und was dann das Recht ausstrahlt ins Geistesleben und Wirtschaftsleben.

Gerade weil heute die Demokratie ein berechtigter Ruf ist, müssen wir erkennen, wie die Demokratie durchgeführt werden kann. Das war nicht notwendig in der kapitalistischen Gesellschaft. Da haben die Leute sich auch Demokraten genannt, aber da war es noch nicht notwendig, daß man so gründlich zu Werke ging mit dem Begriff ›Demokratie‹ wie heute. Heute sind wir auf dem Boden, wo wir uns fragen müssen: Weil Demokratie werden muß, wie können wir sie praktisch verwirklichen? Nur dadurch, daß wir sie auf ihren eigenen Boden stellen. Und was nicht demokratisch verwaltet werden kann, was nicht alle Menschen beurteilen können, das wird nach links und nach rechts sachlich abgesondert. Es ist so einfach, zu verstehen, warum dieser dreigliedrige soziale Organismus notwendig ist, daß man sich eigentlich immer wundern muß, daß die Leute so viel dagegen haben. Wenn Sie fragen: wer ist offen und ehrlich zum Beispiel in der Demokratie?, so ist es gerade der dreigliedrige soziale Organismus, weil der suchen will, wie man die Demokratie verwirklichen kann, und nicht vermischen will und verwirren will alles, damit keine Demokratie in dem Einheitsstaat sein kann. Diejenigen haben natürlich keine Demokratie gemacht, welche den Ruf immer ertönen lassen: für Thron und Altar! Aber, meine sehr verehrten Anwesenden, die werden auch keine Demokratie machen, die an die Stelle des Thrones das Kontor setzen und an die Stelle des Altars die Kasse. Die werden auch keine Demokratie machen. Eine Demokratie werden nur diejenigen machen, die es ehrlich meinen mit der menschlichen Gesellschaft, und nicht das Demokratische dorthin tragen wollen, wo Sachkenntnis das einzig Maßgebende sein kann. Deshalb werden die Menschen sich schon bequemen müssen, was übrigens immer die vernünftigen Sozialisten gesagt haben: In der Zukunft muß es doch sachliche Verwaltungen geben und keine Scheinverwaltungen durch Wahl und dergleichen. Gewiß, es muß gewählt werden, aber über die Wahltechnik wird man noch andere Dinge lernen müssen, als man heute schon gelernt hat. Ich will nur darauf aufmerksam machen: Demokratie muß kommen, aber wir müssen einen solchen sozialen Organismus haben, der Demokratie gründlich möglich macht . . .

Mit Bezug auf das Internationale ist ja gerade die Dreigliederung zuerst gedacht worden. Sie ist die Grundlage für eine wirkliche Sozialisierung auch des internationalen Lebens. Aber sie hat noch eine besondere Eigenschaft: Es schadet nämlich gar nichts, wenn der eine soziale Organismus sich dreigliedert und die anderen noch nicht wollen. Denn wenn die anderen noch nicht wollen, so können ja die Segnungen des dreigeteilten Organismus die, die ihn eingeführt haben, genießen. Nach außen, wenn es sie hindern sollte, können sie ja als Einheit auftreten. Wenn drei Parlamente da sind – überall hat man es ja mit einer bestimmten Anzahl von Menschen zu tun –, die können sich ja in Verhandlungen mit dem Ausland zusammentun, weil die anderen es nicht anders zulassen, aber sie werden immer noch den anderen voraus sein, weil sie die Dreigliederung in ihrem Gebiete verwirklichen. Das ist gerade dasjenige, was wichtig ist, daß man gar nicht braucht die ganze Welt revolutionieren zu wollen, sondern daß man anfangen kann in einem bestimmten Gebiet. Dann wird das – und das glaube ich ganz bestimmt – sehr ansteckend wirken, wenn wirklich heilsame Zustände in einem Gebiete auftreten. Das wird gehörig ansteckend wirken. Das wird dann gerade beitragen zur Internationalisierung.«

Bereits im Jahre 1919 begannen die ersten Gegenaktionen von seiten der sozialistischen Parteiführungen und namhafter Gewerkschaftsfunktionäre. In dem zunehmenden Interesse, das die Arbeiterschaft den Ausführungen Rudolf Steiners entgegenbrachte, sahen sie ihre eigenen Strategien bedroht. Sie sprachen von ›ideologischer Verführung‹ und appellierten an die Parteidisziplin. So kam es, daß der Druck, der von dieser Seite kam, die Oberhand gewann, denn mit Aberkennung der Parteizugehörigkeit drohte den Arbeitern auch der Verlust des Arbeitsplatzes. Hinzu kam noch, daß die Initiatoren und Träger der damaligen Dreigliederungsbewegung eine verschwindend kleine Zahl waren und trotz unermüdlichen Einsatzes recht bald die Grenzen des Möglichen erreicht waren.

Auch die Zunahme der zum Teil recht heftig geführten Angriffe gegen Rudolf Steiner und die Anthroposophie, die zumeist in sehr polemischer Weise vorgebracht wurden, beeinträchtigten eine fruchtbare Breitenarbeit erheblich.

Die Stabilisierung der sozialen und wirtschaftlichen Verhältnisse und das Wiederaufleben konservativ-reaktionärer Kräfte unterdrückten jeglichen Erneuerungsimpuls

Aufruf
zur Rettung Oberschlesiens.

Oberschlesier!

Soll in Oberschlesien zur Qual seiner Bevölkerung, zum Schaden der Wirtschaft, zur Vernichtung aller kulturellen Güter, der Unfrieden, der versteckte und offene innere Kampf Dauerzustand werden? Darf Oberschlesien der Herd ständiger Bedrohung des Friedens für Europa bleiben?

Nein! Wie aber ist dies zu verhindern?

Die oberschlesische Frage ist eine **europäische Frage**. Auf das **wirtschaftliche** Gedeihen der Industrie, insbesondere auf die Kohlenschätze Oberschlesiens richtet ganz Europa seine besorgten Gedanken und Wünsche. Für den europäischen Wirtschaftskreislauf ist Oberschlesien von entscheidender Bedeutung. Die **geistig-kulturellen** Probleme und Aufgaben dieses Gebietes, als einer Mitte zwischen Ost- und Mitteleuropa, liegen schwer in der Wagschale. Die Geistigkeit der oberschlesischen Völker kann nur dann in der rechten Weise sich auswirken, wenn hier eine wirkliche Lösung der Nationalitätenfrage gefunden wird. Damit wäre auch Entscheidendes gewonnen für die Heraufführung eines neuen Zeitalters der Völkerbeziehungen überhaupt.

Auch eine Gesundung der **politisch-staatlichen** Verhältnisse ist im europäischen Interesse ein unbedingtes Erfordernis, soll nicht Oberschlesien ein politischer Unruheherd werden, der den europäischen Frieden dauernd in Frage stellt.

So ist das Problem der Gestaltung Oberschlesiens eine Frage der wirtschaftlichen, rechtlich-politischen und kulturell-geistigen Gesundung **ganz Europas**. Versailles, St. Germain und Spaa brachten nichts weniger als eine Lösung der europäischen Probleme und sozialen Fragen. Da aber die oberschlesische Frage nur aus dem ganzen großen Zusammenhang einer wahrhaft zeitgemäßen Neugestaltung der europäischen Verhältnisse gelöst werden kann, **wird keine gegenwärtige Lösung dieser Fragen, die auf dem Boden der Wirklichkeit steht, etwas anderes sein können, als ein vorübergehender Zustand. Man muß daher bewußt einen solchen Übergangszustand in Oberschlesien schaffen.** Weder die berühmten weltfremden 14 Punkte Wilsons, deren Anwendung auf das wirkliche Leben besonders im Osten eine Unmöglichkeit bedeutet, noch die Gewaltmethoden einer abgelaufenen Epoche können zu einem Neuaufbau

Völker Europas!

des europäischen Lebens führen. Zu diesem Neuaufbau kann man nur kommen, wenn man sich klar darüber ist, daß es sich im Grunde um **drei verschiedene Gebiete** handelt:

Das Wirtschaftsleben,
Das rechtlich-politische Leben,
Das geistig-kulturelle Leben.

In dem bisherigen Staate waren diese drei Gebiete verquickt, und aus diesem Durcheinander sind letzten Endes die chaotischen Zustände der Gegenwart hervorgegangen. Die einzige wirklichkeitsgemäße Gestaltung des sozialen Lebens kann daher nur in einer Verselbständigung dieser drei Gebiete bestehen. Den Weg dazu weist

die Dreigliederung
des sozialen Organismus.

Sie verlangt, daß der Staat auf der einen Seite die Wirtschaft, auf der andern Seite das Geistesleben aus seinem Machtbereich entlasse.

In das Wirtschaftsleben gehört dann nur noch Warenerzeugung, Warenverteilung und Warenverbrauch, die auf „assoziativer Grundlage" [*] von Sachverständigen zu verwalten sind. Ungehindert von staatlichen und politischen Machtverhältnissen werden die Produzenten und Konsumenten der verschiedenen Länder in gemeinsamer Arbeit die Befriedigung aller Bedürfnisse regeln.

Das geistige Glied im dreigliedrigen sozialen Organismus umfaßt Wissenschaft, Kunst, Religion, das gesamte Erziehungswesen und die richterliche Rechtsprechung. Alle diese geistig-kulturellen Faktoren können nur in vollkommener Freiheit von staatlichen Eingriffen ihre Aufgabe erfüllen und in rechter Weise das soziale Leben befruchten. Das Geistesleben, die Kultur, muß aus dem freien Zusammenwirken aller geistig-schöpferischen Einzelpersönlichkeiten sich herausgestalten und sich selbst eigene Verwaltungskörper geben.

[*] Einzelheiten über die „assoziative Wirtschaft" finden sich in den umstehend aufgeführten Schriften.

schon im Keime, zumal da letztere (mit Erfolg) versuchten, den Menschen glaubhaft zu machen, daß sie es waren, die das Bürgertum vor der ›Gefahr einer zweiten deutschen Revolution‹ bewahrt haben.

Doch Rudolf Steiner zeigte sich trotz der schwierigen Lage immer wieder dazu bereit, einzelne Initiativen zu unterstützen, da er nichts unversucht lassen wollte, um zukünftigen Katastrophen entgegenzuwirken oder diesen zuvorzukommen. In Oberschlesien, wo eine Abstimmung über die Aufteilung dieses hochindustrialisierten Gebietes zwischen Polen und Deutschland bevorstand, nachdem es seit Monaten zu zahlreichen Terrorakten und Kämpfen gekommen war, hielt Rudolf Steiner Anfang 1922 zwei Vorträge,[13] denen sich jeweils lange Aussprachen anschlossen.

Zunächst verweist er – angesichts der historischen Entwicklung Polens, insbesondere der verschiedenen Teilungen, die dieses Land in seiner bisherigen Geschichte erfahren hat – auf die Bedeutung des durch diese Ereignisse geprägten Volkscharakters hin und betonte, daß dieser Aspekt auch bei zukünftigen Entscheidungen über das Schicksal Polens unbedingt berücksichtigt werden muß. In seinem zweiten Vortrag legt er noch einmal ausführlich die Ursachen dar, die zum Ausbruch des Ersten Weltkrieges geführt hatten und Ausgangspunkt auch für spätere, möglicherweise große kriegerische Auseinandersetzungen sein können, wie es sich ja auch bewahrheiten sollte.

Gegen Ende seiner Ausführungen macht er die Zuhörer darauf aufmerksam, daß eine Abstimmung, wie auch immer sie ausfallen wird, keine wirklichkeitsgemäße Lösung herbeiführen wird. Daraufhin entschloß sich der dortige ›Dreigliederungskreis‹, gegen die Abstimmung in der Öffentlichkeit zu wirken. Doch auch diese Aktion wurde durch massive, nationalistisch geprägte Agitationen und eine Hetzkampagne in der Presse bereits im Keime erstickt.

Schwerpunkt der sich an diese Vorträge und Aktionen anschließenden Aktivitäten Rudolf Steiners wurde in den nun folgenden Monaten eine Vertiefung der geistigen Grundlagen des Dreigliederungs-Gedankens. Eine Reihe von Hochschulkursen, Fachveranstaltungen, wie etwa der ›Nationalökonomische Kurs‹ vor Studenten der Nationalökonomie im Sommer 1922 sowie eine Fülle von Studienabenden gaben Rudolf Steiner die Gelegenheit, Probleme der Preisbildung, Kapitalverwaltung, des Strafrechtes etc. auf der Grundlage geisteswissenschaftlicher Forschungsresultate umfassend darzustellen.

Einen Höhepunkt seiner damaligen Vortragstätigkeit in der Öffentlichkeit bildete der Ost-West-Kongreß in Wien, an dem trotz der schwierigen wirtschaftlichen Lage etwa 2000 Menschen teilgenommen haben. Über die Motive und Zielsetzung dieser Veranstaltung heißt es in einem von ihm gegebenen Bericht:[14]

»Es ist in der letzten Zeit sehr viel geredet worden von den besonderen Kultureigentümlichkeiten des Ostens, von denen des Westens. Daraus versuchte man zu erkennen, wie sich gegenüber den heute so tätigen Niedergangskräften Aufgangskräfte ergeben werden. Das führte dazu, daß in Wien diese Betrachtungsweise in den Mittelpunkt der Kongreßverhandlungen gerückt worden ist. Der Kongreß trug ja den Namen West-

Ost-Kongreß aus der Überzeugung, daß heute, und zwar vorzüglich aus geistigen Untergründen heraus, eine Verständigung über die ganze Kulturwelt der Erde kommen muß.

Früher war Europa und die Verbindung Europas mit Amerika dasjenige, worauf es ankam; was im wesentlichen das Kulturleben der neueren Zeit wurde, war ein westlich orientiertes Kulturleben. Indem sich nunmehr der Gesichtspunkt des äußeren Kulturlebens nach dem Stillen Ozean hinüberschiebt, ist der Anfang damit gemacht, daß die *ganze Erde* ein großes Gebiet werden muß, das einheitlich in bezug auf alle Kulturfragen zu behandeln ist. Dem muß aber, da zwischen Menschen, die überhaupt irgend etwas miteinander zu tun haben wollen, Verständigung, Vertrauen sogar notwendig ist, eine Verständigung auf geistigem Gebiete vorangehen.

Alles hängt davon ab, daß man im Westen lerne, wiederum mit einem größeren Verständnis hinzuschauen auf das, was der Osten, wenn auch heute durchaus in Niedergangsprodukten und sogar in Niedergangsempfindungen enthält, und daß man im Osten lerne, den Westen so anzuschauen, daß man ihn bejaht, nicht bloß verneint, wie das bisher der Fall ist. Es wird natürlich sehr vieles noch notwendig sein, um diejenigen geistigen Grundlagen zu schaffen, die zu einer solchen Verständigung notwendig sind.

Heute, wo die wirtschaftlichen Verhältnisse so außerordentlich zu einem Zusammenwirken drängen, dürfen wir gar nicht hoffen, daß die Ordnung dieser wirtschaftlichen Verhältnisse, auch wenn es zuweilen so ausschaut, etwas anderes bewirken könne als ein Surrogat, das solange auf ein Definitivum warten wird, bis die geistigen Verhältnisse eine Verständigung herbeigeführt haben. Dieser Verständigung auf dem zentralen geistigen Gebiete sollte unser Wiener Kongreß dienen.«

Daß Veränderungen bis in höchste politische Ebenen hinein nicht möglich waren, wurde bereits im Jahre 1919 deutlich. Doch in zunehmendem Maße wurde der Dreigliederungsimpuls von Menschen aufgegriffen, die eine grundlegende Erneuerung einzelner Institutionen, in denen sie zumeist selbst tätig waren oder tätig werden wollten, anstrebten. Besonders hier wird deutlich, wie unmittelbar Rudolf Steiner auf Fragen, die sich angesichts der konkreten Lebenspraxis stellten, einzugehen und zu antworten vermochte.

Schon wenige Monate, nachdem Emil Molt, Direktor der Waldorf-Astoria-Zigarettenfabrik an Rudolf Steiner herangetreten war mit der Bitte, die Gründung einer Schule für die Kinder der Arbeiter seiner Fabrik vorzubereiten, begann Rudolf Steiner mit der Schulung der dafür in Frage kommenden Lehrer. Dabei spielte die Suche nach einer zeitgemäßen, auf kollegialer Zusammenarbeit basierenden schulischen Organisation ebenso eine Rolle, wie die nach einer sich an der Entwicklung des Kindes orientierenden Methodik und Didaktik.

Die in den folgenden Jahren gegründeten Freien Waldorfschulen, heilpädagogischen Heime, künstlerischen Ausbildungsstätten, die Freie Hochschule für Geisteswissenschaften in Dornach sowie medizinische Laboratorien repräsentierten einerseits ein ›Stück‹ Freies Geistesleben, andererseits aber auch eine Art Freies Unternehmertum, über deren

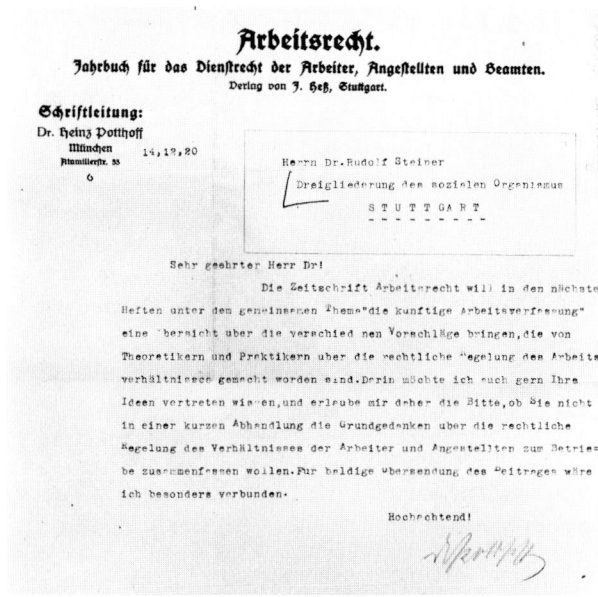

Brief an Rudolf Steiner von der Schriftleitung für das ›Jahrbuch für das Dienstrecht der Arbeiter‹, 1920

Aufgaben, Strukturen und Bedeutung für eine Zukunftsgesellschaft Rudolf Steiner in vielen seiner Vorträge ausführlich gesprochen hat.

Eine weitere Initiative, die aus dem Dreigliederungsimpuls hervorging, war die Gründung einer ›Aktiengesellschaft zur Förderung wirtschaftlicher und geistiger Werte‹, die den Namen ›Der Kommende Tag AG‹ trug. Mit dieser Unternehmung beabsichtigte man, verschiedene wirtschaftliche Betriebe sowie Einrichtungen des Geistes- und Kulturlebens, wie Schulen, Forschungsinstitute etc. zusammenzuschließen, um u. a. die Erträge aus rein wirtschaftlichen Unternehmungen unmittelbar an solche weiterzuleiten, die selbst keine Gewinne erwirtschaften können. Man hoffte auch durch die finanzielle Förderung von Forschungsvorhaben die Entwicklung neuer Arbeitsmethoden, -techniken etc. zu beschleunigen, um diese dem sozialen Ganzen verfügbar machen zu können. Damit nahm die Aktiengesellschaft zusehends den Charakter einer *Assoziationsbank* ein, wie auch den folgenden ›Leitgedanken‹ zu entnehmen ist:[15]

Leitgedanken für eine zu gründende Unternehmung
November 1920

»Notwendig ist die Gründung eines bankähnlichen Instituts, das in seinen finanziellen Maßnahmen wirtschaftlichen und geistigen Unternehmungen dient, die im Sinne der anthroposophisch orientierten Weltanschauung sowohl nach ihren Zielen, wie nach ihrer Haltung orientiert sind. Unterschieden von den gewöhnlichen Bankunternehmungen soll dieses dadurch sein, daß es nicht nur den finanziellen Gesichtspunkten dient, sondern den realen Operationen, die durch das Finanzielle getragen werden. Es wird daher vor allem darauf ankommen, daß die Kredite etc. nicht auf dem Wege zustande kommen, wie dies im gewöhnlichen Bankwesen geschieht, sondern aus den sachlichen Gesichtspunkten, die für eine Operation in Betracht kommen, die unternommen werden soll. Der Bankier soll also weniger den Charakter des Leihers, als vielmehr den des in der Sache drinnenstehenden Kaufmanns haben, der mit gesundem Sinne die Tragweite einer zu finanzierenden Operation ermessen und mit Wirklichkeitssinn die Einrichtungen zu ihrer Ausführung treffen kann.

Es wird sich dabei hauptsächlich um die Finanzierung solcher Unternehmungen handeln, die geeignet sind, das wirtschaftliche Leben auf einen gesunden assoziativen Boden zu stellen und das geistige Leben so zu gestalten, daß berechtigte Begabungen in eine Position gebracht werden, durch die ihre Begabung in einer sozial fruchtbaren Art sich ausleben können. Worauf es besonders ankommt, ist, daß zum Beispiel Unternehmungen entriert werden, die augenblicklich gut rentieren, um mit ihrer Hilfe andere Unternehmungen zu tragen, die erst in späterer Zeit und vor allem durch die jetzt in sie zu gießende Geistessaat, die erst nach einiger Zeit aufgehen kann, wirtschaftliche Frucht bringen können.

Für die Beamten des Bankunternehmens ist es notwendig, daß sie eine Einsicht darin haben, wie die Lebensansicht, die mit der Anthroposophie gegeben ist, sich in wirtschaftlich fruchtbare Wirksamkeit umsetzt. Dazu ist notwendig, daß ein streng assoziatives Verhältnis hergestellt wird zwischen den Bankverwaltern und denen, die durch ihre ideelle Wirksamkeit das Verständnis für eine ins Leben zu setzende Unternehmung fördern können.

Ein Beispiel: eine Persönlichkeit hat eine Idee, die eine wirtschaftliche Fruchtbarkeit verspricht. Die Vertreter des Ideellen der Weltanschauung können Verständnis hervorrufen für die sozialen Folgen. Ihre Tätigkeit wird finanziell mitgetragen aus den aufzunehmenden Beträgen, die zugleich wirtschaftlich und technisch die Verwirklichung der Idee tragen sollen.

Im Mittelpunkt muß stehen, die Zentralen der anthroposophisch orientierten Geistesbewegung selbst zu tragen. Der Bau in Dornach kann zum Beispiel zunächst nichts tragen; dennoch wird er einen mächtigen auch wirtschaftlichen Ertrag in späterer Zeit bewirken. Es muß Verständnis dafür hervorgerufen werden, daß ihn jeder auch bei Achtung seines finanziellen Gewissens fördern kann, wenn er nur mit der materiellen Fruchtbarkeit in einer längeren Zeit rechnet.

Die Unternehmung muß auf der Erkenntnis ruhen, daß die technische, finanzielle etc. Tätigkeit Zweige entfalten kann, die zwar für den einzelnen Unternehmer zeitweilig günstige Resultate liefern, die aber im Zusammenhange der sozialen Ordnung zerstörend wirken. In dieser Art waren viele Unternehmungen der neuesten Art orientiert. Man fruktifizierte sie, und gerade durch ihre Fruktifizierung untergrub man die soziale Ordnung. Dieser Art von Unternehmungen müssen solche gegenübertreten, die

Aufruf No. 1

WELTWIRTSCHAFTS-KONGRESS

AUFRUF

AN MITARBEITER UND INTERESSENTEN
zur Initiative für die Einberufung eines Weltwirtschafts=Kongresses
in das Gœtheanum „Freie Hochschule für Geisteswissenschaft“
in DORNACH bei Basel

卐

Während des Sommerkurses am Gœtheanum in Dornach, der freien Hochschule für anthroposophisch orientierte Geisteswissenschaft, wurde neben naturwissenschaftlichen, philosophischen, pædagogischen, künstlerischen und andern Kulturproblemen die wirtschaftliche Weltlage besprochen. In Referaten praktisch tätiger Wirtschafter wurden behandelt:

Schweizerische Wirtschaftsfragen im Lichte der assoziativen Wirtschaft;
Assoziation und Konkurrenz;
Das Problem der Weltwirtschaft;
Die Instrumente der Güterverteilung;
Die Lösung der sozialen Frage vom Gesichtspunkte des Unternehmers.

In wiederholter freier Aussprache zur wirtschaftlichen Weltlage wurden die vielfachen Erscheinungen des ungesunden Wirtschaftslebens der heutigen Zeit und die Mittel zur Hebung der Weltwirtschaftskrise eingehend besprochen. Weil die Teilnehmer am Kurse die Ueberzeugung gewannen, dass im Werke von Dr. Rudolf Steiner «Die Kernpunkte der sozialen Frage in den Lebensnotwendigkeiten der Gegenwart und Zukunft» (1919, Verlag des Gœtheanum Dornach) und in den darauf fussenden Studien und praktischen Auswirkungen **der Weg vorgezeichnet sei, welcher aus dem heutigen Chaos hinausführt,** wurde der Entschluss gefasst, einen **internationalen Kongress** zur Besprechung der wirtschaftlichen Weltlage in das Gœtheanum nach Dornach einzuberufen.

Der eingesetzte Arbeits-Ausschuss wendet sich durch die Mitglieder seines Initiativ-Ausschusses in den verschiedenen Ländern der ganzen Erde hiermit an Persönlichkeiten, welche für die beabsichtigte Veranstaltung Verständnis besitzen und initiativ mitzuwirken sich entschliessen können. Wir sind uns der Schwierigkeiten und Hemmnisse wohl bewusst, welche einem solchen Werke entgegenstehen. Wir glauben aber, im Hinblick auf die Lage vor ihnen nicht zurückschrecken zu dürfen, denn die Bewegung, aus welcher die zur Anregung führenden Ideen kommen, ist auf praktische Tätigkeit gerichtet. In so schwerer Zeit wie der gegenwärtigen, in der auch diejenigen, welche den Neuaufbau der Wirtschaft übernommen haben, die Lage als verzweifelt ansehen, muss jeder Beitrag zur Sanierung willkommen sein.

Die Welt braucht vor allem dringend eine Gesundung des Wirtschaftslebens.
Das bisherige Staatsleben hat nicht vermocht, eine solche herbeizuführen und was

Auszug aus der Einladung des Initiativ-Ausschusses für den Weltwirtschaftskongreß 1922 am Goetheanum in Dornach

aus einem gesunden Denken und Empfinden heraus stammen. Sie können sich in wirklich fruchtbarer Art der sozialen Ordnung einfügen. Sie können aber nur aus der durch die anthroposophisch orientierte Geisteswissenschaft angeregten sozialen Denkweise getragen sein.

Es ist richtig, daß auch eine Unternehmung wie die hier charakterisierte zunächst nur die sozial-technischen und finanziellen Krisenmöglichkeiten überwinden kann, und daß ihr die sozialen Schwierigkeiten so lange gegenüberstehen werden, als diese als eigentliche Arbeiterfrage noch die Gestalt an sich tragen, die aus der zu Krisen verurteilten alten Produktionsweise stammen. Die an den neuen Unternehmungen beteiligten Arbeiter werden zum Beispiel in Lohndifferenzen sich gerade so verhalten, wie sie sich den Unternehmungen alten Stils gegenüber verhalten. Allein man darf bei solchen Dingen nicht unterschätzen, wie bald bei richtiger Führung ein Unternehmen der hier charakterisierten Art auch sozial günstige Folgen haben muß. Das wird man *sehen*. Und das Beispiel wird überzeugend wirken. Wenn eine Unternehmung *dieser Art* stocken wird, dann wird man die Arbeiter, die daran beteiligt sind, schon mit ihren Überzeugungen bei dem Wieder-in-Fluß-Bringen haben. Denn nur dadurch, daß man durch eine auf *alle* Menschenklassen wirkende Denkungsart die Handarbeiter mit den geistigen Führern von Unternehmungen zu einem Interesse bringt, kann den sozialen Zerstörungskräften entgegengearbeitet werden.

Grundbedingung ist, daß die geistigen Bestrebungen mit allen materiellen innig verbunden werden. Wir können eine solche Orientierung mit den jetzt in der anthroposophischen Bewegung verfügbaren Kräften deshalb nicht erreichen, weil wir eben in ihrem Schoße keine praktische Unternehmung haben, die aus ihren eigenen Kräften hervorgewachsen ist, außer dem Berliner anthroposophischen Verlag. Doch genügt dieser allein nicht, um vorbildlich zu wirken. Denn seine ökonomische Orientierung ist nur der äußere Ausdruck der Schlagkraft der Geisteswissenschaft *als solcher*. Richtig vorbildlich können erst solche Unternehmungen wirken, die nicht die Geisteswissenschaft als solche zu ihrem Inhalte haben, sondern die einen von der geisteswissenschaftlichen Denkungsart getragenen Inhalt haben. Eine *Schule* als solche kommt vorbildlich zunächst nach dieser Richtung erst dann in Betracht, wenn sie finanziell von nur solchen Unternehmungen getragen wird, deren ganze Einrichtung schon aus geisteswissenschaftlichen Kreisen hervorgegangen ist. Und der Dornacher Bau wird seine soziale Bedeutung erst erweisen können, wenn durch die mit ihm verbundenen Persönlichkeiten solche Unternehmungen ins Leben gerufen worden sind, die sich selbst tragen, den sie haltenden Menschen gehörigen Unterhalt geben und dann noch so viel übrig lassen, daß das von einer geistigen Unternehmung immer geforderte Defizit gedeckt werden kann. Dieses Defizit ist ja in Wirklichkeit gar keines. Denn eben dadurch, daß es entsteht, wird die Fruktifizierung der materiellen Unternehmungen hervorgerufen.

Man muß nur die Dinge wirklich praktisch nehmen. Das tut derjenige nicht, der frägt: wie soll man also im Sinne der anthroposophisch orientierten Geisteswissenschaft ein finanzielles oder ökonomisches Unternehmen machen? Das ist einfach ein Unsinn. Es kommt darauf an, daß die in der anthroposophisch orientierten Geistesbewegung selbst organisierten Mächte die Unternehmungen machen, das heißt daß Bankiers, Fabrikanten etc. sich mit dieser Bewegung zusammenschließen, daß der Dornacher Bau der reale Mittelpunkt eines neuen Unternehmungsgeistes werde. Deshalb sollen auch in Dornach nicht ›soziale‹, ›technische‹ etc. ›Programme‹ aufgestellt werden, sondern es soll mit dem Bau der Mittelpunkt einer *Arbeitsweise* geschaffen werden, welche die *Arbeitsweise der Zukunft* werden soll.

Wer sich dazu entschließen wird, zu den Dornacher Unternehmungen finanzielle Beihilfe zu gewähren, der wird verstehen müssen, daß wir heute schon so weit sind, daß Unternehmungen im alten Sinne unterstützen heißt, sein Geld in Unfruchtbares stecken, und daß für sein Geld sorgen, heute heißt, zukunftversprechende Unternehmungen zu tragen, die allein geeignet sind, den verwüstenden Kräften standzuhalten. Kurzsichtige Leute, die heute noch glauben: so etwas hat noch nie finanzielle Früchte getragen, werden sicher den Dornacher Bestrebungen sich nicht anschließen. Die sich anschließen, müssen weitsichtige, finanziell und ökonomisch wirklich urteilsfähige Leute sein, die einsehen, daß Fortfahren-wollen in den alten Bahnen weiterzuwursteln, heißt: sich ein sicheres Grab graben. Diese Menschen werden es allein sein, die den zerstörenden Existenzen der letzten vier bis fünf Jahre nicht nachfolgen werden. Mit Unternehmungen des bisherigen Stils arbeiten, heißt weiter nichts, als die finanziellen und ökonomischen Reserven aufbrauchen. Denn auch die Reserven der Rohstoff- und Landwirtschaftsproduktion, die am längsten halten, werden aufgebraucht. Ihre finanzielle und ökonomische Fruktifikation liegt nämlich doch nicht darinnen, daß sie da sind, sondern daß die *Arbeit möglich* ist, durch die sie dem sozialen Organismus zugeführt werden. Diese Arbeit gehört aber durchaus zu den Reserven. Alles für die Zukunft hängt davon ab, daß auch für die Einzelunternehmung ein neuer Geist die führende Stellung bekomme.«

Die Aktiengesellschaft der ›Kommende Tag‹ umfaßte bald siebzehn Unternehmungen, zu denen neben der Waldorf-Astoria-Zigarettenfabrik eine Werkzeugmaschinen-, eine Kartonagenfabrik, ein Bankhaus, aber auch Einrichtungen wie die Freie Waldorfschule in Stuttgart und ein klinisch-therapeutisches Institut mit Laboratorien zählten.

Noch im selben Jahr – 1920 – wurde in der Schweiz die ›Futurum AG, ökonomische Gesellschaft zur internationalen Förderung wirtschaftlicher und geistiger Werte‹, als assoziatives Unternehmen auf derselben Grundlage stehend wie der ›Kommende Tag‹, gegründet. Bis 1922 war hier Rudolf Steiner der Präsident des Verwaltungsrates, im ›Kommenden Tag‹ Vorsitzender des Aufsichtsrates bis 1923. Beide Aktiengesellschaften mußten infolge der allgemeinen Wirtschaftskrise 1924 bzw. 1925 liquidiert werden. Hinzu kam aber auch, daß den neuen Unternehmungen aufgrund der passiven Haltung der ›Außenwelt‹ unüberwindbare Widerstände entgegengebracht wurden, wodurch auch die Arbeit der einzelnen Mitarbeiter erheblich erschwert wurde.

Der Grundgedanke dieser beiden Vorhaben, einen »Keim zu einem neuen, auf assoziativer Grundlage sich entwickelnden Wirtschaftsleben zu bilden« und der zeitlich begrenzte Versuch seiner Verwirklichung hatte jedoch bewirkt, daß Einrichtungen wie die Freie Waldorfschule und die ›Weleda AG Heilmittelbetriebe‹ sich finanziell tragen konnten und dadurch auch in die Lage versetzt wurden, ihre Aktivitäten auszuweiten.

Insbesondere für die Freien Waldorfschulen läßt sich zum gegenwärtigen Zeitpunkt sagen, daß sie ihre bildungspolitische Bedeutung immer mehr ausgebaut haben, was letztlich *auch* darauf zurückzuführen ist, daß sie ständig an einer Sozialstruktur arbeiten, die den pädagogischen Zielsetzungen nicht nur entspricht, sondern diese auch fördert und oft sogar erst möglich macht.

Besonders auf institutioneller (mesosozialer) Ebene wurden in den vergangenen Jahrzehnten zahlreiche Impulse Rudolf Steiners aufgegriffen, wie etwa in anthroposophisch-orientierten heilpädagogischen Heimen, Freien Schulen und Hochschulen, landwirtschaftlichen und industriellen Unternehmen. In der schrittweisen Verwirklichung einer auf die ›Dreigliederung‹ aufbauenden Gesellschaft, der Verwirklichung des Assoziationsprinzipes und der Trennung von Arbeit und Einkommen sowie einem neuen Umgang mit Geldprozessen liegen eine Fülle von Ansätzen für eine in die Zukunft hinein zu gestaltende menschenwürdige Gesellschaft.

Gleich einer Würdigung der Persönlichkeit Rudolf Steiners, mit der ich dieses Buch abschließen möchte, sei nochmals ein Zeitgenosse Rudolf Steiners zitiert. Der bedeutende französische Journalist Jules Sauerwein, der zeitweilig auch das ›Sprachrohr‹ der französischen Regierungspolitik war und der in der ganzen Welt Gespräche mit einflußreichen Persönlichkeiten des politischen, wirtschaftlichen und kulturellen Lebens geführt hat, antwortete einmal auf die Frage, welches die interessanteste Begegnung seiner langjährigen journalistischen Laufbahn gewesen sei, mit den Worten: »Ich habe fast alle Monarchen der Erde gekannt, fast alle Premierminister und Marschälle. Aber niemand vermochte auf mich einen so nachhaltigen Eindruck auszuüben, wie der österreichische Philosoph und Okkultist Rudolf Steiner. Dies war der interessanteste Mann, dem ich in meinem Leben begegnet bin ... Die Staatsmänner – und wären sie noch so mächtig – hatten auf mich immer den Eindruck von Schauspielern gemacht, die ihrer Rolle nicht ganz sicher sind. Aber welch ein Genuß, mit Steiner über Politik zu sprechen! Und nur ein so großer und reicher Verstand vermag auch mit solcher Richtigkeit die einzelnen Probleme zu erfassen.«[16]

Anmerkungen

Ist kein Verfasser genannt, so handelt es sich um Schriften und Vorträge Rudolf Steiners. Die in der ›Rudolf Steiner Gesamtausgabe‹ (Dornach/Schweiz) erschienenen Titel sind durch die Bibliographie-Nummer (Bibl.-Nr.) gekennzeichnet. Bei den Jahresangaben, soweit sie die Werke Rudolf Steiners betreffen, handelt es sich um das jeweils jüngste Erscheinungsjahr.

Vorwort

1 ›Anthroposophische Gemeinschaftsbildung‹, Bibl.-Nr. 257, 1974, S. 76

Beiträge zur Wissenschaft

Einführung

1 H. G. Gadamer/P. Vogler, ›Neue Anthropologie‹, Bd. 1, Stuttgart 1972, S. XXXVI
2 I. H. Fichte, ›Anthropologie‹, 2. Aufl. 1860, S. 608; siehe auch: Rudolf Steiner, ›Philosophie und Anthroposophie, Gesammelte Aufsätze 1904–1918‹, Bibl.-Nr. 35, 1965, S. 217
3 ebenda
4 siehe hierzu den Aufsatz von Rudolf Rißmann, ›Anthroposophie des 16. Jahrhunderts‹, in: ›Die Drei‹, Monatszeitschrift, hgb. von der Anthroposophischen Gesellschaft in Deutschland, 1964, Heft 1; vgl. auch Mitteilungen aus der Anthroposophischen Arbeit in Deutschland‹, Nr. 46, Weihnachten 1958; in einem dort auszugsweise veröffentlichten Brief von Hermann Pundt heißt es u. a., daß bereits im Jahre 1650 Thomas Vaughan, ein Zeitgenosse des großen englischen Rosenkreuzers Robert Flood, in Oxford ein Buch mit dem Titel ›Anthroposophia Theomagica‹ veröffentlicht hat.
5 I. P. V. Troxler, ›Vorlesungen über Philosophie‹ (Hrsg. P. Eymann), Bern 1942, S. 88; siehe auch: Rudolf Steiner, ›Philosophie und Anthroposophie . . .‹, a. a. O., S. 216
6 ›Anthroposophie – Eine Einführung in die Anthroposophische Weltanschauung‹, Bibl.-Nr. 234, 1974, S. 23
7 ebenda, S. 25
8 ›Die Bedeutung der Anthroposophie im Geistesleben der Gegenwart – ihr wissenschaftlicher Charakter, ihre Forschungsmethode und ihre Ergebnisse, ihre Beziehungen zur Kunst und zum wissenschaftlichen Agnostizismus der Gegenwart‹, Dornach 1957, S. 28
9 Jürgen Habermas, ›Erkenntnis und Interesse‹, Frankfurt 1968, S. 13
10 ebenda, S. 12
11 ›Goethes Naturwissenschaftliche Schriften – Sämtliche Einleitungen zu Goethes Naturwissenschaftlichen Schriften‹, herausgegeben von Rudolf Steiner in ›Kürschners Deutscher National-Literatur‹, Bd. 114–117, Bibl.-Nr. 1, 1973, S. 127
12 ›Anweisungen für eine esoterische Schulung – Aus den Inhalten der 'Esoterischen Schule'‹, Bibl.-Nr. 42/245, 1973, S. 16
13 ebenda
14 siehe: ›Aus der Akasha-Chronik‹, Bibl.-Nr. 11, 1973; und ›Die Geheimwissenschaft im Umriß‹, Bibl.-Nr. 13, 1968
15 ›Anthroposophie. Ein Fragment aus dem Jahre 1910‹, Bibl.-Nr. 45, 1970, S. 31
16 ›Die Bedeutung der Anthroposophie . . .‹, a. a. O., S. 13 f.
17 ›Westliche und östliche Weltgegensätzlichkeit‹, Dornach 1950, S. 80

Entstehungsmomente einer Wissenschaft des Erkennens

1 ›Mein Lebensgang‹, Bibl.-Nr. 28, 1962, S. 39
2 Johann Gottlieb Fichte, ›Briefe an Niethammer‹, Nr. 2, Zürich den 6. Okt. 1793, 2. Bd. IX; S. 431, herausgegeben von I. H. Fichte; siehe auch: Rudolf Steiner ›Die Rätsel der Philosophie in ihrer Geschichte als Umriß dargestellt‹, Bibl.-Nr. 18, 1968, S. 173/74
3 ›Mein Lebensgang‹, a. a. O., S. 51
4 ebenda, S. 59
5 ebenda, S. 62
6 ›Grundlinien einer Erkenntnistheorie der Goetheschen Weltanschauung mit besonderer Rücksicht auf Schiller‹, Bibl.-Nr. 2, 1960
7 ›Mein Lebensgang‹, a. a. O., S. 64
8 ›Die Bedeutung der Anthroposophie…‹, a. a. O., S. 31
9 ebenda, S. 40/41
10 ›Veröffentlichungen aus dem literarischen Frühwerk, Bd. IV/Heft 19, Naturwissenschaft und Seelenkunde‹, herausgegeben von der Sektion für redende und musische Künste am Goetheanum, Dornach/Schweiz 1941, S. 3–8
11 siehe Josef Hupfer, ›Rudolf Steiner/Werner Heisenberg‹, in: ›Abhandlungen zur Philosophie und Psychologie‹, Dornach 1961, S. 32 f.
12 ›Veröffentlichungen … Frühwerk‹, a. a. O., S. 6
13 in der Niederschrift Rudolf Steiners heißt es ›… bedarf zur …‹
14 ›Veröffentlichungen … Frühwerk‹, a. a. O., S. 7/8
15 es handelt sich hierbei um einen bisher unveröffentlichten Vortrag, siehe auch: ›Beiträge zur Rudolf Steiner-Gesamtausgabe‹, Heft 49/50, S. 25, Dornach 1975
16 ›Mein Lebensgang‹, a. a. O., S. 95
17 ebenda, S. 97/98
18 siehe: ›Goethes Naturwissenschaftliche Schriften …‹, a. a. O., S. 297
19 ›Mein Lebensgang‹, a. a. O., S. 97
20 ebenda, S. 130/31
21 ebenda, S. 142/43
22 ebenda, S. 247
23 ›Die Philosophie der Freiheit – Grundzüge einer modernen Weltanschauung, Seelische Beobachtungsresultate nach naturwissenschaftlicher Methode‹, Bibl.-Nr. 4, 1973, S. 194
24 ›Geschichtliche Symptomatologie‹, Bibl.-Nr. 185, 1962, S. 131/32
25 erschienen in: ›Briefe von Rudolf Steiner‹, Bd. 2, Veröffentlichungen aus dem Nachlaß, Dornach 1953, S. 165–172 u. 321/22

Von der Erkenntnistheorie zur Anthroposophie

1 ›Die Rätsel der Philosophie‹, a. a. O., S. 605
2 ›Philosophie und Anthroposophie. Gesammelte Aufsätze 1904–1918‹, Bibl.-Nr. 35, 1965, S. 112
3 ebenda, S. 113/14
4 ebenda, S. 114–118
5 ebenda, S. 135–144
6 Anthony Ashley-Cooper, Earl von Shaftesbury, 1671–1713. Seine Weltanschauung sieht in der Persönlichkeit das Abbild der Welt als einer in sich harmonischen Ganzheit.
7 Hermann von Helmholtz, ›Die Tatsachen in der Wahrnehmung‹, Berlin 1879, S. 12 f.
8 Johannes Müller, ›Handbuch der Physiologie des Menschen‹, 2 Bde., Koblenz 1833 bis 1840, II. Bd. S. 254
9 Moritz Benedikt, ›Seelenkunde des Menschen als reine Erfahrungswissenschaft‹, Wien 1894, S. 35

Wiederverkörperung und Schicksal

1 aus einem Gespräch Ernst Blochs mit dem Kanadischen Rundfunk aus dem Jahre 1975, abgedruckt in: ›Die Zeit‹ vom 29. 7. 1977; ›Das Prinzip Hoffnung‹, Frankfurt/M. 1959

2 ›Mein Lebensgang‹, a. a. O., S. 177

3 ›Die Bedeutung der Anthroposophie . . .‹, a. a. O., S. 145

4 ›Theosophie. Einführung in übersinnliche Welterkenntnis und Menschenbestimmung‹, Bibl.-Nr. 9, 1973, S. 62

5 ›Theosophie‹, a. a. O., S. 28

6 ebenda, S. 68

7 ebenda

8 ebenda, S. 69

9 ebenda, S. 71

10 ebenda, S. 73

11 ebenda, S. 78

12 ebenda

13 ebenda, S. 81

14 ebenda, S. 88

15 ›Mein Lebensgang‹, a. a. O., S. 434

16 ›Wie Karma wirkt‹, Aufsatz 1903, erschienen in: ›Luzifer Gnosis 1903–1908, grundlegende Aufsätze zur Anthroposophie und Berichte aus der Zeitschrift ‚Luzifer‘ und ‚Luzifer Gnosis‘‹, Bibl.-Nr. 34, 1960, S. 92 f.

17 ›Wiederverkörperung und Karma und ihre Bedeutung für die Kultur der Gegenwart‹, Bibl.-Nr. 135, 1970, S. 93/94

Beiträge zur Kunst

Einführung

1 ›Kunst und Kunsterkenntnis. Das Sinnlich-Übersinnliche in seiner Verwirklichung durch die Kunst‹, Bibl.-Nr. 271, 1961, S. 52 f.

2 ebenda, S. 68/69

3 aus: Hegel, G. W. F., ›Ästhetik‹, Bd. 1, Einltg. Berlin–Weimar 1965, S. 15 f.

4 Daniel Bell, ›Die Zukunft der westlichen Welt. Kultur und Technologie im Widerstreit‹, Frankfurt 1976, S. 43

5 ebenda, S. 155

6 ebenda, S. 186

7 ›Soziale Zukunft‹, Bibl.-Nr. 332a, 1977, S. 116/117

8 ›Geisteswissenschaftliche Behandlung sozialer und pädagogischer Fragen‹, Bibl.-Nr. 192, 1964, S. 137/138

9 ›Soziale Zukunft‹, a. a. O., S. 130/131

10 ›Gegenwärtiges Geistesleben und Erziehung‹, Bibl.-Nr. 307, 1973, S. 223/224

11 ›Kunst und Kunsterkenntnis . . .‹, a. a. O., S. 69 f.

Kunst und Wissenschaft

1 ›Goethes Naturwissenschaftliche Schriften‹, a. a. O., S. 134 f.

2 J. W. v. Goethe, ›Sprüche in Prosa‹, Naturwissenschaftliche Schriften, Bd. 4, 2. Abt., S. 535

3 ebenda, S. 378

4 ebenda, S. 379

5 Goethe, ›Einfache Nachahmung der Natur, Manier, Stil‹, in: Schriften zur Kunst, 1788–1800‹

Der Künstler Rudolf Steiner

1 ›Mein Lebensgang‹, a. a. O., S. 23 f.

2 ebenda, S. 37

3 vgl. ›Wege zu einem neuen Baustil‹, Bibl.-Nr. 286, Lizenzausgabe Verlag Freies Geistesleben, Stuttgart 1957, S. 14

4 ›Briefe I‹, Veröffentlichungen aus dem Nachlaß, Dornach 1955, S. 71

5 ›Kunst und Kunsterkenntnis . . .‹, a. a. O., S. 27

6 ›Mein Lebensgang‹, a. a. O., S. 156

7 ebenda, S. 269/270

8 ebenda, S. 273

9 ebenda, S. 279

10 ebenda, S. 353 f.

11 ebenda, S. 411

12 ebenda, S. 453/454
13 ebenda, S. 437 f.
14 ebenda, S. 464 f.
15 ›Gegensätze in der Menschheitsentwicklung. West- und Ost-Materialismus und Mystik – Wissen und Glauben‹, Bibl.-Nr. 197, 1967, S. 198/199
16 Christian Morgenstern, ›Briefe‹, München 1973, S. 371
17 ›Der Baugedanke des Goetheanum‹, Bibl.-Nr. 290, Lizenzausgabe Verlag Freies Geistesleben, Stuttgart 1958, S. 15, 21 f.
18 ›Bilder okkulter Siegel und Säulen‹, Bibl.-Nr. 284/285, 1977, S. 17/18
19 ›Die Weihnachtstagung zur Begründung der Allgemeinen Anthroposophischen Gesellschaft 1923/24‹, Bibl.-Nr. 260, 1963, S. 242
20 vgl. Rex Raab, ›Sprechender Beton. Wie Rudolf Steiner den Stahlbeton verwendete‹, Dornach 1972, S. 16
21 ebenda, S. 18
22 vgl. W. Abendroth, ›Rudolf Steiner und die heutige Welt‹, München 1969, S. 230/231
23 ›Kunst und Kunsterkenntnis . . .‹, a. a. O., S. 59
24 ›Goethes Naturwissenschaftliche Schriften‹, a. a. O., S. 297
25 aus dem zweiten Mysteriendrama von Rudolf Steiner, 3. Bild; siehe: ›Vier Mysteriendramen‹, Bibl.-Nr. 14, 1962, S. 177
26 Hella Wiesberger, Einleitung zu Rudolf Steiners ›Das Wesen der Farben‹, Bibl.-Nr. 291, 1976, S. 15
27 ebenda, S. 18
28 ›Wesen und Bedeutung der illustrativen Kunst‹, hrsg. v. der Sektion für redende und musische Künste am Goetheanum, Dornach 1940, S. 11
29 ebenda
30 ebenda, S. 21
31 Marie Steiner, ›Rudolf Steiner und die Künste‹, Aufsatz 1936, in: M. Steiner, Gesammelte Schriften II, Dornach 1974, S. 249

32 ›Die Entstehung und Entwicklung der Eurythmie‹, Bibl.-Nr. 277a, 1965, S. 12
33 ebenda, S. 142
34 vgl. ›Mein Lebensgang‹, a. a. O., S. 381/82
35 ›Sprachgestaltung und Dramatische Kunst. Dramatischer Kurs‹, Bibl.-Nr. 282, 1969, S. 59/60
36 ›Die geistige Führung des Menschen und der Menschheit‹, Bibl.-Nr. 15, 1974, S. 13
37 ›Sprachgestaltung und Dramatische Kunst . . .‹, a. a. O., S. 65
38 ebenda, S. 75
39 ›Wahrspruchworte‹, Bibl.-Nr. 40, 1969, S. 66
40 ebenda, S. 66/67
41 ›Das Initiaten-Bewußtsein. Die wahren und die falschen Wege der geistigen Forschung‹, Bibl.-Nr. 243, 1969, 9. Vortrag
42 ›Methodik und Wesen der Sprachgestaltung‹, Bibl.-Nr. 280, 1964, S. 213 f.
43 ›Das Wesen des Musikalischen und das Tonerlebnis im Menschen‹, Bibl.-Nr. 283, 1975, S. 11
44 ›Mein Lebensgang‹, a. a. O., S. 73
45 ›Die Bedeutung der Anthroposophie im Geistesleben der Gegenwart . . .‹, a. a. O., S. 11

Anthroposophie und Kunst

1 ›Das Künstlerische in seiner Weltmission‹, Bibl.-Nr. 276, 1961, S. 114/117
2 ebenda, S. 117 f.
3 ebenda, S. 132 f.

Beiträge zur sozialen Frage

Einführung

1 Jürgen Habermas, ›Legitimationsprobleme im Spätkapitalismus‹, Frankfurt 1973, S. 15; vgl. auch: C. Offe, ›Krise und Krisenmanagement‹, in: Jänicke, ›Herrschaft und Krise‹, Opladen 1973

2 vgl. Klaus Hurrelmann, ›Erziehungssystem und Gesellschaft‹, Reinbek 1975, S. 43

3 Daniel Bell, a. a. O., S. 19/20

4 ›Diskussionsabend des Bundes für Dreigliederung des sozialen Organismus‹, 30. Mai 1919 in Stuttgart; Manuskript S. 13, Archiv Dornach

5 ›Die soziale Frage als Bewußtseinsfrage‹, Dornach 1957, S. 18

6 ebenda, S. 19

7 ebenda, S. 28/29

8 ›Die Kernpunkte der sozialen Frage in den Lebensnotwendigkeiten der Gegenwart und Zukunft‹, Bibl.-Nr. 23, 1961, S. 25

9 ›Beruf und Erwerb‹, Vortrag vom 12. März 1908, in: ›Die Erkenntnis der Seele und des Geistes‹, Bibl.-Nr. 56, 1965, S. 233

10 ebenda, S. 245

11 ebenda

12 ebenda, S. 246

13 ›Geisteswissenschaft und soziale Frage‹, Aufsatz 1905/06, in: ›Luzifer Gnosis . . .‹, a. a. O., S. 213

14 ebenda

15 ›Freiheit und Gesellschaft‹, Aufsatz 1898, in: ›Gesammelte Aufsätze zur Kultur- und Zeitgeschichte 1887–1901‹, Bibl.-Nr. 31, 1966, S. 255/56

16 ›Die Kernpunkte . . .‹, a. a. O., S. 106

17 ebenda, S. 109

18 ebenda, S. 116

19 Sigurd Ibsen, ›Gegensätze der Politik‹ (Politikkens Motsetninger), Oslo 1925; siehe auch: ›Beiträge zur Rudolf Steiner-Gesamtausgabe‹. Heft 58/59, Dornach 1977, S. 56

Soziale Praxis – Soziale Rätsel

1 ›Mein Lebensgang‹, a.a. O., S. 146 f.

2 ebenda, S. 369

3 ebenda, S. 370

4 ›Gesammelte Aufsätze . . .‹, a. a. O., S. 283 f.

5 ›Mein Lebensgang‹, a. a. O., S. 372

6 ›Briefe II‹, a. a. O., S. 18/19

7 ebenda, S. 26

8 ›Mein Lebensgang‹, a. a. O., S. 375–381

9 ›Briefe II‹, a. a. O, S. 37/38

10 ›durchbölschte‹ Bourgeoisie: Anspielung auf Wilhelm Bölsche und seine Anhänger. Zusammen mit Bruno Wille begründete Wilhelm Bölsche in Berlin eine ›Freie Hochschule‹, an der auch Rudolf Steiner zeitweilig lehrte.

11 ›Soziale Zukunft‹, a. a. O., S. 31/32

Rudolf Steiner während des Ersten Weltkrieges

1 ›Neugestaltung des sozialen Organismus‹, Bibl.-Nr. 330/331, 1963, S. 15/16

2 ›Inneres Wesen des Menschen und Leben zwischen Tod und neuer Geburt‹, Bibl.-Nr. 153, 1959, 6. Vortrag ›Die wirklichen Grundlagen eines Völkerbundes in den wirtschaftlichen, rechtlichen und geistigen Kräften der Völker‹; siehe auch: Nachrichten der Rudolf Steiner-Nachlaßverwaltung‹, Heft 24/25, Dornach 1969, S. 6/7

3 ›Aufsätze über die Dreigliederung des sozialen Organismus und zur Zeitlage 1915–1921‹, Bibl.-Nr. 24, 1961, S. 269 f.

4 ›Die Ergänzung heutiger Wissenschaften durch Anthroposophie‹, Bibl.-Nr. 73, 1973, S. 197/98

5 Woodrow Wilson, ›Die neue Freiheit‹, Kap. ›Was ist Fortschritt?‹, München 1914, S. 65 f.

6 ›Geistige und soziale Wandlungen in der Menschheitsentwickelung‹, Bibl.-Nr. 196, 1966, S. 245

7 Otto Graf Lerchenfeld, ›Erinnerungen‹, in: Roman Boos (Hrsg.), ›Rudolf Steiner während des Weltkrieges‹, Dornach 1933, S. 58

8 ebenda, S. 58/59

9 ebenda, S. 59

10 die Fragenbeantwortung ist bisher nicht in der Gesamtausgabe erschienen; siehe auch: ›Nachrichten . . .‹, a. a. O., S. 8

11 ›Nordische und Mitteleuropäische Geistimpulse. Das Fest der Erscheinung Christi‹, Bibl.-Nr. 209, 1968, 1. Vortrag; siehe auch: ›Nachrichten . . .‹, a. a. O., S. 8

12 Arthur Graf Polzer-Hoditz, ›Kaiser Karl. Aus der Geheimmappe seines Kabinettchefs‹, Wien 1929, S. 504 f.

13 Die Denkschrift gab im wesentlichen den Inhalt der Memoranden R. Steiners wieder, die ihm einige Monate zuvor übergeben worden waren. Bei seiner Abschiedsaudienz legte Polzer-Hoditz seine Denkschrift dem österreichischen Kaiser vor.

14 ›Aufsätze über die Dreigliederung . . .‹, a. a. O., S. 376 f.

Dreigliederungsidee und Dreigliederungsbewegung

1 ›Aufsätze über die Dreigliederung . . .‹, a. a. O., S. 364/65

2 ›Die Kernpunkte . . .‹, a. a. O., S. 60

3 ›Nachrichten der Rudolf Steiner-Nachlaßverwaltung‹, Heft 27/28, Dornach 1969, S. 12/13

4 gemeint ist das Komitee zur Gründung eines Kulturrates

5 über München war gerade am Tage zuvor (2. Mai) infolge blutiger Auseinandersetzungen zwischen Reichstruppen und der ›Roten Armee‹ (Räterepublik) der Kriegszustand verhängt worden

6 siehe: ›Nachrichten . . .‹, a. a. O., S. 10/11

7 Spa: 1918/19 Sitz der Waffenstillstandskommission; im Juli 1920 Ort der ersten Konferenz zwischen Deutschen und Alliierten nach Friedensschluß

8 erschienen in der Wochenschrift ›Dreigliederung des sozialen Organismus‹, herausgegeben vom ›Bund für soziale Dreigliederung‹, Stuttgart 1919, Heft I/3

9 Das hier verwendete Manuskript (Archiv Nr. 845) trägt weder eine Überschrift noch ein Datum. Offenbar handelt es sich um die Vorarbeit für einen Vortrag oder Aufsatz aus der ersten Hälfte des Jahres 1919; siehe auch: ›Nachrichten . . .‹, Nr. 15, Dornach 1966, S. 20 f.

10 Offensichtlich handelt es sich hier um einen fragmentarischen Entwurf zu seinem Aufsatz ›Internationale Wirtschaft und dreigliedriger sozialer Organismus‹, der in der Zeitschrift ›Soziale Zukunft‹, Zürich, 1. Jahrgang 1919/20, Heft 2 erschienen ist. Siehe auch: ›Aufsätze über die Dreigliederung . . .‹, a. a. O., S. 220 f. und ›Nachrichten . . .‹, Nr. 24/25, Dornach 1969, S. 33 f.

11 siehe auch: ›Nachrichten . . .‹, Heft 27/28, a. a. O., S. 38 f.

12 ebenda, S. 22/23

13 die beiden Vorträge vom 31. Januar und 1. Februar in Breslau sind bisher noch nicht gedruckt erschienen

14 aus einem Bericht Rudolf Steiners, den er in Dornach vor Mitgliedern der Anthroposophischen Gesellschaft gegeben hat; siehe: ›Westliche und östliche Weltgegensätzlichkeit‹, Stuttgart 1961, S. 2

15 siehe: ›Aufsätze über die Dreigliederung . . .‹, a. a. O., S. 450 f.

16 Jules Sauerwein, u. a. Redakteur des ›Matin‹; ein Bericht über dieses Interview erschien im ›Neuen Wiener Journal‹, Nr. 11647 vom 25. April 1926; siehe auch: Karl Heyer, ›Menschheitsfragen der Gegenwart im Lichte anthroposophischer Welterkenntnis‹, Basel 1927, S. 41

Zu den Abbildungen

Sämtliche Dokumente und der größte Teil der Abbildungen wurden vom Archiv der ›Rudolf Steiner Nachlaßverwaltung‹ in Dornach/Schweiz zur Verfügung gestellt.

Der ›Goetheanum-Administration‹, dem Philosophisch-Anthroposophischen Verlag am Goetheanum sowie Frau Hella Krause-Zimmer und Herrn E. Gmelin (alle Dornach) danke ich für Photographien, die Architektur betreffend.

Ein herzlicher Dank geht auch an die IONA-Stichting in Amsterdam, deren Sammlung sämtliche Farbabbildungen entnommen wurden.

Der Abdruck der Zeichnung von Emil Orlik (Umschlagklappe, S. 77) erfolgte mit freundlicher Genehmigung der Kunst- und Verlagsanstalt Franz Hanfstaengl, München.

Literaturverzeichnis

Nachfolgend ist die Literatur angeführt, die entweder zitiert oder in die Überlegungen einbezogen wurde. Innerhalb der drei Kapitel ergibt sich folgende Reihenfolge:
– Rudolf Steiner, Schriften und Aufsätze   – Rudolf Steiner, Vorträge   – andere Autoren
Den Abschluß bildet eine Literaturauswahl zur Biographie sowie Bibliographie der Werke Rudolf Steiners.

Beiträge zur Wissenschaft

Rudolf Steiner, Schriften und Aufsätze

›Goethes Naturwissenschaftliche Schriften, sämtliche Einleitungen zu Goethes Naturwissenschaftlichen Schriften‹, herausgegeben von Rudolf Steiner in ›Kürschners Deutsche Nationalliteratur‹, Band 114–117 (1883–1897), Bibl.-Nr. 1, 1973; besonders Kap. VI, ›Goethes Erkenntnisart‹, IX ›Goethes Erkenntnistheorie‹ und X ›Wissen und Handeln im Lichte der Goetheschen Denkweise‹

›Grundlinien einer Erkenntnistheorie der Goetheschen Weltanschauung mit besonderer Rücksicht auf Schiller‹ (1886), Bibl.-Nr. 2, 1960 (TB)

›Wahrheit und Wissenschaft, Vorspiel einer Philosophie der Freiheit‹ (1892), Bibl.-Nr. 3, 1958 (TB)

›Die Philosophie der Freiheit, Grundzüge einer modernen Weltanschauung – Seelische Beobachtungsresultate nach naturwissenschaftlicher Methode‹ (1894), Bibl.-Nr. 4, 1973 (TB)

›Die Mystik im Aufgange des neuzeitlichen Geisteslebens und ihr Verhältnis zur modernen Weltanschauung‹ (1901), Bibl.-Nr. 7, 1960 (TB)

›Das Christentum als mystische Tatsache und die Mysterien des Altertums‹ (1902), Bibl.-Nr. 8, 1959 (TB)

›Theosophie, Einführung in übersinnliche Welterkenntnis und Menschenbestimmung‹ (1904), Bibl.-Nr. 9, 1973 (TB)

›Wie erlangt man Erkenntnisse der höheren Welten?‹ (1904), Bibl.-Nr. 10, 1972 (TB)

›Die Geheimwissenschaft im Umriß‹ (1910), Bibl.-Nr. 13, 1968 (TB)

›Die geistige Führung des Menschen und der Menschheit, Geisteswissenschaftliche Ergebnisse über die Menschheitsentwicklung‹ (1911), Bibl.-Nr. 15, 1974 (TB)

›Die Rätsel der Philosophie in ihrer Geschichte als Umriß dargestellt‹ (1914), Bibl.-Nr. 18, 1969 (TB, 2 Bde.)

›Von Seelenrätseln‹ (1917), Bibl.-Nr. 21, 1976; besonders Kap. I ›Anthropologie und Anthroposophie‹

›Reinkarnation und Karma, vom Standpunkte der modernen Naturwissenschaft notwendige Vorstellungen‹ und ›Wie Karma wirkt‹, Aufsätze (1903) in: ›Luzifer Gnosis, grundlegende Aufsätze zur Anthroposophie und Berichte aus der Zeitschrift 'Luzifer' und 'Luzifer-Gnosis' (1903–1908)‹, Bibl.-Nr. 34, 1960; auch als Einzelausgabe
›Philosophie und Anthroposophie. Gesammelte Aufsätze 1904–1918‹, Bibl.-Nr. 35, 1965
›Der Goetheanum-Gedanke inmitten der Kulturkrisis der Gegenwart. Gesammelte Aufsätze aus der Wochenschrift 'Das Goetheanum' 1921–1925‹, Bibl.-Nr. 36
›Anthroposophie. Ein Fragment aus dem Jahre 1910‹, Bibl.-Nr. 45, 1970

Rudolf Steiner, Vorträge

›Grundbegriffe der Theosophie‹ (1904/05), Bibl.-Nr. 53, 1957
›Geist und Stoff, Leben und Tod‹ (1917) Bibl.-Nr. 66, 1961
›Die Ergänzung heutiger Wissenschaften durch Anthroposophie‹ (1917/18), Bibl.-Nr. 73, 1973
›Die befruchtende Wirkung der Anthroposophie auf die Fachwissenschaften, Vorträge und Ansprachen im zweiten anthroposophischen Hochschulkurs vom 3. bis 10. April 1921 in Dornach, Bibl.-Nr. 76, 1977
›Die Wirklichkeit der höheren Welten‹ (1921), Bibl.-Nr. 79, 1962
›Die Bedeutung der Anthroposophie im Geistesleben der Gegenwart, ihr wissenschaftlicher Charakter, ihre Forschungsmethode und ihre Ergebnisse, ihre Beziehungen zur Kunst und zum wissenschaftlichen Agnostizismus der Gegenwart‹ (1922), noch nicht in der Gesamtausgabe, Dornach 1957
›Die Beantwortung von Welt- und Lebensfragen durch Anthroposophie‹ (1908/09), Bibl.-Nr. 108, 1970
›Anthroposophie – Psychosophie – Pneumatosophie‹ (1910/1911), Bibl.-Nr. 115, 1965

›Grenzen der Naturerkenntnis‹ (1920), Bibl.-Nr. 322, 1969
›Der Entstehungsmoment der Naturwissenschaft in der Weltgeschichte und ihre seitherige Entwickelung‹ (1922/23), Bibl.-Nr. 326, 1977

Andere Autoren

Bloch, Ernst: ›Das Prinzip Hoffnung‹, Frankfurt/M. 1959 und Wochenzeitung ›Die Zeit‹ vom 29. 7. 1977
Habermas, Jürgen: ›Erkenntnis und Interesse‹, Frankfurt/M. 1968
Hupfer, Josef: ›Rudolf Steiner / Werner Heisenberg‹, in: ›Abhandlungen zur Philosophie und Psychologie‹, Hrsg. Freie Hochschule für Geisteswissenschaft Goetheanum Dornach, Heft 6, 1961
Kallert, Bernhard: ›Die Erkenntnistheorie Rudolf Steiners‹, Stuttgart 1971
Lindenau, Christoph: ›Der übende Mensch, Anthroposophie-Studium als Ausgangspunkt moderner Geistesschulung‹, Stuttgart 1976
Rißmann, Rudolf: ›Anthroposophie des 16. Jahrhunderts‹ in: Monatszeitschrift ›Die Drei‹, Hrsg. Anthroposophische Gesellschaft in Deutschland, Heft 1, 1964
Unger, Carl: ›Schriften‹ (3 Bde.); besonders in Bd. 1 den Aufsatz ›Zur vernunftgemäßen Verarbeitung der Geisteswissenschaft Rudolf Steiners‹, Stuttgart 1965; Bd. 3 ›Aus der Sprache der Bewußtseinsseele unter Zugrundelegung der 'Leitsätze' Rudolf Steiners‹, Stuttgart 1971
Wiesberger, Hella: ›Rudolf Steiners Lebenswerk in seiner Wirklichkeit ist sein Lebensgang‹, Aufsatz in: ›Beiträge zur Rudolf Steiner-Gesamtausgabe‹, hrsg. von der Rudolf Steiner-Nachlaßverwaltung, Heft 49/50, Ostern 1975 und Heft 51/52, 1975
Witzenmann, Herbert: ›Intuition und Beobtung‹ (2 Bde.), Stuttgart 1977/78

LITERATURVERZEICHNIS

Beiträge zur Kunst

Rudolf Steiner, Schriften und Aufsätze

›Von der Kunst zur Wissenschaft‹, in: ›Goethes Naturwissenschaftliche Schriften. Sämtliche Einleitungen zu Goethes Naturwissenschaftliche Schriften, herausgegeben von Rudolf Steiner in Kürschners Deutsche National-Literatur, Band 114–117‹ (1883–1897), Kap. VIII, Bibl.-Nr. 1, 1973
›Erkennen und künstlerisches Schaffen‹, in: ›Grundlinien einer Erkenntnistheorie der Goetheschen Weltanschauung mit besonderer Rücksicht auf Schiller‹ (1886), Kap. 21, Bibl.-Nr. 2, 1960 (TB)
›Vier Mysteriendramen‹ (1910–1913), Bibl.-Nr. 14, 1962 (TB, 2 Bde.)
›Goethes Geistesart in ihrer Offenbarung durch seinen Faust und das Märchen 'Von der Schlange und der Lilie'‹ (1918), Bibl.-Nr. 22, 1956
›Gesammelte Aufsätze zur Dramaturgie 1889–1900‹, Bibl.-Nr. 29, 1960
›Methodische Grundlagen der Anthroposophie 1884–1901, Gesammelte Aufsätze zur Philosophie, Naturwissenschaft, Ästhetik und Seelenkunde‹, Bibl.-Nr. 30, 1961
›Wahrspruchworte‹ (1906–1925), Bibl.-Nr. 40, 1969

Rudolf Steiner, Vorträge

›Die Mission der Kunst (Homer, Aeschylos, Dante, Shakespeare, Goethe), Aufsatz in: ›Metamorphosen des Seelenlebens‹ (1909/10), Bibl.-Nr. 59, 1971 (TB)
›Ergebnisse der Geistesforschung‹ (1912/13), Bibl.-Nr. 62, 1960
›Sprachwissenschaft‹, Vortrag vom 7. April 1921 in: ›Die befruchtende Wirkung der Anthroposophie auf die Fachwissenschaften‹, Bibl.-Nr. 76
›Die bildende Kunst‹, Vortrag vom 9. April 1922 in: ›Die Bedeutung der Anthroposophie im Geistesleben der Gegenwart‹, noch nicht in der Gesamtausgabe, Dornach 1957
›Kunst und Kunsterkenntnis. Das Sinnlich-Übersinnliche in seiner Verwirklichung durch die Kunst‹ (1888–1921), Bibl.-Nr. 271, 1961
›Kunst im Lichte der Mysterienweisheit‹ (1914/15), Bibl.-Nr. 275, 1966
›Das Künstlerische in seiner Weltmission‹, (1923), Bibl.-Nr. 276, 1961
›Eurythmie. Die Offenbarung der sprechenden Seele. Eine Fortbildung der Goetheschen Metamorphosenanschauung im Bereich der menschlichen Bewegung‹ (1918–1924), Bibl.-Nr. 277, 1972
›Die Entstehung und Entwicklung der Eurythmie‹ (1912–1924), Bibl.-Nr. 277a, 1965
›Eurythmie als sichtbarer Gesang. Ton-Eurythmie-Kurs‹ (1924), Bibl.-Nr. 278, 1975
›Eurythmie als sichtbare Sprache. Laut-Eurythmie-Kurs‹ (1922–1924), Bibl.-Nr. 279
Rudolf Steiner / Marie Steiner-von Sivers, ›Methodik und Wesen der Sprachgestaltung‹ (1919–1924), Bibl.-Nr. 280, 1964
Rudolf Steiner / Marie Steiner von Sivers, ›Die Kunst der Rezitation und Deklamation‹ (1912–1928), Bibl.-Nr. 281, 1967
Rudolf Steiner / Marie Steiner von Sivers, ›Sprachgestaltung und Dramatische Kunst. Dramat. Kurs‹ (1924), Bibl.-Nr. 282, 1969
›Das Wesen des Musikalischen und das Tonerlebnis im Menschen‹ (1906–1923), Bibl.-Nr. 283, 1975
›Wege zu einem neuen Baustil‹ (1914), Bibl.-Nr. 286, Lizenzausgabe Stuttgart 1957, mit 16 Abbildungen
›Der Baugedanke des Goetheanum‹ (1921), Bibl.-Nr. 290, Lizenzausgabe Stuttgart 1958, 104 Abb. des ersten Goetheanum
›Das Wesen der Farben‹ (1921–1924), Bibl.-Nr. 291, 1976
›Drei Vorträge über Volkspädagogik‹ (1919), in: ›Geisteswissenschaftliche Behandlung sozialer und pädagogischer Fragen‹, Bibl.-Nr. 192, 1964; auch als Einzelausgabe erhältlich

232

›Geistesfragen. Geisteswissenschaft (Kunst, Wissenschaft, Religion). Erziehungswesen. Soziale Kunst‹, Vortrag vom 28. Okt. 1919, in: ›Soziale Zukunft‹, Bibl.-Nr. 332a, 1977

Andere Autoren

Abendroth, Walter: ›Rudolf Steiner und die heutige Welt‹, München 1969

Bell, Daniel: ›Die Zukunft der westlichen Welt. Kultur und Technologie im Widerstreit‹, Frankfurt 1976

Fant, Åke / A. Klingborg / A. John Wilkes: ›Die Holzplastik Rudolf Steiners in Dornach‹, hrsg. von der Sektion für Bildende Künste am Goetheanum, Dornach 1972

Froböse, Edwin (Hrsg.): ›Marie Steiner – Ihr Weg zur Erneuerung der Bühnenkunst durch die Anthroposophie – Eine Dokumentation‹, Dornach 1973

Hegel, G. W. F.: ›Ästhetik‹, Berlin–Weimar 1965

Kemper, Carl: ›Der Bau. Studien zur Architektur und Plastik des ersten Goetheanum. Aus dem Nachlaß hrsg. v. Hilde Raske‹, Stuttgart 1966

Morgenstern, Christian: ›Briefe‹, München 1973

Raab, Rex / A. Klingborg / Åke Fant: ›Sprechender Beton. Wie Rudolf Steiner den Stahlbeton verwendete‹, Dornach 1972

Steiner, Marie: ›Rudolf Steiner und die Künste‹, Aufsatz 1936, in: Marie Steiner, ›Gesammelte Schriften II‹, Dornach 1974

Zimmer, Erich: ›Rudolf Steiner als Architekt von Wohn- und Zweckbauten‹, Stuttgart 1971

Beiträge zur sozialen Frage

Rudolf Steiner, Schriften und Aufsätze

›Die Kernpunkte der sozialen Frage in den Lebensnotwendigkeiten der Gegenwart und Zukunft‹ (1919), Bibl.-Nr. 23, 1961 (TB)

›Aufsätze über die Dreigliederung des sozialen Organismus und zur Zeitlage 1915–1921‹, Bibl.-Nr. 24, 1961

›Gesammelte Aufsätze zur Kultur- und Zeitgeschichte 1887–1901‹, Bibl.-Nr. 31, 1966

›Geisteswissenschaft und soziale Frage‹, Aufsatz 1905/06 in: ›Luzifer-Gnosis, Grundlegende Aufsätze zur Anthroposophie und Berichte aus der Zeitschrift ‘Luzifer’ und ‘Luzifer-Gnosis’ 1903–1908‹, Bibl.-Nr. 34, 1960, auch als Einzelausgabe erschienen

›Arbeitslosigkeit‹ / ›Die falsche und die wahre Dreigliederung des sozialen Organismus‹, Aufsätze 1921 in: ›Der Goetheanum-Gedanke inmitten der Kulturkrisis der Gegenwart, Gesammelte Aufsätze aus der Wochenschrift ‘Das Goetheanum’ 1921–1925‹, Bibl.-Nr. 36, 1961

Rudolf Steiner, Vorträge

›Geisteswissenschaft und soziale Frage‹, Vortrag vom 2. März 1908 in: ›Die Welträtsel und die Anthroposophie‹, Bibl.-Nr. 54, 1966

›Beruf und Erwerb‹, Vortrag vom 12. März 1908 in: ›Die Erkenntnis der Seele und des Geistes‹, Bibl.-Nr. 56, 1965

›Anthroposophie und Sozialwissenschaft/Naturerkenntnis, Sozialwissenschaft und religiöses Leben im Lichte geisteswissenschaftlicher Anschauung‹, Vorträge vom 14. 11. 1917 und 15. 10. 1918 in: ›Die Ergänzung heutiger Wissenschaften durch Anthroposophie‹, Bibl.-Nr. 73, 1973

›Sozialwissenschaft und soziale Praxis‹, Vortrag vom 8. April 1921 in: ›Die befruchtende Wirkung der Anthroposophie auf die Fachwissenschaften‹, Bibl.-Nr. 76, 1977

›Die Kardinalfrage des Wirtschaftslebens‹, Vortrag vom 30. November 1921 in: ›Die Wirklichkeit der höheren Welten‹, Bibl.-Nr. 79, 1962

›Die Bedeutung der Anthroposophie im Geistesleben der Gegenwart‹ (1922), Dornach

1957, noch nicht in der Gesamtausgabe erschienen

›Westliche und östliche Weltgegensätzlichkeit‹ (1922), Dornach 1950, noch nicht in der Gesamtausgabe erschienen; als TB 1961, Verlag Freies Geistesleben, Stuttgart

›Das Karma des Berufes des Menschen in Anknüpfung an Goethes Leben‹ (1916), Bibl.-Nr. 172, 1916

›Die geistigen Hintergründe des Ersten Weltkrieges‹ (1914–1921), Bibl.-Nr. 174b, 1974

›Entwicklungsgeschichtliche Unterlagen zur Bildung eines sozialen Urteils‹ (1918), Bibl.-Nr. 185a, 1963

›Soziale und antisoziale Triebe im Menschen‹, Vortrag vom 12. Dezember 1918 in: ›Die soziale Grundforderung unsrer Zeit – in geänderter Zeitlage‹, Bibl.-Nr. 186, 1963

›Die Geschichte und Überwindung des Imperialismus‹, drei Vorträge vom 20.–22. Februar 1920 in: ›Geistige und soziale Wandlungen in der Menschheitsentwickelung‹, Bibl.-Nr. 196, 1966

›Neugestaltung des sozialen Organismus‹ (1919), Bibl.-Nr. 330/31, 1963

›Soziale Zukunft‹ (1919), Bibl.-Nr. 332a, 1977

›Gedankenfreiheit und soziale Kräfte‹ (1919), Bibl.-Nr. 333, 1971

›Dreigliederung und gegenwärtige Weltlage‹, Vortrag vom 19. März 1919, noch nicht in der Gesamtausgabe, Dornach 1950

Nationalökonomischer Kurs‹ (1922), Bibl.-Nr. 340, 1965

Andere Autoren

Archiv der Rudolf Steiner Nachlaßverwaltung, Dornach/Schweiz: ›Diskussionsabend des Bundes für Dreigliederung des sozialen Organismus‹, 30. Mai 1919 in Stuttgart; Manuskript

Bell, Daniel: ›Die Zukunft der westlichen Welt. Kultur und Technologie im Widerstreit‹, Frankfurt 1976

Bos, A. H. / D. Brüll / A. C. Henny: ›Gesellschaftsstrukturen in Bewegung. Soziale Dreigliederung in Theorie und Praxis‹, Achberg 1976

Habermas, Jürgen: ›Legitimationsprobleme im Spätkapitalismus‹, Frankfurt 1973

Hurrelmann, Klaus: ›Erziehungssystem und Gesellschaft‹, Reinbek 1975

Ibsen, Sigurd: ›Gegensätze der Politik‹ (Politikkens Motsetninger), Oslo 1925

Leber, Stefan (Hrsg.): ›Der Mensch in der Gesellschaft. Die Dreigliederung des sozialen Organismus als Urbild und Aufgabe‹, Stuttgart 1977

Leinhas, Emil: ›Aus der Arbeit mit Rudolf Steiner‹, Basel 1950

Lerchenfeld, Otto Graf: ›Erinnerungen‹, in: Roman Boos (Hrsg.), ›Rudolf Steiner während des Weltkrieges‹, Dornach 1933

Polzer-Hoditz, Arthur Graf: ›Kaiser Karl. Aus der Geheimmappe seines Kabinettschefs‹, Wien 1929

Schmundt, Wilhelm: ›Der soziale Organismus in seiner Freiheitsgestalt‹, hrsg. von der Sozialwissenschaftlichen Sektion am Goetheanum, Dornach/Schweiz, 1968

›Revolution und Evolution. Auf dem Weg zu einer Elementarlehre des sozialen Organismus‹, Achberg 1973

Wilken, Folkert: ›Das Kapital‹, Schaffhausen 1976

Biographisches/Bibliographien

Steiner, Rudolf: ›Mein Lebensgang‹, Bibl.-Nr. 28, 1962

Steiner, Rudolf: ›Briefe‹, 1881–1902 (2 Bde.), Dornach 1953/55; bisher noch nicht in der Gesamtausgabe; Band I enthält u. a. eine ›Skizze eines Lebensabrisses‹, Bd. II Rudolf Steiners biographischen Vortrag ›Episodische Betrachtung zur Neuauflage der Philosophie der Freiheit‹.

Hemleben, Johannes: ›Rudolf Steiner‹, rororo-bildmonographie, Reinbek, 14. Aufl. 1975

Rath, Wilhelm / Hartmann, Georg, Hrsg.: ›Drei Bildbände zu Rudolf Steiners Lebensgang‹, Schaffhausen 1975

Schmidt, Hans: ›Das Vortragswerk Rudolf Steiners. Verzeichnis der von Rudolf Steiner gehaltenen Vorträge, Ansprachen, Kurse und Zyklen‹, Dornach 1977

Wiesberger, Hella (Hrsg.): ›Rudolf Steiner. Das literarische und künstlerische Werk, eine bibliographische Übersicht‹, Dornach 1961

Übersicht über die Rudolf Steiner-Gesamtausgabe

Überblick über das literarische und künstlerische Werk

Seit dem Jahre 1956 wird durch die ›Rudolf Steiner-Nachlaßverwaltung‹ an der Herausgabe der ›Rudolf Steiner-Gesamtausgabe‹ gearbeitet, die einen Umfang von 330 Bänden erhalten wird. In den beiden ersten Abteilungen erscheinen die *Schriften* und das *Vortragswerk,* während in einer dritten Abteilung das *künstlerische Werk* in geeigneter Form zur Wiedergabe gelangt.

Einen systematischen Überblick über das Gesamtwerk gibt die 1961 erschienene Bibliographie: ›Rudolf Steiner. Das literarische und künstlerische Werk. Eine bibliographische Übersicht‹, auf welche sich die im folgenden verwendete Bezeichnung ›Bibl.-Nr.‹ bezieht. Über den jeweiligen Stand der erschienenen Bände orientiert der Katalog des ›Rudolf Steiner Verlages‹.

Erste Abteilung: Die Schriften
I. Werke

Goethes Naturwissenschaftliche Schriften (Bibl.-Nr. 1)

Grundlinien einer Erkenntnistheorie der Goetheschen Weltanschauung (Bibl.-Nr. 2)

Wahrheit und Wissenschaft. Vorspiel einer Philosophie der Freiheit (Bibl.-Nr. 3)

Die Philosophie der Freiheit (Bibl.-Nr. 4)

Friedrich Nietzsche, ein Kämpfer gegen seine Zeit (Bibl.-Nr. 5)

Goethes Weltanschauung (Bibl.-Nr. 6)

Die Mystik im Aufgange des neuzeitlichen Geisteslebens und ihr Verhältnis zur modernen Weltanschauung (Bibl.-Nr. 7)

Das Christentum als mystische Tatsache und die Mysterien des Altertums (Bibl.-Nr. 8)

Theosophie. Einführung in übersinnliche Welterkenntnis und Menschenbestimmung (Bibl.-Nr. 9)

Wie erlangt man Erkenntnisse der höheren Welten? (Bibl.-Nr. 10)

Aus der Akasha-Chronik (Bibl.-Nr. 11)

Die Stufen der höheren Erkenntnis (Bibl.-Nr. 12)

Die Geheimwissenschaft im Umriß (Bibl.-Nr. 13)

Vier Mysteriendramen: Die Pforte der Einweihung – Die Prüfung der Seele – Der Hüter der Schwelle – Der Seelen Erwachen (Bibl.-Nr. 14)

Die geistige Führung des Menschen und der Menschheit (Bibl.-Nr. 15)

Anthroposophischer Seelenkalender (in Bibl.-Nr. 40)

Ein Weg zur Selbsterkenntnis des Menschen (Bibl.-Nr. 16)

Die Schwelle der geistigen Welt
(Bibl.-Nr. 17)

Die Rätsel der Philosophie in ihrer Geschichte als Umriß dargestellt
(Bibl.-Nr. 18)

Vom Menschenrätsel (Bibl.-Nr. 20)

Von Seelenrätseln (Bibl.-Nr. 21)

Goethes Geistesart in ihrer Offenbarung durch seinen ›Faust‹ und durch
das ›Märchen von der Schlange und
der Lilie‹ (Bibl.-Nr. 22)

Die Kernpunkte der sozialen Frage in
den Lebensnotwendigkeiten der Gegenwart und Zukunft (Bibl.-Nr. 23)

Aufsätze über die Dreigliederung des
sozialen Organismus und zur Zeitlage
1915–1921 (Bibl.-Nr. 24)

Kosmologie, Religion und Philosophie
(Bibl.-Nr. 25)

Anthroposophische Leitsätze
(Bibl.-Nr. 26)

Grundlegendes für eine Erweiterung der
Heilkunst nach geisteswissenschaft-
lichen Erkenntnissen. Von Dr. Rudolf
Steiner und Dr. Ita Wegman
(Bibl.-Nr. 27)

Mein Lebensgang (Bibl.-Nr. 28)

II. *Gesammelte Aufsätze*

Gesammelte Aufsätze zur Dramaturgie
1889–1900 (Bibl.-Nr. 29)

Methodische Grundlagen der Anthroposophie. Gesammelte Aufsätze zur
Philosophie, Naturwissenschaft, Ästhetik und Seelenkunde 1884–1901
(Bibl.-Nr. 30)

Gesammelte Aufsätze zur Kultur- und
Zeitgeschichte 1887–1901
(Bibl.-Nr. 31)

Gesammelte Aufsätze zur Literatur
1886–1902 (Bibl.-Nr. 32)

Biographien und biographische Skizzen
1894–1905 (Bibl.-Nr. 33)

Luzifer-Gnosis. Grundlegende Aufsätze
zur Anthroposophie und Berichte aus
der Zeitschrift ›Luzifer‹ und ›Lucifer-
Gnosis‹ 1903–1908 (Bibl.-Nr. 34)

Philosophie und Anthroposophie. Gesammelte Aufsätze 1904–1918
(Bibl.-Nr. 35)

Der Goetheanumgedanke inmitten der
Kulturkrisis der Gegenwart. Gesam-
melte Aufsätze aus der Wochenschrift
›Das Goetheanum‹ 1921–1925
(Bibl.-Nr. 36)

III. *Veröffentlichungen aus dem Nachlaß*
Briefe – Wahrspruchworte – Bühnen-
bearbeitungen – Entwürfe zu den Vier
Mysteriendramen 1910–1913 – Anthroposophie. Ein Fragment aus dem Jahre
1910 – Gesammelte Skizzen und Frag-
mente – Aus Notizbüchern und -blättern
(Bibl.-Nrn. 38–47)

Zweite Abteilung: Das Vortragswerk

I. *Öffentliche Vorträge*
Die Berliner öffentlichen Vortragsreihen
(›Architektenhaus-Vorträge‹) 1903/04
bis 1917/18 (Bibl.-Nrn. 51–67)

Öffentliche Vorträge, Vortragsreihen
und Hochschulkurse an anderen Orten Europas 1906–24 (Bibl.-Nrn. 68–84)

II. *Vorträge vor Mitgliedern der
Anthroposophischen Gesellschaft*
Vorträge und Vortragszyklen allgemein-
anthroposophischen Inhalts – Evan-
gelien-Betrachtungen – Christologie –
Geisteswissenschaftliche Menschen-
kunde – Kosmische und menschliche

Geschichte – Die geistigen Hintergründe der sozialen Frage – Der Mensch in seinem Zusammenhang mit dem Kosmos – Karma-Betrachtungen (Bibl.-Nrn. 91–244)
Vorträge und Schriften zur Geschichte der anthroposophischen Bewegung und der Anthroposophischen Gesellschaft (Bibl.-Nrn. 251–263)

III. *Vorträge und Kurse zu einzelnen Lebensgebieten*
Vorträge über Kunst: Allgemein-Künstlerisches – Eurythmie – Sprachgestaltung und Dramatische Kunst – Musik – Bildende Künste – Kunstgeschichte (Bibl.-Nrn. 271–292)
Vorträge über Erziehung (Bibl.-Nrn. 293–311)

Vorträge über Medizin (Bibl.-Nrn. 312–319)
Vorträge über Naturwissenschaft (Bibl.-Nr. 320–327)
Vorträge über das soziale Leben und die Dreigliederung des sozialen Organismus (Bibl.-Nrn. 328–341)
Vorträge für die Arbeiter am Goetheanumbau (Bibl.-Nrn. 347–354)

Dritte Abteilung: Das künstlerische Werk

Reproduktionen und Veröffentlichungen aus dem künstlerischen Nachlaß
Originalgetreue Wiedergaben von malerischen und graphischen Entwürfen und Skizzen in Kunstmappen oder als Einzelblätter

Chronologische Lebensübersicht

1861 Am 27. Februar wird Rudolf Steiner in Kraljevec (damals Österreich-Ungarn, heute Jugoslawien) als Sohn eines Beamten der österreichischen Südbahn geboren. Seine Eltern stammen aus Niederösterreich. Er verlebt seine Kindheit und Jugend an verschiedenen Orten Österreichs.

1872 Besuch der Realschule in Wiener Neustadt bis zum Abitur 1879.

1879 Studium an der Wiener Technischen Hochschule: Mathematik und Naturwissenschaft, zugleich Literatur, Philosophie und Geschichte. Grundlegendes Goethe-Studium.

1882 Erste schriftstellerische Tätigkeit.

1882–1897 Herausgabe von Goethes Naturwissenschaftlichen Schriften in Kürschners ›Deutsche-National-Literatur‹, fünf Bände. Eine selbständige Ausgabe der Einleitungen erschien 1925 unter dem Titel *Goethes Naturwissenschaftliche Schriften.*

1884–1890 Privatlehrer bei einer Wiener Familie.

1886 Berufung zur Mitarbeit bei der Herausgabe der großen Goethe ›Sophien-Ausgabe‹.
Grundlinien einer Erkenntnistheorie der Goetheschen Weltanschauung mit besonderer Rücksicht auf Schiller.

1888 Herausgeber der ›Deutschen Wochenschrift‹, Wien. Vortrag im Wiener Goethe-Verein: *Goethe als Vater einer neuen Ästhetik.*

1890–1897 Weimar. Mitarbeit am Goethe- und Schiller-Archiv. Herausgeber von Goethes Naturwissenschaftlichen Schriften.

1891 Promotion zum Doktor der Philosophie an der Universität Rostock. 1892 erscheint die erweiterte Dissertation: *Wahrheit und Wissenschaft. Vorspiel einer Philosophie der Freiheit.*

1894 *Die Philosophie der Freiheit. Grundzüge einer modernen Weltanschauung. Seelische Beobachtungsresultate nach naturwissenschaftlicher Methode.*

1895 *Friedrich Nietzsche. Ein Kämpfer gegen seine Zeit.*

1897 *Goethes Weltanschauung* Übersiedlung nach Berlin. Herausgabe des ›Magazin für Litteratur‹ und der ›Dramaturgischen Blätter‹ zusammen mit O. E. Hartleben. Arbeit in der ›Freien literarischen Gesellschaft‹, der ›Freien dramatischen Gesellschaft‹, im ›Giordano Bruno-Bund‹, im Kreis der ›Kommenden‹ u. a.

1899–1904 Lehrtätigkeit an der von W. Liebknecht gegründeten Berliner ›Arbeiter-Bildungsschule‹.

1900/01 *Welt- und Lebensanschauungen im 19. Jahrhundert,* 1914 erweitert zu: *Die Rätsel der Philosophie.* Beginn der anthroposophischen Vortragstätigkeit auf Einladung der Theosophischen Gesellschaft in Berlin. *Die Mystik im Aufgange des neuzeitlichen Geisteslebens.*

1902–1912 Aufbau der Anthroposophie. Regelmäßige öffentliche Vortragstätigkeit in Berlin und ausgedehnte Vortragsreisen in ganz Europa. Marie von Sivers (ab 1914 Marie Steiner) wird seine ständige Mitarbeiterin.

1902 *Das Christentum als mystische Tatsache und die Mysterien des Altertums.*

1903 Begründung und Herausgabe der Zeitschrift ›Luzifer‹, später ›Lucifer-Gnosis‹.

1904 *Theosophie. Einführung in übersinnliche Welterkenntnis und Menschenbestimmung.*

1904/05 *Wie erlangt man Erkenntnisse der höheren Welten? Aus der Akasha-Chronik. Die Stufen der höheren Erkenntnis.*

1910 *Die Geheimwissenschaft im Umriß.*

1910–1913 In München werden die *Vier Mysteriendramen* uraufgeführt.

1911 *Die geistige Führung des Menschen und der Menschheit.*

1912 *Anthroposophischer Seelenkalender Wochensprüche. Ein Weg zur Selbsterkenntnis des Menschen.*

1913 Trennung von der Theosophischen und Begründung der Anthroposophischen Gesellschaft. *Die Schwelle der geistigen Welt.*

1913–1923 Errichtung des in Holz als Doppelkuppelbau gestalteten ersten Goetheanum in Dornach/Schweiz.

1914–1923 Dornach und Berlin. In Vorträgen und Kursen in ganz Europa gibt Rudolf Steiner Anregungen für eine Erneuerung auf vielen Lebensgebieten: Kunst, Pädagogik, Naturwissenschaften, soziales Leben, Medizin, Theologie. Weiterbildung der 1912 inaugurierten neuen Bewegungskunst ›Eurythmie‹.

1914 *Die Rätsel der Philosophie in ihrer Geschichte als Umriß dargestellt.*

1916–1918 *Vom Menschenrätsel. Von Seelenrätseln. Goethes Geistesart in ihrer Offenbarung durch seinen ›Faust‹ und durch das Märchen ›Von der Schlange und der Lilie‹.*

1919 Rudolf Steiner vertritt den Gedanken einer ›Dreigliederung des sozialen Organismus‹ in Aufsätzen und Vorträgen, vor allem im süddeutschen Raum. *Die Kernpunkte der sozialen Frage in den Lebensnotwendigkeiten der Gegenwart und Zukunft. Aufsätze über die Dreigliederung des sozialen Organismus.* Im Herbst wird in Stuttgart die ›Freie Waldorfschule‹ begründet, die Rudolf Steiner bis zu seinem Tode leitet.

1920 Beginnend mit dem Ersten anthroposophischen Hochschulkurs finden im noch nicht vollendeten Goetheanum fortan regelmäßig künstlerische und Vortragsveranstaltungen statt.

1921 Begründung der Wochenschrift ›Das Goetheanum‹ mit regelmäßigen Aufsätzen und Beiträgen Rudolf Steiners.

1922 *Kosmologie, Religion und Philosophie.* In der Silvesternacht 1922/23 wird der Goetheanumbau durch Brand vernichtet. Für einen neuen, in Beton konzipierten Bau kann Rudolf Steiner in der Folge nur noch ein erstes Außenmodell schaffen.

1923 Unausgesetzte Vortragstätigkeit, verbunden mit Reisen. Zu Weihnachten 1923 Neubegründung der ›Anthroposophischen Gesellschaft‹ als ›Allgemeine Anthroposophische Gesellschaft‹ unter der Leitung Rudolf Steiners.

1923–1925 Rudolf Steiner schreibt in wöchentlichen Folgen seine unvollendet gebliebene Selbstbiographie *Mein Lebensgang* sowie *Anthroposophische Leitsätze*, und arbeitet mit Dr. Ita Wegman an dem Buch *Grundlegendes für eine Erweiterung der Heilkunst nach geisteswissenschaftlichen Erkenntnissen.*

1924 Steigerung der Vortragstätigkeit. Daneben zahlreiche Fachkurse. Letzte Vortragsreisen in Europa. Am 28. September letzte Ansprache zu den Mitgliedern. Beginn des Krankenlagers.

1925 Am 30. März stirbt Rudolf Steiner in Dornach.

Personenverzeichnis

Rudolf Steiner und seine Architektur

Herausgegeben von Michael Schuyt und Joost Elffers. Text von Peter Ferger.
181 Seiten mit 102 einfarbigen Abbildungen, Anmerkungen mit einem Anhang von
Walter Kugler (chronologischer Übersicht), Literaturhinweisen, kartoniert (DuMont
Taschenbücher, Band 72)

Rudolf Steiner (1861–1925), der Begründer der Anthroposophie, schuf mit dem
Goetheanum ein Bauwerk, das in vollkommener Weise seine Philosophie ausdrückt
und zum Zentrum einer geistigen Bewegung wurde, die heute weitgehend den Charakter des Esoterischen verloren hat. Dieses Buch zeigt das Goetheanum, das sich
mit seinen geschwungenen Formen wie selbstverständlich in die Landschaft des
Schweizer Jura einfügt, in zahlreichen Fotos aus immer neuen Blickwinkeln. Vor-
angestellt ist eine Einführung in Rudolf Steiners Bautätigkeit von dem Architekten
Peter Ferger, der auch an einer anthroposophischen Hochschule lehrt.

DuMont Dokumente: Gesamtübersicht

Pevsner, Nikolaus
Der Beginn der neuen Architektur und des Design
Popper, Frank
Die Kinetische Kunst
Rewald, John
Die Geschichte des Impressionismus
Richter, Hans
Dada – Kunst und Antikunst
Rose, Barbara
Amerikas Weg zur modernen Kunst
Rotzler, Willy
Objekt-Kunst
Sager, Peter
Neue Formen des Realismus
Schneede, Uwe M. (Hrsg.)
Die zwanziger Jahre
Schubert, Dietrich
Von Halberstadt nach Meißen
Selle, Gert
Die Geschichte des Design in Deutschland von 1870 bis heute
Stützer, Herbert Alexander
Die Italienische Renaissance
Thomas, Karin
Bis Heute: Stilgeschichte der bildenden Kunst im 20. Jahrhundert
Vogt, Paul
Geschichte der deutschen Malerei im 20. Jahrhundert
Waldberg, Patrick
Der Surrealismus
Wedewer, Rolf
Landschaftsmalerei zwischen Traum und Wirklichkeit
Wescher, Herta
Die Geschichte der Collage

DuMont Dokumente – Archäologie

Gutbrod, Karl
DuMont's Geschichte der frühen Kulturen der Welt
von Reden, Sybille
Die Megalith-Kulturen

DuMont Dokumente – Film/Foto

Blumenberg, Hans C.
Die Kamera in Augenhöhe
Nau, Peter
Zur Kritik des Politischen Films

Neusüss, Floris M. (Hrsg.)
Fotografie als Kunst – Kunst als Fotografie
Peters, Ursula
Stilgeschichte der Fotografie in Deutschland 1839–1900
Tausk, Petr
Die Geschichte der Fotografie im 20. Jahrhundert

DuMont Dokumente – Graphik

Adriani, Götz
Paul Cézanne   Zeichnungen
Adriani, Götz
Toulouse-Lautrec
Boeck, Wilhelm (Hrsg.)
Picasso   Zeichnungen
Dieterich, Anton (Hrsg.)
Goya – Visionen einer Nacht
Geelhaar, Christian
Paul Klee   Zeichnungen
Haak, Bob (Hrsg.)
Rembrandt   Zeichnungen
Kelen, Emery
Leonardo da Vinci   Zeichnungen
Konnertz, Winfried
Max Ernst
van Uitert, Evert
Vincent van Gogh   Zeichnungen
Volboudt, Pierre (Hrsg.)
Die Zeichnungen Wassily Kandinskys

DuMont Dokumente – Musik

Kostelanetz, Richard (Hrsg.)
John Cage
Schnebel, Dieter
Denkbare Musik
Schnebel, Dieter
Mauricio Kagel   Musik Theater Film
Schnebel, Dieter (Hrsg.)
Karlheinz Stockhausen
Band 1: Aufsätze 1952–1962 zur Theorie des Komponierens
Band 2: Aufsätze 1952–1962 zur musikalischen Praxis
Band 3: Einführung und Projekte, Kurse, Sendungen, Standpunkte, Nebennoten
Band 4: Werk-Einführungen. Elektronische Musik, Weltmusik, Vorschläge und Standpunkte, Zum Werk Anderer